Unterwegs mit den Hurtigruten

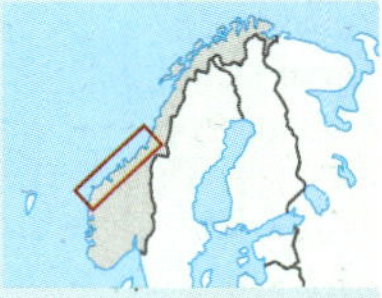

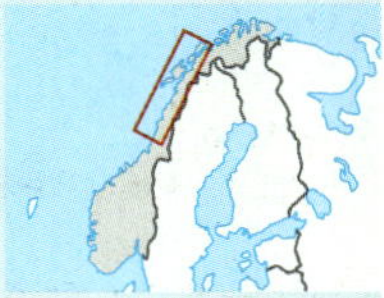

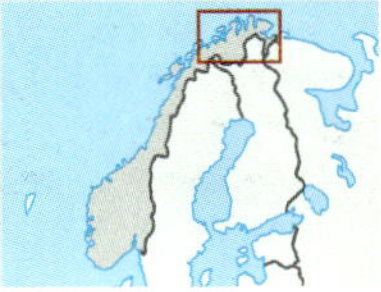

Auf Entdeckungstour

Karten und Pläne

s. hintere Umschlagklappe

▶ Dieses Symbol im Buch verweist auf die Extra-Reisekarte Hurtigruten

Liebe Leserin, lieber Leser,

»Die Landschaft ist so schön, dass es innerlich schmerzt«, schwärmt Liv Ullmann in ihren Memoiren »Wandlungen« über ihr Heimatland hoch im Norden Europas – und in diese Liebeserklärung werden auch Sie ganz bestimmt mit einstimmen, wenn sie mit einem der berühmten Postschiffe von Hurtigruten in insgesamt zwölf Tagen entlang der norwegischen Küste von Bergen im Fjordland bis nach Kirkenes an der russischen Grenze und wieder zurück reisen. Rund 2500 Seemeilen, also etwa 4630 km, liegen vor Ihnen, und immer gibt es in diesem subpolaren Kreuzfahrtrevier etwas Außergewöhnliches zu sehen. Jeder Tag, ja jede Stunde ist voller Highlights: Mal geht es durch weite Schärengärten, mal durch majestätische Fjorde und felsumschnürte Sunde, dann wieder aufs offene Meer hinaus oder an vielgestaltigen Bergen und funkelnden Gletscherkronen, aber auch an lieblichen Wiesen-, Feld- und Waldlandschaften vorüber.

Schnell kann es passieren, dass man süchtig wird nach solch extravaganten Eindrücken, und wer einmal die »Schweiz am Meer« von ›draußen‹ geschaut hat, für den ist der Gedanke an Schönheit wohl für alle Zeiten an dieses Land gebunden. Wo taghelle Sommernächte und vom Polarlicht durchwehte Wintertage locken, wo kristallklare Luft zum bewussten Atmen einlädt, wo man das Wasser aus Bächen, Flüssen und Seen trinken kann, ja man selbst in den kulturreichen Städten noch den Puls der übermächtigen Natur deutlich verspürt.

›Der Weg nach Norden‹, was Norwegen übersetzt bedeutet, ist einzigartig, ja überwältigend, und da die Seele nur beim langsamen Reisen Schritt halten kann, bietet die gemächliche Fahrt mit dem Postdampfer den vollendeten Reisegenuss. Kein Wunder also, dass Hurtigruten in der Welt des internationalen Tourismus eine herausragende Stellung einnimmt, gar als die »schönste Seereise der Welt« bezeichnet wird. Darauf dürfen Sie sich freuen, und wenn Ihnen dieses Buch schon zu Hause ein Augenöffner und auf Ihrer Traumreise ein verlässlicher Begleiter ist, wird die Freude auch unsererseits sein. Das wünschen wir uns ebenso wie Ihre Rückmeldung nach einer hoffentlich unvergesslichen Zeit an Bord.

Ihre

Annette Ster und Michael Möbius

Sonnenaufgang im ›Land der Mitternachtssonne‹

Leser fragen, Autoren antworten

Hurtigruten persönlich – unsere Tipps

Nur wenig Zeit? – Eine Seereise zum ersten Kennenlernen

Ist Zeit ein Problem, sei zuerst einmal empfohlen, sich einzuschränken und nicht all das sehen zu wollen, von dem es im Allgemeinen heißt, dass ›man‹ es unbedingt mal gesehen haben muss. Dazu zählen wir persönlich durchaus auch so weltbekannte Highlights wie etwa das **Nordkap** oder auch **Hammerfest,** die nördlichste Stadt der Welt. Die haben schon so manchen Besucher enttäuscht, wohingegen »die schönste Küste der Welt«, die sich nördlich von Trondheim bis weit über den Polarkreis ins ›Land der Mitternachtssonne‹ als Symphonie in Stein und Eis hinzieht, noch niemanden kalt gelassen hat.

Diese so überaus faszinierende **Nordland-Küste,** wozu auch die Inselgruppe der **Lofoten** zählt, passieren die Hurtigruten-Schiffe auf ihrer nordwärtsgehenden Fahrt während des 4. und 5. Reisetags (s. S. 116) bzw. auf der Rückfahrt am 9. und 10. Tag (s. S. 184). Daher unser Tipp: Ist die Reisezeit lediglich auf eine Woche begrenzt, würden wir der Etappe von **Trondheim** nach **Tromsø** und/oder umgekehrt den Vorzug geben.

Die Passage zwischen Trondheim und Tromsø

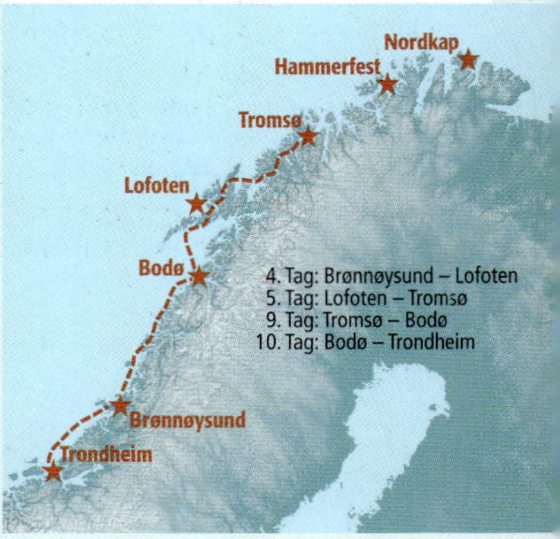

Ganz besondere Augen-Blicke ...

Hat man zwei Wochen Zeit, empfehlen wir die gesamte Passage plus einen Kurzaufenthalt in Bergen, und nur derjenige, der zeitlich ›aus dem Vollen schöpfen kann‹, sollte auch an weitere Stopover denken.

Die beste Reisezeit: Frühling, Sommer, Herbst oder Winter?

Die Wahl der Reisezeit ist sicherlich eine Frage des Geschmacks – und des Geldbeutels. Am beliebtesten ist der Zeitraum von Mitte Juni bis Ende August, wenn die Tage besonders lang sind und die Mitternachtsonne vom Himmel scheint, sodass sich auch der hohe Norden außerordentlich erwärmt. Allerdings herrscht dann auf allen Schiffen eine derart drangvolle Enge, dass das Genießen der langsam an der Bordwand vorbeigleitenden Landschaft schnell zu kurz kommen kann. Ein spontanes Buchen ist zu dieser Zeit kaum möglich, und auch an Land wird es je nach Hafen schwer, überhaupt ein vakantes Quartier zu erhalten. Und obendrein sind die Preise auf dem Schiff wie auch an der Küste mit Abstand am höchsten.

Erheblich günstiger bei in der Regel ebenfalls relativ angenehmen Temperaturen sind die Monate September sowie April und Mai, wenn die Schiffe zudem nicht so proppevoll wie im Sommer sind. Und auch im späten Frühjahr sind die Tage schon recht lang, im Fjordland blühen Blumen und Bäume. Der Herbst wiederum taucht die Landschaft in spektakuläre Farben – auch vom Schiff aus ein unvergessliches Erlebnis.

Reisende, die unbedingt einmal das so faszinierende Farbspiel der Polarlichter erleben wollen, sollten ihre Kreuzfahrt zwischen Oktober und März antreten. Dann herrscht zwar ›Allnacht‹, aber stockdunkel ist es dank der Nordlichter eigentlich nie (s. S. 62), und zu keiner anderen Zeit sind die Preise derart günstig.

Bucht man die Schiffsreise besser pauschal oder individuell?

Das kommt ganz auf die Wünsche und persönlichen Reisevorlieben an: Hurtigruten bietet mehr als zwei Dutzend Reisepakete zur gesamten Passage sowie auch zu Teilstrecken an, und wer sich um nichts kümmern möchte, wird gern auf solche Pauschalpakete zurückgreifen, die es ohne, aber auch mit An-/Rückreise per Flugzeug oder Schiff gibt.

Sie können die Hurtigruten-Schiffe aber genauso gut als perfekte ›Nahverkehrsmittel‹ nutzen, indem Sie lediglich einzelne Passagen von Hafen zu Hafen buchen, je nach Bedarf mal mit, mal ohne Kabine. Diese Form des Reisens bietet sich vor allem für all diejenigen an, die entlang der Küste in einem oder in mehreren der 34 unterwegs angelaufenen Häfen einen Aufenthalt einlegen möchten.

So sind Sie völlig unabhängig und können sich – zumindest außerhalb der Hochsaison (s. o.) – ganz nach Lust und Laune treiben lassen.

Was sollte man bei der Wahl von Schiff und Kabine beachten?

Da für die meisten Hurtigruten-Passagiere das ungestörte Genießen der Landschaft an allererster Stelle steht, wagen wir die Prognose, dass Sie nur zum Schlafen in der Kabine weilen, sich ansonsten vor allem draußen bzw. im Salon aufhalten werden, um möglichst viel freie Aussicht zu haben. Betrachtet man die derzeit elf Schiffe der Hurtigruten-Flotte (die detailliert ab S. 49 vorgestellt werden) unter diesem Blickwinkel, sind vor allem die neuesten Schiffe der jüngsten Generation (›MS Trollfjord‹, ›MS Finnmarken‹, ›MS Midnatsol‹) interessant: Alle verfügen über einen riesengroßen Panoramasalon sowie ein umlaufendes, dabei komplett überdachtes Deck 5 (ideal bei schlechtem Wetter) nebst einem offenen, nicht verglasten Oberdeck (wie bei allen 1990er-Schiffen der jüngsten Generation). Auf der ›MS Vesterålen‹ (mittlere Generation) ist die Aussichtssituation ebenfalls top, doch wird dort weniger an Komfort geboten, während der Oldtimer ›MS Lofoten‹ (alte Generation) zwar mit klassischem Ambiente punktet, aber eher nichts für Passagiere ist, die leicht seekrank werden.

Bei der Wahl der Kabine ist darauf zu achten, dass sie möglichst nicht auf einer Etage mit umlaufenden Außendeck liegen sollte (weil dort ständig andere Passagiere vorbeilaufen bzw. vor dem Fenster stehen). Dabei ist im Hinblick auf einen ungestörten Schlaf die Steuerbordseite (also rechts) zu bevorzugen, da alle Schiffe (außer ›MS Lofoten‹) in allen Häfen stets mit der Backbordseite (links) anlegen, da sich dort die Luken für das Frachtdeck befinden.

Wie sieht es mit dem Dresscode an Bord aus?

Sollten Sie, wie beispielsweise auch wir, keine Lust haben, sich an Bord wie auch immer gearterten Dresscodes zu unterwerfen, dann sind Sie goldrichtig bei Hurtigruten! Kein einziges der Postschiffe ist ein ›Traumschiff‹ im Sinne der hinlänglich bekannten Fernsehserien. Ballsaal und Casino suchen Sie vergebens, mit Jeans und T-Shirt an Bord herumzulaufen, ist kein Fauxpas, und selbst zu den Mahlzeiten sind die allermeisten Gäste mehr bequem als elegant gekleidet, was aber nicht bedeutet, dass die Schiffe nicht auch komfortgewöhnte Reisende rundum zufriedenstellen können.

Welche Städte sind besonders sehenswert?

Als schönste Stadt des Landes gilt **Bergen,** bekannt auch als ›Königin der Fjorde‹ und reich an bedeutenden Sehenswürdigkeiten – allen voran das zum Weltkulturerbe erklärte einstige Hanseviertel Brygge. In dieser Metropole des Fjordlands beginnt und endet die Reise mit Hurtigruten, und

... bietet eine Reise mit der berühmtesten Schifffahrtslinie der Welt

wer nicht nur an Natur, sondern auch an Kultur interessiert ist, sollte sich hier wenigstens ein, zwei Tage vor oder nach der Dampferfahrt gönnen.

Auch ein Besuch von **Oslo** lohnt unbedingt, denn die Anreise nach bzw. Abreise von Bergen lässt sich dank der Bergenbahn (s. S. 25), die ein Highlight für sich darstellt, problemlos mit einer Stippvisite in Europas grünster Hauptstadt koppeln. Oslo ist die norwegische Stadt mit den meisten Sehenswürdigkeiten und dem vielfältigsten Kulturleben, und auch hier gelten ein, zwei Tage als ein Minimum.

Die Nummer drei im Lande ist **Trondheim,** einst berühmtester Wallfahrtsort des Nordens und dank seiner malerischen Bausubstanz eine der sehenswertesten Städte Skandinaviens. Am Nidarosdom sowie den Speicherhäusern von Bryggen führt kein Weg vorbei, beide Highlights kann man problemlos zu Fuß im Laufe der Liegezeit des Schiffes im Hafen besuchen.

Die schönsten Städte und Landausflüge entlang der Reise

Bleibt schließlich **Tromsø,** Metropole des hohen Nordens und ›Tor zum Eismeer‹, wo während des mehrstündigen Landgangs u. a. die Eismeer-Kathedrale bewundert werden kann.

Welche Landausflüge sind ein Muss?

Im Angebot von Hurtigruten stehen aktuell 31 Landausflüge auf der nordgehenden Route von Bergen nach Kirkenes sowie 16 auf der südgehenden von Kirkenes nach Bergen; jährlich werden es mehr. Würde man an allen teilnehmen, bliebe dem stillen Genießen von Bord aus kaum noch Zeit, ganz zu schweigen davon, dass die Reisekasse erheblich belastet würde: So manche Tour kostet 100 € aufwärts.

Auf Platz 1 der beliebtesten Landausflüge steht unangefochten das **Nordkap** (s. S. 154), obwohl wir persönlich der Tour **Geiranger** mit **Trollstigen** (s. S. 96) sowie dem Abenteuer **Walsafari** (von Andenes aus, s. S. 134) den Vorzug geben würden. Nicht zu vergessen den ab Bergen angebotenen Tagesausflug **›Norwegen im Kleinen‹** (s. S. 92), der ganz ähnlich auch über Hurtigruten gebucht werden kann.

Was ist ein guter Standort für eine Unterbrechung der Reise?

Wer einmal die ›Trauminseln über dem Polarkreis‹ mit ihren malerischen Fischerdörfern und geradezu karibisch-schönen Sandstränden besucht hat, den wird die Inselgruppe der **Lofoten** (s. S. 191) immer wieder anziehen. Hier geht es um Natur in ihren spektakulärsten oder, wie viele meinen, ›norwegischsten‹ Erscheinungsformen. Die Landschaft hat oft etwas von einem surrealen Traumbild und ist derart eindrucksvoll, dass im Vergleich viele andere Gebiete des Nordens nahezu langweilig wirken.

Zu den absoluten Höhepunkten gehört die Fahrt durch die Inselgruppe der Lofoten

Da dort auch das Kulturelle nicht zu kurz kommt und man obendrein vielleicht nirgends sonst im Lande urtypischer wohnen kann, bietet die rund 1200 km² große Inselgruppe ein Maximum an möglichem Urlaubsglück. Und so können wir nur jedem wärmstens ans Herz legen, als Standort zwischen den Passagen unsere Wahlheimat zu wählen.

Und noch ein ganz persönlicher Tipp zum Schluss!

Norwegen gehört bekanntermaßen nicht eben zu den günstigsten Urlaubszielen, und speziell eine Reise mit Hurtigruten mag für so manche Reisekasse eine gewisse Herausforderung darstellen. Wer sparen muss oder will, dem empfehlen wir zunächst, öfter einmal auf die organisierten (und oft kostenintensiven) Landausflüge zu verzichten und die angefahrenen Städte stattdessen auf eigene Faust zu erkunden. Mit Bus und Taxi, oft sogar zu Fuß gelangt man vom Hafen aus schnell und problemlos ins Zentrum des Geschehens.

Pauschalbuchende können an Bord durch einen Verzicht auf die angebotene Vollpension (immerhin pro Person und Tag 113 €!) so einiges einsparen. Bei normalem Hunger ist es unseres Erachtens völlig ausreichend, sich auf Frühstück und Abendessen zu beschränken, beide Mahlzeiten sind nicht nur hervorragend, sondern auch unerhört üppig (s. S. 31). Kommt dennoch zwischendurch Hunger auf, kann man die auf jedem Schiff eingerichtete Cafeteria nutzen.

Da die Getränkepreise an Bord in etwa denen in Restaurants auf dem norwegischen Festland gleichen, decken sich viele Reisende in den Häfen mit Wasser und Säften ein und nehmen für Kaffee oder Tee einen Tauchsieder mit.

NOCH FRAGEN?

Die können Sie gern per E-Mail stellen, wenn Sie die von Ihnen gesuchten Infos im Buch nicht finden:

info@dumontreise.de

Auch über eine Lesermail von Ihnen nach der Reise mit Hinweisen, was Ihnen gefallen hat oder welche Korrekturen Sie anbringen möchten, würden wir uns freuen.

Tromsdalstind: Tor zur Unendlichkeit, S. 142

Prima Panorama in Ålesund, S. 105

Lieblingsorte!

Kongsfjordfjell: grenzenlose Weite, S. 172

Reinebriggen: Ausblicke wie aus dem Flugzeug, S. 204

Reisadal: wildeste Wildnis, S. 147

Ulriken: im Antlitz von Bergen, S. 88

Die Reiseführer von DuMont werden von Autoren geschrieben, die ihr Buch ständig aktualisieren und daher immer wieder dieselben Orte besuchen. Irgendwann entdeckt dabei jede Autorin und jeder Autor seine ganz persönlichen Lieblingsorte. Dörfer, die abseits des touristischen Mainstreams liegen, ganz besondere Ausblicke, Plätze, die zum Entspannen einladen, ein Stückchen ursprünglicher Natur – eben Wohlfühlorte, an die man immer wieder zurückkehren möchte.

Auf dem Varden: kein schöner Land, S. 234

Theatercafeen in Oslo: Jugendstil auf Norwegisch, S. 257

Schnellüberblick

Die nordgehende Route

6. und 7. Tag: Øksfjord–Kirkenes
›On Top of the World‹ entlang der Finnmarkküste zum Nordkap und aus dem Nordmeer in die Barentssee, bevor Norwegens Ostkap den Weg nach Kirkenes markiert, an der Grenze zu Russland gelegen und Umkehrpunkt der Hurtigruten. S. 144

4. und 5. Tag: Brønnøysund–Skjervøy
Entlang der unvergleichlich dramatischen Nordlandküste über den Polarkreis hinweg ins ›Land der Mitternachtssonne‹. Der Svartisengletscher und die weltberühmte Inselkette der Lofoten sind nur zwei Highlights am Traumweg nach Tromsø, der ›Pforte zum Eismeer‹. S. 116

2. und 3. Tag: Florø–Rørvik
Natur und Kultur aufs Schönste vereint – die ersten Tage an Bord führen aus der Nordsee ins Nordmeer und aus dem Vestland ins Trøndelag. Wichtigste Stationen sind Ålesund, ›Stadt des Jugendstils‹, die beiden Berühmtheiten Geirangerfjord und Trollstigen sowie Trondheim, Norwegens historische Hauptstadt. S. 94

1. Tag: ab Bergen
Die ehemalige Hansestadt ist Ausgangs- und Endpunkt der Hurtigruten; sie gilt als schönste Stadt des Landes und wartet mit interessanten Kunstsammlungen und Sehenswürdigkeiten auf, allen voran das zum Weltkulturerbe erklärte Hanseviertel Brygge. S. 76

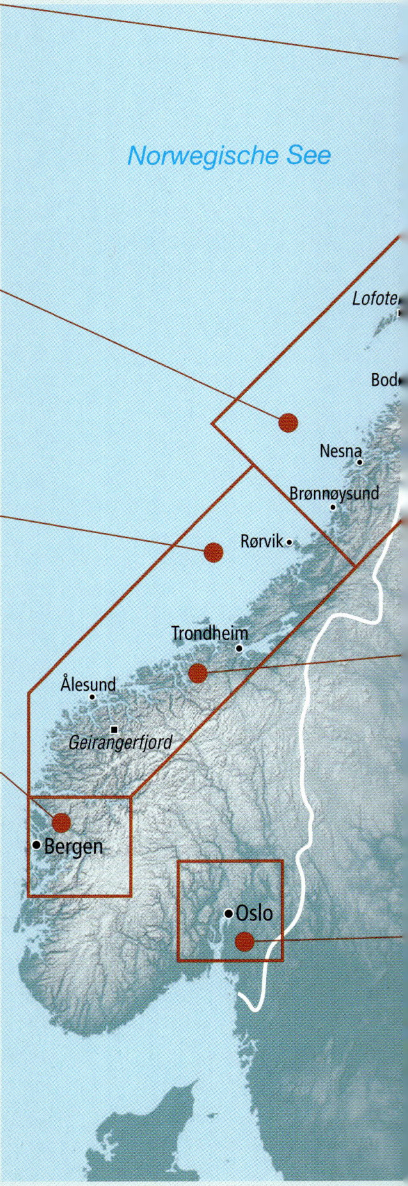

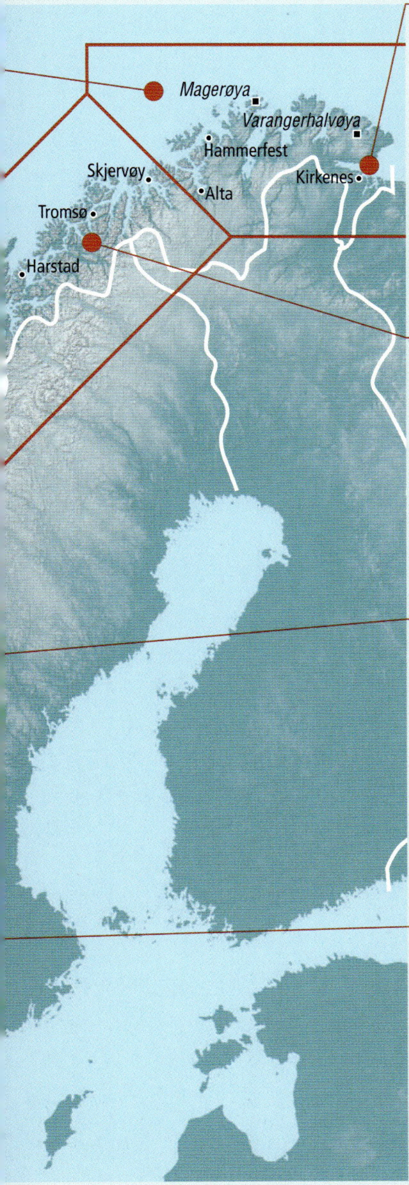

Die südgehende Route

7. und 8. Tag: Kirkenes–Tromsø
Wilde, zerklüftete Küsten markieren den Weg zurück zum Nordkap, vorbei an entlegenen Siedlungen Richtung Hammerfest, der nördlichsten Stadt der Welt. Von Øks-fjord aus, das auf Schneeriesen und Eishauben blickt, kann man auf dem Landweg die größte Stadt der Finnmark erreichen: Alta, Ausgangspunkt ins Land der Samen. S. 166

9. und 10. Tag: Tromsø–Rørvik
Eine der abwechslungsreichsten Etappen der Hurtigruten: Während die Inselwelt der Vesterålen vergleichsweise lieblich wirkt, erheben sich entlang des schmalen Trollfjords steile Felsflanken in eine Höhe von fast 1200 m. Die Lofoten hinter sich lassend, geht es hinüber zur Nordlandküste, die mit ihren rund 20 000 Inseln als Inbegriff norwegischer Landschaft gilt. S. 184

11. und 12. Tag: Trondheim–Bergen
In Trondheim ist der einzigartige Nidarosdom ein absolutes Muss, während in Kristiansund ein Besuch des Klippfischmuseums fest ins Besuchsprogramm gehört. Zur Jazz- und Rosenstadt Molde, die mit dem Blick auf sage und schreibe 222 Berggipfel beeindruckt, führt ein Ausflug auf der ›malerischen Atlantikstraße‹. Vorbei an monumentalen Fjordöffnungen geht es zurück nach Bergen. S. 216

Oslo und Umgebung
Die am Fjord zu Füßen bewaldeter Berge gelegene Metropole ist reich an Sehenswürdigkeiten und stellt sich als grünste Hauptstadt Europas vor. Dazu ein Mix aus Shopping, Kultur und Nachtleben – leicht nachvollziehbar, weshalb die Norweger von ihr als der »schönsten Hauptstadt der Welt« sprechen. S. 238

Reiseinfos, Adressen, Websites

Schöner kann der Start in den hohen Norden nicht sein – in den Gassen von Bergen

Informationsquellen

Infos im Internet

Die skandinavischen Ländern sind weltweit Spitzenreiter in puncto Internet, nahezu jedes Unternehmen der Tourismusbranche ist mit einer eigenen Site im Web vertreten; meist auch bei Facebook und Twitter. Außer Norwegisch ist Englisch weit verbreitet, auf Deutsch hingegen finden sich oft nur kurze Zusammenfassungen.

www.hurtigruten.de
Aufwendig gestaltetes Portal der Hurtigruten GmbH. Hier erhält man umfassende Informationen zu den Hurtigruten (auch Infos zu Seereisen in die Arktis, Antarktis und entlang der europäischen Atlantikküste), kann Broschüren abrufen und auch Buchungsanfragen tätigen. Dank der auf den meisten Postschiffen installierten Webcams kann man sich stets ein aktuelles Bild machen. Des Weiteren laden zahlreiche Filme zum Betrachten ein und auch virtuelle Reisen sind möglich.
Postadresse: Hurtigruten GmbH, Burchardstr. 14, D-20095 Hamburg, Tel. 040 37 69 30, www.hurtigruten.de.

www.hurtigwiki.de
Bei diesem Wiki handelt es sich um das umfassendste Portal zu den Hurtigruten überhaupt: Was immer man auch für Fragen zur Postschiffreise haben mag, auf dieser außerordentlich benutzerfreundlich gestalteten und ständig aktualisierten Seite werden sie garantiert beantwortet. Auch zum integrierten Hurtigforum mit zigtausenden Beiträgen zu über 2000 Themen gibt es kein Pendant; eine Galerie lädt zum Anklicken ein.

www.norwegen.no
Die offizielle Website Norwegens in Deutschland mit zahllosen Hintergrundberichten zu allen Themen; ein Reiseteil ist ebenso zu finden wie eine Liste aller Webcams im Land.

www.norwegenportal.de/dnf/
Norwegenportal der Deutsch-Norwegischen Freundschaftsgesellschaft e. V.

www.norwegen-freunde.com
Die von Norwegen-Liebhabern getragene Site ist ein ›Muss‹ für Norwegen-Fans und solche, die es werden wollen.

www.norwegianlight.com
Die Site umfasst eine aufwendig gestaltete und musikalisch untermalte Fotogalerie mit u. a. mehr als 600 Norwegen-Naturfotos.

www.reuber-norwegen.de
Nicht-kommerzielle Seite der Norwegenliebhaber Mechthild und Otto Reubers, die wie keine deutschsprachige Seite sonst über die einzelnen Gebiete (*Fylker*, Kommunen) und über Routen und Städte des Landes informiert; außerdem die wahrscheinlich umfassendste Linksammlung (nach Themen sortiert) deutscher Sprache zum Königreich.

Apps

Die Zahl der Anwendungsprogramme für Smartphones und Tablet-Computer wächst ständig und bald wird wohl jeder Ort in Norwegen mit einer Reise-Website die Infos auch über Apps anbieten. Oslo z. B. hat soeben einen kostenlosen App für Smartphones (Apple iOS und Android) lanciert (den man sich z. B. am Oslo Airport einscannen kann), verfügbar auch auf Deutsch, mit Informationen zu Attraktionen, Sightseeing, Restaurants, Events, Unterkunft usw.; ebenso auch Bergen und Trondheim. Und selbst kleinere Orte wie u. a. Geiranger bieten nun bereits kostenlose Apps an, die man sich übers Netz oder in Broschüren abgedruckte Strichcodes kostenlos downloaden kann.

Fremdenverkehrsämter

Allgemeine Reiseinfos zu Norwegen erhält man beim Norwegischen Fremdenverkehrsamt in Hamburg (auch für Österreich und die Schweiz zuständig) sowie in den regionalen und lokalen Fremdenverkehrsbüros:

Norwegisches Fremdenverkehrsamt: Caffamacherreihe 5, D-20355 Hamburg, Tel. 040 229 41 50, Fax 040 22 94 15 88, www.visitnorway.com/de. Alljährlich Ende Dezember erscheint jeweils das neue große ›Norwegen-Infopaket‹ für das kommende Jahr, das u. a. den umfangreichen Norwegenkatalog enthält mit Autokarte und Informationen zu den schönsten Reisezielen, zu Anreise, Unterkunft und vielem mehr. Auch zahlreiche Broschüren sind erhältlich sowie Veranstalter- und Destinationskataloge; die meisten Kataloge kann man über die Website auch herunterladen.

Fremdenverkehrsämter in Norwegen: Mit allen Fragen wende man sich vertrauensvoll an die Fremdenverkehrsbüros, die sich in Norwegen oft noch in den kleinsten Ortschaften finden (s. a. die jeweiligen Angaben im Routenteil dieses Buches). Die allermeisten haben eine eigene mehrsprachige Website. Sie sind ausgeschildert, und es wird in der Regel Englisch, oft auch Deutsch gesprochen. Schriftliches Informationsmaterial (oft auch auf Deutsch) bestellt man am besten per E-Mail.

Lesetipps

Folgende Bücher norwegischer Autoren bieten sich – neben den bekannten Klassikern von Knut Hamsun, Henrik Ibsen, Sigrid Undset – für eine Einstimmung an:

Johan Bojer: Die Lofotfischer. Übersetzung des spannenden und enorm stimmungsvollen Romans »Den siste viking«; leider nur antiquarisch erhältlich.

Willy Brandt: Krieg in Norwegen (2007). Willy Brandts eindringliche Schilderung aus seinem Exil während des Zweiten Weltkriegs.

Nina Freydag: Elche, Fjorde, Königskinder: Norwegische Glücksmomente (2004) und Lesereise Norwegen (2010). Die Reisejournalistin Nina Freydag fängt den Zauber Norwegens ein und erzählt von den Sitten und liebenswerten Eigenschaften der Norweger.

Trygve Gulbranssen: Die Björndal-Trilogie (1935/2000), Und ewig singen die Wälder (1936/2000). Beide Romane öffnen mit ihrer berauschend-blumigen Sprache den Zugang zur Mentalität der Norweger.

Kriminalliteratur im Web

www.nordische-krimis.de: Eine Website rund um nordische Krimis, nach Ländern geordnet, nach Autoren sortiert, mitsamt Biografien, Buchbesprechungen und persönlichen Anmerkungen der Redakteure.

www.schwedenkrimi.de: Der Name ist irreführend – die Seite ist die umfangreichste auch zu norwegischer Krimiliteratur, u. a. mit Forum und Leseproben.

Olav H. Hauge: Spät hebt das Meer seine Woge (2006). Olav H. Hauge (1908–1994) gilt als der meistgelesene norwegische Lyriker. Wie kaum einem anderen ist es ihm gelungen, die Natureindrücke seiner Heimat Westnorwegen in Poesie zu verdichten. Von seinen sieben Gedichtbänden ist leider nur die o. g. zweisprachige Ausgabe in deutscher Übersetzung zu genießen.

Anne Holt: Kammerflimmern (2013) heißt der neueste Roman der bekannten norwegischen Krimiautorin.

Ralph Tuchtenhagen: Kleine Geschichte Norwegens (2009). Norwegen hat sich zu einem der wichtigsten Erdöllieferanten und einem der erfolgreichsten Wohlfahrtsstaaten entwickelt. Dieses Buch erläutert die Hintergründe und lädt ein, den europäischen Norden besser kennenzulernen.

Wetter und Reisezeit

Klima

Mit dem Klima verhält es sich in Norwegen anders als landläufig angenommen: Die Wintermonate, wenn Dunkelheit über der verschneiten Landschaft liegt, lassen einen leicht vergessen, dass eines der Merkmale dieses Landes seine klimatische Gunst ist. Hier wachsen Bäume noch viel weiter nördlich als in anderen Regionen unserer Hemisphäre, auch Getreide, Kartoffeln, Rhododendron und Vergissmeinnicht gedeihen nirgendwo auf der Welt so weit nördlich. In Tromsø, auf dem 68. Breitengrad, reifen sommers die Erdbeeren in den Gärten, auf den Vesterålen nördlich des Polarkreises ziehen manche Gärtner draußen Zucchini. Ebenso verwundert es, dass Hammerfest, die nördlichste Stadt der Welt, mit Oslo die durchschnittliche Januartemperatur von rund –4,7 °C gemeinsam hat (München –2 °C).

Der Grund für diese ›Milde‹ ist der Golfstrom, jene natürliche ›Warmwasserheizung‹, die ihren Ursprung im Golf von Mexiko hat. Das Ungewöhnliche des Golfstroms sind seine hohe Fließgeschwindigkeit (die ca. 4–5 Seemeilen pro Stunde entspricht), sein enormer Massetransport (bis zu 150 Mio. m^3 pro Sekunde) und die Tatsache, dass seine Wassersäule von der Wasseroberfläche bis zum Meeresboden reicht. So sorgt der Golfstrom nicht nur für ein eisfreies Meer an der norwegischen Küste, sondern – indem er die über ihm liegenden Luftmassen erwärmt – auch für ein mild-maritimes Küstenklima vom Skagerrak bis hinauf zum Nordmeer und zur Barentssee.

Jahreszeiten und Kleidung

Golfstrom hin, maritimes Klima her: Norwegen liegt auf der gleichen geografischen Breite wie Grönland oder Alaska und einen warmen Pulli, eventuell Schal, Mütze und Handschuhe sollte man auch im Sommer stets im Gepäck haben, Regenzeug sowieso, aber ruhig auch Badesachen. Anzug, Cocktailkleid u. a. sind nicht erforderlich, auch nicht an Bord, doch sind z. B. ein Jackett oder Blazer zu empfehlen.

Allerdings sollte man auch im **Frühsommer** unbedingt dünne Kleidung mitnehmen, ebenso Sonnencreme mit hohem Schutzfaktor, denn selbst im Süden sind die Berge dann noch schneebedeckt. Und da die weiße Pracht die bereits intensive Sonnenstrahlung verstärkt, läuft man Gefahr, sich einen Son-

Das Wetter im Internet
Das meteorologische Institut von Norwegen informiert unter **www.yr.no** über das Wetter. Dank der Symbole ist die Seite außerordentlich informativ, auch die Vorhersage für die kommenden Tage ist mit einem Klick sichtbar.

nenbrand zu holen; dies auch im hohen Norden, wo der Winter bis weit in den Mai hinein dauern kann. Die Tage sind schon lang, nördlich des Polarkreises werden zwischen Mai und Juni die meisten Sonnenstunden bei niedrigster Niederschlagsmenge verzeichnet. Aber auch im Süden regnet es im Mai und Juni statistisch betrachtet weniger als etwa im Juli und August.

Wer im Meer baden will, sollte wie der Kulturreisende (viele Museen öffnen erst Mitte Juni) dem **Hochsommer** den Vorzug geben, wenn die Mitternachtssonne scheint, wodurch sich der Norden außerordentlich erwärmt. Es herrscht Hochsaison, entsprechend eng kann es auf den Hurtigrutenschiffen zugehen, die – wie viele Hotels – jetzt oft bis auf den letzten Platz ausgebucht sind. Ab Mitte August, dem Beginn des **Spätsommers,** ist der ›Rummel‹ vorbei, auch wenn der sommerlichen Wetterlage noch mindestens zwei (im Norden) bis vier Wochen verbleiben. Die Tage werden rapide kürzer, und nachts wehen bereits die ersten Schleier des Polarlichts über den Himmel.

Anfang September gibt der **Herbst** sein Debüt im Norden, wenig später lässt er im ganzen Land die Natur in Rot und Gelb und Gold erglühen. Insbesondere in der Finnmark bewegt man sich dann wie in einem Farbtraum. Und weil es nachts bereits empfindlich kalt wird, kann man sich morgens oft am Gegenspiel rot glühender Bäume und von Raureif überzogener Berge erfreuen. Die Wetterlage ist ziemlich stabil, aber in den Bergen fällt spätestens Mitte September der erste Schnee. Im Süden kann man durchaus noch ein Sonnenbad genießen.

Ende September wird der Himmel von Tag zu Tag wetterwendischer. Sturm und Regen wechseln sich mit mehr oder weniger kurzen Sonnenperioden ab. Im Oktober gerät das Land zunehmend in den Einflussbereich atlantischer Tiefausläufer. Der Wind frischt auf und mit Stürmen und sintflutartigen Regenfällen dämmert das Land in den schneereichen **Winter** hinüber. Im Dezember wird die Polarnacht nördlich des Polarkreises zum Alltag. Die Temperaturen können bis in den März hinein Tiefstwerte von –30 °C erreichen. In der inneren Finnmark wurden schon –50 °C gemessen, doch entlang der Küste sorgt der Golfstrom für angenehme Werte, die kaum unter –10 °C fallen, aber auch mal auf 5–10 °C steigen können.

Durchschnittliche Lufttemperatur in °C

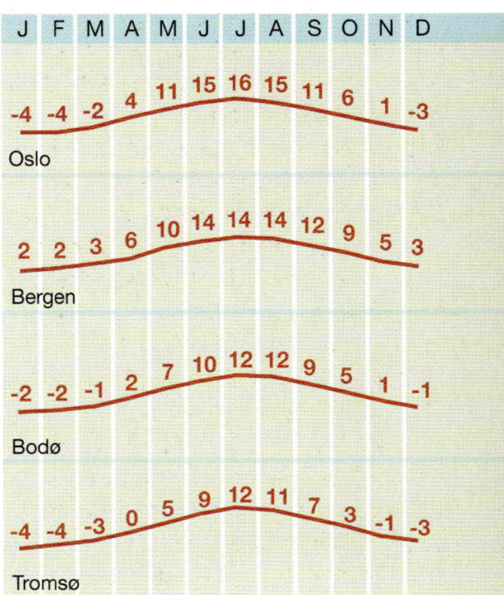

Rundreisen planen

Die Qual der Routenwahl

Die Antwort auf die Frage, welcher Abschnitt der Route Bergen–Kirkenes–Bergen der sehenswerteste ist, lautet: alle! Nur wer die Gesamtstrecke abfährt, kommt in den Höchstgenuss der norwegischen Küstenlandschaft, hat doch jeder Abschnitt seine eigenen Reize. Zudem fahren die Schiffe auf der südgehenden Route (Kirkenes–Bergen) zeitversetzt zur nordgehenden (Bergen–Kirkenes), sodass man diejenigen Abschnitte in der Regel bei Tag sieht, die man auf der nordgehenden verschlafen hat und umgekehrt.

Wer sich für eine Teilstrecke entscheiden will, sollte berücksichtigen, dass die reine Schiffspassage eine Sache ist, die durch Landausflüge (s. S. 24) bereicherte Fahrt hingegen eine ganz andere! So sei hier gleich vorweg gesagt, dass man im Verlauf der nordgehenden Route an insgesamt 31 Landausflügen teilnehmen kann – darunter im Sommer zu so weltberühmten Zielen wie Geirangerfjord, Trollstigen und Svartisengletscher –, während auf der Südroute nur 16 Landausflüge angeboten werden. Um die Entscheidung etwas leichter zu machen, hier eine kurze Zusammenfassung beider Routen.

Die nordgehende Route – von Bergen nach Kirkenes

Da die Einschiffung am **1. Tag** in Bergen erst ab 16 Uhr erfolgt, kann man auch am selben Tag anreisen, obwohl es eine Schande wäre, die ›Königin der Fjorde‹ nicht ausgiebig zu besichtigen.

Um 20 Uhr (November bis Mai 22.30 Uhr) geht es dann los, um morgens, am **2. Tag,** in Ålesund anzulegen, der ebenso malerisch gelegenen wie kulturell sehenswerten ›Stadt des Jugendstils‹, von der aus im Sommer der weltberühmte Geirangerfjord (UNESCO-Welterbe) angesteuert wird.

Am **3. Tag** steht morgens die alte Königsstadt Trondheim auf dem Plan, die Liegezeit ist reichlich bemessen. Gegen Mittag geht es weiter und durch eine navigatorisch sehr anspruchsvolle Schären-Bilderbuchlandschaft nach Rørvik an der Grenze zur Provinz Nordland.

Die Querung des Polarkreises sowie die spätere Neptuntaufe sind einleitende Highlights am **4. Tag.** Als weitere Höhepunkte blickt man auf den Svartisen (Norwegens zweitgrößten Gletscher) sowie den Saltstraumen (stärkster Gezeitenstrom der Welt), bevor es via Bodø, Hauptstadt von Nordland, über den Vestfjord zu den unvergleichlichen Lofoten mit der majestätischen Lofotenwand hinübergeht.

Der **5. Tag** verführt mit der Schönheit der zerklüfteten Küsten der Insel Senja, die auf dem Weg nach Tromsø liegt, der vielgerühmten ›Metropole des Nordens‹, Standort u. a. auch der Eismeerkathedrale. Wieder hat man reichlich Zeit für Sightseeing, bevor sich das Massiv der Lyngen-Alpen majestätisch vor der Kulisse blauer Fjorde erhebt.

Der **6. Tag** steht unter dem Motto ›On Top of the World‹: Frühmorgens wird Hammerfest erreicht und mittags ist man am Nordkap dem Nordpol näher als Deutschland, bevor das Schiff am späten Nachmittag entlang wilder Küsten aus dem Nordmeer in die Barentssee hineinfährt.

Unirdisch einsam ist die Halbinsel Varanger, deren graue Gestade am **7. Tag** auf dem Morgenweg nach Kirkenes passiert werden, dem beim Dreiländereck Norwegen-Russland-Finnland gelegenen Wendepunkt der Reise und Ausgangspunkt mehrerer Ausflüge.

Die südgehende Route – von Kirkenes nach Bergen

Am **7. Tag**, gegen Mittag, werden in Kirkenes die Anker gelichtet, und von nun an geht es wieder südwärts, zunächst Vardø entgegen, der östlichsten Stadt des Königreiches, bevor an Seevögeln ungeheuer reiche Küsten über Båtsfjord nach Berlevåg führen – zwei Hafenstädte ›am Ende der Welt‹.

Das ›Dach Europas‹ steht am **8. Tag** einleitend auf dem Programm und nach einem Frühstück am Nordkap wird erneut Hammerfest angelaufen, bevor es am eisumschnürten Øksfjord vorbei nach Tromsø geht – rechtzeitig für ein Mitternachtskonzert in der Eismeerkathedrale.

Der **9. Tag** der Reise gilt vielen als der beeindruckendste: Morgens steht ein Besuch von Harstad auf dem Programm, anschließend die Passage entlang dem malerischen Archipel der Vesterålen mit stetem Blick auf die majestätische Lofotenwand. Der Raftsund, eine der dramatischsten Wasserstraßen überhaupt, führt durch die Wand hindurch und in den weltberühmten Trollfjord hinein, der nach Svolvær überleitet, Hauptstadt der Lofoten und unvergleichlich schön gelegen.

Am **10. Tag** erfreut frühmorgens schon der ›Eisblink‹ des Svartisengletschers, bevor der Polarkreis gequert wird. Von nun an geht es an der im wahrsten Sinne des Wortes sagenhaften Nordlandküste vorbei, deren landschaftliche Highlights zahlreich sind, am berühmtesten wohl der Torghatten, der ›Berg mit dem Loch‹.

Am **11. Tag** hat man noch einmal Gelegenheit, sich Trondheim anzusehen, bevor es zur ›Klippfischstadt‹ Kristiansund geht, Startpunkt der eindrucksvollen ›Atlantikstraße‹, die, wie unsere Passage auch, nach Molde führt, als ›Stadt der Rosen‹ bekannt und für das Moldepanorama berühmt: 222 Berggipfel sind zu sehen!

Der **12. Tag** ist der letzte, und nachdem der gefährlich enge Steinsund passiert ist, geht es an der gewaltigen Öffnung des Sognefjords vorüber sowie durch den Schärengarten von Øygarden hindurch und um das Westkap des norwegischen Festlandes herum nach Bergen, das am Nachmittag erreicht wird.

Reisen und Preise

Die Preise für eine über die Hurtigruten GmbH gebuchte zwölftägige Rundreise varieren je nach Jahreszeit und Kabine beträchtlich: von ca. 1600 € (Innenkabine) bis ca. 13 000 € (Suite). Am günstigsten fährt man stets mit dem Frühbucher-Bonus, der eine Ersparnis von bis zu 25 % bringt, während ›Wiederholungstäter‹ die Vorteile des 1893 Ambassador Programm nutzen sollten. Für vier- bis fünfzehnjährige Kinder gibt es 25 % Rabatt. Die Preise für Teilstrecken variieren je nach Saison und Strecke. Dazu kommen die Mahlzeiten: Das Frühstück kostet 19 €, das Mittagessen 41 € und das Abendessen 53 € pro Tag (Vollpension 109 €/Tag); s. auch S. 32.

Für jeden etwas
Der Hurtigruten-Freund kann im Baukastenprinzip wählen zwischen der klassischen **Rundreise** auf der Route Bergen–Kirkenes–Bergen, kürzeren **Teilstrecken** und **verschiedenen Anreisemöglichkeiten** mit Flugzeug, Fähre oder eigenem Fahrzeug. Dazu können **Landausflüge** je nach Saison im Voraus oder nur an Bord gebucht werden. Ebenso sind **Kombinationen** von Seereise mit Bahnfahrten, Bustouren und Hotelaufenthalten möglich. All diese Reisen können dann wiederum mit Vor- und Nachprogramm in Bergen und Kirkenes abgerundet werden. Besonders beliebt sind die von deutschsprachigen Reiseleitern begleiteten **Gruppen- und Themenreisen,** die so vielversprechende Namen tragen wie ›Nordlicht & Sterne‹ oder ›Silvester in Tromsø‹.

Landausflüge

Die jeweilige Liegezeit in den 34 Häfen beträgt zwischen 30 Minuten und sechs Stunden und auch diese Ruhepausen machen das ganz Besondere einer Reise mit den Hurtigruten aus. Da nicht jeder zum ›Selbstentdecken‹ geboren ist und sich im gegebenen zeitlichen Rahmen auch nicht alles auf eigene Faust erkunden lässt, bietet Hurtigruten ganzjährig eine Vielzahl an Ausflügen, die im Baukastenprinzip individuell kombiniert werden können: Da finden sich u. a. Bus- und Bootstouren, Hundeschlitten- und Schneemobilfahrten, geführte Stadtrundgänge nebst Museums- und Konzertbesuchen, Vogelbeobachtungen ... – natürlich alles auch auf Deutsch.

Im Reiseteil werden beim jeweiligen Tag die Angebote aufgeführt und meist auch näher beschrieben. Umfassende Informationen über das Ausflugsangebot, die Buchungsmodalitäten, Preise etc. finden sich im Katalog sowie auf der Website der Hurtigruten.

Abenteuer auf festem Gleis

Die Hurtigrutenreise beginnt (und endet) in Bergen und Bergen kann man per Flugzeug u. a. sowohl von Oslo als auch von Mitteleuropa aus erreichen. Das aber ist kein bleibendes Erlebnis und so bietet es sich an, alternativ mit der Bahn an- bzw. abzureisen. Entsprechend wird diese Strecke nachfolgend kurz skizziert, und da viele Hurtigrutenfreunde die Schiffsfahrt erst in Trondheim beginnen (bzw. sie dort enden lassen), soll auch die Dovrebahn vorgestellt werden.

Die Bergenbahn

Dramatisch sind alle Landwege, die nach Bergen führen, und auf keiner Strecke wird man das besser gewahr als mit der Bergenbahn, die in ihrem 470 km langen Verlauf von Oslo aus rund 200 Tunnel durchquert, über mehr als 300 Brücken und extreme Gefällstrecken führt. Ihre Eröffnung im Jahr 1909 nach 14 Jahren Bauzeit war ein Fest für das ganze Land, und ein Fest für die Sinne ist es, sich auf dieses ›Abenteuer auf festem Gleis‹ einzulassen:

Alle Landschaftsformen Norwegens rauschen wie im Zeitraffer an den Panoramafenstern des supermodernen Expresszugs vorüber. Anfangs dominiert die hügelige Wald- und Wiesenlandschaft des unteren **Hallingdal** (www.nesbyen.no); es folgen bei **Gol** (www.golinfo.no) die dunkelgrünen Berghäupter des Hemsedal (www.hemsedal.com), bis es an **Ål** (www.al.no) und **Geilo** (www.geilo.no) vorbei auf die Kältesteppe der **Hardangervidda** (www.hardangervidda.com) hinaufgeht, des mit nahezu 10 000 km² größten Hochplateaus Europas. Dort liegt **Finse** (www.finse1222.no), die höchstgelegene nordeuropäische Bahnstation (1222 m über NN), umgeben von einer arktischen Wüste, in der einst die Polarforscher Amundsen und Nansen ihre Ausrüstungen getestet haben. Bald wird **Fagernut,** der mit 1237 m höchste Streckenpunkt, erreicht, und von nun an hat der Hardangerjøkulen die Tundrasteppe fest im Griff seines Gletschers, bevor man bei **Myrdal** einen extremen Szenenwechsel genießen kann: Durch Lichtöffnungen in einer Tunnelwand fällt der Blick rund 860 m tief ins **Flåmdal** (www.visitflam.no) hinunter. Dort liegt Flåm an einem Seitenarm des Sognefjords. Das verbindende Glied zwischen Meer und Hochgebirge ist die 1940 eröffnete **Flåmsbahn** (www.flaamsbana.no), die auf ihrer 20 km langen Strecke zwischen Myrdal und Flåm zahlreiche Tunnel und Serpentinen bewältigt. Während der gesamten rund 45-minütigen Fahrt bietet sie Aussichten, die zu den beeindruckendsten Sehenswürdigkeiten Norwegens zählen, und dank des Vor- und Nachprogramms der Hurtigruten kann man sie auch im Rahmen einer organisierten Tour genießen.

Die Dovrebahn

Seit 1921 verbindet die ca. 550 km lange Dovrebahn Oslo mit Trondheim. Sie folgt über **Hamar** (www.hamarregionen.no) im Großen und Ganzen der historischen Hauptverkehrsader durch das **Gudbrandsdal**, das sich von **Lillehammer** (www.lillehammer.com) aus öffnet, der Stadt der Olympischen Winterspiele 1994. Das mehr als 100 km lange und vom Lågen durchströmte Tal bildet mal weite Tröge, mal enge Schluchten, über denen sich, oft Hunderte Meter über dem Talgrund, uralte Gehöfte an steile Flanken klammern (www.visitrondane.com).

Das Gebirgsmassiv **Dovrefjell** (www.nasjonalparker.org), aus dem im Westen die beiden Zweitausender Snøhetta (2286 m) und Svånåtind (2215 m) herausragen, war praktisch für über 1000 Jahre das bekannteste des Landes – letztes Hindernis auf dem historischen Pilgerweg zum Nidarosdom von Trondheim. Die Aussicht auf die baumlosen Fjellweiten ist von einzigartiger Schönheit, auch dann, wenn man vom Zugfenster aus kein Exemplar der Moschusochsen sehen kann, die hier ihr letztes Refugium in Europa haben.

Anreise und Verkehrsmittel

Einreisebestimmungen

Personalpapiere: gültiger Personalausweis oder Reisepass; auch Kinder benötigen ein eigenes Reisekokument.
Fahrzeugpapiere: Das Nationalitätskennzeichen ist Pflicht, die Internationale Versicherungskarte (Grüne Karte) nicht, wird aber empfohlen. Der nationale Führerschein ist ausreichend, auch um ein Auto vor Ort zu mieten.
Einfuhr von Tieren: Norwegen und die EU haben ein gemeinsames Regelwerk bei der Einfuhr von Hunden und Katzen: Beim Zoll ist eine Bescheinigung über erforderliche Impfungen und die Gesundheit des Tieres vorzulegen. Dazu benötigt man einen speziellen Ausweis (Blauer EU-Pass). Die Vorbereitung sollte mindestens sechs Monate vor Abreise beginnen (Infos: Mattilsynet, Postboks 383, N-2381 Brumunddal, Tel. 23 21 68 00, www.mattilsynet.no).
Zoll: Norwegen ist kein Mitglied der EU, entsprechend sind mehrere Sondervorschriften zu beachten.
Alkohol: Wer mindestens 18 Jahre alt ist, darf 2 l Bier und 3 l Wein (bis 22 %) einführen, ab 20 Jahren 2 l Bier, 3 l Wein oder 1,5 l Wein und 1 l Spirituosen (bis 60 %). Zusätzlich zu den zollfreien Waren darf man 10 l Bier und 4 l Spirituosen gegen Verzollung einführen.
Tabakwaren: darf man ab 18 Jahren einführen, 200 Zigaretten oder 250 g Tabak und 200 Blatt Zigarettenpapier.

Anreise

Dank des Hurtigruten-Baukastensystems kann man seine Anreise mit dem Flugzeug oder auch der Fähre nach eigenen Vorstellungen gestalten. Der Transfer zum/vom Schiff ist dann inklusive – entspannter kann man die Seereise kaum beginnen.

... mit Fähre und Auto

Die Øresund-Verbindung zwischen Dänemark und Schweden (www.oeresundsbron.com, Tel. +45 70 23 90 60) ist mautpflichtig (PKW 45 €) und weder billiger noch schneller als die Fähre. Generell sind Nachtfahrten von Montag bis Freitag am günstigsten, Tagesfahrten an den Wochenenden am teuersten und im Vorhinein gekaufte Tickets bis zu 30 % günstiger.
Color Line: Norwegenkai, D-24143 Kiel-Gaarden, Tel. 0431 730 01 00, www.colorline.de (Kiel/D–Oslo/N; Hirtshals/DK–Kristiansand/N; Hirtshals/DK–Larvik/ N, Strömstad/S–Sandefjord/N).
Fjord Line c/o MVP travel: Nizzestraße 28, D-18311 Ribnitz-Damgarten, Tel. 03821 709 72 10, www.fjordline.de (Hirtshals/DK–Kristiansand/N; Hirtshals/DK–Stavanger/N; Hirtshals/DK– Bergen/N; Hirtshals/DK–Langesund/N).
Scandlines: Am Bahnhof 3a, D-18119 Rostock, Tel. 0180 211 66 99, www.scandlines.de (Rostock/D–Trelleborg/S; Sassnitz/Rügen/D–Trelleborg/S; Puttgarden/D–Rødby/DK; Rostock/D–Gedser/DK). Buchung und Infos in allen Bahnhöfen der Bundesrepublik. Günstig sind die sog. Kombitickets, die Fährkombinationen: Puttgarden/Fehmarn/ D–Rødby/DK und Helsingør/DK–Helsingborg/S oder Rostock/D–Gedser/DK und Helsingør/DK–Helsingborg/S.
Stena Line: Schwedenkai 1, D-24103 Kiel, Tel. 018 0 591 66 66, www.stenaline.de; bedient u. a. die Strecke Fredrikshavn/DK–Oslo/N.
TT-Line: Zum Hafenplatz 1, D-23570 Lübeck-Travemünde, Tel. 04502 801 81,

www.ttline.de (Rostock/D–Trelleborg/S; Travemünde/D–Trelleborg/S).

... mit dem Flugzeug

Aufgrund des starken Konkurrenzdrucks ist Fliegen mit Abstand die günstigste und natürlich auch schnellste Möglichkeit (ca. 2 Std.), um nach Norwegen zu gelangen.

SAS fliegt (in Zusammenarbeit mit der Lufthansa) täglich von zahlreichen deutschen Städten sowie u. a. von Wien, Zürich und Amsterdam aus nach Bergen und Oslo. Verschiedene Tarife helfen Geld zu sparen, am billigsten bucht man online (www.flysas.com). Informationen und Reservierung über die SAS-Servicerufnummern: Tel. 0180 5 11 70 02 (Deutschland), 0168 0 55 44 66 (Österreich), 08 48 11 71 00 (Schweiz), 054 00 (Norwegen).

Das zweitdichteste Netz für Flüge nach Norwegen hat **Norwegian** gespannt, die ab etwa 80 € auf den Strecken von München, Köln, Hamburg, Berlin, Wien und Genf nach Oslo, Bergen und Trondheim fliegt. Man bucht online (www.norwegian.no) oder über Tel. +47 21 49 00 15 bzw. 81 52 18 15 (innerhalb Norwegens).

Ryanair bedient täglich die Strecken Bremen–Oslo-Torp (bei Sandefjord) nebst Berlin-Schönefeld, Düsseldorf-Weeze und Frankfurt-Hahn–Oslo-Rygge (bei Moss) ab ca. 20 € (alles inkl.). Ab Torp kann man mit Norwegian ab etwa 300 NOK weiterfliegen nach Bergen, nach Oslo verkehrt der Buszubringer (220 NOK, ca. 2 Std.). Ab Rygge bedient Danish Air (www.dat.dk) u. a. 1 x tgl. Bergen ab ca. 650 NOK, nach Oslo verkehrt der Zug im Stundentakt (1 Std., 151 NOK). Infos und Buchung über www.ryanair.com und die Servicerufnummern 0900 116 05 00 (Deutschland), 0900 21 02 40 (Österreich), 082 00 40 02 (Norwegen, englischsprachig).

Mit der Air Berlin nach Oslo

Air Berlin bedient die Strecke zwischen Berlin und Oslo bis zu 3 x tgl. Da man mit Air Berlin gleichzeitig Anschluss von den meisten Großstädten in Deutschland (19 Flughäfen), der Schweiz (2 Flughäfen) und Österreich (6 Flughäfen) hat, bietet diese Gesellschaft ein umfassendes Netz zu günstigen Preisen: Ab Berlin zahlt man pro Weg ab etwa 50 €, ab Düsseldorf und Zürich ab ca. 90 €. Buchen ist am billigsten online über www.airberlin.com, ansonsten in Reisebüros oder auch über die Servicetelefonnummern 0180 573 78 00 (Deutschland), 0820 73 78 00 (Österreich), 0848 73 78 00 (Schweiz).

Zusätzlich zu den Linienflügen bietet die Hurtigruten GmbH ganzjährig günstige Komplettpakete für die klassische 12-Tage-Rundreise mit Nonstop-Charterflügen ab/bis Berlin, Düsseldorf und München mit Air Berlin an.

... mit der Bahn

Die Anreise per Bahn ist mit Abstand am teuersten. Internationale Züge fahren via Hamburg, Kopenhagen und Göteborg oder als Nachtzug via Berlin, Sassnitz, Trelleborg über Malmö und Göteborg nach Oslo; ab dort weiter mit der Bergenbahn.

Seit es den ScanRail Pass seit einigen Jahren nicht mehr gibt, wird der Interrail-Pass (www.raildude.com) empfohlen, der längst auch von Erwachsenen jeden Alters gekauft werden kann, auch in der 1. Klasse. Infos in allen DB-Reisezentren und unter www.bahn.de (man kann auch online buchen).

... mit dem Bus

Oslo erreicht man von den meisten Großstädten Deutschlands, Österreichs und der Schweiz aus problemlos per Bus, preiswert ist das allerdings nicht (je Strecke ca. 60–80 € ab Berlin). Ab Oslo geht es weiter mit NOR-Way Bussekspress (s. u.) nach Bergen. Anbieter sind die **Deutsche Touring** und **Eurolines** (Am Römerhof 17, D-60486 Frankfurt, Tel. 069 790 35 01, www.eurolines.de).

Einschiffung

Einschiffung in Bergen (Hurtigrutenkai; wenige Taximinuten ab Zentrum) ab 16 Uhr, Bezug der Kabinen ab 18 Uhr. Bei Gruppenreisen und Buchung der Anreise über die Hurtigruten GmbH ist ein kostenloser Transfer inklusive. An allen anderen Häfen Einschiffung direkt nach Anlegen des Schiffes; Fahrzeuge müssen stets mindestens 30 Min. vor Abfahrt vorgeführt werden.

Verkehrsmittel in Norwegen

Flugverkehr

Das norwegische Flugnetz ist eines der dichtesten Europas; insbesondere im hohen Norden sind oft noch kleinste Ortschaften erreichbar. Die Preise sind moderat, obendrein gibt es zahlreiche Spezialtarife (teilweise über 50 % Rabatt). Weitere Infos (z. B. zu Flugpässen) vor Ort in jedem Reisebüro oder direkt bei **SAS** (Tel. 054 00, www.flysas.com) und **Widerøe** (Tel. 81 00 12 00, www.wideroe.no), die auch telefonische und Online-Buchungen entgegennehmen.

Die günstigsten Tarife für Inlandsflüge bietet in aller Regel **Norwegian** (Tel. 81 52 18 15, 21 49 00 15, www.norwegian.no): Oslo–Bergen ab 199 NOK. Von Oslo aus werden ansonsten Ålesund, Molde, Trondheim, Stavanger, Bodø, Harstad, Tromsø, Alta und Kirkenes bedient.

Eisenbahn

Die Bahnpreise sind moderat; obendrein werden zahlreiche Spartarife angeboten (am günstigsten ist »Minipris«). Umfassende Informationen darüber und über alle Verbindungen und Fahrpläne erhält man über **Norske Statsbaner (NSB),** Tel. 81 50 08 88 (dann ›9‹ wählen für englischsprachiges Personal), www.nsb.no. Diese Telefonnummern gelten auch landesweit für Reservierungen und Buchungen. Sogar das Bezahlen funktioniert telefonisch, so man eine Kreditkarte besitzt.

Für Hurtigrutenpassagiere sind insbesondere die Bergenbahn s. S. 25) und die Dovrebahn (s. S. 25) von Bedeutung.

Bus

Mit dem weit verzweigten Express-Busnetz (NOR-Way Bussekspress) kann man praktisch alle Städte des Landes erreichen. Ausführliche Informationen über: **NOR-Way Bussekspress A/S,** Karl-Johans gt. 2, N-0154 Oslo, Tel. 815 444 44, www.nor-way.no.

Reiseplaner

Den umfassendsten Service bietet die Website **www.rutebok.no.** Sie dient als Reiseplaner, ist kinderleicht zu bedienen und auch in deutscher Sprache abrufbar. Vor Ort hat man es in Norwegen diesbezüglich denkbar leicht: Unter **Tel. 177** erreicht man in jeder *fylke* (Provinz, Bundesland) einen stets mehrsprachigen Informationsdienst, wo alle Fragen zu Abfahrtszeiten, Preisen etc. erschöpfend beantwortet werden; oft auch auf Deutsch, in jedem Fall auf Englisch.

Mit der Bergenbahn unterwegs

Taxi

Taxifahren ist in Norwegen eine recht teure Angelegenheit. Für eine Stadtfahrt von ca. 3 km muss man mit etwa 150–180 NOK rechnen.

Mietfahrzeuge

Pkw der üblichen internationalen Verleihfirmen sind in jeder größeren Stadt und auf allen Flughäfen erhältlich und können problemlos bereits von zu Hause aus gebucht werden. Die Preise sind jedoch recht happig (um 1500 NOK/Tag für einen Kleinwagen). Viele Vermieter geben ihre Fahrzeuge nur an Personen über 25 Jahre ab; der nationale Führerschein ist ausreichend.

Fahrräder werden i. d. R. in jedem Ort von touristischer Bedeutung vermietet.

Autofahren

Auto an Bord: Jedes Schiff (außer der ›MS Lofoten‹) hat 15–35 Autostellplätze. Die Strecke Bergen–Kirkenes kostet rund 2800 NOK. Rechtzeitige Reservierung ist ein Muss.

Verkehrsregeln: Die erlaubte Höchstgeschwindigkeit liegt bei 50 km/h in geschlossenen Ortschaften, 80 km/h außerhalb bzw. 60 km/h für (ungebremste) Gespanne. Eine Überschreitung wird teuer: 6 km/h zu schnell kosten ca. 1600 NOK, 20 km/h kosten mindestens 4200 NOK. Wer ohne Gurt erwischt wird, muss 2000 NOK bezahlen, die Promillegrenze liegt bei 0,2 (auch nur knapp drüber kostet eineinhalb Monatseinkommen Strafe!). Auch tagsüber ist in Norwegen mit Abblendlicht zu fahren, ansonsten ist mit einer Strafe von 2000 NOK zu rechnen.

Tanken: Die Treibstoffpreise sind völlig instabil, in aller Regel aber höher als in Deutschland (ca. 2 €/l).

Hochgebirgsstraßen: Einige Hochgebirgsstraßen sind im Winter gesperrt. Auskünfte erhält man beim Norwegischen Fremdenverkehrsamt sowie – in Norwegen – über Statens vegvesen, Tel. 020 30, www.vegvesen.no.

Die **NAF-Notrufzentrale** ist 24 Std. zu erreichen unter Tel. 085 05. Die reine Pannenhilfe ist für Mitglieder der deutschen Automobilclubs kostenlos.

Übernachten an Land

Hotels und Pensionen

In Norwegen ist es stets am günstigsten, selbst online zu buchen oder die Vorteile eines Hotelpasses zu nutzen.

Der Standard der norwegischen Hotels ist hoch, die Preise sind es allerdings auch. Außerhalb der Saison sind etwa 160–200 € für ein DZ (i. d. R. inkl. Frühstück) durchaus normal, doch gibt es im Sommer stark vergünstigte Spezialpreise und Rabattsysteme. Lohnend ist u. a. der kostenlose Rica Seniorpass, der in fast jeder Stadt mit einem Haus vertretenen Hotelkette. Er gilt ganzjährig für alle über 60 und bietet Preise ab 450 NOK/Person inkl. Frühstück, außerdem ist jede fünfte Nacht kostenlos und Einzelzimmeraufschlag ist ab 200 NOK erhältlich. Infos über Rica Service Centre, Tel. 66 85 45 60, Fax 66 85 45 61, www.rica.no; man kann den Pass auch online bestellen. Auch das kostenlose Rica Hotel fordelsprogramm bietet zahlreiche Vorteile, u. a. ist dort ebenfalls jede sechste Nacht kostenlos.

Flexibel reist man auch mit dem Rabattsystem **Fjordpass** (150 NOK für zwei Erwachsene und deren Kinder unter 15 Jahren), der in rund 150 Übernachtungsbetrieben akzeptiert wird und den Übernachtungspreis um bis zu 50 % reduziert, sodass man dann nur noch ab 350 NOK pro Person und Tag zahlt. Informationen: Fjord Tours, Strømgt. 4, N-5015 Bergen, Tel. 815 68 222, www.fjordpass.no.

Ferienhäuser

Feriehytter gibt es überall im Land. Sie bestehen üblicherweise aus Küche, mehreren Schlafzimmern, WC und Wohnzimmer (meist mit Kamin). Die Preise liegen zwischen etwa 4000 und 20 000 NOK pro Woche – je nach Ausstattung, Lage, Mietdauer und Saison; eine durchschnittliche Hütte für 4–6 Personen ist in der Hochsaison durchaus für etwa 4500–6000 NOK pro Woche zu haben. Anbieter sind u. a. Atraveo (Tel. 0049 (0) 211 668 87 81 00, www.atraveo.de), Norgesbooking (Tel. 32 08 57 10, www.norgesboo king.no), Novasol (Tel. 0049 (0) 40 688 71 51 82, www.novasol.de), DanCenter (Tel. 0049 (0) 40 309 70 30, www.dancenter.de); weitere Informationen über das Norwegische Fremdenverkehrsamt.

Camping/Campinghütten

Die meisten der landesweit rund 1000 Campingplätze haben auch mehrere Holzhütten mit zwei bis vier Betten, die einfach eingerichtet sind (Bettzeug ist meist selbst mitzubringen bzw. kann ausgeliehen werden). Sie kosten ab etwa 300 NOK pro Hütte. Die Campingpreise liegen im Durchschnitt bei 150–250 NOK pro Platz, was im europaweiten Vergleich immer noch recht günstig ist. Weitere Informationen sowie kostenlose Campingführer kann man beim Norwegischen Fremdenverkehrsamt sowie über www.camping.no und www.nafcamp.com abrufen.

Jugendherbergen

Die Familien- und Jugendherbergen in Norwegen *(vandrerhjem)* stehen jedem offen (unabhängig von Mitgliedschaft oder Alter) und sind mit Preisen von etwa 250–350 NOK (Schlafsaal) und 500–800 NOK (Doppelzimmer, teils mit Bad/WC) günstige Unterkünfte; 10 % Mitgliedsrabatt. Landesweit gibt es 80 dieser modernen, fast immer schön gelegenen Häuser. In den meisten werden auch günstige Mahlzeiten serviert, das Frühstück ist meist inklusive (sonst um 60 NOK). Der Komfort entspricht mitunter durchaus dem eines Mittelklassehotels.

Man kann telefonisch reservieren, in den meisten Häusern auch online. Weitere Infos über **Norske Vandrerhjem/Hostelling International Norway,** Tel. 23 12 45 10, www.hihostels.no.

Essen und Trinken

Schlemmen an Bord

»Man isst schlecht in Norwegen«, lautet ein weitverbreitetes Vorurteil, das vor allem darin wurzelt, dass viele Touristen anscheinend glauben, in den Selbstbedienungsrestaurants oder Cafeterias am Straßenrand der kulinarischen Seele des Landes nahekommen zu können. Man muss wissen, wohin die Norweger gehen, wenn sie schlemmen wollen – wozu im Reiseteil dieses Buches Hinweise gegeben werden. An Bord der Hurtigrutenschiffe werden in den Speisesalons nationale Spezialitäten serviert. Dort gibt es, wie in vielen Spitzenhotels, zum Frühstück und Mittagessen das nicht von ungefähr weltberühmte skandinavische Büfett.

Zum **Frühstück** (7.30–10 Uhr), norwegisch *frokost*, gibt es neben dem üblichen Angebot kalte Fleischgerichte, auch eingelegte Heringe und andere Fischspezialitäten. Es ist unmöglich, von allem auch nur ein Häppchen zu kosten, und wer ein eher mäßiger Esser ist, wird Schwierigkeiten haben, sich dem zwischen 12 und 14.30 Uhr aufgetischten **Mittagessen** (*lunsj*) gebührend zu widmen. Jetzt ist nämlich das bunte Mosaik der kalten und warmen Tafelfreuden noch wesentlich größer als morgens: Es locken Lachshäppchen und geräucherte Forellen, Hering in allen erdenklichen Zubereitungsformen, Krabbencocktails und Kaviar, Pasteten und Sülzen, Brathähnchen und Roastbeef, Frikadellen und Salate, Gemüse und andere Leckereien, bevor man sich schließlich an die Desserts heranmacht.

Zum **Abendessen** (18.30–21 Uhr), das in Norwegen *middag* heißt und traditionell die eigentliche Hauptmahlzeit des Tages darstellt, gibt es ein Menü aus drei Gängen, das sich durch eine unglaubliche Vielfalt insbesondere an Fischgerichten auszeichnet. Da gibt es Lachs und Forelle, Dorsch und Steinbeißer, Hering, Makrele, Scholle und Flunder, Schellfisch, Stein- und Heilbutt. Die *fiskesuppe,* die stets mehrere Fischsorten, Muscheln und andere Meeresfrüchte beinhaltet, steht der berühmten Bouillabaisse um nichts nach. Aber auch *torsketunger* (Dorschzungen), die meist gebraten oder gekocht serviert und mit saurer Sahne aufgetragen werden, haben einen delikaten Geschmack. Der allerdings sagt nicht jedem zu, wie auch *rakørret* (angegorene Forelle) und *lutefisk* (s. S. 196) bei Nicht-Norwegern mitunter auf Ablehnung stoßen.

Wendet man sich den Fleischspeisen zu, führt kein Weg am *fårikål* vorbei, Weißkraut mit Lammfleisch. Wenn *fenalår* (gesalzene und geräucherte Hammelkeule) angeboten wird, sollte man zuschlagen – einfach köstlich! Auch das ›Stäbchenfleisch‹ (*pinne-*

Preise, Preise, Preise
An Bord: Das Frühstück kostet 19 €, NOK, das Mittagessen 41 € und das Abendessen 53 € pro Tag (VP 113 €/ Tag). Einige Cafeteria-Preise: Käsebaguette ab 50 NOK, Fischburger 100 NOK, Pizza 115 NOK, Schnitzel 190 NOK, Pommes 45 NOK, Kuchen ab 40 NOK, 0,5 l Mineralwasser 30 NOK, Soft Drinks 40 NOK, 0,4 l Bier 70 NOK, 1 Glas Wein 80 NOK.
Getränke an Land: Man erhält eine Flasche Wein im Geschäft kaum unter 80 NOK, die Dose Bier (0,5 l) kostet ab 25 NOK, Spirituosen im Durchschnitt ab 350 NOK/Flasche, und nur Leichtbier ist mit rund 5 NOK für 0,33 l vergleichsweise preiswert. Für eine Tasse Kaffee im Café muss man ca. 30 NOK ansetzen, Softdrinks und Mineralwasser liegen um 25 NOK für 0,33 l, aber auch 40 NOK sind durchaus üblich.
Gerichte: Würstchen mit Brot *(pølser med brød)* starten bei etwa 30–40 NOK, Burger bekommt man kaum unter 80–100 NOK, für Lunchgerichte muss man ca. 130–160 NOK ansetzen, wohingegen das mittags angebotene Tagesgericht *(dagens rett)*, zu dem häufig auch Brot, Wasser und Kaffee gereicht werden, oft nur ca. 120 NOK kostet. Bestellt man in besseren Restaurants à la Carte, sind 120 NOK für eine Vorspeise eher günstig, für ein Hauptgericht muss man ca. 250–350 NOK ansetzen.

kjøtt, gedämpfte oder gebratene Hammelrippe) lässt nichts zu wünschen übrig. Einen Versuch wert ist auch *spekemat* (gepökeltes Dörr- oder Rauchfleisch). Als das Leckerste des Leckersten gilt *elgstek* (Elchbraten), meist mit *tyttebær* (Preiselbeeren) serviert, die auch zu *reinsdyr* (Rentier) zu empfehlen sind.

Wer Vegetarier ist oder Diätkost benötigt, kann auch entsprechende Kost an Bord genießen (vor Reiseantritt vorbestellen). Und rund um die Uhr steht zudem auf jedem Schiff eine **Cafeteria** bereit, in der kalte und warme Speisen serviert werden.

Getränke

Nur wenige Lokale haben eine Lizenz zum Ausschank alkoholischer Getränke; Bier und Wein werden oft nur zusammen mit Speisen serviert und Spirituosen werden in aller Regel nur in Restaurants angeboten, denen auch ein Übernachtungsbetrieb angeschlossen ist. Entsprechend beliebt sind Hotelrestaurants, in die man auch einkehren darf, ohne Hotelgast zu sein. Denn natürlich sind auch die Norweger den Freuden des Bacchus nicht abgeneigt. Der Stoff, der das Walhalla der Wikinger erst zum Paradies machte, floss früher so reichlich durch des Nordmanns Kehle, dass Ende des 19. Jh. Zigtausende Familien vor dem Ruin standen. In der Folge entstanden Anti-Alkohol-Bewegungen und eben auch die Idee, Alkohol nur noch über ein weitmaschiges Ladennetz zu verkaufen.

Bier, das einzige alkoholhaltige Getränk, das teils auch in Supermärkten verkauft wird (je nach Gemeinde), wird in Norwegen nach dem Reinheitsgebot gebraut. Es gibt solches mit 7 % Alkohol *(gulløl, bokkøl)*, mit 4,5 % *(pils, bayerøl)*, mit 2,5 % *(lettøl)* und gänzlich alkoholfreies *(zero)*; an Malzbier erinnert das ebenfalls alkoholfreie *vørterøl*. Die bekannteste nordische Spirituose ist **Aquavit,** sie trägt auch im Ausland einen guten Namen, insbesondere dann, wenn von Linje oder Gilde gebrannt. Ansonsten trinken die Norweger vor allem **Kaffee** – morgens, mittags, abends, nachts.

Feste und Unterhaltung

Feste und Traditionen

Farbenfrohe Feste laden das ganze Jahr über zu Dutzenden ein, ihre wichtigsten Eckdaten werden im Reiseteil und im umseitigen Festkalender vorgestellt, während die nachfolgenden Abschnitte den landesweit gefeierten Festivitäten gewidmet sind.

Ostern

Ostern, norwegisch *påske,* unterscheidet sich hier mitsamt bemalten Ostereiern und dem obligatorischen Festessen im engsten Familienkreis kaum von der in Deutschland gepflegten Tradition. Es ist dem Klima geschuldet, dass man nachmittags üblicherweise nicht spazieren, sondern auf Skitour geht, so man nicht ohnehin in den Skiurlaub gefahren ist.

Nationalfeiertag

Der Nationalfeiertag ist der einzige, an dem man überall im Lande Erwachsene, Jugendliche und Kinder in ihren traditionellen Trachten sehen kann. Er erinnert an den 17. Mai 1814, als in Eidsvoll die norwegische Verfassung verabschiedet wurde. Los geht es in der Stadt und auf dem Land meist morgens gegen 9 oder 10 Uhr und stundenlang erfreuen nun farbenprächtige Umzüge mit Musikkapellen die Zuschauer. Wer keine Tracht hat, trägt zumindest Pullover in den Landesfarben, alle schwenken Norwegenfähnchen und an jedem Haus mit Fahnenmast ist die norwegische Flagge gehisst. Mit Abstand am buntesten und auch größten ist natürlich der Umzug in Oslo, der dann die Prachtstraße Karl Johans gate hinaufzieht und vor dem Schloss eine Runde dreht. Anschließend wird vor allem gut gegessen, auch getrunken, und dass der 18. Mai als einer der unproduktivsten Arbeitstage im Jahr gilt, kommt nicht von ungefähr.

Mittsommer

Mittsommer, *Jonsok* oder *St. Hans* genannt, fällt hier stets auf den 24. Juni, doch von Fest-Bedeutung ist eigentlich nur der Vorabend, *St. Hansaften,* an dem traditionsgemäß der längste Tag des Jahres gefeiert wird, am ausgelassensten in Südnorwegen. Alles wird mit Birkenzweigen geschmückt und abends werden riesige Feuer angezündet. Das Akkordeon spielt auf, auf dem Grill brutzeln die Würstchen *(pølser),* es wird getanzt und geflirtet, vor allem auch getrunken, und niemand in Norwegen geht zu Bett, bevor nicht die Sonne wieder am Himmel steht.

Weihnachten

Zu Weihnachten *(jul),* das im engsten Familienkreis mitsamt Weihnachtsbaum gefeiert wird, kommt hier nicht der Weihnachtsmann oder das Christkind, sondern der auf die nordische Mythologie zurückgehende *julenisse,* dem man aus Dank für die Gaben, die er bringt, eine Schüssel mit Grütze in die Scheune stellt. Das Festtagsessen besteht meist aus *kalkun* (Truthahn), aus *pinnekjøtt* (s. S. 31) oder – in den Küstenorten – *lutefisk* (s. S. 196). Traditionell trinkt man davor, dazu und danach Aquavit.

Wer es sich erlauben kann, feiert allerdings oftmals nicht in den eigenen vier Wänden, sondern auf einem Schiff der Hurtigruten, wo dann ein gar köstliches Weihnachtsbüfett mit traditionellen Weihnachtsspeisen aufwartet und spezielle Veranstaltungen die Tage zu einem außergewöhnlichen Erlebnis machen.

Silvester

Silvester, norwegisch *nyttårsaften,* unterscheidet sich in seinem Ablauf durch nichts von dem, was mittlerweile nahezu weltweit üblich ist. Es wird gegessen, getrunken und geknallt.

Unterhaltung

Festivals

Von Mai bis Sept. laden in allen Orten von touristischer Bedeutung, vor allem an der Küste, zahlreiche Festivals ein. Meist gehen sie einher mit Musik- und Tanzveranstaltungen, Wettfischen sowie speziellen Programmen für Kinder; über alle Festivals in Norwegen informiert www.norwayfesti vals.com.

Nachtleben

In Norwegen ist Nachtleben außerhalb der großen Städte kaum ein Thema und im Mittelpunkt der Schiffsreise steht das Erleben und Genießen der vorbeigleitenden Natur, weshalb auf den Hurtigrutenschiffen auf Showprogramme, Kino etc. verzichtet wird.

Festkalender

Januar

Nordlysfestival: Mitte Jan., Tromsø. Festival mit klassischer und zeitgenössischer Musik.

März

Finnmarksløpet: Anfang März, Kirkenes. Mit 1000 km eines der längsten Hundeschlittenrennen der Welt.

Mai

Festspillene i Bergen: Ende Mai–Anfang Juni. Bedeutsamste Kulturveranstaltung des Landes mit über 200 Vorstellungen und Konzerten.

Juni

International Chamber Music Festival: Anfang Juni, Ålesund. 10 Tage währendes Big-Band-Festival.

Nordkapfestival: Mitte Juni, Honningsvåg. 8 Tage, mit dem berühmten ›Nordkap-Marsch‹, der mit 70 km Länge zu den anstrengendsten Volksläufen der Welt zählt.

Festspillene i Nord Norge: Ende Juni, Harstadt. Größte Kulturveranstaltung nördlich des Polarkreises.

Juli

Trondheim Jazzfestival: Anfang Juli lädt die Stadt internationale Größen des Jazz ein.

Molde International Jazz Festival: Mitte Juli, Molde. Norwegens hochkarätigstes Jazzfestival, bis zu 100 000 Besucher.

Riddu Festival: Mitte Juli, Tromsø. Festival der ethnischen Minderheiten dieser Welt.

Olavsfestdagene: 28. Juli–6. Aug., Trondheim. Größte Festivität des gesamten Trøndelag.

August

Varangerfestival: Anfang Aug., Vadsø. Größtes Jazzfestival von Nordnorwegen.

Nordland Musikfestwoche: 10 Tage im Aug., Bodø. Musik aller Gattungen.

Oslo Kammermusikkfestival: 10 Tage, Mitte Aug.

Ølfestivalen: Mitte Aug., Tromsø. Bierfestival vor der nördlichsten Brauerei der Welt.

Weltmeisterschaft im Seelachsangeln: Ende Aug., Bodø.

Reiseinfos von A bis Z

Aktiv an Bord

Alle Schiffe der Millenium-Generation verfügen über einen einfach ausgestatteten Fitnessraum und eine Sauna. Die ›MS Midnatsol‹, ›MS Trollfjord‹, MS Nordnorge, ›MS Nordkapp‹ und ›MS Richard With‹ verfügen über beheizte Whirlpools an Deck. Die ›MS Finnmarken‹ verfügt zusätzlich über einen Außenpool.

Alkohol

So manch ein Norweger sieht sehnsüchtig den vor der Küste vorbeiziehenden Schiffen der Hurtigruten nach, denn was es auf ihnen gibt, das findet landesweit kein Pendant in Norwegen: Ausschank von Bier, Wein und Spirituosen zwischen 6 Uhr morgens und 3 Uhr nachts! An Land, selbst in den Großstädten, werden Spirituosen und Wein nur in den ziemlich rar gesäten (staatlichen) Alkoholläden verkauft, die den Namen Vinmonopolet A/S tragen. Bier bekommt man vielerorts nur in Geschäften mit dem Hinweis ›Øl-Utsalg‹; nur Leichtbier (2,5 %) und alkoholfreies Bier kann man überall erstehen.

Für den Erwerb von Bier und Wein muss man mindestens 18 Jahre, für Spirituosen mindestens 20 Jahre alt sein; Preise s. S. 32.

Apotheken

Die meisten Medikamente bekommt man nur auf Rezept eines norwegischen Arztes. Touristen müssen ihre Medikamente bar bezahlen (Erstattung später meist von der heimischen Krankenkasse). Wegen der kurzen Abstände zwischen den einzelnen Häfen gibt es an Bord keine Apotheke (aber selbstredend eine Erste-Hilfe-Ausstattung).

Ärztliche Versorgung

Wer ärztliche Hilfe braucht, wende sich an eine Ärztestation (*legesenter* oder *legekontor*) oder das örtliche Krankenhaus (*sjukehus* oder *sjukestue*) bzw. an einen Zahnarzt *(tannleger)* oder eine Zahnarztstation *(tannhelsetjenesten)*. An Bord gibt es keinen Arzt, aber eine Krankenkabine. Die Telefonisten sprechen (wie die Ärzte) oft Deutsch, auf jeden Fall Englisch. Ein Termin für einen Arztbesuch an Land kann über die Rezeption an Bord vereinbart werden.

Diät

Spezielle Speisen wie vegetarische und Diätkost müssen rechtzeitig und detailliert vor der Reise bei der Hurtigruten GmbH bestellt werden.

Diplomatische Vertretungen

Deutsche Botschaft
Oscarsgt. 45, N-0244 Oslo
Tel. 23 27 54 00, Fax 22 44 76 72
www.oslo.diplo.de

Österreichische Botschaft
Thomas Heftyesgt. 19, N-0244 Oslo
Tel. 22 54 02 00, Fax 22 55 43 61
www.bmeia.gv.at/botschaft/oslo.html

Schweizer Botschaft
Bygdøynesveien 13, N-0244 Oslo
Tel. 22 54 23 90, Fax 22 44 63 50
www.eda.admin.ch/oslo.

Elektrizität

Die Kabinen an Bord sind mit 220 Volt Wechselstrom-Steckdosen ausgestattet und haben die gleichen Steckkontakte wie in Deutschland.

Feiertage

Feiertage sind der 1. Januar, Gründonnerstag, Karfreitag, Ostermontag, der 1. Mai, der 17. Mai (Nationalfeiertag), Christi Himmelfahrt, Pfingstmontag sowie der 25. und der 26. Dezember.

Fotografieren

An Motiven herrscht während einer Fahrt mit Hurtigruten kein Mangel, daher aber eventuell schnell an Platz auf einer Speicherkarte. Wer vor Ort nachkauft, wird wesentlich tiefer in die Tasche greifen müssen als zu Hause, weshalb man sich entsprechend eindecken sollte. Sehr sinnvoll ist auch die Mitnahme eines **Fernglases.**

Geld

In Norwegen und an Bord zahlt man mit Norwegischen Kronen (NOK). Das kleinste Geldstück ist 50 Øre, das größte 20 NOK; es gibt 50-, 100-, 200-, 500- und 1000-NOK-Scheine, 1 NOK entspricht etwa 0,12 € (1 € = 8,45 NOK).

Banken finden sich in jeder Stadt nahe den Anlegestellen (Mo–Mi, Fr 8.15/8.30–15/15.30, Do 8.15/8.30–17 Uhr). Bargeld kann auch an Bord, teils auch auf Postämtern getauscht werden. Geldautomaten gibt es in fast jedem Ort, die gängigen Kreditkarten (Visa, Mastercard, seltener American Express), ec/maestro-Karten und die Sparcard der Postbank (10 Abbuchungen/Jahr entgeltfrei) werden meist akzeptiert. Mit Kreditkarten kann man in Norwegen fast überall bezahlen; an Bord werden Mastercard, VISA, American Express und Diners Club akzeptiert (›MS Lofoten‹: nur Visa und Mastercard), EC-Karten hingegen generell nicht.

Gesundheitsvorsorge

In Norwegen wird die Europäische Versicherungskarte akzeptiert, die von den Krankenkassen ausgestellt wird. Zusätzlich empfiehlt sich der Abschluss einer privaten Auslandskrankenversicherung, zahnärztliche Behandlung geht nicht zu Lasten der Krankenversicherung.

Karten

Skandinavien: Dänemark, Norwegen, Schweden, 1 : 800 000, Falk Verlag, Ostfildern.
Skandinavien, 1 : 850 000, Marco Polo Autokarte plus Reiseguide, MAIRDUMONT, Ostfildern.

Kinder

Norwegen ist ein ideales Reiseland für Familien. Auch an Bord ist man auf Kinder eingestellt: Die meisten Schiffe sind mit einem Spielzimmer ausgestattet.

Medien

Radio

In den Kabinen kann man mehrere norwegische Sender empfangen, wer deutsche Programme hören will, sollte ein eigenes Radio mitbringen.
Deutsche Welle: 6075 kHz, 49,0 m und 31,0 m; ein kostenloses Programmheft erhält man bei Deutsche Welle, Kurt-Schuhmacher-Str. 3, D-53113 Bonn, Tel. 0228 42 90, www.dw-world.de
Deutschlandfunk: 6090 kHz, 49,0 m

Radio Bremen: 6190 kHz, 48,5 m
Südwestrundfunk: 6030 kHz, 49,8 m

Zeitungen

Deutschsprachige Zeitungen und Zeitschriften (Zeit, Süddeutsche, Welt, Spiegel, Stern, Bild, diverse Frauenzeitschriften) kann man während der Saison (Mitte Juni–Mitte Aug.) in den größeren Kiosken des Landes finden.

Notruf

Polizei	Tel. 112
Krankenwagen	Tel. 113
Feuerwehr	Tel. 110

Sperrung von Handys, EC- und Kreditkarten: +49 116 116.

Öffnungszeiten

Geschäfte: Mo–Sa 9/10–16/17, Do bis 19/20 Uhr.
Supermärkte: Mo–Fr 9/10–20 und Sa 10–18 Uhr.
Banken: Mo–Mi und Fr 8.15/8.30–15/15.30, Do 8.30–15/17 Uhr.
Post: Mo–Fr 8/8.30–16/16.30, Sa 8–13 Uhr.
Alkoholläden: Mo–Mi 10–16, Do bis 17, Fr 10–16, Sa 9–13 Uhr.

Post

Für Briefe (bis 20 g) und Postkarten bezahlt man 13 NOK Porto bei A-Post (Luftpost, Beförderungszeit nach Mitteleuropa ca. 2–3 Tage) bzw. 12 NOK bei B-Post (Land-/Luftweg, Beförderungszeit etwa 3–5 Tage). Briefmarken bekommt man auch an Bord.

Rauchen

Auf allen Schiffen ist das Rauchen nur an Deck gestattet, jedoch nicht, wenn das Schiff im Hafen liegt. In Flugzeugen und anderen öffentlichen Verkehrsmitteln (in den Zügen gibt es Raucher-Stehabteile) sowie in allen öffentlichen Gebäuden und auf öffentlichen Plätzen ist das Rauchen verboten. Dies gilt auch für Restaurants und Cafés, Bars, Kneipen und Diskotheken. Um in Norwegen Tabakwaren kaufen zu dürfen, muss man mindestens 18 Jahre alt sein.

Reiseleiter

Auf allen Schiffen ist ganzjährig ein deutschsprachiger Reiseleiter mit an Bord.

Der Atlantikpark in Ålesund ist eine beliebte Kinderattraktion

Spartipps
Hotelpässe (s. S. 30) bieten bis 50 % Rabatt, Senioren ab 67 Jahren sowie Jugendliche bis 16 Jahren fahren in öffentlichen Verkehrsmitteln für die Hälfte und erhalten auf Eintritte in Museen bis 30 % Rabatt. Der Oslo-Pass (s. S. 240) und die Bergen-Karte (s. S. 92) bringen große Ersparnis.

Reisen mit Handicap

Auf allen Schiffen der Hurtigruten (außer auf der ›MS Lofoten‹) stehen rollstuhlgerechte Kabinen zur Verfügung. Auch an Land sind nahezu alle öffentlichen Einrichtungen und Hotels, aber auch Eingänge, Gehsteige, Lifts etc. auf die Belange von Rollstuhlfahrern zugeschnitten. Die NSB (norwegische Eisenbahn) hat eigens für Körperbehinderte eingerichtete Wagen. Weitere Informationen bei **Norges handikapforbund,** Schweigaardsgt. 12, N-0134 Oslo, Tel. 24 10 24 00, www.nhf.no.

Sicherheit

Wertsachen kann man an der Bordrezeption zur Aufbewahrung im Safe abgeben. Es wird keine Haftung für Wertsachen und Geld übernommen, das in den Kabinen bzw. Pkws aufbewahrt wird. Diebstahl ist (fast) kein Thema in Norwegen, doch tut man vor allem in den Großstädten gut daran, die üblichen Sicherheitsvorkehrungen zu treffen.

Souvenirs

Auf den meisten Hurtigrutenschiffen ist ein Souvenirshop (auch Bücher, Postkarten, Briefmarken) vorhanden. An Land kauft man typische Mitbringsel im ›Husfliden‹: etwa die berühmten Strickpullover etc. im Norwegermuster. Strickwaren jeder Art, Bronze-, Glas- und Zinnwaren, Tafelsilber und Porzellan, gewebte Wandteppiche, handbemalte Holzgegenstände, Schmuck und Textildrucke, Keramiken etc. sind sehr beliebt. Auch Trolle werden im ›Land der Trolle‹ selbstverständlich überall feilgeboten. In Sportgeschäften gibt es eine üppige Auswahl qualitativ sehr hochwertiger Messer (handgeschmiedete Klingen). Beliebte Mitbringsel sind auch Angelutensilien, Gemälde und Drucke (insbesondere von den Lofoten), Samen-Kunsthandwerk aus dem hohen Norden sowie Souvenirs aus Russland (insbesondere in Kirkenes).

Tax-free-System

Was immer man in Norwegen auch an Souvenirs erstehen mag: Kaufen sollte man möglichst nur in Geschäften mit dem Tax-free-Aufkleber. Bei Waren im Wert ab 315 NOK (Lebensmittel 285 NOK) kann man sich dort einen ›Tax-free-Scheck‹ ausstellen lassen, mit dem an Flughäfen, Fähren und an größeren Grenzübergängen die bezahlte Mehrwertsteuer abzüglich einer Gebühr in bar zurückvergütet wird. Auskünfte über das System findet man unter www.taxfreeworldwide.com.

Telefon und Internet

Alle Schiffe sind mit Kartentelefonen ausgestattet (Telefonkarten an der Rezeption) und mit Telefonen in den Kabinen. Zumeist kann man auch mit dem Mobiltelefon problemlos telefonieren. Alle Schiffe können im Selbstwähldienst direkt angewählt werden (die wichtigen Nummern erhält man mit den Reiseunterlagen), und so ist man in der Regel jederzeit an Bord per Telefon erreichbar, außerdem auch per E-Mail.

Alle Schiffe, außer der ›MS Lofoten‹, verfügen über Internetcafés und kostenlosen Internetzugang für Laptops, allerdings nicht in den Kabinen.

Münzfernsprecher akzeptieren 1- und 5-NOK-Stücke, meist auch 10- und 20-NOK-Stücke. Telefonkarten gibt es an Land u. a. in Kiosken und an Tankstellen. Die Gebühren für ein dreiminütiges Gespräch nach Deutschland liegen derzeit bei etwa 22 NOK, in jeder Telefonkabine findet sich eine mehrsprachige Anleitung (auch auf Deutsch).

Für Auslandsgespräche wählt man die 00, gefolgt von der Vorwahlnummer des Landes, die Ortskennzahl ohne die 0, schließlich die Teilnehmerzahl. Ortskennzahlen gibt es nicht in Norwegen: Alle acht Zahlen der Rufnummer müssen gewählt werden. Telefonnummern, die mit 800 beginnen, sind gratis. Die Online-Telefonauskunft erreicht man über **www.gulesider.no,** sie bietet Suchfunktionen auf Norwegisch und Englisch über Name, Adresse und Telefonnummer.

Mobilnummern beginnen entweder mit einer 9 oder 4. Genutzt werden können die Systeme GSM 900, GSM 1800 sowie NMT und UTMS.

Internationale Vorwahlen

Deutschland	0049
Österreich	0043
Schweiz	0041
Norwegen	0047

Internet an Land

Wer einen Laptop dabei hat, kann in den allermeisten Hotels gleich im Zimmer ins Netz gehen. In den meisten Unterkünften ist es aber auch problemlos möglich, gegen Entgelt zu surfen, so wie man auch in Bibliotheken, an Flughäfen, in Bahnhöfen und anderen öffentlichen Gebäuden auf's Internet zugreifen kann.

Trinkgeld

Zwar heißt es offiziell, dass in Norwegen an Bord und Land generell kein Trinkgeld erwartet wird, doch ist es auch hier üblich, sich bei Dienstleistungen durch ein mehr oder weniger großzügiges Aufrunden der Summen erkenntlich zu zeigen.

Umgangsformen

Der Handschlag ist in Norwegen nur beim erstmaligen Treffen oder nach/vor längerer Abwesenheit üblich, nicht jedoch im täglichen Umgang, und kaum jemand stellt sich mit Titel vor, denn stolze Titelträger werden in Norwegen eher belächelt. In aller Regel sagt man zur Begrüßung nur *god morgen* oder *god dag* (Guten Morgen, Guten Tag) ohne Zusatz des Namens, und zum Abschied grüßt man meist mit einem schlichten *ha det* (Tschüss – eigentlich *ha det bra*, wörtlich: Mach's gut).

Das ›Du‹ als Anrede zieht sich in Norwegen durch alle Alters- und Gesellschaftsschichten und auch als Tourist wird man hier oft geduzt.

Beim Betreten eines Postamts oder einer Bank sowie von Behörden und Geschäften ohne Selbstbedienung ist es vielerorts üblich, einen Nummernzettel aus dem Automaten zu ziehen.

Wäscherei

Alle Schiffe sind mit einem Waschraum mit Waschmaschinen, Trockner und Bügeleisen ausgestattet. Die dafür erforderlichen Wertmarken erhält man an der Rezeption.

Panorama – Daten, Essays, Hintergründe

Die Natur spielt auf einer Reise mit den Hurtigruten die Hauptrolle

Steckbrief Norwegen

Fläche: 323 758 km^2 ohne Spitzbergen (61 020 km^2), Jan Mayen (377 km^2) und die Gebiete der Antarktis (ca. 63 205 km^2).
Einwohner: ca. 5,1 Mio.
Hauptstadt: Oslo (ca. 630 000 Einw.)
Die größten Städte: Bergen ca. 270 000 Einw., Trondheim ca. 180 000 Einw., Stavanger ca. 130 000 Einw., Kristiansand ca. 85 000 Einw.
Amtssprache: Bokmål und Nynorsk
Zeitzone: MEZ und Sommerzeit
Landesvorwahl: 0047
Währung: Norwegische Kronen (NOK)

Geografie und Natur

Norwegen erstreckt sich am Westrand der skandinavischen Halbinsel über mehr als 14 Breitengrade vom Kap Lindesnes bei 57° bis zum Nordkap bei 71°, in der Luftlinie ist es 1752 km lang und 6,3 bis rund 430 km breit. Rund 23 % der Landesfläche sind bewaldet, 74 % bestehen aus Gebirgs- und Ödland sowie Gewässern, nur 3,5 % sind landwirtschaftlich nutzbar. Ein Viertel der gesamten Landesfläche liegt höher als 1000 m über dem Meeresspiegel, die durchschnittliche Höhenlage beträgt rund 500 m.

An Landesgrenzen werden 1619 km mit Schweden, 727 km mit Finnland und 196 km mit Russland gemessen.

Grob gesagt lässt sich Norwegen in fünf pflanzengeografische Regionen einteilen. Die gemäßigte Zone, die Laubwaldregion, geht nach Norden hin oder in höheren Lagen in eine Mischwaldregion über, an die sich das Taiga genannte boreale/montane Waldgebiet mit seinen dominierenden Nadelbäumen anschließt. Wieder ein Stückchen weiter gen Norden oder höher hinauf erstreckt sich die subarktische bzw. subalpine Region, an die sich die aktische/alpine Region anschließt, die Tundra bzw. das Oreal.

Jede dieser Vegetationsstufen steht mit der Tierwelt in einer Wechselbeziehung: Sind in der Taiga u. a. Elch und Vielfraß, Fuchs, Braunbär und Luchs zu Hause, so dominiert im höchsten Norden vor allem das Rentier.

Insgesamt zählt Norwegen (ohne Spitzbergen) zurzeit 44 Nationalparks (rund 15 % der Landesfläche).

Geschichte

Erste Spuren menschlicher Besiedlung finden sich in Norwegen etwa ab dem 10. Jt. v. Chr. Etwa 500 v. Chr. beginnt die Eisenzeit, die um 500 n. Chr. in die Wikingerzeit übergeht, während der die norwegischen Stämme zu einem Reich vereint werden. Harald Hårfagre (9. Jh.) gilt als erster König norwegischer Nation.

Im Jahr 1380 wird Norwegen vom überlegenen Dänemark abhängig und bleibt es bis 1814, als Norwegen im Vertrag zu Kiel Schweden zugesprochen wird. Noch im gleichen Jahr, am 17. Mai, dem heutigen Nationalfeiertag, gibt sich Norwegen eine eigene Verfassung als selbstständiges Königreich mit eigenem Parlament und am 7. Juni 1905 sagt es sich von Schweden los.

Im Ersten Weltkrieg verliert das Land trotz Neutralität fast die Hälfte seiner Handelsflotte durch U-Boot-Angriffe der Deutschen; 1940, während des Zweiten Weltkriegs, greifen die Deutschen Norwegen an. In der Nachkriegszeit tritt Norwegen der UNO bei (1945), 1949 der NATO, doch bislang nicht der EU. Heute engagiert sich Norwegen außenpolitisch unermüdlich für friedliche Lösungen bei internationalen Konflikten.

Staat und Verwaltung

Norwegen ist eine konstitutionelle Erbmonarchie und wird auf parlamentarisch-demokratischer Basis regiert. Staatsoberhaupt ist König Harald V., die Regierung bildet seit 2013 eine Minderheitsregierung aus Konservativen (26,8 %) und der rechtspopulistischen Fortschrittspartei (16,2 %). Die nächste Wahl findet im Herbst 2017 statt.

Norwegen wird in fünf Großräume eingeteilt: das längs der Skagerrak-Küste sich erstreckende Sørland, (Südland), das wald- und bergreiche Østland im Südosten, das hochgelegene Vestland im Südwesten an der Nordseeküste, das Gebiet von Trøndelag in der Mitte sowie Nord-Norge (Nordnorwegen), das zum größten Teil nördlich des Polarkreises liegt. Diese Großräume sind in 19 Verwaltungsbezirke (fylker) eingeteilt.

Wirtschaft und Tourismus

Norwegen ist dank seiner Öl- und Erdgasvorkommen mit einem Pro-Kopf-Einkommen von knapp 600 000 NOK (2012) eines der reichsten Länder der Welt; die Arbeitslosigkeit liegt bei 3,6 %, die Inflationsrate bei 3,2 %. Der gesamte Energiebedarf wird durch Wasserkraft gedeckt. Der Tourismus ist nach dem Ölgeschäft der profitabelste Wirtschaftssektor; über 70 % aller Reisenden sind Norweger, ein Viertel der ausländischen Gäste kommen aus Deutschland, etwa 50 % aller ausländischen Hurtigrutenpassagiere sind Deutsche.

Bevölkerung und Religion

Von den rund 5,1 Mio. Einwohnern leben ca. 20 % auf dem Land und 80 % in Städten und Ballungsgebieten. Südnorwegen ist der am dichtesten besiedelte Teil des Landes, hier leben etwa 3,8 Mio. Menschen, also mehr als 70 % der Gesamtbevölkerung. Nordnorwegen hingegen, das mehr als ein Drittel der Landesfläche umfasst, zählt nur rund 470 000 Einwohner, weniger als 10 % der Gesamtbevölkerung. Die Bevölkerungsdichte beträgt im Durchschnitt ca. 15,7 Einw./km^2. Zu den ethnischen Minderheiten Norwegens gehören rund 30 000 Samen und ca. 7000 Kvæner (finnischer Abstammung), die beide vor allem in der Finnmark beheimatet sind.

Wies die Statistik für ganz Norwegen 2013 einen Einwandereranteil von rund 12 % aus, so stellen im Ausland geborene Ausländer (meist Asylanten aus Asien und Afrika) in Oslo bereits gut 30 % der Bevölkerung.

86 % der Norweger bekennen sich zur evangelisch-lutherischen Kirche.

Sprache

Norwegen kennt zwei Sprachen, Bokmål und Nynorsk (sowie Samisch im hohen Norden), beide eng mit dem Deutschen und dem Englischen verwandt. Englisch versteht fast jeder.

Geschichte im Überblick

Steinzeit (ca. 14 000–4000 v. Chr.)

Ab 13. Jt. v. Chr. Die Eismassen der letzten Kaltzeit schmelzen ab, es finden sich erste Spuren menschlicher Anwesenheit in Norwegen.

8.–4. Jt. v. Chr. Im Bereich des Oslofjords tritt die Nøstvet-Kultur auf, die bereits das Töpferhandwerk ausübt und Handel mit Steinwerkstoffen und Steinwerkzeugen entlang der Küste betreibt.

4.–3. Jt. v. Chr. Während der Jüngeren Steinzeit verbessert sich das Klima deutlich, was Ackerbau und Viehzucht ermöglicht. Die Besiedlung wird dichter und erstreckt sich von den Küsten bis auf die Fjellhochflächen.

Bronzezeit (ca. 1500–500 v. Chr.)

1500–500 v. Chr. Wichtigste Dokumente der Bronzezeit sind die *helleristninger* (Felszeichnungen), die in großer Zahl insbesondere entlang der Küste vorkommen. Mit harten Quarzsteinen werden symbolische oder halbnaturalistische Figuren wie Schiffe, Hirsche, Kraniche, aber auch Männer mit Äxten, Speeren oder Rädern und Pflügen in Felsflächen geritzt.

Eisenzeit (ca. 500 v. Chr.–500 n. Chr.)

500 v. Chr.–500 n. Chr. Die Menschen erlernen die Kunst der Verhüttung von Sumpfeisen. Das Klima verschlechtert sich dramatisch, was – wie manche Wissenschaftler meinen – die große germanische Völkerwanderung auslöst.

Wikingerzeit (ca. 500–1380)

500–800 In Schweden kämpfen zwei Geschlechter um die Herrschaft. Die unterlegenen Ynglingar finden am Oslofjord eine neue Heimat und über Königin Åsa führt die Linie der Ynglingar direkt zu Harald Hårfagre.

872 Harald Hårfagre, der als erster norwegischer König gilt, vereinigt die norwegischen Stämme. Wer nicht für ihn ist, muss das Land verlassen, wodurch die Besiedlung Islands und Grönlands ihren Anfang nimmt und in der Folge die nordamerikanische Küste entdeckt wird. Nach dem Tod Haralds zerfällt das Reich.

997 Olav Tryggvason, ein direkter Nachfahr Haralds und zum Christentum übergetreten, stellt die nationale Einheit wieder her und gründet Nidaros, das spätere Trondheim, wo er eine erste Kirche errichten lässt. Doch der Widerstand gegen das Christentum ist stark und drei Jahre später fällt Olav im Kampf gegen eine ›heidnische‹ Allianz aus Norwegern, Dänen und Schweden.

1015 Olav Haraldsson besteigt den norwegischen Thron und versucht, das Land erneut unter dem Christentum zu einen.

1030 Olav Haraldsson stirbt in der Schlacht von Stiklestad und wird als Märtyrer im Kampf für das Reich und das Christentum heiliggesprochen und zum *rex perpetuus Norvegiae*, zum ewigen König Norwegens, erklärt. Sein Grab ist im Mittelalter die bedeutendste Wallfahrtsstätte des Nordens.

Mittelalter (ab 1030)

Ab 1030 Mit der endgültigen Christianisierung Norwegens gilt die Wikingerzeit als beendet, doch das künstlerische Erbe dieser Ära, die Holzschnitzkunst, lebt in den Stabkirchen weiter. In den folgenden drei Jahrhunderten werden über 700 dieser Gebäude errichtet.

13. Jh. Norwegen, das nun auch die Færøer, die Shetland- und Orkney-Inseln sowie die Isle of Man unter seiner Krone vereint, besitzt die größte Ausdehnung seiner Geschichte.

1250 Der Handelsvertrag mit der Lübecker Hanse wird geschlossen.

Ab 1278 1278 erhält die Hanse die ersten schriftlich fixierten Privilegien in der Königsstadt Bergen. Der Handel blüht auf, bringt aber 1349 auch die Pest nach Norwegen, der mehr als die Hälfte aller Landesbewohner (damals rund 350 000) zum Opfer fallen.

1299 Oslo wird die neue Hauptstadt des Königreichs.

Dänische Herrschaft (1380–1814)

1380 Das durch die Pest geschwächte Norwegen wird mit König Olav VI., der über Dänemark und Norwegen herrscht, vom wirtschaftlich, militärisch und auch kulturell überlegenen Dänemark abhängig.

Bis 1814 Norwegen wird praktisch zu einer Kolonie des südlichen Nachbarn und bald schon haben die Norweger sowohl im Handel als auch in der Verwaltung jegliches Mitspracherecht verloren.

Schwedische Herrschaft (1814–1905)

1814 Nach den napoleonischen Kriegen bekommt Schweden im Vertrag zu Kiel Norwegen zugesprochen. Eine vom Volk gewählte Nationalversammlung tagt in Eidsvoll und gibt Norwegen eine eigene Verfassung als selbstständiges Königreich mit einem Parlament, und am 17. Mai, dem heutigen Nationalfeiertag, wird die Verfassung verabschiedet. Danach bilden Norwegen und Schweden eine Union formell gleichberechtigter Staaten, in der Schweden die Außenpolitik bestimmt.

1905 Am 7. Juni 1905 sagt sich Norwegen von Schweden los.

1905 Laut Grundgesetz von 1814 ist das Land ohne Adel. Da die Verfassung jedoch die Monarchie festschreibt, wählen die Norweger Prinz Carl von Dänemark zu ihrem neuen König. Er führt als Håkon VII. die im Mittelalter unterbrochene Königslinie weiter.

1914–1918 Trotz enger Beziehungen zum Deutschen Reich pocht Norwegen am Vorabend des Ersten Weltkriegs auf Neutralität. Dennoch wird seine Handelsflotte angegriffen und durch die Handelsblockade in eine schwierige Lage gebracht.

1920 Der Völkerbund wird ins Leben gerufen, der zum Teil von Norwegen bzw. dessen Delegationsmitglied Fridtjof Nansen mitgeprägt wird. Dieser hat schon zuvor durch seine zahlreichen Expeditionen Weltruhm erlangt.

Ab 1935 In der Weltwirtschaftskrise steht Norwegen ökonomisch vergleichsweise stabil da und entwickelt sich mehr und mehr in Richtung Wohlfahrtsstaat. Die nationalsozialistische Nasjonal Samling-Partei (Nationale Sammlung), die fünf Jahre später eine verhängnisvolle Rolle spielen sollte, ist mit nur 2 % der Stimmen vollkommen bedeutungslos.

1940 Wie im Ersten Weltkrieg erklärt Norwegen seine Neutralität, unterschätzt aber, wie gefährdet es aufgrund seines Erzhafens Narvik und der Lage gegenüber von den Britischen Inseln ist. Am 9. April 1940 greifen die Deutschen an, am 10. Juni kapitulieren die letzten norwegischen Truppen.

1945 Am 8. Mai 1945 wird Norwegen befreit. Jetzt tritt das volle Ausmaß der Zerstörung zutage, das die deutschen Streitkräfte im Norden des Landes auf ihrem Rückzug angerichtet haben.

1945–1949 Im November 1945 tritt Norwegen der UNO bei und stellt mit Trygve Lie den ersten Generalsekretär der UNO, bevor es am 4. April 1949 als eines der ersten Länder den Nato-Vertrag unterzeichnet.

Ab 1953 Norwegen tritt dem Nordischen Rat bei, 1960 auch der EFTA. Die Sozialdemokraten (bis 1965 ununterbrochen an der Regierung) führen Norwegen vom Agrarland zu einer unabhängigen Industrienation. Spätestens mit den Ölfunden in der Nordsee Ende der 1960er-Jahre blüht die Wirtschaft.

1972 Um den ›Ausverkauf Norwegens‹ zu vereiteln, sprechen sich 1972 53,5 % der Norweger gegen die bereits vereinbarte EWG-Mitgliedschaft ihres Landes aus.

Mit der Kuh gegen die EU: Protest gegen den Beitritt im Jahr 1994

1994 Auch bei der Abstimmung im November 1994 siegen die Europagegner. Im selben Jahr aber trifft Norwegen eine Vereinbarung mit der EU über den europäischen Wirtschaftsraum (EWR) und muss sich seitdem einer Flut von Vorschriften fügen, ohne ein Mitbestimmungsrecht zu haben.

2007 Als stark im Klimaschutz engagiertes Land verpflichtet sich Norwegen, bis 2050 der erste ›Null-Emissions-Staat‹ weltweit zu werden.

Seit 2008 Zehn von insgesamt 19 Ministerposten werden von Frauen bekleidet, womit Norwegen erstmalig eine Frauenmehrheit in der Regierung hat. Außerdem sind Frauen in den Gremien staatseigener Betriebe und privater Aktiengesellschaften zu mindestens 40 % vertreten.

2010 Hurtigruten erhält den renommierten Grand Travel Award als »Bester Reiseveranstalter für Norwegen«.

2011/12 Bei einem Massaker auf der Insel Utøya (Oslofjord) und einem Bombenanschlag in Oslo am 22. Juli 2011 sterben 77 Menschen. Für Norwegen sind die Anschläge des rechtsgerichteten Andreas Breivik die schlimmste Katastrophe seit dem Zweiten Weltkrieg und der Prozess ist der größte der Nachkriegsgeschichte.

2013 In der Barentssee werden neue Gas- und Ölvorräte von so gigantischem Ausmaß gefunden, dass sich Norwegens Energievorräte unter dem Meeresboden auf einen Schlag um gut 15 % erhöhen.
Bei den Parlamentswahlen im Herbst rutscht Norwegen stark nach rechts, erstmals seit ihrer Gründung regiert die rechtspopulistische Fortschrittspartei mit.

Norwegen mit dem Postschiff – willkommen auf den Hurtigruten

Fern-Sehen der anderen Art: mit der ›MS Richard With‹ durch den Risøysund

Sie findet auf der Welt kein Gegenstück – die Fahrt mit einem Hurtigrutenschiff zwischen Bergen, der alten Hansestadt, und Kirkenes, dem entlegenen Ort nahe der russischen Grenze. Bereits seit 1893 verkehren die berühmten Postschiffe im täglichen Liniendienst entlang der eindrucksvollen norwegischen Fjordküste.

Seit am 2. Juli 1893 das erste Postschiff von Trondheim in Richtung Hammerfest in See stach, hat sich in puncto Komfort zwar einiges geändert, vieles von der ursprünglichen Atmosphäre ist jedoch lebendig geblieben. Eine Reise an Bord der Hurtigruten ist immer auch eine Reise in die Vergangenheit. Stand lange Zeit der Transport von Post und anderen Waren in den auf dem Landweg nur schwer zugänglichen Norden im Vordergrund, so sind die Hurtigruten heute eine faszinierende Mischung aus erholsamer Seereise und alltäglichem Transportmittel für die Küstenbewohner. Für die Einheimischen stellen die Hurtigruten ein Stück Tradition und Kultur dar, für den Urlauber einen einzigartigen Weg, Norwegen mit all seinen landestypischen Phänomenen kennen und lieben zu lernen.

Drei Generationen: Komfort und Ambiente

Im Laufe der Jahre wurde die Hurtigrutenflotte ständig vergrößert und modernisiert. Elf Schiffe gibt es insgesamt. Die beiden letzten klassischen

Postdampfer wurden im Jahr 2002 von den Neubauten ›MS Trollfjord‹ und ›MS Finnmarken‹ abgelöst. Und auch das Jahr 2003 brachte Zuwachs: die ›MS Midnatsol‹. Die sogenannte neue Generation umfasst seitdem acht Schiffe. Sechs davon stammen aus den 1990er-Jahren, zwei weitere aus den Jahren 2002 und 2003. Die jüngsten der insgesamt elf Hurtigrutenschiffe, ›MS Trollfjord‹, ›MS Finnmarken‹ und ›MS Midnatsol‹, bieten dem Reisenden noch mehr Komfort und Ambiente: sehr ansprechend ausgestattete Kabinen, Suiten mit privater Seeblickveranda, attraktive Fitnessbereiche und mit durchdachtem Design eingerichtete Gesellschaftsräume. Das architektonische Highlight dieser neuesten Schiffe sind die Vielzahl von Panoramafenstern und gläsernen Fassaden, die den Reisenden auch in den kälteren Jahreszeiten stets den Rundum-Ausblick auf die faszinierende Natur genießen lassen.

Bei dem letzten noch in Dienst stehenden Schiff der mittleren Generation handelt es sich um die ›MS Vesterålen‹ (Baujahr 1983), die aber dank Modernisierungen einen ähnlich hohen Standard wie die neuen Schiffe hat und mit einem hellen, freundlichen Interieur gefällt. An Bord des Schiffes gibt es selbstverständlich Aussichtssalon, Bar, Restaurant, Fahrstuhl, Shop und Spielzimmer. Die relativ niedrige Passagierkapazität und die rustikalen Hölzer an Deck machen das Reisen auf der ›MS Vesterålen‹ besonders gemütlich. Der wichtigste Unterschied liegt in der Größe: Die Schiffe der mittleren Generation sind kleiner und bieten Platz für 620 Passagiere, während die Schiffe der neuen Generation 822 bis 1000 Passagiere beherbergen können.

Bleibt die ›MS Lofoten‹, das mit Platz für 400 Passagiere kleinste Schiff der Flotte und das letzte der traditionellen Generationen, seit im Sommer 2012 der Oldtimer ›MS Nordstjernen‹ außer Dienst gestellt wurde. Sie stammt aus dem Jahr 1964, steht sogar unter Denkmalschutz und konnte sich trotz Modernisierung ihren traditionelle Stil und die ganz besondere Atmosphäre erhalten – ein Traum für Nostalgiker.

Auf allen Schiffen der Hurtigrutenflotte sorgt die legere Atmosphäre an Bord für besonders erholsame Entspannung fernab von Alltagshektik und Touristenströmen. Abendgarderobe und Dinnerjacket kann man beruhigt zu Hause lassen, denn es gibt keinen Dresscode wie auf einem Kreuzfahrtschiff. Auch das Bordprogramm ist bei den Hurtigruten auf das Erleben der Natur abgestimmt.

Tag für Tag

Heute nimmt fast an jedem Tag des Jahres ein Hurtigrutenschiff von der Hansestadt Bergen aus nordgehenden Kurs in Richtung Kirkenes an der russischen Grenze. Am siebten Tag erreicht man den Wendepunkt der Reise, dann geht es wieder zurück nach Bergen, das die Postschiffe am zwölften Tag anlaufen. Unterwegs legen sie insgesamt 2500 Seemeilen zurück.

Alle Häfen, die auf der Hinfahrt Tagesziel sind, werden auf der Rückfahrt nachts angelaufen und umgekehrt. Touristen, die die ganze Rundreise von Bergen über Kirkenes zurück nach Bergen machen, werden also keine der 34 Anlegestellen verpassen. In den Häfen mit längerer Verweildauer kann der Urlauber auf eigene Faust oder im Rahmen geführter Landausflüge die Orte erkunden.

Postschiffe für den Norden Norwegens

Viele Orte entlang der zerklüfteten Küste Norwegens waren vor der Erfindung des Flugzeuges besonders im Winter nur vom Meer aus erreichbar. Um auch diese abgeschiedenen Orte versorgen zu können, erhielten Fischer Mitte des 17. Jh. den offiziellen Auftrag, zweimal jährlich Post von Trondheim zur Festung Vardøhus in der Finnmark zu bringen. Ab 1804 stellten Mannschaften zu je acht Ruderern alle drei Wochen die Verbindung von Trondheim nach Alta sicher: Das erste Boot fuhr von Trondheim nach Bodø, das zweite weiter nach Tromsø, das dritte schließlich nach Alta. Ab Mitte des 19. Jh. übernahmen Dampfschiffe den Postdienst.

Der aus Tromsø stammende Kaufmann Richard With, nach dem auch ein Hurtigrutenschiff benannt ist, erkannte Ende des 19. Jh. das wirtschaftliche Potenzial einer regelmäßigen Verbindung nach Nordnorwegen und gründete die ›Vesterålens Dampskipsselskap‹. Am 2. Juli 1893 verließ das erste Linienschiff Trondheim in Richtung Hammerfest. 1894 schlossen sich zwei weitere Reedereien mit ihren Schiffen den Hurtigruten an. 1898 wurde die Strecke bis hinunter nach Bergen erweitert. Ein Staatsvertrag legte 1911 die Routenführung bis nach Kirkenes fest. Heute bedient die Reederei ›Hurtigruten Group ASA‹ die Strecke.

Bis zum Jahr 2001 wurden die Hurtigruten, die auch »Reichsstraße Nr. 1« genannt werden, staatlich subventioniert, um den Norden des Landes täglich mit Post und Waren versorgen zu können und so der drohenden Entvölkerung entgegenzuwirken. Da heutzutage das Flugzeug eine weit wichtigere Rolle bei der Aufrechterhaltung der Verbindung zur Außenwelt spielt, wird seit 2002 nur der Winterverkehr subventioniert (wenn Landebahnen vereist sind, können Flugzeuge nicht starten und landen). Im Sommerhalbjahr müssen sich die Hurtigruten selbst tragen. Als Zugeständnis an den Tourismus unternehmen deshalb alle Schiffe auf der nordgehenden Route von Mitte April bis Mitte September einen Abstecher in den Geirangerfjord, eine der touristischen Hauptattraktionen Norwegens.

›Echte‹ Norweger

Heute sind die Hurtigruten für die Norweger ein Transportmittel wie jede andere Fähre auch. Man steigt in einem Hafen zu und im nächsten wieder aus. Und das macht – neben dem Erleben der grandiosen Natur – den Reiz einer Reise aus. Man beobachtet in den Häfen das Laden und Löschen von Ladungen, trifft ›echte‹ Norweger und muss doch auf Service und manchen Luxus – wie z. B. Sauna, Fitnessraum und Whirlpool – nicht verzichten.

Allein aus Deutschland kommen jährlich etwa 32 000 Passagiere, um mit Hurtigruten die grandiose Natur im Land der Fjorde kennenzulernen. Die deutsche Niederlassung der Reederei ist die Hurtigruten GmbH in Hamburg. Hurtigrutenschiffe sind aber heute nicht nur entlang der norwegischen Küste unterwegs: So unternehmen zwei Hurtigrutenschiffe Reisen um Spitzbergen. Seit 2007 ist das neue Hurtigrutenschiff ›MS Fram‹ im Einsatz, das speziell für Entdecker-Seereisen konzipiert wurde und seit 2008 ab der argentinischen Hauptstadt Buenos Aires Kurs auf die Antarktis nimmt, dabei unterwegs u. a. die Falkland-Inseln sowie Südgeorgien passiert. Zudem befährt die ›MS Fram‹ in den Sommermonaten die Arktis mit Grönland und Spitzbergen und unternimmt auf ihren Transatlantik-Fahrten von der Antarktis in die Arktis und zurück auch spannende Europa-Reisen.

Und zum ersten Mal in der mehr als hundertjährigen Geschichte der Hurtigrutenschiffe nahmen 2006 zwei Schiffe (›MS Midnatsol‹ und ›MS Nordstjernen‹) ihren Liniendienst bereits in Deutschland (Hamburg) auf. Die Nachfrage war enorm, und so versucht man, seitdem jährlich weitere solche Reisen folgen zu lassen.

Relaxen auf dem Postschiff

Die »Schweiz am Meer« – zur Geografie des Landes

Der große Dreiklang von Wasser, Grün und Stein durchtönt ganz Norwegen, in ihm hat dieses landschaftlich so spektakuläre und vielgestaltige Land seinen Takt und sein Maß. Dies wird man nirgends deutlicher gewahr als von der »Reichsstraße 1« aus, auf der die Postschiffe der Hurtigruten längs dem Westrand der skandinavischen Halbinsel zwischen Bergen und Kirkenes verkehren.

Es ist ein unvergessliches Erlebnis, sich den hohen Norden auf diese Weise zu erschließen, denn in einer Zeit, da die Landschaften unserer Erde in kaum überschaubarem Maße verändert werden, nimmt sich Utkant-Norge, der äußere Rand des Königreichs, wie ein Anachronismus aus. In weitesten Teilen erscheint es so unschuldig und friedvoll wie zu Beginn seiner Schöpfung, als sich an der Wende vom Silur zum Devon vor rund 600 Mio. Jahren das Kaledonische Gebirge auffaltete, das heute das Herzstück Norwegens bildet. Dieses Gebirge, das in Anlehnung an den Namen Skandinavien (der erstmals vor etwa 2000 Jahren als »Skandinavia« in der Naturalis historia des Römers Plinius des Älteren auftritt) auch als Skanden bezeichnet wird, durchläuft das nordeuropäische Land, dessen Form an einen Drachenkamm oder auch einen kauernden Löwen erinnert, über mehr als 14 Breitengrade in seiner gesamten Länge.

Im Süden steigt der riesige Gebirgszug aus dem Skagerrak auf, im Westen wird er von der Nordsee und dem Atlantik umschnürt, im Norden umspülen das Europäische Nordmeer sowie die an Russland grenzende Barentssee seine felsigen Gestade. Somit ist er, neben den Alpen, das längste, größte und mit zahlreichen Gipfeln über 2000 m auch höchste Gebirge Europas – ja ist recht eigentlich Norwegen selbst, dessen gesamte Landesfläche (rund 324 000 km^2) sich zu einem Viertel höher als 1000 m über den Meeresspiegel erhebt und dessen durchschnittliche Höhenlage immerhin noch stolze 500 m beträgt.

Hier finden sich, neben anderen Superlativen, die größten und mächtigsten Gletscher sowie ausgedehntesten Hochebenen unseres Kontinents ebenso wie die höchsten Wasserfälle und tiefsten Seen. Die Bilder wechseln oft auf engstem Raum: Genießt man gerade noch das Gegenspiel schwarzer Schluchten und farbenfroher Blumentäler, so schon wenig später den Blick auf weite Tundrasteppen zwischen eisverbrämten Riesen.

Der Weg nach Norden

Das Kaledonische Gebirge war stets mehr Hindernis als Weg, denn Überlandrouten gab es in Norwegen bis in unsere Zeit hinein nur wenige. Zudem waren sie gefahrvoll und zeitraubend, und so kam es, dass Norwegen, obwohl steilstes Bergland, dem Meer verschwistert ist, was der deutsche Naturforscher Ferdinand Krauss vor über hundert Jahren mit feinem Sprachgefühl auszudrücken wusste: »Bis zum Herzen der Felsenwüste, bis zum Urstock des Gebirges, in die letzten Hochthäler und Winkelgräben, bis zum eisumgürteten, nebelumschleierten Throne des Berggeistes rauscht die Meeresflut heran«, und es ist, als ob »ein ungeheures Felsengebirge mit all seinen Hängen und Thälern, Zinnen und Wänden in das Meer gesunken wäre«.

Als das hervorstechendste Merkmal dieses 1752 km langen und an seiner schmalsten Stelle lediglich 6,3 km breiten Landes, dessen Bevölkerung zu rund 80 % in Sichtweite der Küste lebt, kann also seine enge Verbundenheit mit dem Meer gelten, was auch der Name ›Norwegen‹ selbst veranschaulicht. Er geht zurück auf das altnordische Wort *Nordvegr* und bezieht sich als ›Der Weg nach Norden‹ auf den Seeweg, der für viele Jahrhunderte das entscheidende Bindeglied zwischen den weit verstreut liegenden Gemeinden darstellte.

Und um diesen Seeweg in seinem spektakulärsten Abschnitt zwischen Bergen und Kirkenes geht es im Rahmen einer Postdampferfahrt mit der Hurtigruten, die an acht Provinzen des Landes entlangführt und unterwegs nicht nur weltbekannte Highlights wie das Nordkap und Hammerfest, den Geirangerfjord und die Lofoten passiert, sondern auch den westlichsten und östlichsten Punkt des Königreichs, dessen gesamte Küstenlänge mit 21 465 km übrigens beinahe gleich dem halben Erdumfang ist! Und diese eindrucksvolle Zahl berücksichtigt noch nicht einmal die Küstenlinien von Spitzbergen, einigen anderen Besitzungen in Arktis und Antarktis sowie die Küstenlinien der dem Festland vorgelagerten 150 000 Inseln, die allein schon weitere 35 793 km umfassen …

Wasser, Grün und Stein – norwegischer Dreiklang im Geirangerfjord

Die Natur als Landschaftsgestalter

In Norwegen, das sich mit seiner außergewöhnlichen Vielfalt an Landschaftsformen deutlich von allen anderen Ländern Europas abhebt, zeigt sich die Natur in ihren spektakulärsten Erscheinungsformen. Hier gibt es die längsten und tiefsten Fjorde der Welt, die größten Gletscher unseres Kontinents sowie die höchsten Berge und Wasserfälle Skandinaviens.

Norwegen wurde, wie ganz Skandinavien, maßgeblich von der Erosion und den Eiszeiten gestaltet. Mit Einbruch der Kaltzeit wurden die Sommer immer kürzer, die Winter immer länger, der Schnee fiel in immer größeren Mengen und blieb immer länger liegen, bis es zuletzt das ganze Jahr über schneite. Die weiße Pracht verwandelte sich nach Überschreiten eines Grenzwertes unter Druck in Firnschnee (dichter, körniger und luftärmer als herkömmlicher Schnee), dann in Firneis (plastische, gekörnte Masse mit Luftzwischenräumen), schließlich in dichtes (da luftloses) Gletschereis, das sich unter Druck verschiebt. Das Eis kam, der Schwerkraft folgend, in Bewegung, floss von den Bergen herab und vereinigte sich mit den aus Richtung Pol kommenden Gletscherströmen zu einer Eiskappe. Diese war in der Mitte bis zu 3 km stark, dehnte sich mit einer Geschwindigkeit von bis zu 30 km pro Jahr nach Süden aus und erstreckte sich schließlich bis zu den Britischen Inseln und nach Norddeutschland.

Gletscherzunge des Nigardsbreen

Dem Meer entstiegen

Unvorstellbar viel Wasser hatte dieser Eispanzer gebunden und die Ozeane schrumpften derart stark, dass der Meeresspiegel nahezu 90 m unter den heutigen sank. Dennoch nahm die Landmasse nicht etwa zu, sondern ab, da unter der gigantischen Eislast große Teile Skandinaviens bis zu 900 m tief in die Erdrinde hinabgedrückt wurden. Als sich das Eis zurückzog, hob sich das Land wieder – an manchen Stellen bis zu 300 m –, ein Vorgang, der noch nicht abgeschlossen ist, auch wenn die Landhebung heute mit maximal 9 mm pro Jahr relativ langsam abläuft.

Strukturen der Eiszeit

Die Eiswalze arbeitete wie eine Kombination aus Planierraupe, Bulldozer, Fräse und Dampfwalze. Auch die Gesteinsoberfläche wurde von der zusammenhängenden Inlandeisdecke modelliert, wodurch das Fjell entstand. So bezeichnet man die hügeligen Regionen oberhalb der Baumgrenze. Im alpinen Fjell, dem eigentlichen

Hochgebirge, hinterließ die Vergletscherung eine Reihe von Formationen, die in eisfrei gebliebenen Gebieten vollkommen fehlen. Unter den Firsten der Gebirgskämme findet man steilwandig in die Hänge eingelassene Felskessel, die einen flachen, oft von einem See bedeckten Boden haben und eine Schwelle aus ausgelagertem Schutt. Diese Ursprungsstellen der alpinen Gletscher werden als Kare bezeichnet. Insbesondere entlang der Nordlandküste und auf den Lofoten sind die Berggestalten allseitig derart von Karen angefressen, dass die trennenden Kämme zu schmalen Graten reduziert sind und die Berge, die früher eine Hauben- oder Kegelform hatten, als scharfkantige Pyramiden, Trapeze oder lang gestreckte Felsmauern erscheinen.

An die Kare schließen sich die Talstücke an, durch die sich das Gletschereis abwärts bewegte. Man nennt diese Landschaftsform Trogtal oder Taltrog, weil sie steilfelsige Talhänge und einen im Querschnitt gerundeten Talboden aufweist. Überall fallen die Schleifwirkungen des Eises ins Auge, die dem Fels oft den Anschein eines monumentalen Kunstwerkes geben. Die Böden der in das Trogtal mündenden Seitentäler enden oft Hunderte von Metern über dem Haupttal. Aus diesen Hängetälern ergießen sich nicht selten machtvolle Wasserfälle.

Das Land der Fjorde

Die landschaftlich eindrucksvollsten Zeugen der Eiszeit sind die Fjorde, die sich weltweit überall dort gebildet haben, wo Gletscher in Trogtälern vom Gebirge herunterdrängten und in den Gezeitenbereich des Meeres gerieten. Das war, außer in der Arktis und Antarktis, u. a. in Kanada, Westschottland, Chile und Neuseeland der Fall, doch nirgendwo weisen die Fjorde derart markante Formen auf wie in Norwegen, dem ›Land der Fjorde‹.

Der Begriff Fjord für die Verzahnung von Meer und Land ist ein altnordischer Ausdruck, der als *firth* im Schottischen und als Förde im Deutschen seine Entsprechung findet. Er bezeichnet jene vom Eis geformten Trogtäler, in die das Meer zu einem späteren Zeitpunkt eindrang. Da die Gletscher im Gezeitenbereich des Meeres an Mächtigkeit abnahmen, im eigentlichen Trog sozusagen auf der Stelle schürften und an der Mündung die Trümmer ihrer Hobelarbeit ablagerten (Endmoräne), weisen die Fjorde in aller Regel ein sehr stark gestuftes Längsprofil auf. So senkt sich der Sognefjord, der mit 204 km längste der Welt, mehr als 1300 m tief unter den Meeresspiegel. Sein Profil steigt dann an der Mündung ins Meer wieder bis 150 m unterhalb des Wasserspiegels an.

Die Gletscher heute

Wie durch die großen globalen Klimaverschiebungen nahezu weltweit ein deutlicher Rückgang der Gletscher zu beobachten ist, so verzeichnen die Wissenschaftler auch in Norwegen einen signifikanten Gletscherschwund. Konkret gingen dort zwischen 1999 und 2005 24 von 26 in einer Studie untersuchte Gletscher zurück. So verkürzte sich beispielsweise der Engabreen (s. S. 120) in diesem Zeitraum um 185 m! Neuere Beobachtungen einer rückläufigen Tendenz zumindest bei einigen norwegischen Gletschern sind quantitativ noch nicht bestimmt worden und ändern auch nichts an der negativen Gesamtbilanz.

Im Wildgarten der Natur – Flora und Fauna

Wo sonst kann man auf dem 70. Breitengrad, der immerhin auch mitten durch das grönländische Inlandeis verläuft, durch jahrhundertealte Urwälder streifen? Nirgendwo auf der Welt außerhalb von Norwegen, dank des Golfstroms der meistbegünstigte Raum des hohen Nordens, wo sich nicht zuletzt auch durch einen vorbildlichen Umweltschutz Flora und Fauna vielerorts so ›herrlich wie am ersten Tag‹ präsentieren.

Je weiter man von Süden nach Norden oder von tieferen in höhere Lagen vorstößt, desto unterschiedlicher präsentieren sich Vegetation und Tierwelt, die stets Abbild der klimatischen Gegebenheiten sind. Jeder Zone kann somit ihre eigene Vegetationsstufe und Fauna zugeordnet werden, wobei die einzelnen Gürtel natürlich nicht durch klare Linien getrennt sind, sondern die Grenzen, je nach lokalen Klimaverhältnissen, mal nördlicher, mal südlicher bzw. auf einem höher oder tiefer gelegenen Niveau verlaufen.

Zum limes norrlandicus

Entlang der Skagerrak- und Westküste bis in den Raum von Ålesund und Molde herrscht die nordeuropäische Laubwaldzone vor, deren ausgedehnte Rotbuchen- und Eichenwälder aber schon vor langer Zeit zumeist dem Ackerbau und in neuerer Zeit dem ökonomisch bedeutsameren Nadelwald weichen mussten. Nördlich und parallel zur

Perfekt angepasst ans harte Klima – Rentiere in der Finnmark

Indian Summer
Als feurige Herbstschönheit vollzieht die Fjellbirke wie kaum ein Baum sonst im Norden Europas jenen Kulissenwechsel, bei dem ab Ende August das Grün der Chlorophylle auf chemischem Wege verschwindet, bis nur noch die intensiven Gelb- und Rottöne des Carotin, Xanthophyll und Anthocyan übrig bleiben.

Westküste bis zum 64. Breitengrad bei Trondheim schließt sich die nordeuropäische Mischwaldzone an, deren oberer Rand der limes norrlandicus bildet. Diese imaginäre Linie, die in der botanischen Terminologie den Grenzsaum zwischen Mischwald und Taiga bezeichnet, markiert das nördliche Verbreitungsgebiet der Eiche. Doch hat hier das Schlagen von Schiffsholz im Küstengürtel zu einer weitgehenden Waldlosigkeit geführt und durch forstwirtschaftliche Maßnahmen dominieren heute die Nadelhölzer über Erle und Pappel, Esche und Ahorn, Winterlinde und Ulme.

In der Taiga

Nördlich von Trondheim bzw. in höheren Lagen wird die Flora vom borealen/montanen Nadelwald bestimmt (nach Boreas, dem griechischen Nordwind-Gott), der nach einer aus der Geografie Sibiriens übernommenen Bezeichnung auch Taiga genannt wird. Es dominieren Kiefer und Fichte. Diese Vegetationszone, die wegen der langen Vereisung sehr pflanzenarm ist, reicht weit über den Polarkreis hinaus – bis etwa zum 68. Breitengrad, der durch die Lofoten verläuft bzw. in der Finnmark teils bis über den 70. Breitengrad hinaus. Dort wächst im Stabbursdalen-Nationalpark der nördlichste Kiefernurwald der Welt. Doch auch andere Gebiete auf dem Festland sind noch im Urzustand erhalten und viele der ausgedehnten Wälder haben eine geradezu märchenhafte Note.

Hier ist der Auerhahn ebenso zu Hause wie der Elch, der als größter Hirsch des Landes im 19. Jh. nahezu ausgerottet war, doch heute mit einer Population von über einer halben Million Exemplaren als Landplage gilt. Die wenigen Wölfe, die es heute noch gibt, haben hier ihr Revier, ebenso der geschützte Braunbär. Das Vorkommen dieses Allesfressers wird auf mehrere hundert Exemplare geschätzt, während es vom einzigen wildlebenden katzenartigen Raubtier des Nordens, dem Luchs, mittlerweile wieder rund 1000 Exemplare in Norwegen geben soll. Neben ihm leben der ebenfalls geschützte Vielfraß und der Fuchs. Auch der Biber ist noch in manchen Seen und Wasserläufen der Taiga beheimatet.

Der Birkensaum

Nördlich bzw. oberhalb dieser Pflanzenregion schließt sich die subarktische/subalpine Region an, in der in Skandinavien im Gegensatz zu allen anderen Teilen der Nordhalbkugel aber nicht die Nadelhölzer, sondern die Fjellbirke das Landschaftsbild bestimmt. Dieser Unterschied wird auf die lange pleistozäne Vereisung zurückgeführt, die insbesondere in Norwegen wesentlich länger andauerte als in Nordamerika oder Nordasien. Die Wiederbesiedlung erfolgte somit erst sehr spät und ist auch noch keineswegs abgeschlossen, rückt doch der Kiefernwald seit mehreren Jahrzehnten verstärkt auch in diese Übergangszone vor. Noch aber ist die kleinwüchsige Betula tortuosa, eine enge Verwandte der Moorbirke, die vorherrschende Baumart dieser Landschaft.

Arktisch und alpin

Je höher es hinaufgeht, desto seltener und kleinwüchsiger präsentieren sich die Bäume, und bald erinnert das Land an einen Flickenteppich aus verkrüppelten Birken und Zwergsträuchern auf einem Boden aus Rentierflechten und Moosen. Diese Vegetationsstufe des Oreal (griech.: *oros* = Berg, Gebirge) wird in Norwegen, einem der gebirgigsten Länder Europas, als *fjell* bezeichnet und nimmt außerordentlich große Flächen ein.

Überall dort in den höheren Breiten von Norwegen, wo das Oreal aufgrund des Fehlens alpiner Höhenstufen nicht auftritt, haben wir es mit einer Landschaft zu tun, die nach dem finnischen Wort *tunturi*, was so viel wie ›waldloser Hügel‹ bedeutet, als Tundra bezeichnet wird oder, mit einem norwegischen Ausdruck, als *vidda* (Weite). Sie bezeichnet jene arktische Zone, die sich nördlich der subarktischen Region erstreckt, und etwa ab der Höhe von Hammerfest hat Norwegen Anteil an dieser Vegetationszone. Relativ trockene Partien sind mit Flechten, Moosen und Zwergstrauchheiden bedeckt, wohingegen sich dort, wo das Oberflächenwasser nicht ablaufen und wegen der langen Frostperiode auch nicht einsickern kann, Moore bilden.

Die Tiere begegnen den lebensfeindlichen Faktoren dieser Region mit unterschiedlichen Strategien. Die großen Säugetiere wie das Rentier, der seltene Polarfuchs und der vom Aussterben bedrohte Wolf sind durch ein dichtes Haarkleid und ein zusätzliches Fettdepot vor Wärmeverlust geschützt. Eisfuchs und Schneehase tragen im Winter ein weißes Fell, andere Arten, wie die Rentiere, ziehen im Herbst – in ihrem Gefolge oft Vielfraß und Wolf – bis ins boreale Waldgebiet hinunter, wo sie wesentlich günstigere Nahrungsbedingungen vorfinden. Auch die Vögel suchen mit Beginn der kalten Jahreszeit nahezu ausnahmslos wärmere Quartiere auf, wieder andere Tierarten verbringen den Winter in mehr oder weniger passivem Zustand: Wechselwarme Wirbeltiere wie auch Wirbellose fallen in Winterstarre, der Braunbär verweilt in Winterruhe.

Die Nationalparks

Am 21. Dezember 1962 wurde in Norwegen eine erste Fläche von 572 km^2 zum Naturschutzgebiet erklärt, das 1970 in Verbindung mit einem neuen Naturschutzgesetz den Status eines Nationalparks erhielt. Bis 2003 kamen 20 weitere Schutzgebiete hinzu und heute zählt das Land schon 44 Nationalparks. Insgesamt stehen damit in Norwegen (ohne Spitzbergen) zurzeit rund 15 % der Landesfläche unter Naturschutz. Weitere Nationalparks und sonstige Schutzgebiete sind bereits geplant, mehrere schon bestehende Refugien sollen erweitert werden mit dem Ziel, die biologische Vielfalt zu bewahren. Ausführliche Informationen (auch auf Englisch) erhält man über das Miljødirektoratet, Brattørkaia 15, N-7485 Trondheim, Tel. 73 58 05 00, www.miljødirektoratet.no/nasjonalparker.

Wo die Sonne ihr Nachtlager hat

Ob im Sommer, wenn zur Nachtzeit überschwängliches Orange auf dem Meer liegt, während die Berge eine Symphonie aus goldenem Ocker und violetten Schatten bilden, oder im Winter, wenn die Lichtschleier der Aurora borealis in Rosa, Lila oder Grün über den Polarhimmel wehen: Stets kann man im hohen Norden Bilder sehen, die kaum noch für menschliche Augen geschaffen scheinen.

Wenn die Allnacht zum Alltag wird

Ab Ende September, wenn oft schon der erste Schnee niedergeht, werden die Tage rapide kürzer. Im November bestehen sie im hohen Norden nur noch aus Morgen- und Abendröte. Langsam versinkt die Polarwelt im Schatten und ein hoher, grünlich-blauer Abendhimmel wölbt sich über der verschneiten Welt. Reglos liegt das helle, vereiste Land in der klaren Luft, jede Gebirgsfalte, jede Hebung und Senkung ist strahlend sichtbar. Dann, ab Mitte November/Dezember, ist vom Sonnenlicht nichts mehr zu sehen.

Die Polarnacht regiert! Aber es ist, als hätten nun die Dinge ihr eigenes Leuchten bekommen: gläsern hell die Berge, das Vorland und die Küstenfelsen, die Frost und Brandung in hohe Eiskuppeln verwandelten; silbern gerändert die schwarzen Wellen. Eine ungeheure Melancholie liegt über dem Land und wenn dann das Nordlicht lautlos über den Himmel weht, sieht man Bilder, die nicht für Menschenaugen geschaffen scheinen. Erst liegt ein hauchzartes Schwingen über der vereisten Erde. Dann plötzlich schießen helle Strahlenbündel herab, leuchtende Stangen aus Glas, die heller und greller werden, rosa, lila und grün, sich drehen und winden, quer über den ganzen Himmel hinweg, schließlich wie Schleier wehen und vergehen.

Der Mitternachtssonne entgegen

Gegen Mitte bis Ende Januar lichtet sich die Nacht. Erst ist es nur ein Hauch von Rosa, dann erscheint ein pastellfarbener Lichtstreifen, der täglich breiter wird, kräftiger in den Farben. Bis die Sonne auftaucht, glutrot und seltsam geformt wie eine riesige Banane – erst nur für Sekunden, dann für Minuten, bald für Stunden. Mit jedem Tag wird das Gestirn größer, heller und das Glühen der Polarnacht schwächer. Im März kennt das Licht schon wieder alle Rot- und Braun-, Gelb- und Blautöne, im April währt der Tag bereits mehr als 16 Stunden und ab Anfang Mai bezieht er die Nacht mit ein. Für rund zwei Monate lassen nun die sanften Strahlen der Mitternachts-

Das Nordkap leuchtet ...

sonne die Welt des höchsten Nordens in Goldlicht ertrinken.

Verantwortlich für diese Lichtphänomene ist die geografische Breite. Da die Achse der Erde nicht rechtwinklig zur Umdrehungsebene steht, sondern eine Neigung von 23,5° hat, liegen die Gebiete nördlich des Polarkreises zeitweise durchgehend im Strahlungsbereich der Sonne – umso länger, je weiter man nach Norden kommt. Die Kehrseite dieses in unserem Sprachgebrauch nicht ganz korrekt Mitternachtssonne genannten und eigentlich Polartag heißenden Phänomens ist die Polarnacht, während der die Gebiete über dem Polarkreis teilweise ganz aus dem Strahlungsbereich der Sonne geraten.

Morgenröte des Nordens

Doch dunkel ist es während der Nacht, die den Tag mit einbezieht, keineswegs, denn nun kommt das Phänomen des Nordlichts zum Tragen, das den Völkern des Nordens stets ein Mirakel war, denen des Südens hingegen ein Menetekel. Im Licht der Empirie ist der Aberglaube zerfallen, und die Wissenschaftler sprechen heute von Elektronen und Protonen, positiv und negativ geladenen Teilchen, die – je nach Sonnenaktivität – in wechselnder Stärke als ›Sonnenwind‹ zur Erde strömen. Nun können aber diese Teilchen nur dort in die Erdatmosphäre eindringen, wo das Magnetfeld schwächer ist als üblich: an den Polkappen. Mit rasender Geschwindigkeit (300–900 m/s) stürzt der etwa 100 000°C heiße Sonnenwind den magnetischen Polen entgegen, bis er, beim Eintritt in die Atmosphäre, schrittweise abgebremst wird. Seine Energie geht auf die Moleküle und Atome der Luft über, die sie als Licht innerhalb der Ionosphäre meist zwischen 120 und 130 km Höhe wieder abstrahlen, wobei die Farben des Lichts mit der Höhe korrelieren. Und dieses Licht ist das Nordlicht, das der französische Wissenschaftler Pierre Gassendi im 17. Jh. *aurora boralis* taufte – ›Morgenröte des Nordens‹.

Wie stark das Polarlicht leuchtet und wie weit es über die Polkappen hinaus zu sehen ist, korreliert mit den magnetischen Störungen, die uns die Sonne beschert. Bei starken Magnetstürmen, wie sie vereinzelt vorkommen, kann das Nordlicht sogar im Mittelmeerraum beobachtet werden.

Die ›Götterfackeln‹, wofür viele Naturvölker die Lichterscheinungen hielten, sind oft Tausende Kilometer lang, doch nur einige hundert Meter bis wenige Kilometer breit – dabei aber extrem energiegeladen: Ein 60 Minuten dauerndes Nordlicht verbraucht rund 100 Mrd. kWh Energie, was etwa dem Stromverbrauch Norwegens in einem ganzen Jahr entspricht.

Mitternachtssonne und Polarnacht

	Mitternachtssonne	Polarnacht
Nordkap	13.05.–29.07.	18.11.–23.01.
Hammerfest	16.05.–26.07.	21.11.–21.01.
Tromsø	20.05.–22.07.	25.11.–16.01.
Bodø	03.06.–08.07.	15.12.–28.12.

Steiler Aufstieg – vom Aschenputtel zum Wohlfahrtsstaat

Verborgene Reichtümer im Meer – Probebohren nach Erdgas

In weniger als einem Jahrhundert gelang Norwegen der Aufstieg von einem der ärmsten Länder Europas zu einem der reichsten der Welt. Wichtigste Katalysatoren dieses unerhört raschen Strukturwandels waren Wasserkraft sowie vor allem die Erdöl- und Erdgasquellen in der Nordsee, die auch heute noch kraftvoll sprudeln.

Mit einem Pro-Kopf-Einkommen von rund 600 000 NOK (2012; im Jahr 2013 ca. 650 000 NOK) bei 0 NOK (!) Staatsschulden, einem jährlichen Überschuss im Staatshaushalt in Milliardenhöhe und einer Inflationsrate von ca. 3,2 % bei 3,6 % Arbeitslosigkeit ist Norwegen nach wie vor eines der reichsten Länder der Welt, laut der Forbesliste von 2012 das viertreichste. Und das, obwohl es noch vor rund 80 Jahren als Aschenputtel Europas galt.

Dem Wasser sei Dank

Allein zu Beginn des 20. Jh., als das Land rund 2,4 Mio. Einwohner zählte, verließen rund 750 000 Norweger ihre Heimat, weil diese, wie sie glaubten, keine Zukunftsaussichten bot. Sie irrten sich, denn es dauerte nicht mehr lange, bis das Königreich sein wirtschaftliches Hinterwäldlerdasein abschütteln konnte. Die ›Erfindung‹ der hydroelektrischen Energie stand am Anfang des steilen Aufstiegs dieses gerade noch so armen, weil kaum industrialisierten Landes. Das enorme Wasserkraftpotenzial wurde nun konsequent genutzt. Anwendung fand

Auf den Lofoten hängen inzwischen polnische Helfer den Dorsch zum Trocknen auf

es u. a. in der Herstellung von Düngemitteln sowie in der Elektro- und metallverarbeitenden Industrie – Bereiche, in denen Norwegen bald weltweit führend wurde.

Petrokronen

Heute ist das Königreich eine der am höchsten entwickelten Industrienationen der Welt, doch der Nutzung der umweltfreundlichen Wasserkraft allein, die den gesamten Energiebedarf abdeckt, ist die beachtliche Entwicklung nicht zu verdanken: Ohne die Ressourcen an Erdöl und Erdgas, die seit 1971 in der norwegischen Nordsee gefördert werden, wäre es niemals möglich gewesen, die Wirtschaft dieses Landes zu einer derart ausgereiften Nationalökonomie auszubauen. Vor allem das ›schwarze Gold‹ erwies sich als Katalysator für den raschen Strukturwandel. Norwegen schwamm gewissermaßen über Nacht in Geld und heute ist es weltweit einer der größten Ölproduzenten und das einzige westliche Land, das mehr Öl fördert, als es selbst verbraucht. Obendrein ist es mit Erdgasfeldern reich gesegnet – auch diese Ressourcen gehören zu den größten der Welt –, und weil man nun auch längst nicht mehr nur in der Nordsee, sondern auch im Nordmeer und der Barentssee reiche Erdöl- und Erdgasfunde machte, wird der Wohlfahrtsstaat auch zukünftig gesichert sein. Die gesamten Erträge aus dem Öl- und Gasgeschäft werden größtenteils in einen Sondertopf gesteckt und dieser Staatliche Pensionsfond (früher: Ölfond) hat seit seiner Etablierung im Jahre 1990 mittlerweile einen Marktwert von über 600 Mrd. € erreicht (Anfang 2014).

Land der Fischer und Bauern?

Kein Wunder, erwirtschaftet doch die Rohöl- und Erdgasförderung allein rund ein Viertel des Bruttoinlandsprodukts. Auf das produzierende Gewerbe entfallen nur etwa 15 %, während der gesamte primäre Sektor – also Landwirtschaft, Forstwirtschaft und Fischerei – mit etwa 1 % das Schlusslicht bildet. Dass Norwegen also ein Land der Fischer und Bauern sei, wie im Ausland häufig angenommen wird, entbehrt heute jeder Grundlage, obwohl es Regionen gibt, gerade auch in Nordnorwegen, wo der größte Teil der Bevölkerung noch immer in der Fischereiwirtschaft tätig ist, die etwa bis in die 1930er-Jahre Haupterwerbszweig des Landes war.

Dennoch kann sich Norwegen auch heute noch problemlos mit Fisch selbst versorgen, denn die Fangmengen aus der Fischerei belaufen sich auf rund 2,5 Mio. t pro Jahr. Ganz vorn in der Statistik stehen u. a. Dorsch und Hering, obwohl die Aquakultur (Fischaufzucht, insbesondere Lachs) mit über 1,1 Mio. t Speisefisch mittlerweile bereits den Mammutanteil an den Exporterlösen hat (wohingegen die eigentliche Fischerei zusehends stagniert) und – dies nur zum Vergleich – in etwa ebenso viel einbringt wie die gesamte Landwirtschaft.

Dieser Sektor leidet seit jeher darunter, dass Norwegen, nach Island, weltweiter Spitzenreiter in Sachen Ödland ist: Nur 3,5 % der gesamten Landesfläche sind agrarwirtschaftlich nutzbar, aber trotz des Missverhältnisses zwischen Gesamt- und Nutzfläche kann sich Norwegen zu immerhin rund 50 % selbst mit Lebensmitteln versorgen.

Führend im Umweltschutz

In Norwegen wurde 1972 das erste Umweltministerium der Welt eingerichtet und 2012 lag das Land im Umwelt-Ranking weltweit vor Luxemburg auf Platz drei. Das norwegische Bereitschaftssystem für Umweltkatastrophen ist extrem effizient. Maßnahmen, die die Verwendung von die Ozonschicht schädigenden Stoffen reduzieren und zu verminderten Kohlendioxidemissionen führen können, sowie Maßnahmen, die die Einleitung von schädlichen Stoffen ins Meer verringern können, haben allerhöchste Priorität, und wie die norwegische Regierung 2007 erklärte, soll das Land bis 2050 der erste ›Null-Emissions-Staat‹ weltweit werden.

Umfassende Informationen über den Stand des Umweltschutzes in Norwegen bietet die Website des State of Environment Norway unter www.environment.no.

Hoher Lebensstandard

Wie die UN im Jahre 2013 zum wiederholten Male befand, hält Norwegen weltweit den höchsten Lebensstandard. Dabei sind die Jahreseinkommen bei Männern und Frauen relativ gleich verteilt und liegen zurzeit bei rund 40 000 NOK pro Monat. Finanziert wird der Wohlfahrtsstaat über Mehrwertsteuer (25 %), Einkommenssteuer (28–54 %, je nach Einkommensart) und Sozialabgaben (7,8–10,7 %, verdienstabhängig). Grundnahrungsmittel sind um 30 %, Fleisch ist bis über 50 % teurer als in Deutschland. Obst kostet etwa ebenso viel, im Winter aufgrund der Subventionierung teils sogar weniger. Gemüse liegt im Mittel gut 30–50% über den deutschen Preisen, Fisch gibt es kaum unter 120–150 NOK/kg.

Typisch norwegisch?

Klischees über das ›Typische‹ in Norwegen und über die Norweger gibt es reichlich. Und es kann gut sein, dass der Besucher Norwegens viele seiner Vorstellungen bestätigt sieht, andere revidieren muss. Auf alle Fälle aber ist der Weg zum wirklichen Kennenlernen dieses Landes und seiner mitunter äußerst widersprüchlichen Bewohner an manchen Stellen so schmal, dass er nur von einem selbst begangen werden kann.

Zwischen Ölterminal und Sommerhütte

Das Kennen und Erleiden des Winters, dieses Weltuntergangs für vier bis sechs Monate, hat aus dem norwegischen Menschen einen – wie es heißt – trotzigen Schweiger gemacht, einen patriotischen Eigenbrötler und naturverbundenen Einzelgänger, puritanisch und gerecht. Diesem Bild entsprechend machen sich die Deutschen von Norwegen gerne ein überaus romantisches Glanzbild, das einem Freilichtmuseum aus malerischen Fjorden und uralten Bräuchen, bewohnt von einem kernigen Volk ruhiger, bedächtiger und bescheidener, heimatbewusster Urgermanen gleicht. Die Briten verbinden mit Norwegen angeblich vor allem ein Volk voller Wintersportler und die Schweden sehen in ihrem Nachbarland gemeinhin extremen Wohlstand, viel Hightech und

Ganz sicher typisch norwegisch: junge Leute in Tracht am Nationalfeiertag in Bergen

bäuerlich-sture sowie provinzielle Menschen als typisch an.

Letztere Vorstellung deckt sich weitgehend mit derjenigen von Hans Magnus Enzenberger, der in seinem Essay »Ach Norwegen« das ironisch-freundliche Bild einer paradoxen Gesellschaft zeichnet, die einerseits zu den modernsten und fortschrittlichsten der Welt zählt, sich aber andererseits noch traditionell ländlich, ja dörflich präsentiert. Die Norweger beschreibt er als Hinterwäldler und Kosmopoliten zugleich, das Land als eine Extravaganz zwischen Ölterminal und Sommerhütte. Und in der Tat wehen nirgendwo sonst in Europa so viele Nationalflaggen vor den Häusern wie hier, wo statistisch gesehen nahezu jeder täglich im Internet surft, aber auch jeder zweite eine Hütte irgendwo in der freien Wildnis hat, wo an den Wochenenden die Städte leergefegt sind, weil sich dann alle auf dem Meer, in den Bergen oder Wäldern tummeln.

Ein anderer Landeskenner, Eduardo Archetti, hält in Norwegen einen nahezu schon mathematischen Gerechtigkeitssinn und eine ebensolche Gleichheitsideologie für charakteristisch.

Gleichheit und Gerechtigkeit

Dutzende andere Klischees über das Typische in Norwegen ließen sich hier anbringen. Kein einziges aber kann der Vielfalt regionaler, sozialer und vor allem individueller Differenzierungen gerecht werden, denn natürlich gibt es *den* Norweger so wenig wie *den* Deutschen. Dennoch aber treten u. a. als Folge historischer und naturgeografischer Bedingungen gewisse Eigenheiten zutage, aus denen sich, bei allen Vorbehalten, so etwas wie vorherrschende nationale Charakterzüge bestimmen lassen.

Die oben aufgeführten Wesensarten gehören dazu und entsprechen auch durchaus dem, was Norweger über sich selbst sagen, wie sich Norwegen ins Licht stellt. Man denke in diesem Zusammenhang nur an das norwegische Wohlfahrtsmodell, das auf *rettferd* aufbaut – Gleichheit und Gerechtigkeit –, wobei aber die Reichen nicht weniger bekommen sollen, sondern die Armen mehr. Dies vor allem in puncto *trygghet*, dem norwegischen Begriff für soziale Sicherheit, was bedeutet, dass alle das Recht auf gleiche soziale Leistungen haben, unabhängig davon, wie viel und ob sie überhaupt etwas verdienen, ob sie männlich oder weiblich sind.

Norwegerinnen vor

Auch Hausfrauen steht hier eine Rente zu, die Gleichstellung von Mann und Frau ist bereits seit über 30 Jahren im Gesetz festgeschrieben. Entsprechend wurde in der Politik sowie im öffentlichen Sektor eine Quotenregelung eingeführt, weshalb Frauen in Norwegen heute die Hälfte aller Ministerposten stellen, rund 40% aller Sitze im Storting (Parlament) und die Hälfte aller Lehrstühle an den Universitäten innehaben, seit 2008 auch mit mindestens 40 % in den Gremien aller staatseigenen Betriebe sowie privater Aktiengesellschaften vertreten sind. Inzwischen sind rund 1,26 Mio. Norwegerinnen (und 1,42 Mio. Norweger) erwerbstätig und laut UN-Report steht Norwegen weltweit auf Platz eins, was die politische Mitbestimmung, ökonomische Selbstständigkeit, den Mutterschutz und die Gesundheit der Frauen angeht.

Natur zu Kunst transformiert

1814, nach der Trennung Norwegens von Dänemark, brach eine Zeit großer nationaler Begeisterung an, und so erstrebten die Bohemiens des Landes auch eine eigenständige Kultur, etwas ganz speziell ›Norwegisches‹. Sie fanden es in den spektakulären Naturlandschaften ihrer Heimat, die bald von Poeten mit dramatischen Worten beschrieben, von Komponisten in wildromantische Musik gefasst und von Malern auf Leinwand gebannt wurden.

Dramatische Worte

Es begann das Goldene Zeitalter der norwegischen Kunst: Bis in unsere Tage hinein haben die meisten norwegischen Künstler diese raue und mächtige nordische Natur in ihre Werke integriert, die heute als das maßgebliche Element im gesamten norwegischen Kulturschaffen seit Mitte des 19. Jh. gilt. Schon Henrik Ibsen (1826–1906), der in seinen Dichtungen die konsequentesten Individualisten der dramatischen Literatur überhaupt schuf, behauptete einmal, dass, wer sein Werk wirklich verstehen wolle, Norwegen kennen müsse, »diese großartige und doch strenge Natur, die die Menschen dort umgibt«.

Auch sein Zeitgenosse Bjørnstjerne Bjørnson (1832–1910), der erste norwegische Literatur-Nobelpreisträger (1903), ging von der nationalen Norwegennatur-Begeisterung getragene Wege. In seinem zum Nationallied gewordenen Gedicht »Ja, vi elsker dette landet« (»Ja, wir lieben dieses Land«) ist nicht von höheren Werten oder Gott die Rede, sondern von einem

Land, das alle lieben, da es so wunderschön ist, und so drückte er pointiert die Heimatliebe seiner Generation aus.

Vor allem auch Knut Hamsun (1859–1952) wurde von Bjørnson beeinflusst, und er sollte der zweite Norweger werden, der mit dem Literatur-Nobelpreis bedacht wurde (1920). Nur selten ist ein Dichter in seinem Heimatland so verehrt und später so verachtet worden wie er, der wegen seiner Kollaboration mit den Deutschen zur Zeit des Zweiten Weltkrieges nach 1945 monatelang interniert und schließlich zu einer ruinösen Geldstrafe verurteilt wurde. Heute wird er wieder gelesen, im Jahr 2009 stand Norwegen mit landesweiten Kulturveranstaltungen ganz im Zeichen des ›Hamsun-Jahres‹.

Der dritte und bislang letzte Literatur-Nobelpreis ging 1928 an die Neorealistin Sigrid Undset (1882–1949), deren bekanntestes Werk die im Mittelalter spielende Trilogie »Kristen Lavransdatter« ist.

Wildromantische Klänge

Auch in der Musik – insbesondere der von Edvard Grieg (1843–1907), dem berühmtesten norwegischen Komponisten der Klassik – stellt sich Norwegen ›typisch‹ vor. Inspiriert von der ›heroischen‹ Landschaft und der Volksmusik seiner Heimat gelang es ihm, diese Einflüsse in eine eigene musikalische Sprache umzusetzen und zu verdichten. Mit seiner farbenreichen und lyrischen Tonsprache steht er bis heute einzigartig da, und insbesondere sein berühmtestes Werk, »Solveigs Lied« aus der weltberühmten »Peer Gynt Suite«, führte bei vielen Mitteleuropäern zu einem sehr romantisierten Bild von Norwegen – ähnlich wie die Interpretationen des genialen Violinvirtuosen Ole Bull (1810–1880).

Bewegende Pinselstriche

Dieses ›typische‹ Norwegenbild bannte Johan Christian Clausen Dahl (1788–1857) auf Leinwand. Der als ›Vater‹ der norwegischen Malerei gerühmte Künstler und Freund von Caspar David Friedrich bekannte sich zu einem romantischen Subjektivismus und nahm so die Nationalromantik der Literatur vorweg. Ein Kunstwerk war ihm ein »aus der Natur geholtes Gedicht«, und so ernst und melancholisch, wie sich die norwegische Landschaft präsentiert, sind auch seine Bilder.

Dazu im Gegensatz die Werke von Adolph Tidemand (1814–1876), der Norwegens Landschaft oft in lieblicher Eleganz darstellte. Sein berühmtestes Gemälde »Braut in Hardanger« komponierte er mit Hans Gude (1825–1903). Es spiegelt den Höhepunkt norwegischer Nationalromantik wider.

Chiffren des Mittelalters – die Stabkirchen

Stabkirchen sind Norwegens originärer Beitrag zur europäischen Frühgotik und künstlerische Zeugnisse auf höchstem Niveau.

Geniestreiche aus Holz

Holz bestimmte und bestimmt noch heute den Alltag und das Kulturbewusstsein der Norweger, und all die unzähligen hölzernen Profanbauten, meist weiß oder farbig gestrichen und oft mit Ornamenten reich verziert, ringen dem Betrachter höchste Bewunderung ab. Ehrfurcht – im altmodischen Sinn des Wortes – aber erregen die norwegischen Sakralbauten aus Holz, die als das Nonplusultra der mittelalterlichen Holzbautechnik und -kunst überhaupt gelten und auf der Welt kein Gegenstück finden. Denn »selten wohl hat die Baukunst in Holz über das Nothdürftige hinaus und zu höherer Schönheit und Zierde sich entwickelt«, wie der Maler J. C. C. Dahl urteilte.

Himmelsschiffe vor Anker

Gemeint sind die Stabkirchen, jene frühen norwegischen Kirchengebäude, die von ihrem ganzen Aussehen her eher an heidnische Tempel als an Gotteshäuser erinnern. In der Tat muss der Glaube an Thor und Odin, Geister und Dämonen in den Menschen jener Schaffensepoche noch tief verwurzelt

Hölzerne Gotteshäuser mit heidnischem Einschlag – hier die Stabkirche von Urnes

gewesen sein, denn die alten heidnischen Stilelemente haben in den Stabkirchen ihren vielleicht schönsten Ausdruck gefunden. Die Konstruktionselemente des baulichen Gefüges erinnern stark an Wikingerschiffe. Senkrechte Masten (*stav* gleich ›Mast‹, ›Stock‹ oder ›Pfosten‹) erheben sich von starken Bodenschwellen, umrahmen den rechteckigen Kirchenkern und tragen das Satteldach des überhöhten Mittelbaus, der durch Klemmbalken, Rahmenhölzer und Andreaskreuze stabilisiert wird.

Vom Untergang bedroht

Genial müssen sie gewesen sein, die Zimmerleute des Mittelalters, die zwischen dem 11. und 14. Jh. meist im Süden ihres Landes rund 1000 solcher Gotteshäuser schufen. Doch dann brach die Pest über Norwegen herein, es folgte die Reformation und im Laufe der Jahrhunderte fiel eine Stabkirche nach der anderen dem Feuer zum Opfer. Um 1800 konnte man noch etwa 100 zählen, heute sind nur noch 31 der Nachwelt erhalten, wobei lediglich 21 noch dort stehen, wo sie einmal errichtet wurden. Ihre größte Dichte findet sich im Bereich der großen Bauerntalungen des südlichen Binnenlandes (u. a. Gudbrandsdal, Numedal, Hallingdal) und insbesondere auch des inneren Sognefjords. Dort thront über einem spektakulären Seitenarm die wahrscheinlich schon Mitte des 11. Jh. errichtete Stabkirche von Urnes, die als die berühmteste und auch älteste des Landes gilt und u. a. wegen ihrer einzigartigen Schnitzereien auf die World Heritage List der UNESCO gesetzt wurde. Nicht weniger herausragend steht die um 1150 erbaute Stabkirche von Borgund im nahe gelegenen Lærdal da, die nicht nur als das besterhaltene Beispiel norwegischer Holzbaukunst gilt, sondern auch im Ruf steht, die schönste Stabkirche des Königreichs zu sein. Mit ihren sechsfach gestaffelten Schindeldächern mutet sie wie das Abbild einer Pagode an. Auch im Innern, wo geschnitzte Menschenköpfe und Fabelwesen eine geheimnisvolle Stimmung vermitteln, glaubt man sich kaum in einem christlichen Gotteshaus.

Stabkirchen am Weg

Fantoft-Stabkirche in Bergen: Um 1150 am Sognefjord errichtet, wurde sie 1883 nach Bergen verlegt. 1992 abgebrannt, präsentiert sie sich heute wieder in rekonstruierter Schönheit (s. S. 86).

Kvernes-Stabkirche: Im frühen 13. Jh. auf der Insel Averøya errichtet und in den 1960er- bis 1970er-Jahren umfassend restauriert. Sie liegt am Hurtigrutenweg (11. Tag) und kann im Rahmen des Landausflugs ›Malerische Atlantikstraße‹ (s. S. 230) besichtigt werden.

Haltdalen-Stabkirche: Im 12. Jh. errichtet, 1937 ins Freilichtmuseum Trøndelag (s. S. 225) überführt, wo sie am 3. sowie am 11. Tag besichtigt werden kann.

Gol-Stabkirche: Sie wurde 1170 in Gol im Hallingdal erbaut und ist heute im Norsk Folkemuseum in Oslo zu besichtigen (s. S. 241).

Urnes und **Borgund:** Die beiden Stabkirchen können von Bergen aus im Rahmen eines Ausflugs erreicht werden. Die Tour ›Norway in a Nutshell‹ (s. S. 92), um ein, zwei Tage erweitert, bietet sich dazu an.

Norwegen im Zweiten Weltkrieg

Fünf Jahre lang stand das neutrale Königreich im Zweiten Weltkrieg unter deutscher Besatzung, um das – wie Hitler meinte – »artverwandte Norwegen« einem »großgermanischen Bund« einzuverleiben. Dann drohte die Niederlage, und auf ihrem Rückzug aus der Finnmark machte die Deutsche Wehrmacht nahezu alle Dörfer und Städte dem Erdboden gleich.

Als sich 1938 in Europa der Zweite Weltkrieg am Horizont abzeichnete, beschloss das Storting (Parlament) in Oslo einstimmig, neutral zu bleiben, und so gelang es dem Land bis zum April des Jahres 1940, nicht in den Krieg verwickelt zu werden. Dabei war spätestens seit dem am 1. September 1939 begonnenen Polenfeldzug klar, dass bei den vorauszusehenden kriegerischen Konfrontationen gerade Norwegen wegen seines Erzhafens Narvik und der Lage gegenüber den Britischen Inseln für Nazi-Deutschland von entscheidender strategischer Bedeutung sein würde.

So bereiteten sich im Frühling des folgenden Jahres sowohl die Deutschen als auch die Alliierten auf militärische Operationen in Norwegen vor. Doch während die Westmächte nur mit Zustimmung der Norweger vorgehen wollten, plante die deutsche Kriegsleitung von Anfang an einen Überraschungsangriff (wie in der »Studie Nord« von Großadmiral Raeder festgeschrieben).

Deutsche Wehrmachtsoldaten bereiten sich bei Narvik auf die ›Weserübung‹ vor

Operation Weserübung

Am Morgen des 8. April 1940 legten die Briten im norwegischen Fahrwasser Minen aus – mit stillschweigend vorausgesetzter Zustimmung der Norweger – und trafen gleichzeitig Vorbereitungen zur Besetzung der norwegischen Küste für den Fall, dass Deutschland auf die Provokation mit einem Angriff auf das neutrale Land reagieren sollte. In der Tat reagierte es schnell, denn schon am 9. April, kurz nach Mitternacht, begann unter dem Namen ›Weserübung‹ eine »Operation zur Sicherung der Neutralität der nordischen Staaten«, wie Hitler es ausdrückte. Die Regierung in Oslo lehnte ein um 5 Uhr morgens übergebenes deutsches Ultimatum, das die Annahme einer militärischen Besetzung des Landes forderte, einstimmig ab und erklärte den Invasoren den Krieg. Doch der Feind war weit überlegen und so gelang es ihm bis zum Mittag desselben Tages, alle größeren Häfen bis hinauf nach Narvik zu besetzen.

Am 10. Juni mussten auch die letzten norwegischen Truppen kapitulieren, und schon drei Tage zuvor hatte sich der König, zunächst nach Tromsø geflohen, nach England eingeschifft, um den Kampf für die Freiheit seines Volkes von dort aus fortzusetzen. Tausende von Norwegern folgten ihm ins Exil und führten den Krieg mittels der norwegischen Handelsmarine weiter. Deren mehr als 1000 Schiffe wurden von nun an für die Versorgung der Alliierten eingesetzt. Das kostete 4000 Seeleute das Leben und die Marine die Hälfte ihrer Schiffe. Aber auch im Land selbst war der Widerstand der »arischen Blutsverwandten«, wie Hitler die Norweger immer wieder propagandistisch zu umarmen versuchte, keineswegs gebrochen: Den 3900 Norwegern, die sich für die Waffen-SS anwerben ließen, standen schon bald 47 000 Untergrundkämpfer der geheimen Militärorganisationen MILORG und SOE gegenüber, deren wichtigster Schlag die Versenkung eines mit 100 000 l schweren Wassers beladenen Schiffes war, wodurch es den deutschen Besatzern praktisch unmöglich wurde, die Atombombe zu bauen.

Die Besatzer reagierten gereizt auf den Widerstand der »artverwandten Wikinger«, die jetzt insbesondere unter dem Terror der Gestapo zu leiden hatten: Insgesamt wurden bis zur deutschen Kapitulation am 8. Mai 1945 40 000 Norweger verhaftet (von denen 260 in den Lagern starben), 6000 in deutsche Konzentrationslager deportiert, 363 Männer und Frauen hingerichtet, 700 Juden ermordet.

Verbrannte Erde

Doch auch die deutsche Wehrmacht machte sich der Barbarei schuldig. Respektierten die Norweger in den ersten Kriegsjahren die Haltung der Soldaten noch, so änderte sich das schlagartig im Herbst 1944, als russische Truppen die Besatzer aus der Finnmark vertrieben und nun die Wehrmacht im höchsten Norden das Prinzip der ›verbrannten Erde‹ anwandte: Die Soldaten zwangen die Menschen in der Finnmark, in Troms und Nordland mit anzusehen, wie sie die Kranken aus den Hospitälern, die Gebrechlichen aus den Altersheimen trieben, die Viehherden mit Maschinengewehren töteten, die Brücken zerstörten, Strommasten fällten und nahezu alle Dörfer und Städte dem Erdboden gleichmachten. In Hammerfest blieb einzig die Grabkapelle stehen und nur ganz wenige Orte, z. B. Tromsø, wurden verschont.

Unterwegs mit den Hurtigruten

Sonnige Aussichten auf den Hurtigrutenschiffen

POST

Das Beste auf einen Blick

1. Tag: ab Bergen

Highlight!

Bergen: Die von sieben Bergzügen umrahmte und mit sieben inselgespickten Fjorden verbundene ehemalige Hansestadt Bergen hat einen vorderen Rang unter den schönsten Städten Europas inne und ist Ausgangs- sowie Endpunkt der Hurtigruten. Ihre kosmopolitische Atmosphäre ist einzigartig im Norden und einen Tag muss man schon wenigstens einplanen, um ihre herrliche Lage und die herausragenden Sehenswürdigkeiten zu erkunden: das alte Hanseviertel, von der UNESCO zum Welterbe erklärt, der Hafen am atmosphärischen Torget, die malerischen Altstadtgassen und die einzigartigen Kunstsammlungen. S. 78

Auf Entdeckungstour

Auf den Spuren der Deutschen Hanse in Bergen: Das einstige Hanseviertel Brygge blickt auf eine mehr als 700 Jahre alte Geschichte zurück und gilt als bedeutendste historische Sehenswürdigkeit von Bergen. Schon vor mehr als 25 Jahren wurde sie als Welterbe der Menschheit in die Liste der erhaltenswürdigen Baudenkmäler der UNESCO aufgenommen. Beeindruckend ist auch die einzigartige Lage direkt an der Hafenbucht, die dem Stadtpanorama erst seine Vollendung verleiht. 2 – 9 S. 82

Kultur & Sehenswertes

Vågen mit Torget: Mit seinen Ausflugsbooten, Segel- und Motorjachten, Kuttern und Schiffen eingerahmt von altehrwürdigen Bauwerken gibt der Hafen Vågen ein prachtvolles Bild ab. Zentrum des Treibens ist der angrenzende Torget (Marktplatz). 1 S. 79

Bergens Kunststraße: Ein Spaziergang entlang der Rasmus Meyers allé entführt ins Reich der schönen Künste. Hier finden sich all die Sammlungen, die Bergens Ruf als Kulturmetropole begründen. 10 – 14 S. 85

Aktiv unterwegs

›Norway in a Nutshell‹: Mit der Bergenbahn auf die Hardangervidda, mit der Flåmsbahn an den Sognefjord, mit dem Schiff über den Nærøyfjord, mit dem Bus nach Voss und mit der Bergenbahn nach Bergen zurück – diese Kombitour muss man sich einfach mal gönnen! S. 92

Genießen & Atmosphäre

Troldhaugen: Im Sommer mausert sich Bergen zur Kulturmetropole. Klassische Töne sind dann auf zahlreichen Konzerten zu hören, am stilvollsten in Troldhaugen, dem ehemaligen Wohnsitz von Edvard Grieg. 18 S. 86

Finnegårdstuene: Feinschmecker haben die Qual der Wahl in Bergen, aber sucht man das traditionsreichste Gourmetrestaurant der Stadt, führt kein Weg an der Finnegårdstuene vorbei. 1 S. 90

Krabben essen: Auf dem Fischmarkt am Torget Krabben und eine Zitrone kaufen, dann einen Platz am Meer suchen und pulen. 1 S. 91

Abends & Nachts

Das Nachtleben spielt sich an Sommerabenden direkt am bzw. um den Torget ab, wo Cafés und Kneipen meist auch zum Draußensitzen einladen. 1 S. 91

Königin der Fjorde – Bergen!

Bergen, die Hauptstadt des Fjordlandes und ›heimliche Hauptstadt Norwegens‹, wurde als Bjørgvin (›Weide zwischen Bergen‹), schon im Jahr 1070 gegründet. Lange Zeit war sie die bedeutendste und größte Stadt des Landes, ja des gesamten Nordens und, ab 1217, auch Residenz der norwegischen Könige. Diesen Rang musste sie zwar 1299 an Oslo abtreten, doch noch mehr als ein halbes Jahrtausend zog ins Land, bevor Bergen auch einwohnermäßig von Oslo überflügelt wurde, was die ca. 270 000 Bergenser heute dadurch kompensieren, dass sie Bergen als die schönste Stadt bezeichnen – nicht nur Norwegens.

Ihre kosmopolitische Atmosphäre ist einzigartig und ihre Lage an der inneren Bucht des Byfjordes, umgeben von sieben Fjellhöhen, macht sie zudem zur verlockendsten des Königreichs. Wie in einem Amphitheater staffeln sich in dieser bedeutendsten Hafenstadt der Westküste die stilvollen alten Holzhäuser an gewundenen Gassen die bewaldeten Hänge hinauf, und schon beim ersten Blickkontakt

Infobox 1. Tag

Reisekarte: ▶ Karte 1, A/B 27

Turistinformasjon i Bergen: Strandkaien 3, 5014 Bergen, Tel. 55 55 20 00, www.visitbergen.com, Juni–Aug. tgl. 8.30–22, Mai, Sept. tgl. 9–20, Okt.–April Mo–Sa 9–16 Uhr. Unterkunftsvermittlung (auch online), Geldwechsel, Verkauf von Tickets für Züge, Sightseeing und Fjordfahrten, Gepäckaufbewahrung und andere Dienstleistungen.

Verkehr

Flug: mehrmals tgl. zu allen größeren Städten Norwegens mit SAS-Braathens, Widerøe und Norwegian, mit SAS-Braathens auch zu zahlreichen Destinationen in Europa, mit Norwegian u. a. von/nach Berlin, Hamburg, München, Köln und Wien. Der Flughafen liegt ca. 20 km südlich, Buszubringer ins Zentrum (Torget) stdl. bis alle halbe Stunde zwischen 3.30 und 22 Uhr für 70 NOK; Infos über www.flybussbergen.no. Taxi ca. 350 NOK).

Bahn: Bergenbahn 5 x tgl. nach Oslo.

Bus: Das Busnetz ist dicht und effektiv, alle Sehenswürdigkeiten lassen sich per Bus erreichen (Fahrpläne im Touristenbüro). Mehrmals täglich fahren Busse zu allen größeren Städten des Landes.

Straßenbahn: Die neue Bybanen verkehrt alle 5 Min. auf der Strecke nach Fantoft und Troldhaugen.

Fähren: Fjord Line, Skoltegrunns kaien, Tel. 81 53 35 00, www.fjordline.com. Mo, Mi und Fr Fahrten nach Hirtshals/DK.

Schnellboote (nur Personen und Fahrräder): 2–3 x tgl. ab Strandkaiterminalen nach Haugesund, Stavanger, Flåm, Sogndal, Selje, Årdalstangen, Sunnhordaland, Nordfjord und zu anderen Zielen nördlich von Bergen.

Mietwagen: zahlreiche Anbieter, am günstigsten ist Rent-A-Wreck (Tel. 98 83 45 75, www.rent-a-wreck.no). Jede Einfahrt in den inneren Stadtbereich ist gebührenpflichtig (15 NOK)!

fällt auf, warum Bergen u. a. den Beinamen ›Königin der Fjorde‹ trägt.

Auch zogen von keiner anderen Stadt so viele Gestalten des norwegischen Kunstschaffens aus, um den Begriff ›norwegische Moderne‹ in die Welt zu tragen. Bergens kosmopolitische Atmosphäre ist einzigartig und als ›Europäische Kulturstadt 2000‹ hat sie ihre Stellung als nach Oslo wichtigstes kulturelles Zentrum des Landes einmal mehr unter Beweis stellen können.

Außerdem, und das geht uns hier besonders an, ist Bergen Start- und Endpunkt der Hurtigruten. Wenn das Schiff gegen 20 Uhr (1. Nov.–31. Mai um 22.30 Uhr) vom Kai Nøstebryggen ausläuft, dann genießt man im langsamen Vorbeigleiten das – wie viele Passagiere meinen – allerschönste Panorama auf diese gleichermaßen von Berg und Meer geprägte Metropole, die nach und nach zurückbleibt. Wie einst die Drachenschiffe der Wikinger nimmt das Schiff dann Kurs auf den Hjeltefjord. Für uns aber ist die malerisch in Wald und Fels gefasste Wasserstraße nicht Ausfalltor, sondern vielmehr Eingangspforte nach Küstennorwegen. Elf Tage werden vergehen, bis die eindrucksvolle Stadtkulisse das Ende der ›schönsten Seereise der Welt‹ markiert.

Am Ufer des Vågen

Höhenfahrt mit der Fløibahn

www.floibanen.no, Mo–Fr 7.30–23, Sa/So ab 8 Uhr, 40 NOK pro Strecke

Dass Goethes Empfehlung, jede Stadt zunächst von oben kennenzulernen, Hand und Fuß hat, erkennt man spätestens vom Gipfel des Aussichtsberges **Fløyen** 1. In 320 m Höhe, entspannt erreichbar innerhalb von fünf bis sechs Fahrminuten mit einer Kabelbahn, genießt man einen ganz und gar traumhaften Blick auf die wie die Ränge eines Amphitheaters zum Hafenbecken Vågen hin absteigende Stadt. Ganz Bergen liegt dem Betrachter zu Füßen und das Panorama ist von überwältigender Dramatik selbst dann, wenn über Bergen, dank 2250 mm Niederschlag pro Jahr auch ›Hauptstadt des Regens‹, eine der 27 hier bekannten Regenarten niedergeht. Die Talstation findet sich nur 150 m vom zentralen Marktplatz Torget entfernt an der Vetrlidsalmenning, von wo aus man die Bergstation auch wandernd erreichen kann.

Am Hafen

Auch ein Restaurant lädt auf der Höhe ein, viele Wanderwege nehmen dort ihren Anfang, u. a. kann man innerhalb von ca. 45 Gehminuten auf guten Wegen wieder das Zentrum am Ufer des **Vågen** erreichen, eines so überaus günstig gelegenen Naturhafens, dass König Olaf Kyrre im Jahre 1070 beschloss, hier eine erste Niederlassung zu gründen. Um diesen Hafen herum wuchs die spätere Hansestadt nach und nach heran, die bereits im Verlauf des 12. Jh. zu Norwegens wichtigstem Umschlagplatz für Waren aus aller Herren Länder wurde.

Mit seinem bunten Durcheinander von Ausflugsbooten, Segel- und Motorjachten, Kuttern und Schiffen, eingerahmt von altehrwürdigen Bauwerken, gibt der Hafen ein prachtvolles Bild ab. Zentrum des Treibens ist der **Torget** 1, der direkt an die Stirnseite von Bucht und **Hanseviertel** (s. Entdeckungstour S. 82, 2 – 9) angrenzende Marktplatz, früher wie heute Mittelpunkt der Stadt und Kristallisationspunkt ihres kosmopolitischen Treibens. Hauptattraktion des charmanten und an Restaurants sowie Straßencafés überaus reichen Platzes aber ist der allmorgendliche Gemüse-, Obst- und Fischmarkt, der ▷ S. 85

Bergen

Sehenswert
1 Torget
2 Bergenhus
3 Rosenkrantztårnet
4 Håkonshalle
5 Bryggens Museum
6 Tyskebrygge
7 Hanseatisches Museum
8 Schøtstuene
9 Marienkirche
10 Lysverket
11 Rasmus Meyers Samling
12 Bergens Kunstforening
13 Stenersen Samling
14 Kunstindustriemuseum
15 Bergen Aquarium
16 Gamle Bergen
17 Stabkirche von Fantoft
18 Troldhaugen

Übernachten
1 Clarion Hotel Admiral
2 Radisson Blu Royal Hotel
3 Det Hanseatiske Hotell
4 Scandic Strand Hotel
5 First Hotel Marin
6 Basic Hotell Victoria
7 Bergen Vandrerhjem

Essen & Trinken
1 Finnegårdstuene
2 Enhjørningen
3 Bryggen Tracteursted
4 Bryggeloftet & Stuene
5 Pygmalion Økokafé

Einkaufen
1 Galleriet 2 Juhl's
3 Oleana Bergen
4 Kinsarvik Naturkost

Aktiv
1 Fløyen 2 Ulriken
3 Skolten Cruiseship Term.

Abends & Nachts
1 Zachariasbryggen
2 Grieghallen

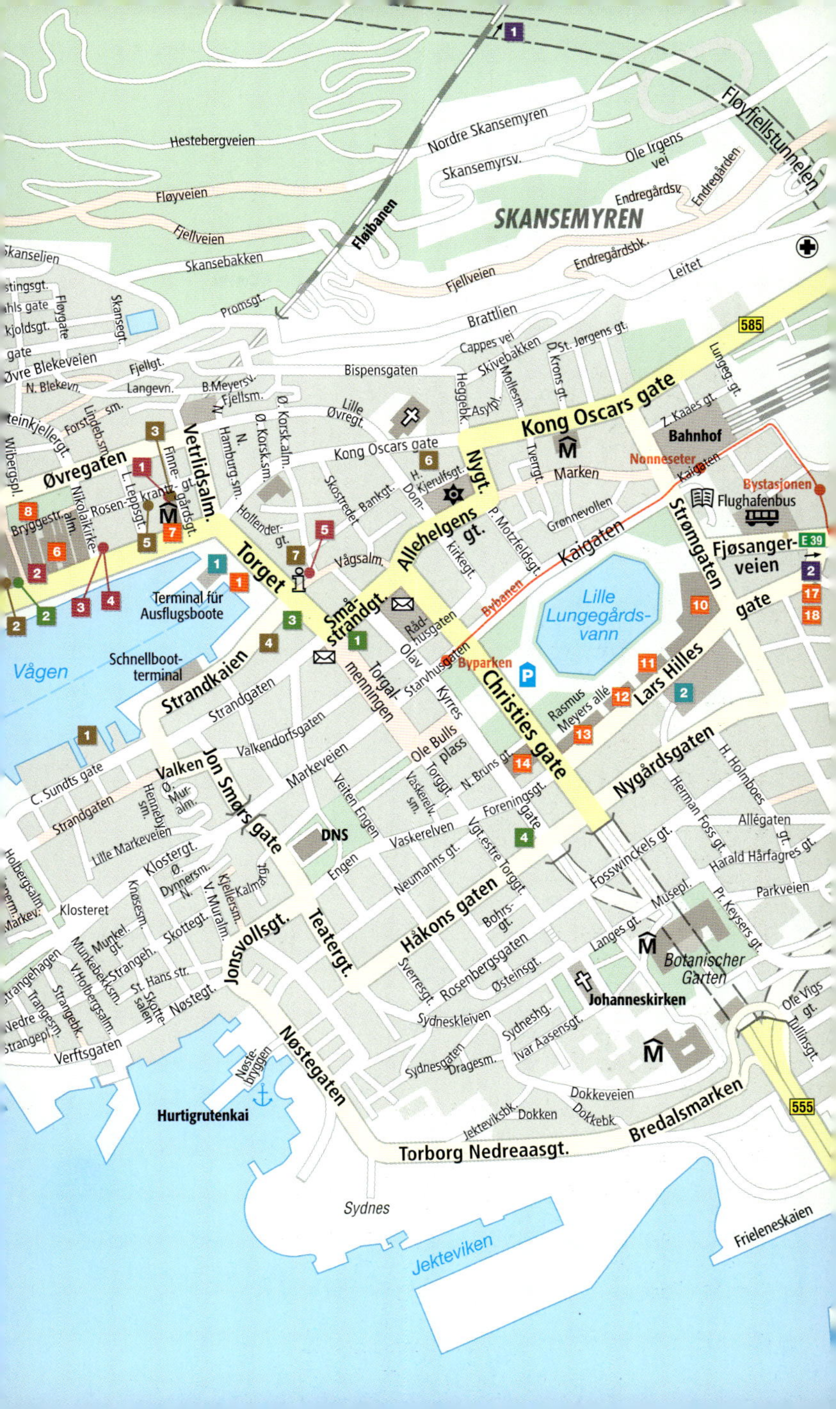

Fløyfjellstunnelen
Nordre Skansemyren
Skansemyrsv.
Ole Irgens vei
Endregårdsv.
Endregården
Hestebergveien
Fløyveien
Fjellveien
SKANSEMYREN
Fløibanen
Skanselien
Skansebakken
Promsgt.
Fjellveien
Endregårdsbk.
Leitet
Brattlien
Flygate
Skansegt.
Øvre Blekeveien
N. Blekevn.
Fjellgt.
Langevn.
B.Meyersv.
Fjellsm.
Bispensgaten
Cappes vei
Skivebakken
D. Krons gt.
St. Jørgens gt.
585
Lungeg. gt.
Lille Øvregt.
Kong Oscars gate
Heggebk.
Asylpl.
Mollesm.
Z. Kaaes gt.
Bahnhof
Øvregaten
Vetrlidsalm.
Finne-gårdsgt.
Rosen-krantz gt.
L. Leppsgt.
Nikolaikirke-alm.
Bryggestr.
Wibergspl.
Ø. Korsk.alm.
Ø. Korsk.sm.
N. Hamburg.sm.
Kong Oscars gate
Skostredet
Bankgt.
H. Kjerulfsgt.
Dom-
Nygt.
Tverrgt.
Marken
Nonneseter
Kaigaten
Bystasjonen
Flughafenbus
Strømgaten
Fjøsanger-veien
E 39
Hollender-gt.
Vågsalm.
Allehelgens gt.
Kirkegt.
P. Motzfeldtsgt.
Grønnevollen
Kaigaten
Bybanen
Torget
Terminal für Ausflugsboote
Små-strandgt.
Råd-husgaten
Olav
Lille Lungegårds-vann
gate
Vågen
Schnellboot-terminal
Strandkaien
Strandgaten
Torgal-menningen
Starvhusgaten
Byparken
Kyrres
Christies gate
Rasmus Meyers allé
Lars Hilles
Valkendorfsgaten
Ole Bulls plass
C. Sundts gate
Valken
Ø. Muralm.
Jon Smørs gate
Markeveien
Veiten Engen
Torggt.
Vaskerelv. sm.
N. Bruns gt.
Foreningsgt.
Nygårdsgaten
H. Holmboes
Allégaten
Herman Foss gt.
Harald Hårfagres gt.
Strandgaten
Henneby sm.
Lille Markeveien
DNS
Vaskerelven
Vgt.estre Torggt.
Fosswinckels gt.
Klostergt.
Ø. Dynnersm.
N. V. Muralm.
Kjellersm.
Kalmargt.
Engen
Neumanns gt.
Musepl.
Parkveien
Holbergsalm.
Markev.
Klosteret
Knøsesm.
Skottegt.
Jonsvollsgt.
Teatergt.
Håkons gaten
Bohrs-gt.
Langes gt.
Pr. Keysers gt.
Botanischer Garten
Strangehagen
Munkel. gt.
Munkebekksm.
V.Holbergsalm.
Strangeh.
St. Hans str.
St. Skottesalen
Sverresgt.
Rosenbergsgaten
Østeinsgt.
Johanneskirken
Ole Vigs gt.
Tullinsgt.
Nedre Strangehagen
Trangesm.
Strangebk.
Strangepl.
Nøstegt.
Verftsgaten
Nøstegaten
Nøste-bryggen
Sydneskleiven
Sydneshg.
Ivar Aasensgt.
Sydnesgaten
Dragesm.
Hurtigrutenkai
Dokkeveien
Jekteviksbk.
Dokken
Dokkebk.
Bredalsmarken
555
Torborg Nedreaasgt.
Sydnes
Jekteviken
Frieleneskaien

Auf Entdeckungstour:
Auf den Spuren der Deutschen Hanse

Bryggen – der Besuch des ehemaligen Hanseviertels von Bergen mit seinen vielen Holzhäusern, seinen Museen und der ›Kirche der Deutschen‹ ist ein Gang durch eine mehr als 700 Jahre alte Geschichte.

Infos: Über die Touristeninformation von Bergen (s. S. 78) und den Bergen Meeting Point, ein Infozentrum zum Hanseviertel direkt beim Bryggens Museum (kostenlose Broschüren, Startpunkt geführter Touren). Touren mit Bryggen Guiding (www.bymusset.no, Tel. 55 30 80 30) von Juni bis Aug. tgl. 10 Uhr (auf Deutsch) sowie 11 und 12 Uhr (auf Englisch); der Rundgang führt zum Hanseatischen Museum, kostet 120 NOK/Pers. und dauert ca. 1,5 Std.

Nicht ohne Grund pflegen heute Fremdenführungen in Bergen mit dem Besuch der Festung **Bergenhus** 2 zu beginnen, die dort liegt, wo in der Gründungszeit Bergens erste Gebäude entstanden: direkt an der Öffnung des lang gestreckten Hafenbeckens Vågen (s. S. 79), von wo aus man das vielleicht imposanteste Bild der zu den steilen Fjellhöhen hin ansteigenden Stadt genießt. Das alte Bollwerk umfasst einerseits den 1560 im Renaissancestil errichteten Wehrturm **Rosenkrantztårnet** 3 (Bergenhus Festning, Vågen, www.bymuseet.no, Mitte Mai–Aug. tgl. 9–16 Uhr, stdl. Führungen, sonst nur So 12–15 Uhr, 60 NOK) sowie andererseits die 1261 fertig gestellte **Håkonshalle** 4 (Bergenhus Festning, Vågen, gleiche Öffnungszeiten, 60 NOK) jenes Königs Håkon IV., der 1250 einen Handelsvertrag mit Lübeck schloss und so der Hanse (althochdeutsch *Hansa* = Gruppe, Schar) den Weg zur Macht an den nordischen Küsten öffnete.

Lange Geschichte

Erklärtes Ziel dieser auch als Deutsche Hanse bezeichneten Vereinigung niederdeutscher Kaufleute war die Vertretung gemeinsamer wirtschaftlicher Interessen besonders im Ausland, weshalb die Entwicklung des Transportwesens, insbesondere zur See, eine wichtige Grundlage darstellte. So wurde die Kogge zum Symbol für die Hanse (deren Handelsflotte im 14. Jh. bereits ca. 100 000 Tonnen Tragfähigkeit umfasste), die 1278 die ersten schriftlich fixierten Privilegien in der damaligen Königsstadt Bergen bekam. Von nun an brachte die Gilde der Lübecker ›Bergenfahrer‹ vor allem Getreide, Salz, Malz und Bier als Tauschwerte für Wolle, Häute, Felle und vor allem die in Europa begehrte und von den Lofoten stammende Fastenspeise Trockenfisch ins Land. Da sie eine Monopolstellung innehatte, konnte die Hanse innerhalb kürzester Zeit fast den gesamten Handel an sich reißen, aber auch in kultureller sowie politischer Hinsicht war sie bald ein gewichtiger Faktor und bildete bald schon einen Staat im Staat. Zur Blütezeit um 1400 machten die deutschen Kaufleute und Handwerker ein Viertel der Stadtbevölkerung Bergens aus und hatte die Hanse 300 Handelshäuser im Besitz. Noch 1668, als die Hanse durch verschiedene norwegische Gesetze ihre Handelsmacht bereits größtenteils eingebüßt hatte, standen noch 88 deutsche Handelshäuser nur fünf norwegischen gegenüber. Beim großen Brand im Jahr 1702 dann wurden fast alle Gebäude, die größtenteils aus Holz gebaut waren, vernichtet, und als 1766 das letzte deutsche Handelshaus in Bergen verkauft wurde, war die Zeit der Hanse vorüber.

Bedeutendste Sehenswürdigkeit

Ein weiterer Großbrand zerstörte 1955 nahezu den gesamten Rest der alten Bausubstanz. Doch es erfolgte ein Wiederaufbau im alten Stil und heute steht das ehemalige Hanseviertel von Bergen mit seinen vielen Holzhäusern auf der Liste des Weltkulturerbes der UNESCO. Obendrein gilt es als bedeutendste historische Sehenswürdigkeit der Stadt, doch wird es seit Ende des Zweiten Weltkrieges, während dem sich die Deutschen in Norwegen sehr unbeliebt machten, nur noch als Brygge (norwegisch für Kai, Landungsbrücke) bezeichnet und nicht mehr wie zuvor als Tyskebrygge (Deutscher Kai). Das Viertel nimmt die gesamte Ostseite der Hafenbucht Vågen ein. Und wer sich über die Geschichte der Hanse in Norwegen informieren will, ebenso über Handel, Handwerk, Verkehr und sozioökonomische Aspekte der mittelalterlichen

Stadtgeschichte, sollte das **Bryggens Museum** 5 besuchen, in dem außerdem die größte Runensammlung der Welt zu betrachten ist (Dreggsallmenningen 3, www.bymuseet.no, Mitte Mai–Aug. tgl. 10–16, sonst Mo–Fr 11–15, Sa ab 12, So 12–16 Uhr, 70 NOK). Es liegt direkt beim neu eingerichteten Bergen Meeting Point am Ende des alten Hanseviertels **Tyskebrygge** 6 (Deutsche Brücke). Hier befanden sich einstmals die Wohnviertel der deutschen Kaufleute, hier herrschte hanseatisches, nicht norwegisches Recht. Verschlossen wirkt die ehrwürdige Holzfassade der alten Hansekontore, die das dahinter liegende Labyrinth von Gässchen, Stiegen, Galerien, Erkern und Kellerhäuschen nicht ahnen lassen, geschweige denn das ›süße Geheimnis‹ des obersten Prinzipals der zölibatär lebenden Männergilde: In seiner Schlafkoje schimmert die halbentblößte Büste einer Schönen. Pin-up aus dem Mittelalter, zu bestaunen im **Hanseatischen Museum** 7, in dem das Leben der deutschen Kaufleute thematisiert wird (Finnegården 1A, www.museumvest.no, Juni–Aug. tgl. 9–17, sonst Di–So 11–14 Uhr, 60 NOK, das Ticket gilt am gleichen Tag auch für die Schøtstuene). Untergebracht ist es im 1704 erbauten Bryggen-Kontor Finnegården, das als einziges Gebäude im Hanseviertel über originales Interieur verfügt und somit ganz authentisch im Stil der Zeit eingerichtet ist. Mit zum Museum gehört die **Schøtstuene** 8 an der Øvregaten 50, die als Aufenthaltsraum der Hanseaten diente (www.museumvest.no, gleiche Öffnungszeiten).

Detail an einem Hansehaus

Bleibt abschließend die im 12. Jh. errichtete **Marienkirche** 9 in der Dreggsallmenningen 15 zu erwähnen, die als das älteste Bauwerk der Stadt und eine der besterhaltenen romanischen Kirchen des Landes gilt. Von 1408 bis 1776 war das damals Tyskekirken (Kirche der Deutschen) genannte Gotteshaus im Besitz der Hanseaten, woran u. a. der Altarschrein erinnert, eine Lübecker Arbeit aus dem späten 15. Jh. Auch die Barockkanzel, die 1676 von hanseatischen Kaufleuten gestiftet wurde und im Ruf steht, die schönste des Landes zu sein, ist wahrscheinlich deutschen Ursprungs und bis ins 19. Jh. hinein wurden in dieser Kirche die Gottesdienste nicht in norwegischer, sondern in deutscher Sprache abgehalten (wegen umfassender Renovierungsarbeiten voraussichtlich bis 2015 geschl.).

seit 2012 mit einer neuen Attraktion aufwartet: In einer voll verglasten Markthalle können nun die Besucher aus den Köstlichkeiten des Meeres auswählen und sie nicht nur kaufen, sondern auf Wunsch auch gleich an Ort und Stelle zubereiten lassen und genießen. – Man sitzt recht nett und vor allem mit Aussicht, und lediglich die selbst für norwegische Verhältnisse recht stattlichen Preise können einem schon mal den Appetit verderben.

Bergens Kunststraße

Dass Bergen zur ›Kulturstadt 2000‹ ernannt wurde, verdankte es u. a. dem **Bergen Kunstmuseum,** das aus drei separaten Sammlungen besteht, die sich mit weiteren Museen am zentralen Stadtsee Lille Lungegårdsvann, an der Rasmus Meyers allé, aneinanderreihen (www.kodebergen.no, 100 NOK Eintritt für alle Museen innerhalb von zwei Tagen).

Der von den Einflüssen des Art déco geprägte weiße Ziegelbau des **Lysverket** 10 in der Rasmus Meyers Allé 9 beeindruckt mit über 9000 Gemälden und Skulpturen aus dem 15. Jh. bis zur Gegenwart und ist obendrein berühmt für seine reiche Sammlung russischer und griechischer Ikonen aus dem 15. Jh.; ausgestellt sind außerdem herausragende Exponate internationaler Künstler, darunter Joan Miró, Pablo Picasso und Paul Klee (Mo–Fr 13–17, Sa/So 11–17 Uhr, Mitte Mai–Mitte Sept. nur Di–So).

Ein paar Meter weiter (Rasmus Meyers Allé 7) zeigt die **Rasmus Meyers Samling** 11 eine der größten Sammlungen norwegischer Kunst aus der Zeit vom 18. Jh. bis 1915. Edvard Munch und J.C.C. Dahl, aber auch Adolph Tidemand, Hans Gude und Christian Krogh sind mit Werken vertreten. Beachtlich ist auch die Ausstellung von Mobiliar aus dem 18. Jh.

Nebenan zeigt **Bergens Kunstforening** 12 (Rasmus Meyers Allé 5) wechselnde Ausstellungen zur zeitgenössischen Kunst und weiter geht's zur **Stenersen Samling** 13, der Arena für wechselnde Kunstausstellungen (Rasmus Meyers Allé 3).

Wenige Gehminuten südwestlich, an der Nordahl Brunsgata 9, erhebt sich das klassizistische Ausstellungsgebäude Permanenten mit dem **Kunstindustriemuseum** 14. Hier geht es u. a. um über 2000 Gegenstände aus Kunstgewerbe und Design der letzten 500 Jahre, auch eine bedeutende China-Sammlung ist zu besichtigen (Mo–Fr 11–15, Sa/So bis 17 Uhr, Mitte Mai–Mitte Sept. nur Di–So).

Rings um Bergen

Bergen Aquarium 15

Haakon Sheteligs plass 15, Halbinsel Nordnes, www.akvariet.no, Mai–Aug. tgl. 9–18, sonst 10–18 Uhr, Bootszubringer ab Torget alle 20 Min. (Mitte Mai–Ende Sept.), 150 NOK bzw. 200 NOK (Sommer), ganzjährig Busverbindungen mit der Linie Nr. 11 ab Zentrum

Das Bergen Aquarium ist mit seinen rund 70 Meerwasseraquarien eines der größten und modernsten Europas. Um 12 und 15 Uhr werden die Seelöwen gefüttert, um 13 und 17 Uhr die Pinguine, und 13 und 16 Uhr lädt die Seehund-Show ein.

Gamle Bergen 16

Nyhavnsveien 4, nördlich vom Zentrum, www.bymuseet.no, 10. Mai–1. Sept. tgl. 9–16 Uhr, 80 NOK, Führungen stdl. 9–15 Uhr, Bus Nr. 3, 4, 5 ab Torget

Ein kurzes Stück nördlich des Zentrums und mit dem Bus in 7 Min. erreichbar, erstreckt sich direkt am Meer das großzügig angelegte Freilichtmuseum Gamle Bergen als eine regelrechte kleine Stadt mit über 40 charakteristischen Holzhäusern aus dem 18. bis 20. Jh. Alle sind authentisch eingerichtet, außer Wohnungen wurden u. a. eine Bäckerei, eine Zahnarztpraxis, ein Kolonialwarenladen und eine Goldschmiedewerkstatt rekonstruiert.

Südlich der Stadt

Zwei weitere Highlights finden sich südlich der Stadt und sind mit der Bybanen ab Byparken oder Bystasjonen erreichbar. Erstes Ziel ist die **Stabkirche von Fantoft** 17 (Fantoftvegen 38C), die um 1150 am Sognefjord errichtet und 1883 nach Bergen verlegt wurde. Im Juni 1992 bis auf die Fundamente abgebrannt, präsentiert sie sich seit 1997 wieder in rekonstruierter Schönheit (www.fantoftstavkirke.com, Mitte Mai–Mitte Sept. tgl. 10.30–18 Uhr, 50 NOK, Haltestelle Paradis aussteigen, entlang dem Birkelundsbakken zur Stabkirche laufen).

Ab der Haltestelle Paradis geht es weiter mit der Bybanen bis Hop und zu Fuß (ca. 25 Min.) weiter nach **Troldhaugen** 18, Edvard Griegs ehemaligem Wohnsitz (Troldhaugvegen 65). Im Garten fanden der berühmte Komponist und seine Frau ihre letzte Ruhestätte. Im Innern der 1885 im viktorianischen Stil errichteten Villa, bekannt durch die Komposition »Hochzeit auf Troldhaugen«, findet sich u. a. ein Museum mit Multimediaraum. Im Sommer werden hier Konzerte aufgeführt (www.troldhaugen.com, Okt.–April tgl. 9/10–16, sonst 9–15/18 Uhr, 80 NOK bzw. 50 NOK bei Vorlegen des Tickets für die Kunstmuseen).

Übernachten

Während der Hochsaison und zur Zeit der großen Festivals sollte man sein Zimmer rechtzeitig im Voraus buchen.

Tradition direkt am Meer – **Clarion Hotel Admiral** 1: C. Sundts gt. 9, Tel. 55 23 64 00, www.clarionadmiral.no, DZ ab 1920 NOK, EZ ab 1620 NOK, im Sommer 1190 NOK/EZ, 1390 NOK/DZ. Mit seiner Lage direkt am Ufer des Vågen mit Blick auf die Tyskebrygge eines der Tophotels der Stadt. Es ist untergebracht in einem aufwendig restau-

Die Villa Troldhaugen war Wohnsitz und Arbeitsstätte des Komponisten Edvard Grieg

rierten und Ende 2013 komplett renovierten alten Speicherhaus und bietet höchsten Komfort.

Preisgekrönte Spitzenadresse – **Radisson Blu Royal Hotel Bergen** 2: Bryggen, Tel. 55 54 30 00, www.radissonblu.com, DZ ab 1995 NOK, EZ ab 1795 NOK. Spitzenhotel im Bryggeviertel, für seine Architektur preisgekrönt, mehrere Restaurants, der Madame Felle Jazzclub gilt als erste Nachtklubadresse von Bergen.

Wunderschön im Hanseviertel – **Det Hanseatiske Hotell** 3: Rosenkrantzgaten 6, Tel. 55 30 48 00, www.dethanseatiskehotel.no, EZ/DZ ab 990 NOK. Die Lage dieses denkmalgeschützten Hauses im alten Hanseviertel ist einzigartig, und ebenso sind die 34 verwinkelten und höchst romantischen Zimmer im hanseatisch-maritimen Stil, die alle ganz individuell eingerichtet sind und vielleicht das beste Preis-Leistungs-Verhältnis von Bergen bieten. Angeschlossen sind eine kleine Bar sowie gleich drei Restaurants, u. a. das renommierte Finnegårdstuene (s. S. 90).

Lieblingsort

Ulriken – im Antlitz von Bergen

Aussichtspunkte gibt es mehrere rings um Bergen, aber der **Ulriken** 2, höchster der sieben Hausberge der Stadt, ist ein ganz besonderer. Nicht nur, dass der ›Aufstieg‹ zum 642 m hohen Gipfel dank einer Seilbahn denkbar einfach gemacht wird. Auch der Blick auf Bergen und die verästelten Fjorde, auf die Schärenküste in der Ferne sowie auf die Bergwelt ringsum ist umfassend. Obendrein lädt ein **Restaurant** ein und man kann zu mehreren Wanderungen aufbrechen (zur Talstation Ulriksbanen mit Bus Nr. 2 und 3 ab Torget sowie mit dem Bus von Citysightseeing (s. S. 91), ab Torget, Seilbahn: im Sommer 9–21, sonst 9/10–17 Uhr alle paar Minuten, 80 NOK/Weg, 145 NOK hin und zurück, www.ulriken643.no).

Günstig wohnen

Bei Buchung der Unterkunft 48 Stunden oder weniger vor der Ankunft in Bergen gewähren alle Hotels in der Saison (Mitte Juni–Aug.) **Last-Minute-Preise.** Außerhalb der Saison gibt es günstige **Wochenendtarife** (wie Sommerpreise), am günstigsten wohnt man in Bergen in **Privatzimmern** (DZ ab 550 NOK, EZ ab 400 NOK). Vermittlung, auch online, über das Touristenbüro (s. S. 78).

Toplage – **Scandic Strand Hotel** 4: Strandkaien 2B, Tel. 55 59 33 00, www.scandichotels.no/strand.no, DZ ab 1540 NOK, EZ ab 1140 NOK. Renoviertes Haus in der Stadtmitte, das mit der besten Aussicht und Lage Bergens wirbt; die Zimmer bieten gehobenen Komfort, mit Restaurant, Bar und Sonnenterrasse.

Reiche Aussicht – **First Hotel Marin** 5: Rosenkrantz gt. 8, Tel. 53 05 15 00, www.firsthotels.no, EZ/DZ ab 1195 NOK. Neueres, im Tyskebrygge-Viertel gelegenes Hotel der Mittelklasse, 150 Zimmer, Wellnesszentrum, zwei Restaurants.

Gut & günstig – **Basic Hotell Victoria** 6: Kong Oscarsgt. 29, Tel. 81 52 27 42, www.basichotels.no, DZ ab 995 NOK, EZ 895 NOK. Mitten im Zentrum gelegenes Sommerhotel mit 43 schlichten, aber behaglich-modern eingerichteten Zimmern, alle ausgestattet mit Bad, TV, Kühlschrank.

Budgetschonend – **Bergen Vandrerhjem/YMCA** 7: Nedre Korskirkealm. 4, Tel. 55 60 60 55, www.bergenhostel.com, 2. Jan.– 22. Dez., das Bett kostet ab 190 NOK, DZ ab 900 NOK, EZ ab 550 NOK. Zentrale Lage, alle Zimmer mit Gästeküche und Bad, Internetzugang, einer eigenen Dachterrasse mit Grill und Aussicht über den Fjord.

Essen & Trinken

Gourmettempel – **Finnegårdstuene** 1: Rosenkrantzgaten 6, Tel. 55 55 03 00, www.finnegaarden.no, Di–Sa ab 17 Uhr, 3-Gänge-Menü 645 NOK, 5 Gänge 745 NOK, Gourmetmenü (7 Gänge) 845 NOK. Im Bryggenviertel gelegenes Traditionsrestaurant, das im Ruf steht, eine der besten Gourmetadressen des Landes zu sein.

Fisch vom Feinsten – **Enhjørningen** 2: Bryggen, 2. Etage, Tel. 55 30 69 50, www.enhjorningen.no, Mo–Sa ab 16 Uhr, Vorspeisen ca. 130–165 NOK, Hauptgerichte ca. 330 NOK, 3-Gänge-Menü 545 NOK, 4 Gänge 595 NOK. Schöner Hafenblick, angenehme, nicht aufgesetzte Atmosphäre und Fischgerichte, die ihresgleichen suchen.

Älter geht's nicht – **Bryggen Tracteursted** 3: Bryggen, Tel. 55 33 69 99, www.bellevue-restauranter.no, Mai–Sept. tgl. Lunch ab 11 Uhr, Dinner ab 17 Uhr, Okt.–Dez. Di–Sa ab 17 Uhr, Vorspeisen 95–145 NOK, Hauptgerichte ab 235–375 NOK, außerdem ein wöchentlich wechselndes Fischgericht zu nur 189 NOK, Tappahäppchen zum Lunch ab 55 NOK. Bei dem schmucken Holzbau handelt es sich um das älteste Gasthaus Norwegens (über 300 Jahre). 2011 wurde es für seine Gerichte preisgekrönt.

Historisches Ambiente – **Bryggeloftet & Stuene** 4: Bryggestredet 2, Tel. 55 30 20 70, www.bryggeloftet.no, Mo–Sa ab 11, So ab 13 Uhr, ca. 250–350 NOK. Historische Räumlichkeiten mit herrlichem Hafenblick und urgemütlichem Ambiente, norwegische Spezialitäten, insbesondere Fisch.

Feine Ökoküche – **Pygmalion Økokafé** 5: Nedre korskirkeallmenning 4, Tel. 55 32 33 60, www.pygmalion.no, tgl. 9–23 Uhr, Hauptgerichte ab 150 NOK. Gemütlich und zugleich urban eingerichtetes Ökocafé mit Galerie am Platz vor der Kreuzkirche. Preiswerte Gerichte der internationalen Küche ausschließlich mit Zutaten aus ökologischer Landwirtschaft, darunter viel Vegetarisches. Perfekt für Lunch und leichtere Abendmahlzeiten sowie auch für Kuchen.

Einkaufen

Fußgängerzonen mit Hunderten von Geschäften sind u. a. die Straßen Torgalmenning und Marken. Bei der Tyskebrygge (nicht nur an der Straßenfront, sondern auch in den Gängen und Stiegen) gibt es einige der besten Souvenirgeschäfte des Landes.

Alles unter einem Dach – **Galleriet 1**: Torgalmenningen 8, www.galleriet.com, Mo–Fr 9–21, Sa bis 18 Uhr. Zentralstes Einkaufszentrum mit über 70 Geschäften und Gaststätten.

Feines aus der Finnmark – **Juhl's Silver Gallery 2**: Bryggen (neben Blu Hotel), www.juhls.no, Mo–Fr 9–20 Uhr, im Sommer auch bis 22 Uhr. Feiner Silberschmuck aus der Finnmark, aber auch edle Samenmesser, Gemälde und andere Finnmark-typische Arbeiten.

Edles Handgestricktes – **Oleana Bergen 3**: Strandkaien 2A, www.oleana.no, Mo–Fr 10–17, Sa bis 15 Uhr. Preisgekrönte Strickkollektionen aus Wolle, Seide, Alpaka, Kaschmir – »Handmade in Norway«.

Tofu & Co. – **Kinsarvik Naturkost 4**: Olav Kyrresgt. 47, Tel. 55 32 55 58, www.kinsarvik.no, Mo–Fr 8.30–17, Sa 9–16 Uhr. Eine der äußerst raren Adressen in Westnorwegen für Fair-Trade- und Ökoprodukte; der Laden bietet eine große Auswahl an Lebensmitteln, Tee- und Kaffeesorten; auch Naturkosmetik.

Obst, Gemüse, Fisch – **Markt auf dem Torget 1**: Juni–Aug. tgl. 7–19, sonst Mo–Sa 7–16 Uhr, www.torgetibergen.no.

Aktiv

Bergen von oben – **Fløyen 1**: s. S. 79.

Im Antlitz von Bergen – **Ulriken 2**: s. Lieblingsort S. 88.

Sightseeing organisiert – **Citysightseeing:** ab dem **Skolten Cruiseship Terminal 3** hinter der Festung Bergenhus, Tel. 22 78 94 00, www.citysightseeingbergen.com, 20. Mai–Ende Aug. 9–17 Uhr im Halbstundentakt, 150 NOK. In offenen Doppeldeckerbussen wird eine bestimmte Route zu den Highlights der Stadt abgefahren. Insgesamt werden acht Stopps eingelegt, man kann an allen Stationen immer wieder zu- und aussteigen.

Abends & Nachts

An Sommerabenden spielt sich das Nachtleben direkt am bzw. um den **Torget 1** ab, wo zahlreiche Cafés und Kneipen (die meisten auch zum Draußensitzen) einladen.

Treff am Torget – **Zachariasbryggen 1**: Torget, www.ricks.no. Die direkt am Fjord beim Fischmarkt gelegene Zachariasbrygge ist mit ihren zahlreichen Lokalen *der* Treff in Bergen. Mit einer üppig bestückten Bar

Unser Tipp

Krabben pulen

Auf dem Fischmarkt am **Torget 1**, direkt am Naturhafen, sollte man eine Tüte *reker* (Krabben) und eine Zitrone kaufen, sich dann einen Platz am Meer suchen, die Krabben pulen, Saft darüberträufeln und genießen – aber bitte ohne Alkohol. In der Öffentlichkeit zu trinken, ist in Norwegen verboten.

wartet der **Flying Dutchman** (So–Do 18–2.30, Fr ab 16, Sa ab 12 Uhr) auf, und im **Wave Pub** (tgl. 11–3 Uhr) herrscht tgl. Stimmung ab 21/22 Uhr, an den Wochenenden DJ-Sound. Bleibt die **Piano Bar** (So–Do 18–23, Fr ab 16, Sa ab 12 Uhr), in der meist ein Mann am Klavier sitzt und wo man herrlich auch draußen sitzen kann.

Kulturarena für Klassisches – **Grieghallen** 2: Edvard Griegs Plass 1, Tel. 55 21 61 50, www.grieghallen.no. Größte Kulturarena der Stadt für Konzerte, Tanz und Theater.

Grieg-Konzerte – **Troldhaugen** 18: In Troldhaugen (s. S. 86), dem ehemaligen Wohnsitz des Komponisten Edvard Grieg, werden von Juni bis Sept. tgl. um 13 Uhr halbstündige Konzerte veranstaltet (100 NOK inkl. Eintritt und Museumsbesuch). Rund ums Jahr werden zudem zahlreiche weitere Konzerte gegeben, Informationen über die Website sowie das Touristenbüro, wo man zumeist auch die Eintrittskarten erstehen kann.

Infos & Termine

Touristeninformation und Verkehr

Siehe auch Infobox S. 78.

Bergenskortet: In der Touristeninformation ist die Bergenskortet (Bergen-Karte) erhältlich, mit der man zahlreiche Ermäßigungen, u. a. bei Automiete, im Parkhaus, bei der Kabelbahn auf den Fløyen und freien Eintritt in viele Museen und Schwimmbäder bekommt. Die Karte kostet für einen Tag 200 NOK (Kinder 75 NOK), für zwei Tage 260 NOK (100 NOK).

Hurtigrutentransfer: Wenn das südgehende Schiff anlegt, steht am Kai ein Bus bereit. Der Transfer zum Flughafen kostet 170 NOK, zum Bahn-/Busbahnhof 90 NOK. Auch die Hotels in Bergen werden angefahren. Ticket für den Transfer beim Bord-Reiseleiter, häufig jedoch bereits im Reisearrangement enthalten. Das Zentrum ist nur ca. 2 km entfernt; zu Fuß braucht man ca. 20 Min., das Taxi kostet ca. 150–180 NOK.

Termine

Festspillene i Bergen: Ende Mai/Anfang Juni, www.fib.no. Kultureller Höhepunkt der Stadt, 12 Tage lang rund 200 verschiedene Musik-, Ballett-, Theater- und Folklorevorstellungen.

Bergens Musikfest: 3 Tage im Juni, www.bergenfest.no.

Nattjazz: Ende Mai/Anfang Juni, www.nattjazz.no. Internationales Jazzfestival mit über 60 Konzerten an 11 Tagen.

Grieg in Bergen: Mitte Juni–Ende Aug, www.grieginbergen.com. Über 40 Konzerte.

Gourmetfestival: Anfang Sept., www.matfest.no.

Bergen Filmfestival (Mitte/Ende Okt.): www.biff.no.

Tagesausflug: »Norwegen im Kleinen«

Informationen über das Touristenbüro, das diesen Ausflug in Zusammenarbeit mit Fjord Tours (www.fjord-tours.com) für 1090 NOK organisiert. Im Vor-/Nachprogramm der Hurtigruten stehen zwei ähnliche Touren auf dem Programm

Zahlreiche Tagestouren haben in Bergen ihren Ausgangspunkt: Herausragend ist die Rundfahrt »Norway in a Nutshell« (›Norwegen im Kleinen‹), die zu den Top-Highlights des Landes zählt. In ihrer Standardversion führt die Tour von **Bergen** aus um 8.40 Uhr mit der **Bergenbahn** (s. S. 25) innerhalb von zwei Stunden nach **Myrdal,** auf 866 m Höhe inmitten der Kältesteppe der **Hardangervidda** ganz ohne Straßenanschluss gelegen. Die Fahrt dorthin ist ungemein reich an spektakulären Ausblicken, und wer ein Faible für Einsamkeit hat, kann hier von Juni bis September in der nahe dem Bahnhof gelegenen Myrdal Fjellstove (Tel. 41 54 93 83, www.myrdalfjellstove.no) übernachten; dort werden u. a. auch geführte Wanderungen und Angeltouren angeboten.

Nach einem kurzen Aufenthalt in Myrdal schließt sich die Fahrt mit der **Flåmsbahn** (s. S. 25) an, die mit einer 55 %-Steigung (1 m Steigung auf 18 m Strecke) auf rund 80 % der Trasse zu den steilsten Eisenbahnstrecken der Welt zählt. In puncto Panoramen ist diese Fahrt kaum noch zu überbieten, doch sei im Sinne des Reiseerlebnisses empfohlen, in den ersten der traditionellen Waggons einzusteigen, da alle nachfolgenden oft von Reisegruppen geblockt sind. Dann geht es los und am See Reinungavatnet vorbei in einen Tunnel hinein, der im Innern des Berges einen Bogen von 180° beschreibt und durch eine Öffnung in der Bergwand einen atemberaudenden Tiefblick ermöglicht. Wenig später wird der 225 m hohe Wasserfall Kjosfossen erreicht, wo der Zug einen kurzen Sightseeing-Stopp einlädt. Aussteigen ist erlaubt, aber wer keine Regenkleidung dabei hat, wird wegen der Gischt in Sekundenschnelle pitschenass sein.

Weitere Wasserfälle liegen am steil abfallenden Weg nach **Flåm,** von Kreuzfahrt-Touristen schon im 19. Jh. ›entdeckt‹. Heute ist das rund 450 Einwohner zählende Städtchen eines der meistbesuchten Ziele in Norwegen, und diesen Stellenwert verdankt es seiner unvergleichlich malerischen Lage am Südufer des weltberühmten **Sognefjords.** Rund 1,5 Stunden hat man nun Zeit, diese traumhafte Lage zu genießen sowie auch das Flåmsbahn-Museum (www.flaamsbana.no) zu besuchen, bevor es um 13.20 Uhr aufs Schiff geht, das über den auf der World Heritage List der UNESCO geführten **Nærøyfjord** nach **Gudvangen** fährt. Es schließt sich eine wiederum spektakuläre Busfahrt entlang der **Stalheimskleivi-Straße** nach **Voss** an, wo man um 17.53 Uhr wieder in die Bergenbahn einsteigt und gegen 19 Uhr den Ausgangspunkt **Bergen** erreicht.

Tagesausflug: »Norwegen im Kleinen«

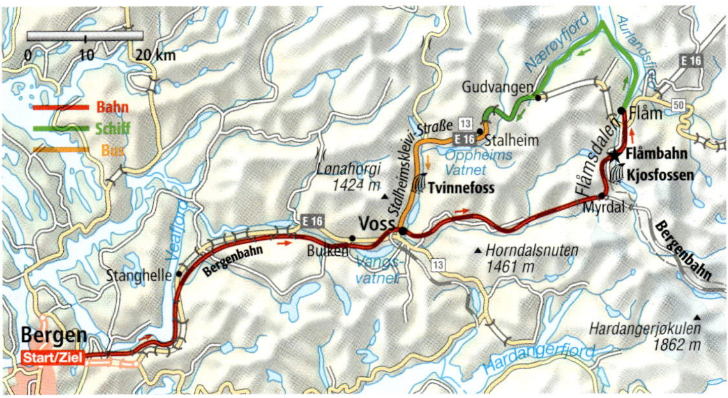

Das Beste auf einen Blick

2. und 3. Tag: Florø–Rørvik

Highlights!

Geirangerfjord: Der 16 km lange Geirangerfjord, von bis über 1000 m hoch aufragenden Felswänden umschnürt, gilt als Skandinaviens Top-Highlight schlechthin: Seit 2005 steht er als Weltnaturerbe auf der World Heritage List der UNESCO. S. 108

Trollstigen: Der Trollstigen, eine der extremsten Gebirgsstraßen Europas und Norwegens kühnste sowie berühmteste, entführt ins luftige Reich der Wolken und wird zu den populärsten Touristenattraktionen des Landes gezählt. Vom höchsten Punkt der Strecke aus fällt der Blick 850 m ins Tal und umfasst wilde Berggipfel, bis 1800 m hoch. S. 112

Auf Entdeckungstour

Runde – wo Hunderttausende Vögel brüten: Die am Hurtigrutenweg nahe Ålesund gelegene Insel Runde ist mit mehreren hunderttausend Paaren mehr als 200 verschiedener Seevogelarten die drittgrößte Vogelinsel Norwegens. Obendrein ist sie die am leichtesten erreichbare und bietet zudem mit markierten Wanderwegen und Infostellen die beste Infrastruktur zur Vogelbeobachtung. S. 98

Kultur & Sehenswertes

Ålesund: Die Stadt am Sund präsentiert sich als städtebauliches Denkmal des Jugendstils. S. 97

Stokksund: Die Zickzackfahrt durch den Stokksund ist einer der Höhepunkte der Schiffsreise. S. 115

Aktiv unterwegs

Aksla: Vom 189 m hohen ›Hausberg‹ Ålesunds genießt man ein wahres Postkartenpanorama bis hin zu den Alpen von Sunnmøre. S. 105

Geirangervegen: Diese Strecke führt vom Meer hinauf auf den 1494 m hohen Gipfel der Dalsnibba und bietet die berühmten Postkartenansichten auf Geiranger und Geirangerfjord. S. 107

Wanderungen über dem Geirangerfjord: Zahlreiche Touren zu Gehöften, auf Bergspitzen und zu Wasserfällen oder Aussichtspunkten laden ein. S. 110

Genießen & Atmosphäre

Sjøbua Fiskerestaurant: Was in diesem Restaurant in einem Ålesunder Speicherhaus in Sachen Fisch und Meeresfrüchte serviert wird, gehört mit zum Besten in Norwegen. S. 103

Trankokeriet: Die mehr als 100 Jahre alte Trankocherei von Ålesund lädt zu einem nicht alltäglichen Einkaufsbummel ein. S. 106

Tafeln mit Traumblick: Die Speiseterrasse des Union Hotels in Geiranger bietet reinste Augenverführung, wie auch das Hotelrestaurant in Sachen Panorama in Skandinavien nicht seinesgleichen findet. S. 110

Abends & Nachts

Metz: An warmen Sommerabenden gibt es in Ålesund nichts Schöneres, als auf der Sundterrasse dieses Pubs direkt an der Sundbrücke zu sitzen und all die Jachten und Boote vorbeiziehen zu sehen. S. 106

Natur und Kultur vereint

Natur und Kultur schön vereint, das macht den Reiz dieses ersten Tages an Bord aus, der aus der Nordsee ins Nordmeer führt, wo Runde, die südlichste Vogelinsel des Königreichs passiert wird. Weiter geht es nach Ålesund, der ›Stadt des Jugendstils‹, und im Sommer unternimmt das Schiff einen Abstecher in den weltberühmten Geirangerfjord nach Geiranger, bevor Norwegens extremste Straßen, der Ørneveien sowie Trollstigen, den Weg nach Ålesund zurück bzw. weiter nach Molde markieren.

Am Morgen des dritten Tages wird Trondheim angelaufen, Norwegens historische Hauptstadt, und aus dem Trondheimsfjord heraus geht es an der zusehends wilder werdenden Küste durch den Nærøysund, das ›Tor zum Nordland‹, hindurch.

Infobox 2. Tag

Reisekarte: ▶ Karte 1, A–D 22–27

Internet
www.fjordnorway.com: Offizielle Website für Fjordnorwegen. Anklickenswert ist auch **www.fjords.com.**

Ausflüge
Geiranger mit Trollstigen: Juni–Sept., Dauer 7,5 Std., 188 €. Busfahrt von Geiranger via Ørneveien und Trollstigen nach Molde.
Jugendstil-Rundgang: Nov.–Juni, 35 €, Dauer 2 Std., s. S. 101. Stadtrundgang Ålesund.
Aquarium Atlanterhavsparken und Aksla: Nov.–Juni, Dauer 2 Std., s. S. 102 u. S. 105. Busfahrt zu einem der größten Salzwasser-Aquarien des Nordens und auf den Hausberg von Ålesund.
Eine Kostprobe Norwegens: Sept./Okt., Dauer 2 Std. 15 Min., 80 €. Mit dem Bus durch das malerische Norangsdalen, bekannt als ›das engste Tal Norwegens‹, und zu einem versunkenen Dorf, auf dem Seeweg in den wunderschönen Hjørundfjord.

Nach Ålesund

▶ Karte 1, A–C 22–27

Selten ist Reisen so schön wie zu sommernächtlicher Stunde, wenn sich gegen 3 Uhr der Himmel erhellt und Schleier aus Dunst neugierig machen auf die Küste, die in schwarzem und violettem Glanz als Kulisse unter dem Gegenlicht liegt. Kurz vor Sonnenaufgang wandelt sich die Nacht zu diffuser Helligkeit mit grauen Schären in silbern geriffelter Flut und Bergrücken, die sich in Wolken wölben.

Ins Nordmeer hinein

▶ Karte 1, A/B 23/24

Florø (s. S. 236) und den ganz von der Fischereiwirtschaft lebenden Ort **Måløy** verschlafen die Passagiere. Doch viel verpassen sie nicht, denn Landgänge sind nicht vorgesehen und die Landschaft genießen können sie auch auf dem Rückweg am zwölften Tag. Weiter stampft das Schiff nach Norden mit Kurs auf **Stadlandet,** wo die eigentliche Nordsee endet und ohne erkennbare Grenze ins Europäische Nordmeer übergeht bzw., wie die Norweger sagen, ins Norwegische Meer. Heute wird diese Landmarke

Ålesunds Jugendstilzentrum ist in einer ehemaligen Apotheke untergebracht

problemlos genommen, doch früher hatte Stadlandet einen schlechten Ruf bei Seeleuten und Fischern, weil sich hier zahlreiche Schiffsunglücke ereigneten.

Infos

Reisemål Stryn og Nordfjord: Tinggt. 3, 6783 Stryn, Tel. 57 87 40 40, www.nordfjord.no. Für Måløy zuständige Touristeninformation.

An Runde vorbei

▶ Karte 1, B/C 22

Das Schärenarchipel von Flåvær liegt wieder in sicheren Gewässern, und nachdem wir unter der Herøybrücke hindurchgefahren sind, laufen wir bald in den Hafen von **Torvik** ein. Torvik, ein Streudorf mit Kuhwiesen direkt bis an den kleinen Kai heran, ist Ausgangspunkt des Boot-Landausflugs »Expedition zur Vogelinsel Runde« (s. auch Entdeckungstour S. 98). Weiter geht es in den Breisund hinein, der gen Westen auf **Runde** blickt, Südnorwegens einzige Vogelinsel. Wer hier zwischen Mai und August unterwegs ist, der kann mit dem Fernglas oft direkt vom Hurtigrutenschiff auf Seevogelpirsch gehen.

Ålesund ▶ Karte 1, C 21

Auf den drei durch Brücken miteinander verbundenen Inseln Nørvøy, Apsøy und Heissa konzentriert sich die Bebauung des ca. 48 000 Einwohner zählenden Ålesund, und der zwischen Nørvøy und Apsøy verlaufende Sund war es, der dem 1848 mit Stadtrechten versehenen Ort sei- ▷ S. 101

Auf Entdeckungstour: Runde – wo Hunderttausende Vögel brüten

Die am Hurtigrutenweg nahe Ålesund gelegene Insel Runde ist mit rund 250 000 Paaren mehr als 200 verschiedener Seevogelarten die artenreichste Seevogelkolonie Norwegens, dabei die einzige südlich des Polarkreises. Obendrein ist sie die am leichtesten erreichbare und bietet zudem die beste Infrastruktur zur Vogelbeobachtung.

Reisekarte: ▶ Karte 1, B 22

Infos: Detaillierte Infos gibt es im Touristenbüro in Ålesund (s. S. 106), anklickenswert ist auch www.insel-runde.de.

Anreise: Individuell per Bus nach Runde-Dorf (s. S. 107); Übernachtung: s. S. 103, im Rahmen einer geführten Bootsfahrt vom Hafen in Runde um die Insel herum.

Wanderung zum Vogelberg

Die durch nacheiszeitliche Landhebung entstandene Insel Runde präsentiert sich als ein 6,4 km^2 großer und bis über 300 m hoch ansteigender Felsklotz, der nur im Süden und Osten von einem schmalen Streifen flachen Küstenlandes gesäumt wird. Dort leben auch die rund 100 Einwohner der Insel in den beiden Dörfern Runde sowie Goksøyr, durch eine rund 3 km lange Straße verbunden. Da sich die eigentlichen Vogelfelsen aber auf der Nord-, Nordost und Westseite der Insel erheben, muss, wer auf Vogelbeobachtung gehen will, an einer Bootstour teilnehmen und/ oder wandern.

Das Schild Fyglefjellet weist ab Goksøyr den Wanderweg zum ›Vogelberg‹; steil führt der Pfad ins Inselinnere hinauf und über Schafwiesen hinweg zum Aussichtspunkt Kaldekloven, den man nach insgesamt etwa 30 Gehminuten erreicht.

Ordnung im Vogelhochhaus

Senkrecht stürzt der Blick von dort auf das offene Meer hinunter, doch hier achtet man eher nicht mehr auf Panoramen, sondern nur noch auf Vögel, die an der Wand des Inselklotzes sitzen, sich von ihr abstoßen, als Fahnen aufs Meer gleiten, bevor sie wieder auffliegen, um sich vom Wind zurücktragen zu lassen. Das heisere Gekreische der zankenden Vögel hallt von den steilen Klippen wider und übertönt sogar das Donnern und Rauschen des Nordmeers, das gegen die Felsen brandet. Doch trotz des unaufhörlichen Lärms halten die Bewohner dieser Vogel-›Hochhäuser‹ im Zusammenleben und insbesondere beim Brüten in überraschendem Maße Ordnung, was sie weitgehend dadurch erreichen, dass sie sich nach Arten absondern. Manche nehmen gleich ganze Klippen in Beschlag, andere suchen zumindest getrennte Teile einer Klippe auf und über allem herrscht eine Art Verhaltenskodex, der verhindert, dass der Zank um die Nistplätze zwischen Artgenossen in Blutvergießen ausartet.

Die Clowns der Meere

Im oberen ›Stockwerk‹ leben die Papageitaucher *(Fratercula arctica)*, mit rund 100 000 heckenden Paaren Wahrzeichen von Runde. Sie gehören zur großen Familie der Alken *(Alcidae)*, die in der nördlichen Hemisphäre die Pinguine vertreten und ganz ähnlich wie diese leben. Daher ist ihr Flugapparat wesentlich besser zum Tauchen als zum Fliegen geeignet.

Ihre größte Kolonie auf Runde liegt ein paar Gehminuten südlich von Kaldekloven bei Lundeura. Der vom Aussichtspunkt aus nach links führende Pfad geleitet direkt dorthin, wo Wiesenplätze dazu einladen, sich auf den Bauch zu legen, um über die Abbruchkante der Insel auf die Grashänge im oberen Bereich der Steilwand zu spähen. Dort nämlich brüten diese an traurige Clowns erinnernden Vögel in selbst gegrabenen Erdhöhlen von bis zu 3 m Länge. Mit ihren namengebenden Schnäbeln hacken sie die Erde auf, die sie mit den Schwimmfüßen hinausschaufeln. Eng an eng liegen die von den Männchen mit weithin hörbarem Zusammenschlagen der Schnäbel verteidigten Nistkammern, in denen das Weibchen ein einziges Ei ausbrütet. Aus diesem schlüpft nach ca. fünf Wochen das Junge.

Die unteren Etagen

Im nächsttieferen ›Stockwerk‹ brüten Trottellummen *(Uria aalge)* und

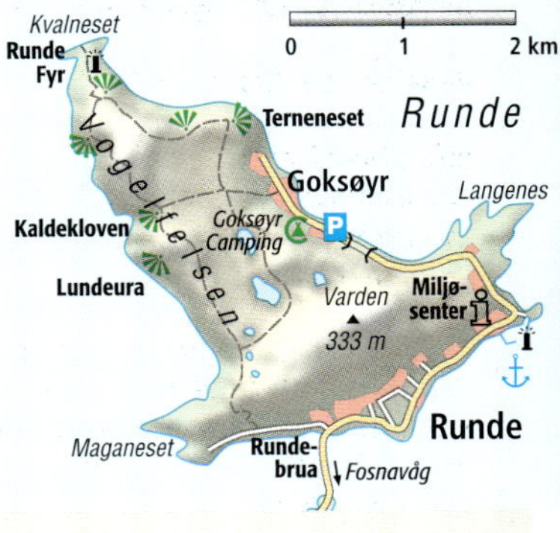

Tordalke *(Alca torda)* unter Felsvorsprüngen. Beide tragen ein schwarzes Ober- und ein weißes Unterkleid, sehen den Pinguinen ähnlich und können anhand ihrer Schnabel- und Halsformen voneinander unterschieden werden. Während der Schnabel der Trottellumme lang, gerade und ungezeichnet ist, ihr Hals dünn, ist der Schnabel des dickhalsigen Tordalk seitlich komprimiert und mit einer weißen Querlinie versehen (die allerdings im Winter fehlt). Beide gehören ebenfalls zur Familie der Alken, sind also schlechte Flieger, aber gute Taucher und verbringen, mit Ausnahme der Brutzeit, das ganze Jahr auf hoher See; auf Runde brüten derzeit etwa insgesamt 10 000 Paare dieser Vögel.

Der Basstölpel *(Sula bassana)*, mit einer Flügelspannweite von fast 2 m der größte Seevogel der Nordhalbkugel, legt seine Nester direkt unterhalb derer der Alken so dicht beieinander an, dass keine Handbreit Fels frei bleibt. Nichts ist aufregender, als einem Basstölpel bei der Jagd zuzuschauen, denn der über 3 kg schwere Vogel gleitet wie ein Adler Hunderte von Metern über dem Meer dahin, durchdringt mit Argusaugen die Fluten und schießt – hat er einen Fisch entdeckt – mit angelegten Flügeln wie eine Rakete auf die Wasseroberfläche zu, in die er senkrecht eintaucht, um schon Sekunden später mit der Beute im Schnabel wieder aufzusteigen. Auf Runde ist der Basstölpel mit etwa 2500 Paaren vertreten.

Jäger und Gejagte

Die nächste Etage der Vogelfelsen wird von den Dreizehenmöwen *(Larus tridactylus)* kolonisiert (von denen auf Runde ca. 50 000 Paare leben). Dieser langflügelige perlgraue Seevogel brütet in winzigen Felsnischen und auf Vorsprüngen, wo die Weibchen jeweils drei Eier in kleine Nester legen. Nach 22 Tagen schlüpfen die Küken aus und die folgenden fünf Wochen, bis sie flügge sind, markieren den gefährlichsten Zeitraum ihres Lebens: Ständig liegen die großen Verwandten, die Raubmöwen, mit unverhohlener Gefräßigkeit auf der Lauer, um bei der geringsten Unachtsamkeit der Eltern (die die Jungvögel mit ihren Körpern schützen) wie Sturzbomber herabzustoßen. Ähnlich macht es auch der gewaltige Seeadler *(Haliaetus albicilla)*, vom dem auf Runde rund 20 Paare leben. An Flügelspannweite wird er in Europa nur noch vom Steinadler überboten und von seinen hochgelegenen Horsten gleitet er herab, um für sich und seine Jungen die reich gedeckte ›Vogelbergtafel‹ zu plündern.

Im offenen Fischerboot

Da man im Rahmen von Wanderungen nur dem Papageitaucher wirklich nahe kommen kann, ist eine Bootstour zu den Vogelfelsen ein Muss. Zudem ist die Fahrt in dem kleinen, offenen und extrem wendigen Fischerboot ein Erlebnis für sich. Startpunkt ist der Hafen beim Dorf Runde, sodann wird die Runde-Brücke (die die Insel mit dem Festland verbindet) unterquert und die Maganeset, das Südkap der Insel, umrundet. Von dieser Landmarke aus geht es auf Nordkurs und langsam tuckert das Boot nun teils recht nah der Küste dahin, direkt auf die Felswand des Kaldekloven zu, an deren Fuß man nun bald zu ›stehen‹ kommt. Hier sind es insbesondere Dreizehenmöwen und Tordalke, die man gut beobachten kann. Nur ein Stückchen weiter nördlich dann kommt man mit Trottellummen und Basstölpeln in Sichtkontakt.

nen Namen gab. Wachstumsimpulse kamen von Fischerei und Fischverarbeitung. Im 19. Jh. wuchs Ålesund zu einem der größten Fischereihäfen Norwegens und zum größten Exporthafen der Welt für Trockenfisch heran. Doch der kometenhafte Aufstieg der Stadt wurde in der Schicksalsnacht vom 22. auf den 23. Januar 1904 jäh unterbrochen, als eine Feuersbrunst nahezu den gesamten Stadtkern zerstörte. Rund 800 Häuser wurden Opfer der Flammen, 10 000 Menschen waren obdachlos. Aber von nah und fern traf bald Hilfe ein, am schnellsten aus Deutschland, wo auf Befehl des Nordlandenthusiasten Kaiser Wilhelm II. schon am Abend des 23. Januar Schiffe in Hamburg und Bremerhaven mit Lebensmitteln, Medikamenten, Kleidung und Baumaterial beladen wurden. Die Hilfe war willkommen und wurde nie vergessen – noch heute trägt hier eine Straße den kaiserlichen Namen. Innerhalb von drei Jahren wurde die Stadt in den Architekturformen jener Zeit wieder aufgebaut: im Jugendstil, der hier eine eigene, mit nationalen Elementen gemischte Variante erhielt.

Stadtrundgang

Der Beiname von Ålesund – ›Stadt des Jugendstils‹ – besteht also zu Recht, denn obwohl auch hier der Bauwahn unserer Zeit so manches alte Gebäude der Abrissbirne zum Opfer fallen ließ, präsentiert sich Ålesund doch nach wie vor als einzigartiges städtebauliches Denkmal des Jugendstils in Norwegen. Um diesen Aspekt dreht sich jede Besichtigungstour in erster Linie, auch der Landausflug ›Jugendstilrundgang‹, der in den Wintermonaten auf dem Programm der Hurtigruten steht (s. S. 96).

Auch auf eigene Faust ist ein Stadtrundgang kein Problem und von unserem Liegeplatz direkt neben dem weißen, im ›Neo-Jugendstil‹ errichteten Radisson Blu Hotel ist es nur ein kurzes Wegstück aus dem Hafengelände heraus auf die Tollbugata, die bald in die **Kongensgate** 1 mündet. Die gepflegte Fußgängerzone bietet reichste Bausubstanz des Jugendstils, und so biegen wir nach rechts ein, wo sich auf den folgenden 300 m eine ganze Sammlung schmucker Häuser mit den für diese Architekturrichtung so typischen Giebeln und Erkern, Stuckfassaden und Türmchen findet.

Ålesund Museum 2

Rasmus Rønnebergsgate, www.aalesunds.museum.no, Mitte Juni–Aug. Mo–Fr 9–16, Sa 11–15, So 12–16, sonst Mo–Fr 9–15 Uhr, 50 NOK

Wo die Kongensgate endet, erstreckt sich der St. Olavsplass, nur einen Steinwurf vom Ålesund Museum entfernt. Diese Ausstellung ist vor allem dem Jugendstil gewidmet, aber auch Seefahrt, Handwerk und Fischfang kommen nicht zu kurz, Highlight ist ein originalgetreu eingerichteter Kaufmannsladen aus alter Zeit.

Jugendstilzentrum 3

www.jugendstilsenteret.no, Juni–Aug. tgl. 10–17, sonst Di–Sa 11–16, So ab 12 Uhr, 70 NOK

Jetzt ist es nicht weit zur Apotekergata 16, wo in einem der schönsten Jugendstilbauten der Stadt das Jugendstilzentrum einlädt. Es vermittelt einen lehrreichen Einblick in den Ablauf des Stadtbrandes von 1904 und die Geschichte des Wiederaufbaus sowie des Jugendstils schlechthin. Die Faszination liegt in der Kombination von authentischem Interieur mit modernen Multimediaprogrammen. Angeschlossen ist das charmante **Apo-**

Ålesund

Sehenswert
- 1 Kongensgate
- 2 Ålesund Museum
- 3 Jugendstilzentrum
- 4 Sunnmøre Museum
- 5 Atlanterhavsparken

Übernachten
- 1 Radisson Blu Hotel
- 2 Scandic Hotel Ålesund
- 3 Rica Park Hotel
- 4 Hotel Brosundet
- 5 Ålesund Vandrerhjem

Essen & Trinken
- 1 Sjøbua Fiskerestaurant
- 2 XL Diner
- 3 Fjellstua

Einkaufen
- 1 Trankokeriet
- 2 Husfliden AS

Aktiv
- 1 62° Nord
- 2 Ålesund-Sunnmøre Turistforening

Abends & Nachts
- 1 Lille Løvenvold
- 2 Metz

teker'n Café und mit ein wenig Zeit kann man von hier aus entlang der Kirkegata und Apotekergata schlendern, die beide Jugendstil und ein wenig ältere Bausubstanz zeigen.

Rings um Ålesund

Die Skansegata führt dann zur Anlegestelle zurück und nur im Winterhalbjahr hat man genügend Spielraum, auch das außerhalb vom Zentrum und am schnellsten mit dem Taxi erreichbare **Sunnmøre Museum** 4 (Museumsveien 1) zu besuchen. Dieses größte Museum zwischen Bergen und Trondheim ist in einem weitläufigen Park untergebracht und beeindruckt mit mehreren Abteilungen: Das Freilichtmuseum zeigt historische Häuser, die Bootsausstellung Nachbauten von Wikingerschiffen, und auch ein Mittelaltermuseum ist angeschlossen (www.sunnmoremuseum.no, Mai–Sept. Mo–Sa 11–16, So ab 12, sonst Di–Fr 10–15, So 12–16 Uhr, 80 NOK).

Ebenfalls außerhalb gelegen und am besten im Rahmen des Landausflugs »Aquarium Atlanterhavsparken und Aksla« zu besuchen, ist der **Atlanterhavsparken** 5 in Tueneset mit einem der größten Aquarien Europas (www.atlanterhavsparken.no, 20. Juni–18. Aug. So–Fr 10–18, Sa bis 16, sonst tgl. 11–16 Uhr, 140 NOK).

Übernachten

Nonplusultra – **Radisson Blu Hotel** 1: Sorenskriver Bulls gt. 7, Tel. 70 16 00 00, www.radissonblu.com, EZ/DZ ab 1036 NOK bei Onlinebuchung. Direkt am Kai gelegenes Spitzenhotel der Stadt, die 131 Zimmer sind von erlesenem Komfort.

Glas am Kai – **Scandic Hotel Ålesund** 2: Molovegen 6, Tel. 21 61 45 00, www.scandic-hotels.com, DZ ab 927 NOK, EZ ab 842 NOK. Am Kai gelegener Glasneubau (5 Etagen) mit Hafenaussicht auch von den meisten der 118 Zimmer aus.

Komfort & Panorama satt – **Rica Park Hotel** 3: Storgata 16, Tel. 70 13 23 00, www.rica.no, DZ ab 1595 NOK, EZ ab 1345 NOK, im Sommer ab 1150/900 NOK. Neungeschossiger Bau oberhalb des Stadtzentrums mit 145 komfortablen Zimmern (vor einigen Jahren renoviert, teils herrliche Aussicht über Stadt und Meer) und gutem Service.

Alt & neu vereint – **Hotel Brosundet** 4: Apotekergt. 5, Tel. 70 11 45 00, www.brosundet.no, EZ/DZ ab 1090/1290 NOK. Jugendstil-Schmuckbau mit geschmackvoll im modernen ›Designerstil‹ eingerichteten Zimmern.

Budgetschonend – **Ålesund Vandrerhjem 5**: Parkgt. 14, Tel. 70 11 58 30, www.hihostels.no, ganzjährig, Bett ab 300 NOK, DZ ab 750 NOK, EZ ab 620 NOK, Frühstück inkl., Lunchpaket 50 NOK. Jugendherberge in Jugendstil-Steinbau aus dem frühen 20. Jh.

Bei den Vögeln wohnen – **Goksøyr Camping:** Runde, Goksøyr, Tel. 70 08 59 05, www.insel-runde.de, ganzjährig, 280–1100 NOK. Auf der Vogelinsel Runde gelegene Anlage mit Hütten und Ferienhäusern. *Die* Infoquelle zur Vogelbeobachtung.

Essen & Trinken

Fisch & Meeresfrüchte für Gourmets – **Sjøbua Fiskerestaurant 1**: Brunholmgt. 1, Tel. 70 12 71 00, www.sjoebua.no, Mo–Fr ab 16 Uhr, Vorspeisen ab 125 NOK, Hauptgerichte ab ca. 280 NOK. Toprestaurant der Stadt in einem alten Speicherhaus direkt am Brosund. Was hier in Sachen Fisch und Meeresfrüchte serviert wird, gehört mit zum Besten in Norwegen.

Klippfischtempel – **XL Diner 2**: Skaregt. 1, Tel. 70 12 42 53, www.xldiner.no, Mo–Sa ab 17 Uhr, Vorspeisen um 120 NOK, Hauptgerichte um 300 NOK. Spezialitätenrestaurant der norwegisch inspirierten kreolischen Küche, angeblich Restaurant mit der größten Auswahl an Klippfischgerichten im gesamten Norden. Man kann auch draußen sitzen. Empfehlenswert sind u. a. die Fischplatte und die acht verschiedenen Bacalao-Gerichte.

Panorama satt – **Fjellstua 3**: Aksla, Tel. 70 10 74 00, www.fjellstua.no, Juni 10–20, Juli 9–21, Aug. 11–20, Mai, Sept. 11–17, sonst 12–16 Uhr. 1903 errichtet, ist die mehrfach umgebaute Fjellstua, die sich jetzt als ein moderner Glaskuppelbau präsentiert, das älteste Restaurant der Stadt, definitiv mit dem schönstmöglichen Stadtpanorama. Renner des Hauses sind Apfelkuchen mit Sahne (59 NOK) sowie die üppigen Buffets, die mittags 348 NOK, abends 595 NOK kosten; auch die große Tapasplatte (575 NOK) mit 35 Häppchen ist ihr Geld unbedingt wert.

Lieblingsort

Prima Panorama
Folgt man dem Treppenstieg, der im Stadtpark von Ålesund seinen Anfang nimmt, sind es genau 418 Stufen zum Hausberg **Aksla** hinauf. Aus 189 m Höhe genießt man ein wahres Postkartenpanorama in naher Vogelperspektive auf und über ganz Ålesund hinweg bis hin zu den Alpen von Sunnmøre. Und was könnte schöner sein, als hier im Sommer vor der **Fjellstua** 3 unter freiem Himmel zu sitzen und sich die Aussicht mit Apfelkuchen und Eis zu versüßen?

Unser Tipp

In der alten Trankocherei

Die mehr als 100 Jahre alte **Trankokeriet** 1 von Ålesund, direkt am Kai vor dem Meer gelegen und trefflich restauriert, lädt zu einem entspannten Einkaufsbummel ein. Auf über 500 m^2 Fläche, auf zwei Etagen verteilt, beeindrucken umfangreiche Sammlungen von Antiquitäten, Kitsch und Kunst. Ob man nun einen alten Kompass oder Bauernmöbel, Kerzenhalter, Seekarten, Silber, Kristalllüster, Gemälde oder Fischernetze sucht – hier wird man fündig. Und damit es stressfrei abläuft, lädt ein ebenso gemütliches wie uriges Café zu Kaffee und Kuchen, Tageszeitung und Meerblick ein (Moloveien 16b, www.trankokeriet.no, Mo–Fr 11–17, Sa 10–15 Uhr).

Einkaufen

In der alten Trankocherei – **Trankokeriet** 1: s. Unser Tipp oben.
Norwegentypisches – **Husfliden AS** 2: Parkgata 1, Mo–Fr 10–17, Sa bis 16 Uhr. Größter Anbieter von qualitativ hochwertigen Woll- und Holz-, Eisen-, Silber- und Keramikwaren sowie auch von traditionellen Trachten.

Aktiv

Alles was das Herz begehrt – **62° Nord** 1: Tel. 70 11 44 30, www.62nord.no. Boots- und Angeltouren, Ausflüge zur Vogelinsel Runde (tgl. 12 und 18 Uhr, 795 NOK), Outdoorabenteuer, Verleih von Fahrrädern (250 NOK) und Seekajaks (500 NOK) und vieles mehr.
Für Wanderfreunde – **Ålesund-Sunnmøre Turistforening** 2: Kongens gate 17, Tel. 70 12 58 04, www.turistforeningen.no/alesund, Mo–Fr 8.30–15.30 Uhr. Wanderungen in den Sunnmøre-Alpen.
Sightseeing – **Touristenbüro:** geführte Sightseeingtouren nach Runde, Geiranger und ins Romsdal. Wer eine Sightseeingtour durch die Stadt machen, aber dabei nicht laufen möchte, kann an Bord (über die Informationsstelle oder Tel. 70 10 30 00) bereits ein Taxi zum Kai ordern.

Abends & Nachts

Café und Nachttreff – **Lille Løvenvold** 1: Løvenvoldgt. 2, Tel. 70 12 54 00, Mo–Mi 11–24, Do–Sa 11–3, So 14–22 Uhr. Tagsüber ein angenehmes und mit viel Kunst aufgelockertes Café mit rund einem Dutzend Kaffeespezialitäten zu günstigen Preisen (um 23 NOK), abends ein populärer Treff; Fr laden meist Rotweinnächte ein, Sa Konzerte (Folk, Jazz und Blues). Schön ist es auch draußen im ›Biergarten‹.
Die Lage macht's – **Metz** 2: Notenesgt. 1, Tel. 70 12 28 00, www.metz.no, Mo–Do 16–24, Fr/Sa bis 2 Uhr. Direkt am Brosundet gelegener Pub mit schöner Außenterrasse, an den Wochenenden gibt es ab 21/23 Uhr meist Konzerte; bevorzugt von jüngeres Publikum besucht.

Infos & Termine

Touristeninformation

Destinasjon Ålesund & Sunnmøre: Skateflukaia, 6002 Ålesund, Tel. 70 15 76 00, www.visitalesund-geiranger.com, Juni–Aug. Mo–Fr 9–19, Sa 9–17, So 11–15, in der Nebensaison Mo–Fr 9–15 Uhr.

Verkehr

Flug: Vom rund 20 Fahrminuten außerhalb gelegenen Flughafen werden

Oslo, Bergen und Trondheim bedient. Nach Ankunft einer Maschine gibt es einen Buszubringer ins Zentrum (80 NOK) sowie direkt zu den Spitzenhotels der Stadt, Taxi ca. 340 NOK.
Bus: Verbindungen in Richtung Bergen, Trondheim und Geiranger.
Taxi: Sie finden sich meist direkt am Kai bzw. auch ein Stück weiter stadteinwärts.
Mietwagen: u. a. über Avis, Nedre Strandgt. 50, Tel. 70 13 24 00.

Termine

Ålesund Båtfestival: Mitte Juli, www.batfestivalen.no. Drei Tage währendes Bootsspektakel für Jung und Alt.
Den Norske Matfestivalen: Ende Aug., www.matfestivalen.no. Für vier Tage dreht sich alles ums Schlemmen.

Ausflug nach Runde

Anreise: Von Ålesund aus im Rahmen organisierter Tagestouren. Individuell per Bus nach Runde-Dorf sowie Goksøyr von Ålesund sowie Torvik (s. S. 97) aus via Fosnåvag durch den mit 285 m Tiefe tiefsten Unterseetunnel der Welt.
Bootsfahrten: Zwischen Mai und Aug. starten vom Hafen in Runde 3 x tgl. (11, 13, 16 Uhr, sofern das Wetter mitspielt) geführte Bootstouren zu den Vogelfelsen, Dauer 2 Std., 200 NOK; man sollte mindestens 1 Tag im Voraus reservieren, was über Goksøyr Camping (s. S. 103) möglich ist; auch Seehundsafaris (200 NOK) stehen auf dem Programm.

Nach Geiranger

▶ Karte 1, C/D 22/23

»Die Landschaft ist so schön, dass es innerlich schmerzt«, schrieb Liv Ullmann in den »Wandlungen« über ihr Heimatland, und wo könnte dieser Schmerz größer sein als dort, wo die Natur in ihren ›norwegischsten‹ Erscheinungsformen auftritt? In jener Welt der Fjorde, der monumentalen Schmelzrinnen vom Ende der Eiszeit! Sie gelten als Inbegriff der norwegischen Landschaft und ziehen sich, wie der längste der Welt, der Sognefjord, bis über 200 km tief ins Land hinein.

Unser Tipp

Meisterwerk der Straßenbaukunst – der Geirangervegen

Alle Wege nach Geiranger sind von größter Dramatik. Wer hier einen Stopp einlegt, der ›muss‹ einfach mal über den Geirangervegen gefahren sein, der 1900 in Paris während der Weltausstellung als Meisterleistung der Straßenbaukunst preisgekrönt wurde. Der spektakulärste Abschnitt führt vom Meer zur 1038 m hoch gelegenen **Djupvasshytta.** Unterwegs, etwa bei Kilometer 4, bietet sich bei **Flydalsjuvet** die berühmteste Postkartensicht auf Ort und Fjord. Auch der Ausblick von der Djuppvasshytta ist beeindruckend, doch nicht vergleichbar mit dem, der sich vom 1494 m hohen Gipfel der **Dalsnibba** präsentiert. Dorthin zweigt an der Hytta eine 5 km lange Straße ab. Am entspanntesten ist die serpentinenreiche Fahrt im Rahmen einer Taxitour zu genießen. Sie dauert maximal 2 Std. und kostet 1200 NOK für bis zu vier Personen (s. S. 110). 250 NOK/Pers. kostet der Bus, der vom 21. Juni bis Ende Aug. 3 x tgl. eine Rundfahrt von Geiranger nach Dalsnibba und zurück (2 Std.) beschreibt (Infos über die Touristeninformation).

Geirangerfjord !

▶ Karte 1, C/D 22/23

Auch der **Storfjord,** durch den es nun von Ålesund aus hindurchgeht, erreicht eine Länge von 84 km, bevor er sich verzweigt. Gen Osten verläuft der Norddalsfjord nach Valldal, gen Süden öffnet sich der gut 20 km lange Sunnylvsfjord, von dem wiederum der 16 km lange **Geirangerfjord** abzweigt, der seit dem Jahr 2005 als Weltnaturerbe die World Heritage List der UNESCO schmückt. Rund vier Stunden währt das einzigartige Erlebnis dieser nur im Sommer angebotenen Fjordfahrt.

Mal stampft unser Schiff über mächtige Wasserweiten dahin, in deren Hintergrund majestätische Gebirge stehen, mal – und insbesondere im letzten Abschnitt – durch enge Felsschluchten und von Wänden umrahmt, die Hunderte Meter tief im irisierend grünblauen Wasser wurzeln und sich wiederum bis weit über 1000 m über den Meeresspiegel hinaufrecken, wo auf schmalen Simsen winzige Gehöfte balancieren und von unerreichbar scheinenden Graten silbern pulsierende Wasserfälle herabstürzen. Jeder Fjord hat seinen ganz eigenen Charakter, aber ihn in Worte zu fassen, ist nahezu unmöglich, denn als Bild und Ereignis zugleich entzieht er sich den Möglichkeiten der Sprache.

Geiranger ▶ Karte 1, D 23

Man steht da und staunt, und auch der Anblick von Geiranger – idyllisches Dorf am Wiesenufer im Saum steilster Berge – ist kaum in Worte zu fassen. Dieser Anblick gilt als ein Höhepunkt jeder Norwegenreise schlechthin und etwa eine Viertelstunde lang hat man Zeit, ihn in Ruhe zu genießen, denn so lange dauert es etwa, bis alle, die in Geiranger verweilen oder aber am Busausflug nach Ålesund zurück (nur im Frühling) bzw. nach Molde (nur im Sommer) teilnehmen wollen, vom Schiff auf das Zubringerboot umgestiegen sind.

Im Ort selber lohnt vor allem ein Besuch im **Geiranger Fjordsenter** (www.verdsarvfjord.no, Juni–Aug. tgl. 10–18, sonst Mo–Sa 10–15 Uhr, 110 NOK), das grundlegende Informationen über das zum Welterbe erklärte Gebiet ver-

Ganz realer Postkartenblick auf den Geirangerfjord

mittelt. Es locken Ausstellungen sowie eine Galerie und die Multimediashow ›Von den Bergen bis zum Fjord‹ bietet fantastische Naturbilder und präsentiert, musikalisch untermalt, die vier Jahreszeiten im Welterbegebiet. Mit Café und Souvenirladen.

Übernachten

Das Schönste des Schönen – **Union Hotel:** Tel. 70 26 83 00, www.hotelunion.no, EZ ab 1130 NOK, DZ ab 1550 NOK, mit Fjordblick ab 2120 NOK. Dieses traditionsreiche Hotel ist ein Traum, die Lage ist der ›Hammer‹, der Garten herrlich und auch die Ausstattung vom Feinsten (u. a. mit verglaster Schwimmhalle). Siehe auch Unser Tipp S. 110.

Komfortabel – **Grande Fjord Hotel:** Ortsausgang Richtung Ørneveien, Tel. 70 26 94 90, www.grandefjordhotel.com, DZ mit Fjordblick ab 1290 NOK, sonst ab 1090 NOK, EZ 850 NOK. Recht neues mehrstöckiges Komforthotel in Panoramalage mit sehr gepflegten Balkonzimmern und gehobener Ausstattung, außerdem sind Touren und Aktivitäten im Angebot.

Unser Tipp

Tafeln mit Traumblick
An »One Million Dollar Views«, wie's die Tourismuswerbung sagt, kann sich wohl kein Ort im Land mit Geiranger messen und das, wie wir finden, allerschönste der schönsten Panoramen bietet die **Nina-Grieg-Terrasse** des Union Hotels. Sie öffnet sich in luftiger Höhe direkt auf den Fjord hinaus, sodass noch jeder Kaffee und Aperitif, jedes Tapahäppchen und Sandwich durch herrlichste Augen-Blicke verfeinert wird. Das ist, wie auch das **Hotelrestaurant Julie,** durchaus ein unvergessliches Erlebnis. Anschließend dann in die Lobbybar – natürlich ebenfalls mit Augenschmaus (Frühstück ab 7.30, Lunch ab 12, Dinner ab 19 Uhr, Bar ab 10 Uhr, gehobene Preise).

Essen & Trinken

Tafeln mit Traumblick – **Nina-Grieg-Terrasse:** siehe Unser Tipp oben.
All inclusive – Im Sommer bieten die meisten Hotels üppige **Dinner-Buffets** (auch für Nicht-Gäste), die ca. 275 NOK/Pers. kosten (so u. a. im Grande Fjord Hotel, s. o.).

Aktiv

Das Touristenbüro informiert über Fjordtouren, Kajaktouren, Bootsverleih und Wandermöglichkeiten.
Zu Wasser und zu Lande – **Geiranger Fjord Service:** Tel. 70 26 30 07, www.geirangerfjord.no. Mehr als ein Dutzend Fjord-Sightseeingtouren per pedes, Bus oder Boot.
Mit dem Kajak unterwegs – **Coastal Odyssey:** Tel. 95 11 80 62, www.coastalodyssey.com. Im Sommer geführte Touren (Start 11 Uhr, vier verschiedene Routen, 650/1250 NOK) sowie Verleih aller erforderlichen Ausrüstung (Single/Tandem: 1 Std. 150/300 NOK, 1 Tag 800/1400 NOK, 2 Tage 1400/2400 NOK.

Abends & Nachts

Beschaulich – **Studiebakeren:** Union Hotel (s. o.), Mo–Sa 21.30–2.30 Uhr. Dieser Nachtklub ist Geirangers Unterhaltungsarena für die älteren Semester. An den Wochenendabenden gibt es zumindest im Sommer Shows oder Livebands.

Infos

Touristeninformation
Geiranger Turistkontor: 6216 Geiranger, Tel. 70 26 30 99, www.geiranger.no, Juni–Aug. tgl. 9–18, Sept. tgl. 10–17 Uhr.
www.visitalesund-geiranger.com: Die Website (auch auf Deutsch) informiert ausführlich über den gesamten Bereich des Geirangerfjord-Umlandes, auch den Trollstigen.

Verkehr
Bus: Verbindungen u. a. in Richtung Otta und Åndalsnes entlang der ›Goldenen Route‹.
Fähre: Mai–Mitte Sept. 4 x tgl. nach Hellesylt, außerdem 20. Juni–20. Aug. 2 x tgl. nach Valldal.
Taxi: Geiranger Taxi, Tel. 40 00 37 41.
Mietwagen: Hertz Bilutleie, Tel. 70 26 30 07.

Wanderungen über dem Geirangerfjord

Die Umgebung rund um Geiranger eignet sich gut für Wanderungen zu verlassenen Gehöften, auf Bergspitzen und zu Wasserfällen oder Aussichtspunkten. In der offiziellen Infobroschüre, die man kostenlos im Touristenbüro bekommt, sind die schönsten und populärsten aufgelistet; auch eine eigene Wanderbroschüre mit mehr als 12 Routen inkl. Karten ist erhältlich.

Eine empfehlenswerte 2-stündige Wanderung (hin und zurück) führt zum Wasserfall **Storseterfossen** (ca. 550 Höhenmeter). Ausgangspunkt ist Vesterås Gard, wo der gut markierte Pfad deutlich beschildert ist. Das Besondere: Man kann hinter den Wassermassen hindurchspazieren! Vom gleichen Ausgangspunkt geleitet ein etwas steilerer, aber kürzerer Weg (1 Std. hin und zurück) zum Aussichtspunkt **Løsta.**

Eine längere Wanderung (4 Std. hin und zurück) führt von der Hole Hytteutleie (ca. 3 km oberhalb vom Ortszentrum) zu dem 820 m hoch gelegenen **Grinddalssæter.** Gute Kondition ist ein Muss, denn der Pfad ist an manchen Stellen sehr steil (aber gut ausgebaut). Oben angekommen, wird man mit einer phänomenalen Aussicht belohnt.

Ab Geiranger

Auf dem Ørneveien

▶ Karte 1, D 23

Während das Hurtigrutenschiff wieder Richtung Ålesund ausläuft, steigen wir in den Bus. Der überaus spektakuläre Weg aus Geiranger heraus folgt dem 1952 eröffneten Ørneveien (Adlerstraße), der mit zahlreichen Kehren von 13 m Radius bis auf 625 m Höhe hinaufführt. Den atemberaubendsten Ausblick genießt man fraglos bei **Ørnesvingen,** der 5 km nördlich von Geiranger gelegenen ›Adlerkurve‹, von wo aus sich der ganze Fjord mit den imposanten Wasserfällen ›Sieben Schwestern‹ aus der Vogelperspektive betrachten lassen.

Wanderungen über dem Geirangerfjord

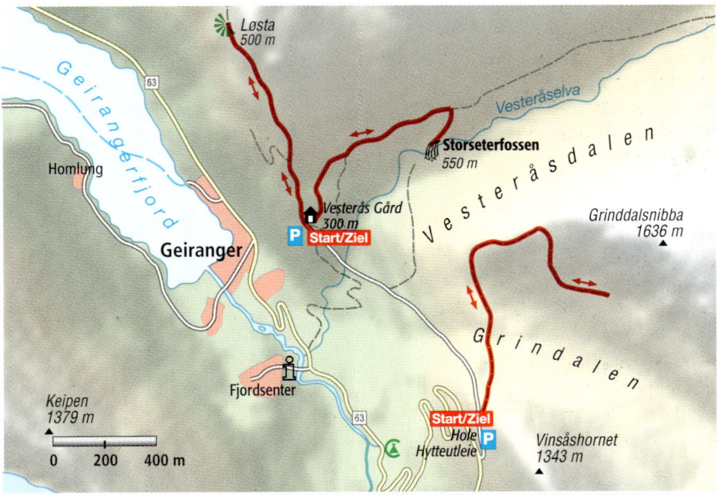

Es schließt sich die Fahrt über eine karge Hochebene an und schon geht es wieder hinunter zum 25 km von Geiranger entfernten Ort Eidsdal, wo die Straße am Ufer des Norddalsfjords endet. Mit der Fähre erreicht man in 15 Minuten den gegenüberliegenden Ort **Linge** (der nördlichste des Landes, in dem sich noch der Obstanbau lohnt). Vor der Öffnung des Trollstigen (s. u.) geht es von hier aus entlang dem Norddalsfjord und dem Storfjord nach **Ålesund** zurück.

Auf dem Trollstigen !

▶ Karte 1, D/E 22/23

Rund 4,5 Std. dauert das Erlebnis Ørneveien, 7,5 Std., wenn man im Anschluss an den Ørneveien den Trollstigen auf dem Weg nach Molde befährt. Dann geht es von Linge aus weiter nach **Valldal,** das 1934 traurige Berühmtheit erlangte, als das nahe Tafjord durch eine Naturkatastrophe zerstört wurde. 7 Mio. m^3 Gestein stürzten damals in den Fjord und die Flutwelle, in der 41 Menschen umkamen, hatte selbst im inneren Fjord noch eine Höhe von über 15 m (an der Absturzstelle war sie mehr als 60 m hoch).

Im weiteren Verlauf passiert die Straße bald die 5 m breite Klamm Gudbrandsjuvet, bevor sie in weiten Schleifen zum Rasthaus **Trollstigheimen** ansteigt, dem mit 850 m höchsten Punkt der Strecke. Die meisten Besucher, die aus Richtung Geiranger kommen, machen hier enttäuschte Gesichter, weil sich das erwartete Landschaftsdrama nicht einstellt. Sie verwechseln Trollstigheimen mit dem **Aussichtspunkt Trollstigen,** der erst nach weiteren 3 km am Weg liegt. Unzählige geparkte Autos und Busse markieren die Stelle, an der auch zahlreiche Souvenirbuden stehen. Dort finden insbesondere Trollfiguren aller Art reißenden Absatz.

Das **Trollstig-Wegmuseum** dokumentiert die Baugeschichte dieser spektakulären Straße, die ab 1925 angelegt wurde. Zuvor verlief ein halsbrecherischer Saumpfad ins Isterdal hinunter. Elf Jahre später konnte eine der extremsten Gebirgsstraßen Europas durch König Håkon VII. eröffnet werden. Es dauerte nicht lange, bis der Trollstigen nach dem Zweiten Weltkrieg zur populärsten Touristenattraktion des Landes avancierte. Kein Wunder, denn der Blick hinunter von der architektonisch außerordentlich anspruchsvollen Aussichtsplattform auf dem Trollstigplateau ins 850 m tiefer gelegene Tal, hinüber auf die gezackten Bergketten des Trolltindan (1795 m), Bispen (1450 m), Kongen (1614 m), Dronningen (1568 m) und vor allem auf die direkt in die nahezu senkrecht abfallende Felswand gesprengte Straße mit ihren elf Kehren ist überwältigend.

Auf der folgenden Strecke (bis 12 % Gefälle) wird man wohl mehrmals ins Schwitzen kommen – sei es wegen der schwindelerregenden Tiefe, sei es wegen der engen Kurven oder schmalen Fahrbahn. Zwar wurde die unlängst zur Nationalen Touristenstraße (www.nasjonaleturistveger.no) ernannte Strecke mit Millionenaufwand umgebaut und gesichert, doch hat sich dadurch an der Dramatik der Serpentinen und am ästhetischen Gesamteindruck nichts geändert. Unterwegs wird ein Knie des rund 180 m hohen Wasserfalls Stigfoss gequert, dann ist die Talsohle des Isterdal erreicht. Nach all den einzigartigen Eindrücken dieser Etappe kann man auf der noch folgenden Strecke bis **Molde** (s. S. 231), wo wir Zeit für einen Stadtbummel haben und kurz vor 21 Uhr wieder an Bord gehen, keine Highlights mehr erwarten.

Nach Rørvik

Trondheim

▶ Karte 1, G/H 20

Die Strecke von **Kristiansund** (s. S. 228) nach Trondheim legt das Schiff nachts zurück. In **Trondheim** (s. S. 218) beträgt die Liegezeit im Sommer 3,45 Std., im Winter rund 6 Std.

Nationalmuseum von Ringve

Lade allé 60, www.ringve.no, Mitte Mai–Mitte Sept. tgl. 11–16, im Hochsommer bis 17, sonst nur So 11–16 Uhr, 100 NOK

Im Sommer lohnt die Teilnahme am Landausflug ›Nidarosdom und Ringve-Museum‹. Das **Musikhistorische Nationalmuseum von Ringve** befindet sich rund 3 km außerhalb des Stadtzentrums in einem der ältesten Herrensitze der Region. Der Nachwelt erhalten sind hier u. a. mehr als 1800 verschiedene Musikinstrumente nebst Tausenden von Fotografien sowie rund 25 000 Kompositionen, Pianola- und Phonographenrollen, Schallplatten und anderen Tonträgern. Präsentiert werden die Exponate auf vorbildliche Weise in verschiedenen Gebäuden.

Im Haupthaus, im Stil des späten 18. Jh. gehalten und nur im Rahmen von Führungen zu besuchen, lohnt ein Gang durch die Geschichte der klassischen Musik Europas. Die einzelnen Räume tragen die Namen der herausragenden Komponisten der jeweiligen Ära. Auch die dazugehörigen Instrumente sind zu bewundern, darunter zahlreiche Einzelstücke (u. a. eine im 17. Jh. in Norwegen erbaute Orgel) und Kuriositäten (z. B. das ›Monochordon Unicum‹ von 1752). Eine weitere Abteilung ist der Geschichte der ›leichten‹ Musik gewidmet.

Wer sich mehr für Natur interessiert, wird den **Botanischen Garten** lieben, der 1973 nach den strengen Vorgaben der englischen ›Parketikette‹ angelegt wurde und aus sechs Abteilungen mit rund 2000 Pflanzenarten besteht. Im sogenannten Renaissancegarten gedeihen mehr als 120 verschiedene Kräuter. Im Arboretum stehen die 80 meistvertretenen Baumarten der nördlichen Hemisphäre.

Infobox 3. Tag

Reisekarte: ▶ Karte 1, E 21 bis Karte 2, J 17

Touristeninformation

Trøndelag Reiseliv AS: Fjordgata 2, 7010 Trondheim, Tel. 73 84 24 40, www.trondelag.com. Ist für die gesamte Region Trøndelag (3. Tag) zuständig.

Ausflüge

Nidarosdom und Ringve-Museum: Anfang April–Anfang Sept., Dauer 3 Std., siehe links und S. 222, 60 €. Busfahrt mit geführtem Rundgang.

Trondheim mit Nidarosdom: Anfang Sept.–Anfang April, Dauer 2 Std., 49 €, Bustour zu den Highlights der Stadt, auch zu einem Aussichtspunkt.

Munkholmen: Anfang Sept.–Anfang Nov., 2 Std., 58 €. Die Bootsfahrt zur Trondheim vorgelagerten Insel Munkholmen (s. S. 114) führt 1000 Jahre zurück in die Vergangenheit.

Trondheimsfjord

▶ Karte 2, G/H 20

Viele Gebiete Norwegens erheben für sich den Anspruch, alle Vorzüge der Naturlandschaft innerhalb ihrer Grenzen zu vereinigen, und auch Trøndelag, das geografische Herz Norwegens, macht da keine Ausnahme. Voller Stolz verkünden die rund 400 000 Einheimischen, ihr Landesteil sei *Norge i ett nøtteskall*, ›Norwegen im Kleinen‹. Das 41 000 km^2 große Gebiet erstreckt sich von den seenreichen Wald- und Hochfjellflächen an der Grenze zu Schweden über weite Taleinschnitte bis hin zur wild zerklüfteten Fjordküste im Westen und bildet in geografischer wie landschaftlicher Hinsicht den Übergang zwischen Süden und Norden. Trotz der nördlichen Breite, die der von Island und Südgrönland entspricht, ist hier die Landwirtschaft überaus ertragreich. Es gedeihen Obst, Gemüse und Getreide. Insbesondere die flachen Ufersäume des ca. 130 km langen Trondheimsfjordes, die nur ein Sechstel der Gesamtfläche dieses Landesteils einnehmen, vereinigen auf sich die Hälfte des kultivierten Landes von ganz Trøndelag. Durch diesen äußerst mild konturierten Fjord verläuft ab Trondheim unsere Route.

Sofort nach Ankerlichten geht es an der Insel **Munkholmen** vorbei, wo einst das Nidarholm-Kloster stand, das nach einem Brand (1531) zur Festung umgebaut wurde. Bald wird der Fjord schmaler und etwa eine Stunde nach Auslaufen in Trondheim passiert das Schiff den rechter Hand gelegenen Ort **Rissa**, der an seinen riesigen Kränen unschwer zu erkennen ist. Sie gehören zur Fosen Verksted, auf der u. a. die beiden neuesten Hurtigrutenschiffe – die ›MS Trollfjord‹ und die ›MS Midnatsol‹ – auf Kiel gelegt wurden.

Immer schmaler wird nun der Fjord, der durch die Engstelle entstehende Gezeitenstrom immer stärker. Wer mit einem Fernglas ausgerüstet ist, kann bald an beiden Ufersäumen die Überreste der alten **Sperrfestung Agdenes** ausmachen, die am 9. April 1940 allerdings wegen Munitionsmangels machtlos war, als deutsche Kriegsschiffe in den Fjord einliefen, um Trondheim einzunehmen.

Dem Nordland entgegen

Über das Frohavet ▶ Karte 2, G 19
Ab der Fjordöffnung nimmt unser Schiff Kurs auf Nord. Bei der direkt linkerhand gelegenen Insel handelt es sich um **Storfosna,** wo sich im Mittelalter einer der größten Gutshöfe des gesamten Trøndelag befand. Noch heute wird hier Landwirtschaft betrieben, und auch der auf Steuerbord vorbeigleitenden Festlandsküste sieht man an, dass sie der Kultur unterworfen ist. Wiesen und Felder und vereinzelte Wälder sind in sanften Wellen ausgebreitet, und es ist nicht übertrieben zu sagen, dass wir beim Passieren dieser Küste des Trøndelag mehr Grün zu sehen bekommen als während aller nördlicher Passagen insgesamt.

Nach und nach werden die Abstände zwischen den Gehöften weiter und das Land nimmt ein zusehends wilderes Gepräge an. Aus Wiesengrün wird bald Felsgrau und -braun, und vereinzelt sieht man dunkle Nadelwälder, die hier, im Grenzsaum zwischen Mischwald und Taiga, weiter an die Westküste heranreichen als irgendwo sonst im Königreich. Auch in botanischer Hinsicht also geht es nun aus den gemäßigten Zonen heraus, und nachdem wir das markante Motiv des rot leuchtenden Kjeungskjær Fyr (Leuchtturm) passiert haben, geht es hinein in das mit Tausenden von Schären übersäte **Frohavet.** Diese Meeresbucht ist für ihren sprichwörtlichen Heringsreichtum bekannt, doch für die Wirtschaft des Landes weitaus bedeutsamer ist heute die weit draußen liegende Haltenbank, wo von Bohrinseln aus gigantische Erdöl- und Erdgasfelder erschlossen werden.

Vom Stokk- in den Nærøysund

▶ Karte 2, G–J 17–19

Um den mit Untiefen gespickten und im Zickzackkurs verlaufenden **Stokksund** ranken sich viele Geschichten. Die wohl bekannteste handelt von Kaiser Wilhelm II., der hier während seiner ersten Nordlandreise mit der ›Hohenzollern‹ angeblich die Fassung verloren und dem Lotsen das Steuerrad aus der Hand gerissen haben soll.

Ganz nah unter Land fährt nun das Schiff und immer höher ragen die gewaltigen Buckelberge, die in ihrer weitgehend vegetationslosen Klobigkeit imposanter werden, je nördlicher es geht. Zwei ebenso enge wie eindrucksvolle Sunde später liegt Buholmråsa Fyr voraus, ein einsamer Leuchtturm ›am Ende der Welt‹, der die vorausliegende als **Folda** bekannte offene Meeresstrecke markiert. Bei rauer See kann es einem hier durchaus ein wenig mulmig werden, doch nicht lange, da kommen wir in den Bereich von Vikna, wo die Fahrrinne erneut im Schutz von unzähligen Holmen, Schären und Inseln verläuft, um dann schließlich in den **Nærøysund** einzumünden. Diese natürliche Wasserstraße gilt als ›Tor zum Nordland‹, obwohl die Grenze zwischen dem Trøndelag und dem zu Nordnorwegen gerechneten Bezirk Nordland erst nördlich von **Rørvik** (s. S. 215) passiert wird, das nun vorausliegt.

Wies den Weg im Trondheimsfjord – das historische Leuchtfeuer von Agdenes

4. und 5. Tag: Brønnøysund–Skjervøy

Highlight !

Tromsø: Die historische ›Pforte zum Eismeer‹, als ›Paris des Nordens‹ gerühmt, ist die größte und mit Abstand schönste sowie urbanste Metropole des hohen Nordens. Cafés und Bars, Restaurants und Bistros, die bis spät nachts geöffnet haben, machen Tromsø zu einer lebendigen Stadt voller Atmosphäre und Flair. S. 135

Auf Entdeckungstour

Am Eisfeld des Engabreen: Besuch in der Eiszeit gefällig? Der Engabreen, ein Nebenarm des Svartisen, macht's möglich. Obendrein kann man im Umfeld von Norwegens zweitgrößtem Gletscher die Vorgänge beobachten, durch die das Land geprägt wurde und das Leben Fuß fasste. S. 120

Bei den wilden Nordmannen zu Besuch: Im Lofotr-Wikingermuseum ist man mit den Wikingern auf Du und Du. Das Museum befindet sich im originalgetreu rekonstruierten Nachbau des mit 83 m Länge und 9 m Breite größten je in Skandinavien gefundenen Langhauses aus der Wikingerzeit. S. 130

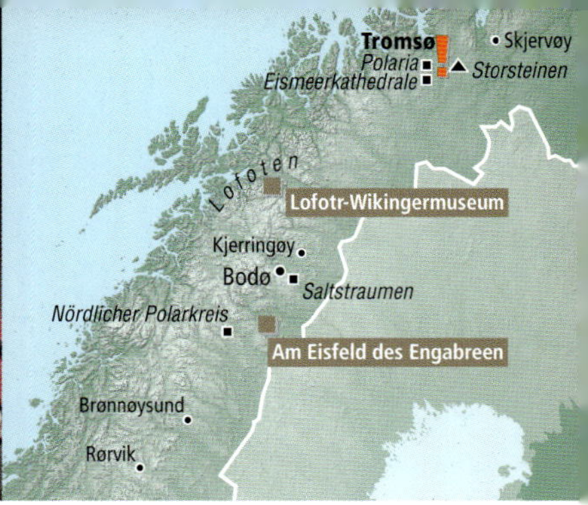

Kultur & Sehenswertes

Kjerringøy: Mit seinen 15 historischen und authentisch im Stil des 19. Jh. eingerichteten Gebäuden gilt der Ort heute als eines der wichtigsten Baudenkmäler in Nordnorwegen. S. 124

Eismeerkathedrale: Dieser futuristisch wirkende Sakralbau gilt als Top-Highlight von Tromsø. S. 136

Polaria: In diesem Erlebniszentrum, das der Natur der Polarregion gewidmet ist, kann man u. a. auf der Leinwand eine Eisbärsafari nach Spitzbergen unternehmen. S. 137

Aktiv unterwegs

Saltstraumen: Eine Bootsfahrt hinein in die reißenden Fluten dieses stärksten Gezeitenstroms der Welt sorgt für Adrenalin pur. S. 123

Storsteinen: Mit Seilbahn und per pedes hoch über Tromsø unterwegs zu Panoramaplätzen der Superlative. S. 141

Genießen & Atmosphäre

Compagniet: Der Gourmettempel in Tromsø gilt als das beste Restaurant Nordnorwegens und erfreut mit Feinschmeckermenüs aus bis zu sieben Gängen. S. 139

Ølhallen: In der ›Bierhalle‹ in Tromsø, der nördlichsten Brauerei der Welt, ein kühles Blondes zu genießen, gilt insbesondere in deutschen Urlauberkreisen als besonderes Erlebnis. S. 137

Abends & Nachts

Bodø ist bekannt für sein munteres Nachtleben zumindest an den Wochenenden und in **Tromsø** sind die Nächte rund ums Jahr und auch unter der Woche schon beinahe legendär ›heiß‹. S. 127, 140

Eintauchen ins Land der Mitternachtssonne

Keine andere Provinz des Königreichs hat einen derart ausgeprägten Küstencharakter wie Nordland, das sich als eine einzige Symphonie in Stein und Eis über den Polarkreis hinzieht ins ›Land der Mitternachtssonne‹. Küstennorwegen als Augenweide – am vierten Tag ist es in Vollendung zu genießen und die Eiswalze des Svartisen-Gletschers sowie der Saltstraumen, stärkster Gezeitenstrom der Welt, liegen ebenso am eindrucksvollen Weg wie Bodø, die Hauptstadt von Nordland, sowie vor allem die Lofoten, die im Ruf stehen, zu den schönsten Inseln der Welt zu gehören.

Kaum weniger dramatisch als die berühmte Lofoten-Wand zeigen sich die Felsbastionen von Senja, Norwegens zweitgrößter Insel, die am fünften Tag am Weg nach Tromsø liegt, Metropole des hohen Nordens und berühmt als ›Pforte zum Eismeer‹. Ihre Sehenswürdigkeiten gelten als die bedeutendsten von Nordnorwegen, ihre Lage ist schlicht faszinierend und abschließender Höhepunkt des Tages ist die Passage entlang der bis 1800 m hoch aufragenden Lyngen-Alpen. Sie gelten als eine der imposantesten Bergketten des Kontinents und werden von Hunderten bis 1800 m hoch aufragenden Gipfeln gebildet.

Infobox 4. Tag

Reisekarte: ▶ Karte 2, J–L 12–15, Karte 3, K–M 8–13

Touristeninformation
NordNorsk Reiseliv AS: P.O. Boks 434, 8001 Bodø, Tel. 90 17 75 00, www.nordnorge.com. Informationen über Nordland, Troms und die Finnmark.
Kystriksveien Reiseliv: Postboks 91, 7701 Steinkjer, Tel. 74 40 17 17, www.kystriksveien.no. Für den Küstenbereich bis hinauf nach Bodø zuständig.

Ausflüge
Svartisengletscher: Mai–Sept., Dauer 6 Std., 188 €, s. S. 119. An das Eisfeld des Svartisen heran, weiter mit dem Boot entlang der Küste von Helgeland zum Schiff zurück.
RIB-Boot-Safari zum Saltstraumen: Mitte März–Anfang Nov., Dauer 2 Std., 123 €, s. S. 123. Mit dem Schnellboot an den Saltstraumen heran und weiter nach Bodø.
Lofotr Wikingerfest: ganzjährig, Dauer 3 Std., 116 €, s. S. 130. Busfahrt von Stamsund zum Wikingermuseum (mit Gesang, Tanz und Wikingermahlzeit) und weiter nach Svolvær.

Nach Bodø

Über den Polarkreis hinweg ▶ Karte 2, K 13–15

In der Nacht wurden die Städte **Brønnøysund** (s. S. 210), **Sandnessjøen** (s. S. 208) sowie **Nesna** (s. S. 207) angelaufen und beim Frühstück fällt auf, dass der Speisesaal ungewohnt leer ist. Grund für dieses Phänomen ist eine imaginäre Linie, die bei 66° 33′ 51″ quer über das Meer verläuft und als **Polarkreis** bekannt ist. Sie stellt nichts anderes dar als

Die Bogenbrücke spannt sich über den Saltstraumen

eine mathematische, abstrakte Trennlinie zwischen der Polarzone und der gemäßigten Zone und auf der Tourismusebene trennt sie die Normalsterblichen von den ›Nordlandfahrern‹. Am 21. Juni erscheint die Sonne auf dieser Linie genau um 24 Uhr am Horizont. Dieses Erlebnis will niemand verpassen und entsprechend eng geht es an der Steuerbordreling des Oberdecks zu. Von hier aus sieht man nämlich die Trennlinie, die auf einer kleinen Schäre durch das Modell einer Weltkugel markiert ist.

Zum Svartisengletscher

▶ Karte 2, K–M 11–13

Im Westen verläuft der Polarkreis quer durch die von Sagen umwobene und an ihrem Gipfelsporn unschwer zu erkennende Insel **Hestmannøy** (s. S. 207) und was hier, in der sogenannten Nordlandfahrrinne, vor allem sonst in die Sinne fällt, das sind vollkommen wild und unberührt daliegende, weitgehend auch vegetationslose Küsten-linien, in deren Hintergrund sich schwarzgraue Gebirge auftürmen.

Nördlich von Hestmannøy taucht links bald die 440 m hohe Insel **Rødøyløven** aus dem Meer, die aus rot schimmerndem Serpentin besteht und von ihrer Form her an eine Sphinx erinnern kann. Dann kommt das Eisfeld des **Svartisengletschers** in Sicht, das sich wie ein weißes Leinentuch vom 1599 m hohen Snøtind aus strahlend entfaltet. Diesem Gletscher, mit rund 370 km^2 Fläche der zweitgrößte von Norwegen, kommt man im Rahmen des im Sommer angebotenen Landausflugs ›Svartisengletscher‹ nahe (s. Entdeckungstour S. 120). Zu diesem Zweck muss man bei der außerordentlich fruchtbaren Schieferinsel **Grønøy** an Bord eines kleinen Schiffes gehen, das sich durch die Meerengen hindurch in den Holandfjord schlängelt. Nach dem Anlegen trennt nur noch ein See von dem tiefblau schimmernden Eissturz des Gletschers, dessen Schönheit bei Kaffee und Kuchen vom ▷ S. 123

Auf Entdeckungstour: Am Eisfeld des Engabreen

Besuch in der Eiszeit gefällig? Der Engabreen, ein Nebenarm des Svartisen, macht's möglich. Obendrein lädt er zu einem Gang durch die Erdgeschichte ein.

Reisekarte: ▶ Karte 2, L 13

Planung: Wer den Engabreen individuell besucht, sollte an einer geführten Gletscherwanderung teilnehmen; Dauer 4,5 Std., Schuhe und notwendiges Material werden gestellt, 800 NOK/Pers.

Infos: Svartisen AS, Tel. 75 75 11 00, www.svartisen.com, Mitte Juni– Anfang Sept., Buchung der Gletscherwanderung, Hüttenverleih und Restaurant. Weitere Informationen über das Meløy Turistkontor (s. S. 123).

Die vielfältigen Formen, in denen sich die Natur in Norwegen darbietet, verleihen jeder Reise einen ganz besonderen Zauber. Und hier kann man teilweise die Welt sogar noch so erleben, wie sie in ihrer ›Jugend‹ ausgesehen hat. So insbesondere an der Eiswalze des bis 450 m mächtigen Engabreen, dem man im Rahmen des Landausflugs ›Svartisengletscher‹ (s. S. 119) nahe kommt.

Rund 20 m weit reicht er ans Meeresniveau heran (womit er auch der am tiefsten liegende Gletscher des europäischen Festlandes ist), und angesichts des tiefblau schimmernden Eissturzes, in der lavendelfarbene Grotten und Spalten klaffen, ist der Vergleich mit einem surrealistischen Kristallpalast durchaus stimmig. Das ist ein treffliches Motiv und nachdem man sich satt gesehen hat an den märchenhaften Farben und dramatisch nackten Formen aus der Vorzeit, sollte man sich losreißen, um die Vorgänge zu beobachten, durch die die Erde geprägt wurde und das Leben Fuß fasste.

Vom Eis befreit

Stufe um Stufe nämlich kann man hier die Vergangenheit durchschreiten, denn an den Dank Erderwärmung erst unlängst vom Eis befreiten Rändern des Gletschers dominiert nackter Fels, vom Eis geformt, geglättet und zerkratzt und nur hier und da mit Gesteinsschutt und Schlick bedeckt. Es ist eine neu geborene Welt, das vollkommene Modell einer Landschaft, wie sie sich im Pleistozän-Frühling vor ca. 13 000 Jahren überall in Skandinavien präsentiert haben muss. Nur das Wasser bewegt sich, gräbt Abflüsse für kleine Tümpel und Teiche sowie Betten für Bäche. Keine Pflanze bedeckt den Boden oder verdunkelt das kristallklare Nass der Wasserstellen, auf deren Grund Granitsteine und Quarzsand glitzern. Was man hier erblickt, ist der Prolog im Drama der postglazialen Pflanzensukzession, wie die Ökologen den Prozess der Wiedergeburt nach der Eiszeit nennen.

Am Anfang war die Flechte

Nur ein Stück weit entfernt zeigen sich überall auf dem gewachsenen Fels wie auch auf herumliegenden Steinen feine Maserungen in Gelb und Braun, Grün und Grau, Rot und Orange, deren komplizierte Netzwerke mitunter an Mikrochipstrukturen erinnern. Es sind Flechten, die anspruchslosesten Lebewesen der Welt. Noch in den Regionen des Permafrosts können sie gedeihen, selbst bei Temperaturen um –25 °C wird in ihnen der Prozess der Fotosynthese aufrechterhalten. Dabei wachsen sie so langsam, dass sie pro Jahr nur 1 bis 2 mm zulegen. Ihr mögliches Alter wird mit Jahrhunderten, wenn nicht Jahrtausenden beziffert und diese Langlebigkeit machen sich Geologen zunutze, indem sie aus dem Alter der am längsten in einer Moränenlandschaft siedelnden Flechten den Zeitpunkt errechnen, wann das Gebiet eisfrei wurde. Diese Lebewesen allein sind in der Lage, nackten Fels in fruchtbaren Boden zu verwandeln. Das schafft der Pilz, der in der wundersamen Pflanze in Symbiose mit einer Alge lebt, indem er konstant Polycarbonsäure absondert, die den Fels, auf dem die Flechte sitzt, in einem unermesslich langsamen Erosionsprozess zersetzt. Die Alge nährt sich von den so dem Stein entzogenen Nährstoffmengen und wandelt sie mit Sonnenenergie in Zucker um, den der Pilz zum Leben benötigt.

Einige verwitterte Partikel fallen auch in die Wasseransammlungen in den Felsvertiefungen und bereichern das Material am Grunde der Tümpel,

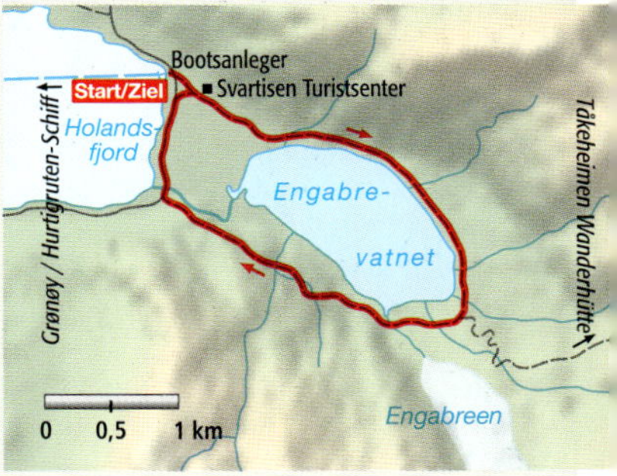

sodass sich im Laufe der Zeit Wasserpflanzen festzusetzen vermögen (deren Samen der Wind herbeiträgt). Wieder ein Stück weiter sind schon große Teile des Bodens mit einer dünnen Humusschicht bedeckt und keimen erste Gräser. Immer vielfältiger wird das Leben und bald gedeihen neben Flechten, Moosen und Gräsern bereits Schachtelhalm und Steinbrech. Auch die Silberwurz tritt vermehrt auf, deren Polster beim Absterben große Mengen an Stickstoff und Kohlenstoff im Boden hinterlassen, ihn so für die Erle vorbereiten. Dieser Pionierbaum aus der Familie der Birken wächst und vermehrt sich extrem rasch und bildet über seine im Herbst fallenden Blätter in kürzester Zeit eine dicke Humusschicht. Je mehr Humus sich aber ansammelt, desto mehr andere Pflanzen dringen in das Gebiet der Erlen ein.

Wiedergeburt nach der Eiszeit

So bildet sich innerhalb relativ kurzer Zeit in gestern noch abiotischen Zonen eine Vielfalt vegetativen Lebens. Und was man am Svartisen im Kleinen sehen kann, geschah nach der Glazialperiode skandinavienweit, wie Pollenanalysen aus verschiedenen Bodenschichten bewiesen haben. Nach und nach konnten viele Pflanzenarten aus ihren südlichen Rückzugsgebieten wieder nach Norwegen vordringen, wo sie, ihrer jeweiligen Ökologie entsprechend, zuvor verloren gegangenes Terrain zurückeroberten. Den Erlen folgten Birken und Weiden, die bald wegen ihres raschen Wachstums und ihrer großen Fortpflanzungsfähigkeit alle Lebensräume, aus denen sie von der Eiszeit vertrieben worden waren, zurückerobert hatten.

Nach weiteren 2000 Jahren etwa drang die Kiefer aus Süden nach, die die Dominanz der Birken in den unteren Lagen brach, bis schließlich innerhalb der letzten 3000 Jahre die Fichte aus der Taigaweite Sibiriens eingewandert war, die heute überall dort bestandbildend ist, wo der Boden genügend Nährstoffe bietet.

Wo der Svartisengletscher zum Wasser drängt

nahe gelegenen Touristenzentrum aus genossen werden kann. Anschließend besteigt man wieder das Boot, das entlang der unglaublich abwechslungsreichen Küste von Helgeland wieder zum Schiff zurückfährt.

Bootsausflug zum Saltstraumen ▸ Karte 3, L/M 11

Für die ›RIB-Boot-Safari zum Saltstraumen‹ ist eine gute körperliche Konstitution Voraussetzung. Mit Thermoanzügen ausgestattet geht es mit einem Speedboot nahe an den Saltstraumen heran, der sich zum Gezeitenwechsel mit bis zu 20 Knoten Geschwindigkeit durch den nur 150 m breiten und 31 m tiefen Sund zwischen dem Saltfjord und Skjerstadfjord ergießt und im Ruf steht, der stärkste Mahlstrom der Erde zu sein. Die Aussicht auf die tosenden Wassermassen vor der Kulisse schneebedeckter Berge ist schlicht faszinierend. Auch die anschließende Bootsfahrt zum Schiff zurück markiert einen Höhepunkt.

Durch die Nordlandrinne ▸ Karte 3, L/M 11/12

Aber auch wer auf diese Ausflüge verzichtet, wird auf der Strecke nach Bodø unvergessliche Eindrücke genießen können, denn immer wieder geht es nah unter Land dahin, um Schären, Inselchen und Inseln herum, an alten Handelsplätzen vorbei, die heute keinerlei Bedeutung mehr haben, Relikte aus einer gerade erst vergangenen Zeit, als aller Verkehr übers Wasser durch die sogenannte **Nordlandrinne** führte. Auch **Ørnes,** der nächste angelaufene Ort, ging aus einem Handelsplatz hervor, und der Anblick der zu Füßen des markanten Berges Spilderhesten ausgebreiteten Streusiedlung am Ufer einer seegleichen Meeresbucht ist von ausnehmender Schönheit. Ebenso der von Sandstränden begleitete Weg von Ørnes wieder hinaus in die Nordlandfahrrinne, in der sich voraus bald das Vorgebirge **Kunna** zeigt. In den Tagen der Nordlandboote galt es als eines der gefürchtetsten Hindernisse, hier haben in der Vergangenheit schon Hunderte von Booten Schiffbruch erlitten.

Unerhört wild und erhaben präsentiert sich weiterhin die Fjord- und Gebirgslandschaft, beim Blick zurück genießt man noch eine ganze Weile die Aussicht auf die Bergketten der Svartisengruppe, zur Rechten auf bizarr geformte Karlinge, die als bis zu 1000 m hohe Bergskulpturen aus dem Meer ragen. Etwa eine Stunde nach Verlassen von Ørnes taucht linker Hand die ebenfalls ganz vom Gletschergriff der Eiszeiten geprägte Insel **Fugløya** auf – ihrem Namen entsprechend wird sie von Seevögeln bevölkert.

Infos

Meløy Turistkontor: Postboks 132, 8161 Glomfjord, Tel. 75 75 48 88, www.meloyinfo.no. Zuständig für den Svartisen sowie Ørnes.
Für den Saltstraumen zuständig ist das Touristenbüro in Bodø (s. S. 128), weitere Informationen bietet www.destinasjon-saltstraumen.com.

Bodø ▸ Karte 3, L/M 11

Bodø, die knapp 50 000 Einwohner zählende Hauptstadt von Nordland, ist Sitz des Militäroberkommandos für Nordnorwegen. Und da die Fahrrinne direkt am südlich gelegenen Flughafen vorbeiführt, kann man sich mit eigenen Augen davon überzeugen, welcher Verteidigungsaufwand hier zur Zeit des Kalten Krieges betrieben wurde: Das gesamte Flugfeld ist gespickt mit Bunkern und getarnten Hangars und noch heute machen hier am Himmel NATO-Jäger und -Bomber lautstark von sich hören. Der letzte Angriff freilich ist lange her. Er wurde im Mai 1940 von der deutschen Wehrmacht geführt. 420 der damals 760 Häuser fielen den schweren Bombardements zum Opfer und so darf man sich nicht wundern, dass die Stadt heute weitestgehend ein Stein- und Betonkleid trägt. Idylle ist in dieser wichtigen Verwaltungs-, Handels- und Industriestadt nicht zu erwarten und dass sich hier sommers dennoch viele Touristen aufhalten, hat vorrangig damit zu tun, dass hier die Nordlandbahn endet und für viele Reisende das ›Abenteuer Lofoten‹ mit einer Fährpassage nach Moskenes beginnt.

Rønvikfjell

Ein paar Sehenswürdigkeiten laden dennoch in Bodø ein. Das eindrücklichste Erlebnis ist ein Besuch des ca. 3 km entfernten **Rønvikfjell** 1, auf dessen Höhe eine Straße führt. Am Kai ist schnell ein Taxi gefunden und nur wenige Minuten dauert die Fahrt auf den ca. 150 m hohen Panoramaberg (Mitternachtssonne vom 2. Juni bis 10. Juli). Von oben hat man eine weite Aussicht auf die gesamte Lofotenkette im Nordwesten und einen Ausblick auf den alten Handelsort **Kjerringøy** 2 (s. u., Unser Tipp) im Nordosten. Noch weiter reicht das Panorama, folgt man dem hier beginnenden markierten **Wanderweg** 1 zum rund zwei Stunden entfernten **Løpsfjell** (ca. 600 m).

Im Stadtzentrum

Schon eher mit unserer Landgangzeit vereinbar ist ein Besuch im **Nordlandmuseum** 3 im ältesten erhaltenen Gebäude der Stadt (1904). Es berichtet über die Geschichte der Region, informiert über den Alltag der sogenannten Fischerbauern und zeigt den Silberschatz von Bodø. Er wurde 1919

Unser Tipp

Kjerringøy – Schmuckstück aus alter Zeit

Rund 40 km nördlich von Bodø erstreckt sich mit **Kjerringøy** 2 der ehemals reichste Handelsplatz des hohen Nordens. Mit seinen 15 historischen und authentisch im Stil des 19. Jh. eingerichteten Gebäuden gilt der Ort heute als eines der wichtigsten baulichen Denkmäler in Nordnorwegen überhaupt. Aber auch als Drehort für große Filme wurde er berühmt, denn hier wurden die Hamsun-Romane »Rosa und Benoni«, »Der Telegrafist« und »Pan« verfilmt, auf die »Dinas Buch« von Herbjørg Wassmo folgte. Wer einen Einblick in die nordnorwegische Kulturgeschichte nehmen und den Alltag der Herrschaften und ihrer Bediensteten im alten Nordland kennenlernen möchte, ›muss‹ einfach einmal diesen malerisch anzusehenden und auch malerisch gelegenen Ort besucht haben (Anreise per Bus 2 x tgl., die sehenswerten Gebäude sind vom 25. Mai bis 25. Aug. tgl. 11–17 Uhr geöffnet, 90 NOK; geführte Rundgänge; weitere Infos unter www.saltenmuseum.no, www.kjerringoy.info).

gefunden, enthält u. a. Schmuckstücke und Münzen aus Arabien und gilt als größter eisenzeitlicher Fund Nordnorwegens (Prinsens gt. 116, www.saltenmuseum.no, Juni–Aug. Mo–Fr 10–18, Sa/So 11–16, Sept.–April Mo–Fr 9–15 Uhr, 50 NOK).

Die direkt gegenüberliegende **Kathedrale** 4 (Domkirke), Sitz des Bischofs von Nordnorwegen, folgt dem nüchternen Baustil der 1950er-Jahre, der auch das Zentrum rings um den Torget prägt. Rund 10 Minuten ist man vom Hurtigruten-Kai bis hier unterwegs (Torvgata 12, Mitte Juni–Aug. meist Di–Fr 12–15 Uhr; sonst, oder falls geschlossen, einfach hinter der Kirche im Kirchenbüro um Öffnung bitten).

Die größte Anziehungskraft hat für die meisten Besucher der ausgedehnte **Fischerei- und Jachthafen,** den man von einer lang gestreckten und mit Parkbänken versehenen Mole aus in Ruhe betrachten kann.

Unser Tipp

Mitglied im Seeadlerklub

Keine Stadt der Welt weist einen größeren Bestand an Seeadlern auf als Bodø und mit ein bisschen Ausdauer ist es meist kein Problem, einen dieser majestätischen Greifvögel im Gleitflug über der Stadt zu beobachten. War einem das Glück hold, ist die Aufnahmebedingung in den exklusiven **Havørnklubben** 2 (Seeadlerklub) von Bodø erfüllt (zzt. über 13 000 Mitglieder). Die Mitgliedschaft kann im Touristenbüro und online (www.havornklubben.no) beantragt werden.

Das Touristenbüro (s. S. 128) organisiert im Sommer Seeadlersafaris, empfohlener Beobachtungspunkt für Seeadler ist ansonsten das Rønvikfjell (s. S. 124).

Luftfahrtmuseum 5

Olav V gate, Tel. 75 50 78 50, www.luftfart.museum.no, Mitte Juni–Mitte Aug. tgl. 10–18, sonst Mo–Fr 10–16, Sa/So 11–17 Uhr, 110 NOK

Bleibt schließlich das außerhalb gelegene **Luftfahrtmuseum**, das auf über 10 000 m² Fläche umfassend und spannend über die Geschichte der zivilen und militärischen Luftfahrt informiert. Insgesamt 34 Flugzeuge von der AVRO 504 (1913) bis zu einem modernen Kampfjet sind hier ausgestellt. Nicht nur Kinder geraten schier aus dem Häuschen, wenn sie an einem Flug im Mitfliegersimulator teilnehmen.

Übernachten

Minimalistisch bis exotisch – **Radisson Blu Hotel Bodø** 1: Storgata 2, Tel. 75 51 90 00, www.radissonblu.com, EZ ab 1276 NOK, DZ ab 1436 NOK, im Sommer ab 725/850 NOK. Mit 190 Zimmern größtes Hotel am Ort. Zimmer im skandinavischen, chinesischen, japanischen und englischen Stil. Von der Bar Top 13 im 12. Stock schaut man bei gutem Wetter bis hinüber auf die Lofoten.

Komfort & Weitblick – **Rica Hotel Bodø** 2: Sjøgata 23, Tel. 75 54 70 00, www.rica.no, DZ ab 1545 NOK, EZ ab 1295 NOK, im Sommer ab 1175 NOK bzw. 795 NOK. Toplage am Meer mit herrlicher Aussicht. Die 113 komfortablen Zimmer genügen hohen Ansprüchen.

Budget – **City Hotell** 3: Storgata 39, Tel. 75 52 04 02, www.cityhotellbodo.no, DZ 795 NOK, EZ 675 NOK, Frühstück 75 NOK/Pers. extra. Nur ca. 100 m vom Bahnhof entferntes Budgethotel mit 22 Zimmern.

Bodø

Sehenswert
1 Rønvikfjell
2 Kjerringøy
3 Nordlandmuseum
4 Kathedrale
5 Luftfahrtmuseum

Übernachten
1 Radisson Blu Hotel Bodø
2 Rica Hotel Bodø
3 City Hotell

Essen & Trinken
1 Bryggerikaia
2 Big Horn Steak House
3 Kafé Kafka

Einkaufen
1 Bodø Husfliden
2 Bertnes Geo Senter

Aktiv
1 Wanderweg zum Løpsfjell
2 Seeadlerklub
3 Nordland Turselskap

Abends & Nachts
1 Min plass
2 Sydøst

Essen & Trinken

Treff zur Tag- und Nachtzeit – **Bryggerikaia 1**: Sjøgata 1, Tel. 75 52 58 08, www.bryggerikaia.no, Mo–Sa 11–3.30, So 12–24 Uhr, Vorspeisen ab 125 NOK, Hauptgerichte ab 225 NOK, Renner sind das Lunchbuffet für 185 NOK bzw. abends die Menüs, die es von 2–4 Gängen gibt (395–595 NOK). Geschmackvolles Interieur und große Außenterrasse, die Speisekarte bietet norwegische Spezialitäten aus lokalen Rohwaren. Abends ist die angeschlossene Bar ein beliebter Treffpunkt.

Fleisch satt – **Big Horn Steak House 2**: Havnegata 1, Tel. 75 52 15 40, www.bighorn.no, Mo–Do 15–23, Fr/Sa 15–24, So 15–22 Uhr, Vorspeisen 72–148 NOK, Hauptgerichte 189–312 NOK, Steaks nach Gewicht (200 g ab 268 NOK). Für Liebhaber von Fleischgerichten und Steaks ist das Big Horn ohne Zweifel die beste Wahl. Die zwei Etagen des hellen Lokals sind zugleich modern und gemütlich eingerichtet, die Bedienung ist professionell und freundlich, und die angeschlossene Bar bietet eine gute Auswahl an Getränken. Gehobene Preise.

Crossover-Küche – **Kafé Kafka 3**: Sandgt. 5 B, Tel. 93 40 60 03, www.kafka.no, Mo–Sa ab 11 Uhr. Gerichte um 160 NOK. Bodøs Kulturcafé, recht originell und stadtbeliebt, doch weniger Café als mehr Pub und Restaurant, auch wenn es hier den besten Kaffee (ab 28 NOK) der Stadt gibt. Günstige Gerichte der sogenannten New World Cuisine, wahrscheinlich das billigste Bier in der Stadt (0,4 l zu 52 NOK) und stets gute Stimmung.

Einkaufen

Traditionsverbunden – **Bodø Husfliden 1**: Storgt. 13, Mo–Fr 9.30–16, Sa 10–15 Uhr. Strickwaren, Keramik, Holz-, Stein- und Metallarbeiten, vor allem aber traditionelle Nordlandtrachten.

Steinzeit – **Bertnes Geo Senter 2**: Reichsstraße 80, 9 km Richtung Fauske, www.bertnesgeosenter.no, im Sommer tgl. 9–20, sonst Mo–Fr 9–18, Sa 10–16, So 12–16 Uhr. Die Taxifahrt zu Nordnorwegens größtem Steinladen lohnt sich, denn er ist eine Fundgrube für Steine, Mineralien, Gold- und Silberschmuck u. a.; mit Restaurant.

Aktiv

Das Touristenbüro (s. S. 128) organisiert im Sommer u. a. Bootsverleih, Bootsausflüge in die Inselwelt vor Bodø, Stadtrundfahrten, Seeadlersafaris und Tagesausflüge zum Saltstraumen sowie auch zum Svartisen.

Wanderung – **zum Løpsfjell 1**: s. S. 124.
Mitglied werden – **Seeadlerklub 2**: s. Unser Tipp S. 125.
Abenteuer satt – **Nordland Turselskap 3**: Børtindgata, Tel. 90 63 60 86, www.nordlandturselskap.no. Großer Touren- und Aktivitätsanbieter, der zahlreiche Ausflüge und Exkursionen in ganz Nordland im Programm hat: Wildniscamps, geführte Kanu- und Seekajaktouren, Klettertouren (auch Kurse für Anfänger und Fortgeschrittene), kombinierte Wander- und Klettertouren (u. a. auf den Stetind, Norwegens Nationalberg), Grottentouren, Hundeschlittentouren, Meeresrafting, Elchsafaris und Gletscherwanderungen.

Abends & Nachts

Entspannt genießen – **Min plass 1**: Sjøgata 12, Tel. 75 52 26 88, Do–Di ab 15 Uhr. Tagsüber ein gemütliches Café, abends ein populärer Pub; softige musikalische Untermalung, vorzugsweise Folk und Blues, an den Wochenenden treten ab 22 Uhr meist Livebands auf. Das Preisniveau ist recht niedrig.
Treff der Nachtschwärmer – **Sydøst 2** Torvgata 2, Tel. 75 54 00 30, www.utibodo.no, Mo–Sa ab 11 Uhr. Das trendig-moderne Lokal bietet nicht

nur gutes Essen, sondern auch eine üppige Auswahl an Getränken und Spirituosen und füllt sich gerade in den Abendstunden. Das Preisniveau ist relativ günstig, das Bier kostet ab 68 NOK, das Glas Wein gibt es für 80 NOK.

Infos & Termine

Touristeninformation

Bodø Turistinformasjon: Tollbugata 13, 8001 Bodø, Tel. 75 54 80 00, www.visitbodo.com, Juni–Aug. Mo–Fr 9–20, Sa 10–18, So 12–20, sonst Mo–Fr 9–15.30 Uhr.

Verkehr

Flug: Der Flughafen liegt rund 2 km außerhalb (Taxi 100 NOK, Bustransfer alle 30 Min. 25 NOK). Verbindungen zu allen größeren Städten des Landes und den Lofoten.
Zug: Der Bahnhof liegt direkt beim Hafen im Zentrum, 2 x tgl. Zug nach Trondheim mit Anschluss nach Oslo.
Bus: tgl. nach Narvik, Schweden (Skellefteå), auf die Lofoten und die Insel Hamarøy.
Schiff/Fähre: Bodø ist Ausgangspunkt der Autofähre zu den Lofoten (Moskenes, Værøy und Røst); 1 x tgl. verkehrt ein Schnellboot nach Svolvær.
Mietwagen: u. a. Rent-A-Wreck (Burøyveien 26, Tel. 45 42 16 00, www.rent-a-wreck.no) und Bodø Bobilutleie (Wohnmobilverleih; Arnbakken 2, Tel. 75 56 01 68, www.bodo-bobilutleie.no).

Termine

Nordland Musikfestwoche: Ende Juli/Anfang Aug., www.nmfu.no. Eines der größten Kulturfestivals Nordnorwegens, 10 Tage Musik aller Gattungen. **Weltmeisterschaft im Seelachsangeln:** Ende Aug., Infos im Touristenbüro. Am Saltstraumen.

Nach Stamsund

▶ Karte 3, L 9–11

Um 15 Uhr lichtet unser Schiff in **Bodø** die Anker, fährt aus der geschützten Bucht heraus und schlängelt sich, zwischen Schären hindurch, in den **Landegofjorden** hinein, der durch die Felsinsel Landegode gebildet wird. Weiter geht es an der Insel und ihrem riesigen Leuchtturm vorbei mit Kurs Nordnordost auf den **Vestfjord** hinaus, der

Die Lofoten – hier bei Leknes – gelten als eine der schönsten Inselgruppen der Welt

sich wie ein Keil zwischen Festland und Lofoten schiebt und von seiner Größe her selbst ein kleines Meer zu sein scheint.

Den Lofoten entgegen

▶ Karte 3, K/L 10

Hinter uns staffeln sich die Berge bis hinauf nach Schwedisch-Lappland, während im Westen bald die 365 Inseln von **Røst** in der Vestfjord-Dünung wie Fische auf- und untertauchen. Dort draußen, am Rande des Nordmeeres und im direkten Einflussbereich des Golfstroms, herrscht ein außerordentlich mildes Klima ganz ohne Wintertage (also ohne Tage mit einer Durchschnittstemperatur unter 0 °C), aber trotz dieser Gunst bewohnen heute nur noch ca. 618 Menschen diese Inselgruppe. Alle leben auf Røstlandet, einem 11 km² großen Tellergebilde.

Nördlich von Røst erspähen wir eine Weile später die ▷ S. 132

Auf Entdeckungstour: Lofotr – bei den wilden Nordmannen zu Besuch

Das Lofotr-Wikingermuseum auf der Lofoteninsel Vestvågøya ist ein originalgetreuer Nachbau des mit 83 m Länge und 9 m Breite größten je in Skandinavien gefundenen Langhauses aus der Wikingerzeit. Hier lernen Kinder und Erwachsene den Alltag der Wikinger kennen.

Reisekarte: ▶ Karte 3, L 9
Anfahrt: Das Museum wird im Rahmen des Landausflugs ›Lofotr Wikingerfest‹ besucht (s. S. 118); es liegt an der Hauptbusroute von Svolvær nach Leknes und wird mehrmals tgl. angefahren.
Infos: Lofotr-Vikingmuseet på Borg, Prestegårdsveien 59, Tel. 76 08 49 00, www.lofotr.no, Mai–Mitte Sept. tgl. 10–17, Juni–Mitte Aug. bis 19, sonst nur Mi und Sa 12–15 Uhr, 120 NOK (Mitte Juni–Mitte Aug. 140 NOK).

Es ist augenfällig, warum die Lofoteninsel Vestvågøya im Prospekt als *vill og vakker* bezeichnet wird, denn unvergleichlich ›wild und schön‹ präsentiert sich die Landschaft, die man auf der Busfahrt zum ›Lofotr Wikingerfest‹ zu sehen bekommt. Doch nicht die Natur steht im Vordergrund dieses Landausflugs, sondern vielmehr die Kultur, und mit Passieren des Ortsschilds ›Borge‹ wird eine Kulturlandschaft erreicht, die im hohen Norden ihresgleichen sucht. Bis in unsere Tage hinein finden sich im Boden immer wieder Zeugen einer uralten Vergangenheit und in den 1980er-Jahren konnte gar eine Siedlung ausgegraben werden, die wahrscheinlich schon um die Zeitenwende herum existiert hat. Richtig berühmt aber wurde das Gebiet, als Archäologen 1983 die Überreste des bislang größten Gebäudes aus der Wikingerzeit überhaupt in Skandinavien freilegten. Mit dem Fortschreiten der bis 1989 währenden Ausgrabungen ließ sich die Nachbildung des Gebäudes konzipieren und seit 1996 thront der mit Holzschindeln gedeckte Nachbau dieses 83 m langen, 9 m breiten und 9 m hohen Wikingerlanghauses auf einem Hügel oberhalb der Straße.

Die ›Geißel Gottes‹

Der Anblick dieses ebenso wuchtigen wie wehrhaft wirkenden Bauwerks beschwört jene Zeit herauf, als aus den Nebelschwaden der Nordsee die Geschichte Norwegens wie der furchteinflößende Drachenkopf eines alten Wikingerschiffs auftauchte. Denn erst mit den Eroberungszügen der ›Nordmänner‹, die sich nach ihren angestammten Sitzen in den *viken* (Buchten) Wikinger nannten, trat das Land ins Licht der Geschichte Europas. Glaubt man den christlichen Annalen, begann alles im Jahr 793, als eine Schar heidnischer Nordmannen das Kloster Lindisfarne vor der Küste Nordostenglands angriff: »Sie verheerten alles durch schreckliche Plündereien, zertrampelten mit gottlosen Füßen die geheiligten Städten ... und bemächtigten sich aller Schätze ...« Der Überfall war der Auftakt für einen kurzen, aber brutalen Siegeszug, der durch das ganze Abendland führte und der das Bild vom Wikinger als einer ›Geißel Gottes‹ für lange Zeit geprägt hat.

Ausgelassen feiern und arbeiten

Tritt man durch das massive Holzportal ins Innere des Wikingerlanghauses von Borge ein, hat man das Gefühl, in einer Zeitmaschine unterwegs gewesen zu sein. In Wikingertrachten gekleidete Führer geleiten den Besucher durch die im Licht von Tranlampen liegenden Räume. Der Geruch von Holzteer und Hammelsuppe dringt in die Nase und am flackernden Holzfeuer im Zentrum der festlichen Gildehalle wird Met, das Leibgetränk der Wikinger, serviert. Hier war es, wo früher der Häuptling thronte, wo Gäste empfangen und ausgelassen gefeiert wurde.

Der angrenzende, etwa 20 m lange Wohnraum diente dem Alltagsleben und der Arbeit. Dort wird geschnitzt und gedrechselt, gesponnen und gewebt, während draußen vor dem schindelgedeckten Bau die Haustiere gehalten werden. Da finden sich Schweine, Schafe und Nordlandpferde, die den Besucher, vor eine Kutsche gespannt, vorbei an einer rekonstruierten Schmiede aus der Eisenzeit ans Fjordufer hinunterbringen. Dort ist als weitere Rarität das Wikingerschiff ›Lofotr‹ vertäut, ein originalgetreuer Nachbau des Gokstadschiffes (s. S. 241), das 23 m lang ist, mit 32 Riemen gerudert wird und im Sommer einmal täglich zu einer Rundfahrt hinausfährt.

ebenfalls zu den Lofoten gehörige und bis über 400 m hoch aufragende Insel **Værøy,** auf deren höchster Erhebung die graue Wabenkuppel einer NATO-Lauschstation steht. Ein Stückchen südlich dieser Landmarke erhebt sich die ca. 300 m hohe Mostadheia und auch dieser Berg gehört zum Reich der Seevögel, insbesondere der Papageitaucher, die dort eine ihrer weltweit größten Kolonien haben.

Der Moskenesstraumen

Im Rahmen dorthin führender Touren wird der nördlich angrenzende **Moskenesstraumen** gequert, der gefürchtetste aller Gezeitensröme. Mit fast 10 Knoten (18,5 km/h) presst sich der Meeresrücklauf durch die 4 km breite Enge und befördert bei jedem Tidenwechsel Millionen Kubikmeter Wasser.

Dass das Südkap von Moskenesøya Hell (Glück) heißt, kommt nicht von ungefähr, denn die Fischer beten vielfach um Glück, wenn sie sich dieser ›Düse‹ nähern, die selbst großen Schiffen gefährlich werden kann, insbesondere, wenn Sturm und Gezeitenrichtung entgegengesetzt wirken und sich Sturzseen aufbauen. Wen wundert es da, dass nach den Sagen der Wikinger der Moskenesstraumen die Menschen von den ›Inseln der Götter‹ fernhalten sollte, oder dass die Lofoter glaubten, Trolle seien für Nordlands Trompet – wie der Mahlstrom seit der Zeit des dichtenden Priesters Peter Dass (s. S. 209) auch genannt wird – verantwortlich?

Lofoten ▸ Karte 3, K–M 8/9

Nun aber ist es an der Zeit, sich der nördlich von Værøy bzw. dem Moskenesstraumen beginnenden **Lofoten-Wand** zuzuwenden, die sich, obwohl noch gut zwei Fahrstunden entfernt, wie ein gigantisches Bollwerk aus Schwarz und Weiß, Fels und Eis, aus der arktischen See erhebt. Doch was sich gerade noch als monumentale Mauer präsentiert, löst sich im Näherkommen von Minute zu Minute auf zu einer Kette von schartigen Gipfeln, Bastionen und Zinnen, die als bizarr skulptierte Zackenlinie den Horizont verstellt. Und es wird augenfällig, warum die Wikinger, die hier im 9. Jh. Vågan, die erste Stadt nördlich des Polarkreises, gründeten, dem Archipel mit feinem Sprachgefühl den Beinamen ›Insel der Götter‹ gegeben haben.

Zum ›Archipel des Kabeljaus‹ wurde die rund 1200 km^2 große Inselgruppe im 12. Jh., denn spätestens seit dieser Zeit, so berichten die Sagas, fuhren von hier große Schiffskonvois bis hinunter nach Bergen, um Stockfisch, an der Luft getrockneten Dorsch, gegen andere Waren zu tauschen.

Die Genese der über 100 km langen und untereinander mittels Brücken und einem Tunnel verbundenen Inselkette ist fast so alt wie die der Erde und in ihren glasklaren Seen, die im Verhältnis zu ihrer Fläche zu den tiefsten der Welt zählen, findet sich noch heute urzeitliches Meerwasser, fossiles Überbleibsel jener Zeit, als das Land unter Wasser lag. Die Gezeitenströme der Lofoten gehören mit zu den stärksten der Welt und nirgendwo wird eine vergleichbar hohe Temperaturanomalie verzeichnet wie hier, wo es dank Golfstrom im Durchschnitt 24 °C wärmer ist als sonst auf diesem Breitengrad. Hier gibt es große Seevogelkolonien, die vielleicht schönsten Strände des ganzen Nordens und einige der sehenswertesten Museen und Galerien.

Entlang der Lofoten-Wand

In **Stamsund** (s. S. 201) steht man vor der Qual der Wahl, ob man für die folgenden drei Stunden den Wasser- oder Landweg wählen soll. Beide Wege haben ihre Reize und wer eher kulturhistorisch interessiert ist, sollte am ganzjährig angebotenen Landausflug ›Lofotr Wikingerfest‹ teilnehmen, der das berühmte **Lofotr Wikingermuseum** (s. S. 118 und Entdeckungstour S. 130) zum Ziel hat – und nur auf der nordgehenden Route angeboten wird.

Das Schiff geht nun auf Nordnordost und über die Bugspitze hinweg blickt man jenseits des **Henningsværstraumen** auf die Insel **Austvågøya,** die sich mit Kegeln und Monolithen, Tafelbergen und Pyramiden bis 1000 m hoch aus dem Vestfjord aufwirft und gen Süden in eine teilweise bewohnte Schärenkette ausläuft.

Unter dem Vågakallen

Je näher wir kommen, desto klarer lassen sich dichtgedrängte Häuser und Fischerhütten ausmachen, allesamt farbenfroh gestrichen, hinter denen als monumentale Landmarke die 942 m hohe Felsmasse des **Vågakallen** steil gen Himmel steigt. Diese Bergbastion vor Augen wird verständlich, warum die Lofotenfischer früher nicht hinausfuhren, ohne zuvor ihren ›Våga-Kerl‹ um Glück und gesunde Heimkehr gebeten zu haben.

An diesem Berg vorbei wird die Fahrt verlaufen, doch zuvor kommen wir den bewohnten Schären auf bis zu einen Kilometer nah und sehen, dass sie allesamt durch Brücken miteinander verbunden sind. Nicht einsehbar ist der Hafen dieses wahrhaft ›amphibischen‹ Ortes, in dem zwischen Januar und März, zur Zeit des Lofotenfischfangs, oft Dutzende Trawler vor Anker liegen. In manchen Jahren wurde in **Henningsvær** (s. S. 198 und Entdeckungstour S. 194) ein Viertel der gesamten Fangmenge der Lofoten angelandet.

Svolvær entgegen

▶ Karte 3, L/M 9

Wir schwenken nun auf Parallelkurs zu Austvågøya und immer wieder muss das Schiff Fischkuttern, Segeljachten und Seekajaks ausweichen, ist doch die Strecke für ihren Fischreichtum ebenso berühmt wie für ihre Schönheit. Wir staunen – und erst das Tuten zweier Schiffshörner, von den Felswänden des Vågakallen als Echo zurückgeworfen, holt uns in die Wirklichkeit zurück: Hier, kurz vor Svolvær nämlich, begegnet das nordgehende Schiff dem nach Süden fahrenden.

Wenige Minuten später ist der Kirchturm von **Kabelvåg** (s. S. 203) auszumachen. Jetzt sind es nur noch 4 km zum nächsten Etappenziel und deutlich spürbar rotieren die Schrauben immer langsamer, bis wir einschwenken in das von Schären verstellte Hafenbecken von **Svolvær** (s. S. 191).

Augenverführung

Gegen 22 Uhr heißt es im Hafen von Svolvær wieder ›Leinen los‹ und wenig später leert sich das Panoramadeck und begeben sich die ersten Passagiere zur Nachtruhe – und verpassen damit einen der eindrucksvollsten Streckenabschnitte überhaupt auf dem Weg nach Norden: die Fahrt gen **Stokmarknes** (s. S. 189) durch den eng von Bergen ummauerten und unglaublich dramatischen **Raftsund** (s. S. 190) nämlich, von dem aus sich der **Trollfjord** (s. S. 190) öffnet. Er wird von den nordgehenden Schiffen Mitte Okt.–Mitte März befahren und dann mit den Schiffsscheinwerfen beleuchtet. Fazit: Man sollte nicht vor Mitternacht ins Bett gehen.

Nach Skjervøy

Harstad ▶ Karte 3, N 7

In den frühen Morgenstunden des fünften Tages hat das Schiff den schmalen **Risøysund** zwischen den Inseln Hinnøya im Süden und Andøya im Norden durchfahren und einen Bogen nach Südosten geschlagen, um das aufstrebende **Harstad** (s. S. 187) anzulaufen. Dieses kam durch die reichen Fischfangjahre des 19. Jh. zu Wohlstand, erhielt 1903 die Stadtrechte und ist heute neben Tromsø das wichtigste Handels- und Verkehrszentrum des Bezirks Troms. Fischverarbeitung, Schifffahrt und Schiffsbau sind bedeutende Wirtschaftsfaktoren, doch die größten Wachstumsimpulse erhielt die Stadt von den Erdölförderungsaktivitäten vor der nordnorwegischen Küste. Gehen die Rechnungen der Ölgesellschaften auf, wird diese Stadt einmal den Rang einnehmen, den die Ölmetropole Stavanger im Süden des Landes heute hat.

An Senja vorbei

▶ Karte 3, N–P 6/7

Von Harstad aus fährt das Schiff in nordöstliche Richtung den breiten Vågsfjord hinauf, der vor **Senja,** der mit 1590 km^2 zweitgrößten Insel Norwegens, in den Tranøy- und schließlich in den Solbergfjord übergeht. Die Küste auf beiden Seiten der nun

Infobox 5. Tag

Reisekarte: ▶ Karte 3, M–P 6–8, Karte 4 P–R 4/5

Touristeninformation

NordNorsk Reiseliv AS: P.O. Box 434, 8001 Bodø, Tel. 90 17 75 00, www.nordnorge.com. Informationen über den gesamten hohen Norden.

Ausflüge

Walsafari: Juni–Aug., 7 Std., 299 €, s. S. 187. Mit dem Schiff zu den Pottwalen hinaus, anschließend Fährfahrt zur Insel Senja hinüber und mit dem Bus entlang einer Traumroute nach Finnsnes zum Hurtigruten-Schiff.

Winterabenteuer Husky: Nov.–April, Dauer 3,5 Std., 169 €. Hundeschlittentour.

Besuch bei den Huskys: Juni–Aug., Dauer 3,5 Std., 59 €. Besuch eines Villmarkssenters mit ca. 250 Huskies.

Abenteuer-Camp in der Wildnis: Nov.–März, Dauer 6,5 Std., 311 €. Rentier- und Hundeschlittenfahrt oder Schneemobilsafari und Rentierschlittenfahrt.

Tromsø – Hauptstadt der Arktis: ganzjährig, Dauer 2,5 Std., 68 €. Besuch der Eismeerkathedrale (s. S. 136) und des Erlebniszentrums Polaria (s. S. 137).

Polarhistorischer Stadtrundgang Tromsø: Mitte Okt.–Mitte April, Dauer 2,5 Std., 53 €. Rundgang zu den polarhistorischen Höhepunkten der Stadt sowie auch der Ølhallen (s. S. 137).

Kajak-Tour: Mai-Aug., Dauer 3,5 Std., 156 €. Paddeln entlang der Küste von Tromsø.

immer schmaler werdenden Fahrrinne ist mit friedlichen Weilern und kleinen Laubwäldern freundlich anzusehen und hügelig, doch sieht man im Norden von Senja hinter wellenförmigen Rücken gewaltige Berge aufsteigen. Wer diese Insel näher erkundet, wird feststellen, dass die West- und Nordseite oft von dunklen Wänden gebildet wird, die bis 1000 m hoch fast senkrecht aufsteigen. Höchstens die Lofoten und die Lyngen-Alpen (s. S. 143) können es in Sachen Dramatik mit dieser steinernen Urwelt aufnehmen. Einzigartig ist der im Südosten gelegene **Ånderdal-Nationalpark** mit seinen tiefen Waldschluchten und bis über 500 Jahre alten Kiefern.

Noch schmaler wird der Fjord und geht schließlich in den Gisund über, der die Insel Senja vom Festland trennt. Die Gisundbrücke, mit 1150 m Länge übrigens eine der längsten Pfeilerbrücken Europas, überspannt diese Engstelle. Am Festlandsbrückenkopf liegt **Finnsnes,** unser nächster Anlegeplatz und Ausgangspunkt des Landausfluges ›Abenteuer-Camp in der Wildnis‹. Etwa 4200 Einwohner leben in diesem wichtigen Dienstleistungszentrum, das kleine Zentrum befindet sich am Kai.

Der Aufenthalt ist nur 30 Minuten kurz, schon geht es weiter gen Norden unter der Brücke und durch den **Gisund** hindurch. Hier soll Ende des 9. Jh. der Wikingerhäuptling Ottar gelebt haben, dem die Nachwelt die ersten ausführlichen schriftlichen Quellen über Nordnorwegen verdankt. Er unternahm u. a. eine kombinierte Handels- und Entdeckungsreise bis ins Weiße Meer. Diese Fahrt ist bekannt, da Ottar später in den Dienst von König Alfred von England trat, der die Berichte so einzigartig fand, dass er sie in eine von ihm bearbeitete Ausgabe der Weltgeschichte einfügte.

Nun markiert der zwischen der Insel Kvaløy und dem Festland verlaufende Straumsfjord die Richtung. Wie schnell wir durch die bald schmaler werdende Fahrrinne dahingleiten, ist eine Frage des Gezeitenstandes, denn der in der Engstelle verlaufende **Rystraumen** kann eine Geschwindigkeit von über sechs Knoten erreichen, womit er als das anstrengendste Hindernis für die Schiffe der Hurtigruten gilt.

An der Öffnung des Rystraumen in den **Balsfjord** kann man voraus bereits einen ersten Blick auf Tromsø genießen.

Tromsø ! ▶ Karte 4, P 5

An Tromsø, auf der flachen Insel Tromsøya mitten im Balsfjord zwischen dem Festland und Kvaløy gelegen, ist alles außergewöhnlich. Die schon im Mittelalter bedeutsame und um 1250 unter König Håkon Håkonsson als Kirchspiel gegründete Siedlung erhielt 1794 Stadt- und Handelsrechte, wurde bald darauf Bischofssitz und ist heute mit rund 71 000 Einwohnern und einer Fläche von 2558 km² die größte Metropole des hohen Nordens, gleichzeitig die flächengrößte von Europa, auch die einzige nördlich von Trondheim, die urbanen Charakter besitzt.

Als Ausgangspunkt zahlreicher Expeditionen war Tromsø Pforte zum Eismeer. Fridtjof Nansen startete von hier zu seiner Eisdrift mit der ›Fram‹ und Roald Amundsen besuchte die Stadt mit der ›Gjøa‹ und der ›Maud‹. Heute ist Tromsø mit all seinen Handels- und Dienstleistungsbetrieben sowie der nördlichsten Universität der Welt das bedeutendste Wachstumszentrum Nordskandinaviens. Da Tromsø im Zweiten Weltkrieg, in dem es für

kurze Zeit die Hauptstadt des freien Norwegens war – am 7. Juni 1940 flohen König und Regierung von hier nach England –, von Zerstörungen weitgehend verschont blieb, besitzt die Stadt neben der berühmten Eismeerkathedrale und zahlreichen Museen, der nördlichsten Brauerei und dem nördlichsten Planetarium der Welt auch zahlreiche alte Holzhäuser. All das verleiht ihr zusammen mit dem urbanen Treiben und der Farbenpracht des Hafenlebens vor der Kulisse der bis über 1200 m hohen Gipfel außerordentlich viel Atmosphäre.

Eismeerkathedrale 1

Hans Nilsens vei 41, Tromsdalen, www.ishavskatedralen.no, Juni–Mitte Aug. Mo–Sa 9–19, So ab 13, Mitte Aug.–Mitte Sept. tgl. 15–18, Mitte Sept.–Mai tgl. 16–18 Uhr, 40 NOK; Orgelkonzert im Juni/Juli tgl. 14 Uhr (25 Min., 70 NOK); Mitternachtssonnenkonzert Juni–Mitte Aug. tgl. ab 23.30 Uhr (30 Min., 140 NOK)

Vor dem Hintergrund der Stadthistorie ist auch der Name der Kathedrale (Ishavskatedralen) zu verstehen, die in ihrer äußeren Form an die mächtigen Trockenfischgestelle erinnert, denen man an den Küsten des Nordmeers überall begegnet. Aber auch Polarnacht, Mitternachtssonne und Nordlicht soll der futuristisch wirkende Bau symbolisieren. Die 23 m hohe Ostgabel schmückt ein 140 m² großes Glasmosaik, das die Wiederkunft Christi darstellt. Das Gotteshaus wurde 1965 geweiht und steht am Festlands-Brückenkopf der 1036 m langen und 38 m hohen Tromsøbrua, die auf mehreren Dutzend Säulenpaaren im verkehrsreichen Tromsøsund ruht.

Tromsø-Museum 2

Lars Thøringsvei 10, 4 km außerhalb, mit Bus 37, www.uit.no/tmu, Juni– Aug. tgl. 9–18, Sept–Mai Mo–Fr 10–16.30, Sa 12–15, So 11–16 Uhr, 50 NOK

Das Universitätsmuseum informiert in verschiedenen Abteilungen über Geologie, Flora, Fauna, Samen- und Kirchenkunst, neuere Kulturgeschichte und Volksmusik. Hier sollte man der Sprache der Samenseele im Gewand eines Wolf-, Rentier- oder Wildgans-Joiks lauschen.

Tromsø

Sehenswert
- 1 Eismeerkathedrale
- 2 Tromsø-Museum
- 3 Polaria
- 4 Polarmuseum
- 5 Roald-Amundsen-Statue
- 6 Dom
- 7 Macks Ølbryggeri

Übernachten
- 1 Radisson Blu Hotel Tromsø
- 2 Rica Ishavshotel
- 3 AMI Hotel
- 4 ABC Hotel Nord

Essen & Trinken
- 1 Compagniet Restauration
- 2 Emma's Drømmekjøkken
- 3 Vertshuset Skarven
- 4 Aunegården
- 5 Sivertsens Café

Einkaufen
- 1 Snarby Strikkestudio
- 2 ASVO-butikken
- 3 Tromsø Kunstforening

Aktiv
- 1 Arctic Fishing Adventures
- 2 Tromsø Villmarkssenter

Abends & Nachts
- 1 Gründer
- 2 Blå Rock

Polaria 3

Hjalmar Johansensgt. 12, 5 Gehmin. vom Zentum, www.polaria.no, Mitte Mai–Aug. tgl. 10–19, sonst tgl. 11–17 Uhr, 120 NOK

Die Barentsregion und das nördliche Polargebiet sind Hauptthema des in der Nähe des Stadtzentrums gelegenen Erlebniszentrums Polaria. Auch ein Panoramafilm zu Spitzbergen wird gezeigt, ein Arctic Trail, ein Aquarium sowie ein Seehundbassin laden zum Staunen ein.

Direkt nebenan erhebt sich in einem schützenden Glashaus die **›MS Polstjerna‹**, das bestbewahrte Robbenfangschiff Norwegens (Hjalmar Johansensgt. 10, Mitte Juni– Mitte Aug. tgl. 10–17 Uhr, 25 NOK). So sehenswert das Schiff auch sein mag, so einseitig wird hier über die Robbenjagd informiert, bei der nach Darstellung des Deutschen Tierschutzbundes die Robben häufig bei lebendigem Leibe gehäutet werden (weshalb das EU-Parlament 2009 ein weitreichendes Handelsverbot für Robbenfelle und andere aus Robben hergestellte Produkte erließ).

Im Stadtzentrum

Im Zentrum dokumentiert das **Polarmuseum** 4 die zahlreichen Expeditionen, die in Tromsø ab 1820 ihren Ausgang nahmen. Das Museum ist insbesondere den Fahrten von Fridtjof Nansen und Roald Amundsen gewidmet. Amundsen, Bezwinger des Nordpols und erster Mensch am Südpol, startete von hier aus am 18. Juni 1928 mit dem französischen Flugzeug ›Latham‹, um dem verschollenen Umberto Nobile zu Hilfe zu eilen. Er kam nie zurück (Søndre Tollbodgt. 11, www.polarmuseum.no, Mitte Juni–Mitte Aug. tgl. 10–19, sonst tgl. 11–17 Uhr, 50 NOK).

Roald Amundsen zu Gedenken wurde in einer Parkanlage am Kai die **Roald-Amundsen-Statue** 5 errichtet.

Auf dem Weg zum Denkmal genießt man schöne Ausblicke auf den Hafen und die wenigen noch erhaltenen alten Speicherhäuser. Der **Dom** 6 (Sjøgata 2) wurde 1861 im neugotischen Stil erbaut und ist mit seinen rund 750 Sitzplätzen eine der größten Holzkirchen des Landes (ganzjährig Di u. Do 14–16, Do ab 12, So Gottesdienst 11–12 Uhr, im Juni/Juli tgl. Konzert um 16 Uhr).

Schöne alte Häuser stehen insbesondere an der Sjø- und Skippergata, die beide zur Storgata führen, der Hauptshoppingmeile Tromsøs, an der mit der **Ølhallen** auch die Pro-

Tromsø – Stadt der Superlative und der Eismeerkathedrale

bierhalle der nördlichsten Brauerei der Welt zu einem Besuch einlädt: **Macks Ølbryggeri** 7 (Storgata 4, www.olhallen.no, Mo–Sa 10–18 Uhr, Mo–Do Führungen um 15.30 Uhr, zum Abschluss gibt es ein Bier).

Übernachten

Allein im Stadtzentrum von Tromsø laden über 2000 Hotelbetten ein, aber dennoch kommt es im Hochsommer sowie zur Zeit der Festivals mitunter zu Engpässen – rechtzeitig reservieren!

Das größte im Norden – **Radisson Blu Hotel Tromsø** 1: Sjøgt. 7, Tel. 77 60 00 00, www.radissonblu.com, DZ ab 1895 NOK, EZ ab 1645 NOK, im Sommer 1525/1255 NOK. Nordnorwegens größtes und wohl auch luxuriösestes Hotel. Ausstattung für gehobene Ansprüche, die schönsten Zimmer blicken zum Tromsøysund.

Verlockendste Lage – **Rica Ishavshotel** 2: Fr. Langesgt., Tel. 77 66 64 00, www.rica.no, DZ ab 1845 NOK, EZ ab 1645 NOK, im Sommer 1245/1045 NOK. Spitzenhotel in unvergleichlicher Lage am Kai mit herrlicher Aus-

sicht auf den Tromsøysund, die Eismeerkathedrale und die Berge.

Budgetschonend – **AMI Hotel 3**: Skolegt. 24, Tel. 77 62 10 00, www.amihotel.no, DZ ab 790 NOK, EZ ab 640 NOK, Familienzimmer ab 960 NOK. Garni-Hotel, zentral, ordentliche Zimmer mit/ohne Bad, Gemeinschaftsküche.

Preisschlager – **ABC Hotel Nord 4**: Parkgata 4, Tel. 77 66 83 00, www.hotelnord.no, EZ ab 600 NOK, DZ ab 650 OK. Einfache, aber nette Zimmer mit TV, Tel. und WLAN, mit/ohne eigenes Bad/WC. Gästeküche, Aufenthaltsraum.

Essen & Trinken

Topgourmettempel – **Compagniet Restauration 1**: Sjøgt. 12, Tel. 77 66 42 22, www.compagniet.no, Mo–Sa ab 15 Uhr, Vorspeisen um 160 NOK, Hauptgerichte um 350 NOK. Gilt als eines der besten Restaurants Nordnorwegens – eine Empfehlung für den besonderen Abend, den man am süßesten mit Crème Brûlée (135 NOK) ausklingen lässt.

Wo Träume wahr werden – **Emma's Drømmekjøkken 2**: Kirkegt. 6, Tel. 77 63 77 30, www.emmasdrommekjokken.no, Mo–Sa ab 18 Uhr, Vorspeisen ca. 175 NOK, Hauptgerichte um 360 NOK. »Ein Kunstwerk von einem Restaurant, in dem alle Gourmetträume wahr werden«, urteilte unlängst eine große norwegische Tageszeitung.

Alles unter einem Dach – **Vertshuset Skarven 3**: Strandtorget 1, Tel. 77 60 07 20, www.skarven.no. Eine Institution in Tromsø ist dieses Haus mit mehreren Lokalen. Im Wirtshaus Skarven Kro (tgl. ab 11 Uhr) werden deftige Lunchgerichte und Snacks serviert, im Skarvens Biffhus (tgl. ab 15.30 Uhr) dreht sich alles um Steaks (Preise nach Gewicht) und das Sjømatrestaurant Arctandria (Mo–Sa ab 16 Uhr) gilt als Tromsøs berühmtestes Fisch- und Schalentierrestaurant – teils ausgefallene Gerichte wie Fischeintopf mit Wal-Chorizo oder Trockenfischcreme (Vorspeisen ab 95–165 NOK, Hauptgerichte 275–385 NOK).

Nicht nur für Kaffeetanten – **Aunegården 4**: Sjøgt. 29, Tel. 77 65 12 34, www.aunegarden.no, Mo–Sa 10.30–22.30, So 12–17.30 Uhr, Lunch ab 100 NOK, Hauptgerichte ab 230 NOK, stets auch zwei vegetarische Gerichte (um 170 NOK, Salat 125 NOK). Café-/ Gourmetrestaurant in einem Haus aus dem 19. Jh. Wie es heißt, gibt es hier mit Abstand die besten Kuchen der Stadt.

Vegan: eine Rarität im Norden – **Sivertsens Cafè 5**: Vestregata 48, Tel. 77 65 54 34, Mi–Sa ab 18 Uhr, Gerichte um 130 NOK. Soll's vegetarisch oder gar vegan sein, führt in Tromsø kein Weg an diesem Kooperativen-Café vorbei. Es liegt im Souterrain, gefällt mit grob gemauerten Wänden und Holzdecken und ist so urgemütlich wie das Essen lecker. Allerdings stehen nur zwei tgl. wechselnde Hauptgerichte sowie ein Kuchen auf der Karte, und bei Andrang kann es schon mal etwas dauern, denn der Leiter ist Kellner, Koch und Barkeeper in einer Person. Samstagsabends oft Livemusik.

Einkaufen

Gestricktes typisch – **Snarby Strikkestudio 1**: Fr. Langesgt. 18, www.sweatershopnorway.com, Mo–Sa 10–18 Uhr. Größte Auswahl von ganz Tromsø an Norwegerstrickjacken und -pullovern.
Textil & Keramik – **ASVO-butikken 2**: Fr. Langesgt. 13, www.tromsoasvo.no, Mo–Fr 8–15.45 Uhr. Große Auswahl an Nordnorwegen-typischen Souvenirs.
Fine Art – **Tromsø Kunstforening 3**: Muségt. 2, www.tromsokunstforening.no, Mi–So 12–17 Uhr. Größte Kunstausstellung der Region, in der angeschlossenen Galerie kann man Werke nord-norwegischer Künstler und Kunsthandwerker erstehen.

Aktiv

Fish'n Foto – **Arctic Fishing Adventures 1**: Vasstrandveien 580, Kvaløysletta, Tel. 94 86 09 41, www.arcticfishingadventures.no, 3-, 5- und 10-stündige Angeltouren (bis zu 37 schwere Dorsche wurden schon aus dem Meer gezogen), Fotosafaris in der Mitternachtssonne sowie Nordlicht- und Eisangeltouren.
Arktische Abenteuer – **Tromsø Villmarkssenter 2**: Kvaløysletta (rund 20 km von Tromsø), Tel. 77 69 60 02, www.villmarkssenter.no. Gletscherwanderungen, Kajaktouren, Wanderungen, Hundeschlittenfahrten, Skitouren, Nordlichtfahrten …
Wenn der Berg ruft – **Arctic Mountain**: Roy-Helge Jenssen, Mobil 91 17 01 14, www.arcticmountain.no. Kajak- und Bergabenteuer (Tages- und Mehrtagestouren) für Fitte.

Abends & Nachts

Die hohe Dichte gemütlicher Cafés, Kneipen, Bistros und Restaurants im Zentrum findet nördlich von Trondheim kein Gegenstück. Selbst morgens um vier ist hier immer noch was los und zumindest den skandinavischen Besuchern gilt das Tromsøer Nightlife als Hauptattraktion der Stadt.
Nachtclub – **Gründer 1**: Rica Grand Hotel Tromsø, Storgt. 44, Tel. 77 75 37 67, tgl. 11–2, Sa/So bis 3.30 Uhr. Tagsüber eine schicke Lunchadresse, abends der beliebteste Nachtclub der Stadt.
Let's fetz – **Blå Rock 2**: Strandgata 14/16, Tel. 77 61 00 20, Mo–Sa ab 11.30, So ab 13 und tgl. bis 2 Uhr nachts. Das nördlichste Rock-Café der Welt, Sa/So spielen oft Live-Bands; große Bierauswahl, 0,5 l ab 65 NOK.
Tromsøs ›Blauer Bock‹ – **Rorbua**: im **Radisson Blu Hotel 1**, Sjøgt. 7, Tel. 77 60 00 00. Pub mit volkstümlicher Atmosphäre (Gesang und Musik), große Wein- und Bierauswahl; von hier wurde 16 Jahre lang eine landesweit beliebte TV-Sendung ausgestrahlt.
Disco im Gourmettempel – **Compagniet 1**: Sjøgt. 12, www.compagniet.no, Fr ab 18, Sa ab 22 Uhr, Altersgrenze 23 Jahre. Nachtklub in ganz ungewohnten Räumlichkeiten; gemischter Sound, Pop & Disco, aber auch Swing.

Infos & Termine

Touristeninformation

Visit Tromsø: Kirkegata 2, 9253 Tromsø, Tel. 77 61 00 00, www.visittromso.no, Mitte Mai–Aug. Mo–Fr 9–19, Sa/So 10–17, sonst Mo–Fr 9–16, Sa ab 10 Uhr.

Verkehr

Flug: Der Flughafen liegt rund 4 km außerhalb des Zentrums; Taxi um 150 NOK, Flughafenbus ins Zentrum 70 NOK, Linienbus 40 NOK; Verbindungen mit SAS u. a. nach Spitzbergen, Oslo und Bodø, mit Widerøe nach Kirkenes, Hammerfest, Alta, Andenes und Stokmarknes sowie Svolvær (nur im Sommer), mit Norwegian nach Trondheim und Oslo.
Bus: mehrmals tgl. nach Narvik, Alta, Harstad, Finnsnes.
Schnellboot: tgl. Verbindung nach Harstad, Finnsnes und Skjervøy.
Mietwagen: u. a. Europcar (Tel. 77 67 56 00), Avis (Tel. 90 74 90 00), am günstigsten ist Rent-A-Wreck (Tel. 77 67 00 10, www.rent-a-wreck.no).

Termine

Rund 60 Veranstaltungen rund ums Jahr, das Touristenbüro informiert ausführlich. Hier die wichtigsten Events:
Internationales Filmfestival: 6 Tage im Jan., www.tiff.no. Norwegens größtes Filmfestival.
Nordlichtfestival: Ende Jan./Anfang Febr., www.nordlysfestivalen.no. Klassische und zeitgenössische Musik mit höchstem Anspruch.
Riddu Festival: 5 Tage Mitte Juli, www.riddu.no. Nicht nur Musikfestival der ethnischen Minderheiten dieser Welt.
Ølfestivalen: 3 Tage Mitte Aug., www.festivalinord.no. Bierfestival vor der nördlichsten Brauerei der Welt.
Weihnachtsmarkt: Ende Nov.

Tromsø von oben: Storsteinen und Fløya

Seilbahn: www.fjellheisen.no, April–19. Mai u. Sept. tgl. 10–17, 20. Mai–Juli 10–1, Aug. bis 22, sonst 11–16 Uhr, hin und zurück 135 NOK
421 m hoch ist der ›Hausberg‹ von Tromsø, der **Storsteinen,** und nur wenige Minuten dauert die Fahrt mit der **Fjellheisen-Seilbahn** (vor der Eismeerkathedrale ausgeschildert; erreichbar auch mit Buslinie 26) von der Talstation am Solliveien 12 auf die panoramareiche Höhe. Die Aussicht auf die Kathedrale und den Sund, das Hurtigruten-Schiff und die Stadt sowie über die Insel Tromsøya hinweg ist von faszinierender Schönheit.

Tromsø von oben: Storsteinen und Fløya-Höhe

Lieblingsort

Tromsdalstind – Tor zur Unendlichkeit ▶ Karte 4, P 5
Höher und höher geht es hinauf, und was gerade noch Himmel war, liegt bald darauf zu unseren Füßen. Und plötzlich sind wir oben, ganz oben auf dem 1238 m hohen Tromsdalstind. Schier unglaublich scheint, dass diese Landschaft da unten, die eisbekränzte Weite dort hinten, die Zacken und Zinnen zur Linken, die Spielzeugstadt Tromsø zur Rechten und all die Fjordarme dazwischen derselben Welt angehören sollen wie der Berg, ›unser‹ Berg. Wir stehen auf einer Insel im Meer der Gebirgswogen, über das das Auge mehr als 150 km weit schweifen kann. Rund sieben Stunden muss man für den Hin- und Rückweg ansetzen, Topkondition ist erforderlich, das Touristenbüro (s. S. 141) informiert.

Doch die spektakulärsten Ausblicke genießt man nicht direkt von der Bergstation aus, sondern von einem linker Hand befindlichen Steilfelsen oder von der **Fløya-Höhe,** einer rund 230 m über der Station gelegenen Fjellhöhe, wohin ein 1,5 km langer Weg führt.

Lyngen-Alpen

▶ Karte 4, Q 5

Nach dem Ankerlichten genießen wir erst einmal die Fahrt unter der 38 m hohen Tromsøbrua hindurch, sodann einen letzten Blick auf die dreieckige Eismeerkathedrale, über der der Tromsdalstind 1238 m hoch in den Himmel ragt (s. Lieblingsort links).

Wenig später ist es an der Zeit, der Steuerbordseite Beachtung zu schenken, erheben sich doch im Osten die Lyngen-Alpen, die ›Alpen Nordnorwegens‹. Diese nahezu 100 km lange Fjellkette, die im Westen vom Ulls- und im Osten vom Lyngenfjord flankiert wird, gilt zusammen mit der Lofoten-Wand als eine der größten Naturattraktionen des Nordens. Aberhunderte von Gipfeln werfen sich hier bis zu 1800 m hoch auf – gigantische Skulpturen, die der glaziale Eispanzer geformt hat. Aus monumentalen Trog- und Hängetälern drängen die grünblau schimmernden Ströme monströser Gletscher in rissigen Wellen in die Tiefe.

Vogelinsel Fugløya

▶ Karte 4, Q 4

Und wieder ist ein Seitenwechsel erforderlich, denn an Backbord, gen Norden, stellt sich in der Ferne (deutlich nur mit dem Fernglas) die nur wenige Kilometer lange, bis über 750 m hoch aufragende Insel Fugløya vor das offene Eismeer. Der Name ›Vogelinsel‹ trifft den Kern, denn das Eiland ist Heimat von Hunderttausenden von Seevögeln, die die Insel zu einer der größten Seevogelkolonien des Landes machen. Menschen leben dort heute nicht mehr, doch gab es wohl einmal eine Siedlung: Aus dem letzten Jahrhundert ist bezeugt, dass die starken Nordstürme die Häuser aufs Meer geweht haben, so diese nicht mit massiven Ketten am Fels verankert waren.

Skjervøy ▶ Karte 4, R 4

Zur Linken sehen wir nun Arnøy, von der rechter Hand liegenden Insel Kågen nur durch den schmalen Kågsund getrennt. Bis ca. 1200 m hoch sind die säumenden Berge, auf die wir auch von Skjervøy aus (rund 30 Min. Liegezeit) eine schöne Aussicht genießen. Eingedenk der hochnördlichen Breite will man kaum glauben, dass hier schon in der Steinzeit Menschen gewohnt haben, doch wie Funde zweifelsfrei beweisen, ist die kleine, mit Kågen heute mittels eines Unterwassertunnels verbundene Insel eine der ›Wiegen der Zivilisation‹ in Nordnorwegen.

Hier ging der Polarforscher Otto Sverdrup 1896 nach seiner Fahrt mit der ›Fram‹ über das Polarmeer an Land und 36 Jahre später wurden die sterblichen Überreste der schwedischen Polarforscher Andrée und Strindberg nach Skjervøy gebracht. Heute ist der um die geschützte Hafenbucht ausgebreitete Ort mit seinen rund 2300 Einwohnern die größte Fischereisiedlung von Nordtroms. Die 1728 erbaute Kirche gilt als älteste Holzkirche der Region.

Das Beste auf einen Blick

6. und 7. Tag: Øksfjord–Kirkenes

Highlight!

Nordkap: Die Koordinaten 71° 10'21" nördlicher Breite und 25° 47'40" östlicher Länge geben die Lage des legendären Nordkaps an, Jahr für Jahr ›Ziel der Ziele‹ von gut einer Viertelmillion Besuchern. Es markiert den nördlichsten auf Erden erreichbaren Straßenpunkt und nur 2090 km ist man dort noch vom Nordpol entfernt. Der Ausblick von der 307 m senkrecht ins Meer fallenden Schieferklippe des Nordkapplateaus ist beeindruckend und auch der Besuch der über und unter der Erde eingerichteten Nordkaphalle ist für die meisten Nordlandsüchtigen ein Höhepunkt. S. 154

Auf Entdeckungstour

Zum Knivskjellodden, dem nördlichsten Punkt Europas: Ziel dieser relativ einfachen Wanderung über die von Rentieren bevölkerte Tundrasteppe der Nordkapinsel ist die auf 71° 11'8" nördlicher Breite gelegene Landzunge Knivskjellodden, die exakt 1380 m nördlicher als das Nordkap liegt und damit der wahrhaftig nördlichste Punkt unseres Kontinents ist. S. 150

Kultur & Sehenswertes

Grenzgänge: Kirkenes ist Ausgangspunkt für Touren nach Russland, was auch für Individualreisende problemlos möglich ist. Organisiert werden Ausflüge u. a. nach Murmansk oder zum Kloster Pechenga. S. 164

Aktiv unterwegs

Kirkeporte: Wanderung mit Durchblick – durch dieses Felstor kann man die Mitternachtssonne beobachten, wenn sie den Felssporn des Nordkapwahrzeichens illuminiert. S. 155

Øvre-Pasvik-Nationalpark: Das Naturschutzgebiet an der botanisch-zoologischen Grenze zwischen Europa und Asien beherbergt Norwegens größten Kiefernurwald. Mehrere eindrucksvolle Wanderungen erschließen ihn. S. 164

Abenteuer: Spannende Sommer- und Winteraktivitäten – beides ist von Kirkenes aus möglich. S. 163

Genießen & Atmosphäre

Nordkapp Jule- og vinterhus: ›Süßer die Glocken nie klingen‹ – und zwar zu allen Jahreszeiten, denn das Weihnachts- und Winterhaus auf dem Weg zum Nordkap ist stets geöffnet. S. 152

Grottenbar: Schon seit über 100 Jahren wird am Nordkap die Tradition gepflegt, zu Champagner und Kaviar Richtung Nordpol zu spähen. Am entspanntesten gelingt dies aus der Grottenbar der Nordkaphalle. S. 155

Kirkenes Snowhotel: Das Iglu-Hotel von Kirkenes ist das ›coolste‹ der Welt: Es besteht komplett aus Eis. S. 163

Abends & Nachts

Von einem Nachtleben im eigentlichen Sinn kann in der Finnmark keine Rede sein. Doch in den Sommernächten, wenn überschwängliches Orange auf dem Meer und eine wahre Farbsymphonie auf den Bergen liegen, geht man hier nachts in die Natur.

Aus dem Nordmeer in die Barentssee

Nachdem frühmorgens Hammerfest erreicht wird, die nördlichste Stadt der Welt, geht es nach Honningsvåg auf Magerøya, der Nordkapinsel. Das Nordkap selbst markiert als ›Ziel aller Ziele‹ für viele Hurtigrutenpassagiere den Höhepunkt der Reise überhaupt und der Zeitplan ist so bemessen, dass man in Ruhe das Nordkapplateau entdecken, die Nordkaphalle besichtigen kann, bevor es entlang der geradezu erschütternden Küsten vom ›Weltende‹ aus dem Nordmeer hinaus in die Barentssee geht.

Der siebte Tag dann markiert den Wendepunkt der Hurtigruten. Zunächst verläuft die Seereise entlang der Halbinsel Varanger, deren Küste in ihrer unirdisch wirkenden Öde nahezu mondähnlichen Charakter hat. Dann wird Vadsø angelaufen, Ausgangspunkt historischer Nordpolexpeditionen, und schließlich Kirkenes dicht an der Grenze zu Russland.

Infobox 6. Tag

Reisekarte: ▶ Karte 4, R–X 1–4

Touristeninformation
NordNorsk Reiseliv AS: P.O. Box 434, 8001 Bodø, Tel. 90 17 75 00, www.nordnorge.com. Informationen über den gesamten hohen Norden.

Ausflüge
Das Nordkap: ganzjährig, aber unter Wettervorbehalt, Dauer 3 Std., 124 €, s. S. 154. Bustour zum Nordkap-Plateau und in die Nordkaphalle hinein.
Vogelbeobachtung: Mai–Aug., Dauer ca. 3 Std., 136 €, s. S. 153. Mit Bus und Boot ins Naturreservat Gjesværtappan, wo Papageitaucher, Seeadler, Tordalken etc. zu Hause sind.
Lappland für Einsteiger: 10. Mai–10. Sept., Dauer 2,5 Std., 88 €. Bustour von Kjøllefjord zum Sommerlager einer Samenfamilie, weiter auf das Plateau der Finnmark hinaus und abschließend nach Mehamn.
Fahrt mit dem Schneescooter: Mitte Dez.–10. Mai, Dauer 2,25 Std., 288 €. Von Kjøllefjord über Eissteppen und Straßen nach Mehamn.
Samischer Herbst: 11. Sept.–Anfang Nov., Dauer 2,25 Std., 68 €. Von einem Samen begleitete Busfahrt in den Wildgarten der arktischen Natur.

Entlang der Westfinnmark

An Hammerfest vorbei

▶ Karte 4, R–T 2–4

Nach Mitternacht fährt das Schiff ins oftmals stark bewegte Lopphavet ein, die fünfte offene Meeresstrecke unserer Reise, die gleichzeitig auch die Grenze zwischen den Bezirken Troms und Finnmark markiert. Nach kurzem Aufenthalt in **Øksfjord** (s. S. 183) geht es durch den Sørøysund hindurch nach **Hammerfest** (s. S. 174), und jetzt, gegen sieben Uhr, bleibt die nördlichste Stadt der Welt schon wieder hinter uns zurück. An den langsam an der Fahrrinne vorbeiziehenden Küsten von Kvaløya zur rechten und Sørøya zur

Lieblingsort

Wildeste Wildnis ▸ Karte 4, R/S 5/6
Etwa 110 km ist er lang, der Talzug des **Reisadal**, und in seinem oberen Abschnitt präsentiert er sich als spektakulärer Canyon mit tiefen Wäldern und steilen Bergflanken. Mächtige Wasserfälle zählen zu den zahlreichen Naturattraktionen dieses zum Nationalpark erklärten Refugiums und im Rahmen einer Bootsfahrt auf dem Reisaelv geht es zum Fuß des 269 m hohen Mollisfossen, dem zweithöchsten naturbelassenen Wasserfall von Norwegen. Von Skjervøy (s. S. 143) aus ist es nur ein kurzes Wegstück nach Storslett, wo das Reisadal beginnt. Infos dort im Nationalparkzentrum mit Touristenbüro (Tel. 77 77 05 50, www.reisa-nasjonalpark.no) und über www.opplevreisa.no sowie www.elvebaat.no.

Rentierschwimmen
Ende September werden rund 5000 Rentiere von ihren Sommerweiden auf Magerøya in die innere Finnmark getrieben. Das Schwimmen über den Magerøysund ist ein Teil des Umzugs auf die Winterweide, und den strapaziösen und anstrengenden Kampf der Tiere gegen Kälte und Meeresströmung zu beobachten, vermittelt einen bleibenden Eindruck. Außerdem bekommt man nicht alltägliche Einblicke in die Arbeit der samischen Rentierzüchter. Informationen im Touristenbüro von Honningsvåg (s. S. 153).

linken Seite ist das Organische auf ein Minimum reduziert und spielt keine Rolle mehr in der Gestaltung der Landschaft. Wir befinden uns am Nordrand der arktischen Tundra, einem nackten, öden, unfruchtbaren Land, in dem die melancholischen Lieder vom Mitternachtslicht erklingen, das immer wieder scheint, zwischen Eisnacht und Eisnacht, und in dem noch die Schreie der Seevögel wie ein Echo aus fernen Zeiten wirken, die kein Mensch je miterlebte.

Finnmark

Ultima-Thule-Gefühle liegen von nun an also gewissermaßen in der Luft, und dies im Sinne des Wortes, wurde doch die Finnmark in früheren Zeiten zumindest von den Norwegern als der äußerste Norden der Welt angesehen. Diesen Landstrich pachteten die Bürger Bergens im Jahr 1681 gegen eine jährliche Zahlung von 200 Reichstalern an die königliche Kasse und hierhin deportierte der reiche Süden auch viele seiner Verbrecher und Landstreicher, bis sich gegen Ende des 18. Jh. nach Aufhebung des Handelsmonopols durch die dänische Krone neue Ideen durchsetzten. Die Finnmark erhielt eigene Marktorte und Umschlagplätze, teils mit Stadtrechten ausgestattet, und diese hatten die Erlaubnis, direkt mit dem Ausland Handel zu treiben. Insbesondere der Pomorjehandel (russ. *pomorje* = Küste) mit Russland bis hin nach Archangelsk blühte nun auf und im Tausch gegen Fisch, den es reichlich gab, erhielten die Händler vor allem Getreide, das auf diesen Breitengraden nicht mehr gedeihen kann.

Mit der russischen Revolution kamen diese Verbindungen zum Erliegen und im Verlauf des 20. Jh. dann, insbesondere nach dem Zweiten Weltkrieg, erblühte auch in der Finnmark, in der damals noch der größte Bevölkerungsteil im Primärbereich (insbesondere Fischfang) tätig war, der Dienstleistungssektor. In ihm sind heute die allermeisten Beschäftigten tätig, aber gar so viele sind das freilich nicht, leben doch im gesamten Bezirk, mit einer Gesamtfläche von rund 49 000 km^2 größer als Dänemark, mal gerade 73 500 Menschen. Anders ausgedrückt teilen sich in der Finnmark rund 1,5 Menschen einen Quadratkilometer und bis vor wenigen Jahren kostete es den norwegischen Staat jährlich Milliarden Kronen, diesen Marginalraum überhaupt bewohnt zu halten. Doch dann wurden gigantische Erdöl- und insbesondere Erdgasfelder im Nordmeer sowie auch der Barentssee geortet, und seit diese Ressourcen gefördert werden, was erst teilweise der Fall ist (in der Barentssee seit 2009), hat sich die Finnmark vom ›Aschenputtel‹ zum ›Goldesel‹ gemausert: Nirgendwo sonst in Norwegen wächst die Wirtschaft derzeit so schnell wie hier. – Und dabei hat die Zukunft gerade erst begonnen.

Havøysund ▸ Karte 4, T 2

Bevor wir in den Hafen von Havøysund einlaufen, geht es vorbei an einer Phalanx (meist) wild rotierender Windgeneratoren, die die Frage aufwerfen, warum an Norwegens Küste nur äußerst selten von dieser Möglichkeit der Stromgewinnung Gebrauch gemacht wird. Ein Argument ist sicher, dass Strom dank Wasserkraft auch so im Übermaß vorhanden ist, und ein anderes, dass es hier eben nur wenige Plätze gibt, wo der Wind nicht zu stark bläst und die niedergehenden Schneemengen nicht zu groß sind.

In jedem Fall bieten die Windräder ein prächtiges Fotomotiv und auch das Städtchen selbst, Zentrum der rund 1300 Einwohner zählenden Gemeinde Måsøy, die vom Fischfang und der Fischverarbeitung lebt, ist mit seinen einzeln stehenden und meist farbenfroh gestrichenen Holzhäusern unterhalb der schmucken Kirche ein ausnehmend schöner Anblick.

Infos

Måsøy Turistinformasjon: Måsøy kommune, 9690 Havøysund, Tel. 78 42 37 66 u. 78 42 40 00, www.masoy.kommune.no.

Nordkapinsel Magerøya ▸ Karte 4, U 1/2

Das Schiff schlägt einen Bogen um die **Halbinsel Porsanger** herum und durchpflügt nun ›aristokratisches Fahrwasser‹, nahm doch auch Louis Philippe von Orleans, der spätere Bürgerkönig Frankreichs und einer der ersten Nordkaptouristen, diesen Weg im Jahr 1795. Überlandtouristen müssen den schmalen Magerøysund unterqueren. Die Wasserstraße, die auf beiden Seiten von gletschergeformten Buckelbergen gefasst wird, trennt die **Nordkapinsel Magerøya** vom Festland. Bis 1999 bildeten sich hier oft lange Staus, denn der Magerøysund war nur mit der Fähre zu überqueren. Heute gibt es jedoch den Meerestunnel und es ist schon ein komisches Gefühl zu wissen, dass unter dem Schiff reger Fahrzeugverkehr herrscht.

Im Herbst sind hier auch häufig hinüberschwimmende Rentiere zu beobachten (s. Kasten S. 148), nutzen doch die Samen aus Karasjok in der inneren Finnmark Magerøya als Sommerweide.

Honningsvåg ▸ Karte 4, U 1

Nun liegt das Zentrum der ca. 3200 Einwohner großen Nordkapgemeinde Honningsvåg voraus und vor allem fällt das lebhafte Treiben im Hafen auf. Honningsvåg ist die bedeutendste Fischereisiedlung der westlichen Finnmark, wovon auch all die Fischverarbeitungsfabriken, Werftbetriebe etc. am Kai zeugen. Die Stadt selber präsentiert sich – wie die meisten Orte der Finnmark – im Architekturkleid der Nachkriegszeit, was dem Prinzip ›Verbrannte Erde‹ zu verdanken ist: Während des deutschen Rückzugs von der Murmanskfront im Jahr 1944 wurden hier die Menschen von der Wehrmacht zwangsevakuiert und alle Gebäude vollständig zerstört.

In Honningsvåg blieb nur die **Kirche** stehen (Mai/Juni u. erste Septemberhälfte tgl. 10–20, Juli/Aug. 8–22 Uhr).

Nordkapmuseum
Am Fiskeriveien (beim Touristenbüro), www.kystmuseene.no, Juni–Mitte Aug. Mo–Sa 10–19, So ab 12, sonst Mo–Fr 12–16 Uhr, 50 NOK ▷ S. 152

Auf Entdeckungstour: Knivskjellodden – zum nördlichsten Punkt Europas

Ziel dieser relativ einfachen Wanderung über die von Rentieren bevölkerte Tundrasteppe der Nordkapinsel ist die Landzunge Knivskjellodden. Sie liegt exakt 1380 m nördlicher als das Nordkap und ist damit wahrhaftig der nördlichste Punkt unseres Kontinents.

Reisekarte: ▶ Karte 4, U 1
Anfahrt: Ab Honningsvåg E 69 Richtung Kap, Startpunkt ist ein Parkplatz, 7 km vor Straßenende. Man kann sich auch vom Bus absetzen lassen oder Taxidienste in Anspruch nehmen.
Planung: Die leichte Wanderung misst 7 km je Strecke, wofür etwa 5,5 Std. (2,5 Std. hin, 3 Std. zurück) anzusetzen sind. Wanderschuhe, Regenschutz und Proviant mitnehmen, da es keine Einkehrmöglichkeiten gibt.

Wie die Landschaft eines fernen Planeten in einem Fantasyfilm, so liegt das Tafelland des Nordkaps über dem Eismeer. 307 m hoch steigt die gischtummantelte Schieferklippe senkrecht auf, die gerade zur Mitternachtssonnenzeit oft in den unglaublichsten Farben illuminiert wird. Wie das GPS anzeigt, befindet man sich auf 71° 11′8″ nördlicher Breite und damit lediglich eine Bogenminute nördlicher als das Nordkap. Knivskjellodden ist die sprechende Bezeichnung dieser mit scharfen Muscheln besetzten Landzunge (*kniv* = Messer, *skjell* = Muschel, *odde* = Landspitze). Und wer an den alleräußersten Nordrand Europas kommt, der muss sich auch an den alleräußersten, flach ins Meer hinausragenden Rand dieser Landzunge vorwagen. Der Preis sind einzigartige ›Augen-Blicke‹ und meistens auch nasse Schuhe ...

Kein bisschen eintönig

Rund 2,5 Stunden währt die Wanderung zu dieser Landmarke und der Weg ist beim besten Willen nicht zu verfehlen. Er beginnt an einem Parkplatz 320 m über dem Meer. So hoch man dort steht, so tief muss man im Verlauf der Tour auch hinunter. Zuerst einmal aber zieht sich der durchgehend mit roten T's markierte Wanderweg für etwa 5 km über die Kahlsteppe der Tundra hin, in der neben zahlreichen Heidekrautgewächsen u. a. der Alpenbärlapp, die schwarze Alpenbärentraube, das Stengellose Leimkraut und verschiedene Seggenarten dominieren. So eintönig diese Landschaft aus der Ferne wirkt, so vielfältig präsentiert sie sich aus der Nähe und so unvergleichlich farbenprächtig im Herbst, wenn sich hier alle Pflanzenkleider rot einfärben.

Rentierland

Vom Frühling bis in den Herbst halten sich hier viele Rentiere auf, von denen es nordskandinavienweit 750 000 bis 1 Mio. gibt. Ihre Population ist konstant, was daran liegt, dass diese 60 bis 320 kg schweren Herdentiere Eigentum der Bergsamen (s. Entdeckungstour S. 166) sind, die sie schon in grauer Vorzeit domestiziert haben. Zwar streift das Ren in den riesigen Arealen der Finnmark frei umher, aber diese Gebiete, so groß sie auch sind, stellen doch genau festgelegte Weidegründe dar. Von dort, wo das Ren täglich 5 bis 8 kg Flechten und Moose (Trockengewicht!) frisst, wird es im Herbst zu Sammelplätzen getrieben und schließlich geschlachtet, bevor es per Kühltransporter seinen Weg in die Fleisch- und Wurstfabriken des Landes findet bzw. in Form von Fell, Schädel und Geweih in die Souvenirläden, von denen es ja gerade auch auf der Nordkapinsel wirklich reichlich gibt.

Am Ende der Welt

Für 2 Stunden etwa ist man so auf ausgetrampeltem Pfad hingegangen, bis der Blick auf das rund 200 m tiefer gelegene Meer vor der grün begrasten und bemoosten Knivskjellbukta fällt. Diese Bucht markiert das nächste Etappenziel und steil geht es dort hinunter und ans Meer heran, sodann nach links, gen Norden zur Knivskjellodden, der ›Landzunge am Ende der Welt‹. Dort steht man dann, genießt den Anblick und die Stille sowie das Wissen darum, welch exponierten Punkt man hier doch mit eigener Körperkraft erreicht hat, hier wo im 18. Jh. bereits die ersten Touristen auf ihrem Weg zum Nordkap an Land gebracht wurden und wo im Jahr 1795 auch der französische Prinz Philippe mitsamt seinem Gefolge stand.

Eigentliches Highlight der Stadt ist das **Nordkapmuseum**, das u. a. über die Geschichte und regionale Küstenkultur von der Steinzeit bis heute informiert. Weitere Schwerpunkte sind Walfang, Fischerei und der Nordkaptourismus früherer Zeiten sowie die Verwüstung der Stadt durch die deutsche Wehrmacht.

Artico Ice Bar

Sjøgata 1A, www.articoicebar.com, April–Mitte Mai 11–16, Mitte Mai –31. Mai 10–19, Juni–Mitte Aug. tgl. 10–21, Mitte Aug.–1. Sept. 10–19.30, Sept.–Mitte Okt. 10–15 Uhr, 135 NOK

Weitere Attraktion der Stadt ist die direkt am Hafen gelegene Arctico Ice Bar, in der absolut alles aus purem Eis besteht. Nicht weniger als 123 Kubikmeter dieses Rohmaterials wurden verbaut. Ein wahrhaft cooles Erlebnis, hier auf einen Drink (im Eintrittspreis enthalten, ebenso auch der Thermoanzug) vorbeizuschauen.

Übernachten

Zimmer sollte man möglichst früh reservieren, denn schon im Winter ist der Sommer meist ausgebucht.

Erste Wahl – **Rica Bryggen Hotel:** Vågen 1, Tel. 78 47 72 50, www.rica.no, DZ ab 1425 NOK, EZ ab 1175 NOK. An der Hafenmole, ca. 700 m vom Hurtigrutenkai entfernt. Bestes Haus der Stadt, mit Restaurant und Bar. 42 Zimmer mit TV, Radio, Telefon etc.

Sommerhotel – **Rica Hotel Honningsvåg:** Nordkappgt. 4, Tel. 78 47 72 20, www.rica.no, nur Mitte Mai–Aug., gleiche Preise wie im Bryggen Hotel. Das Sommerhotel liegt im Ortskern, nur wenige Gehminuten vom Kai entfernt, verfügt über Bar und Restaurant (auch Sauna). 174 Zimmer (alle mit Telefon und Radio).

Budgetschonend – **Northcape Guesthouse:** Elvebakken 5a, Tel. 92 82 33 71, www.northcapeguesthouse.com, 15. Mai–30. Aug., Bett im Schlafsaal 250 NOK, DZ 700 NOK, EZ 550 NOK. Nahe dem Ortszentrum gelegenes Haus mit schlichten kleinen, aber preislich unschlagbar günstigen Zimmern (mit Bad/WC). Angeschlossen ein netter Aufenthaltsraum sowie eine Gästeküche.

Jugendherberge – **Nordkapp Vandrerhjem:** Kobbhullveien 10, Tel. 9 1 82 41 56, www.hihostels.no, ganzjährig, Bett zu 330 NOK inkl. Frühstück, DZ ab 760 NOK. Relativ unschöner Bau aus den 1950er-Jahren (ehemaliges Fischerheim), aber die Zimmer (Gemeinschaftsbäder) sind o.k. und, für Nordkapp-Verhältnisse, relativ günstig.

Essen & Trinken

Treff der Lokalbevölkerung – **Tre Kokker:** Storgata 8, Tel. 78 47 50 00, www.trekokker.com, tgl. ab 10 Uhr. Café, Bistro und Restaurant mit Sandwiches (ab 30 NOK), Salaten (ca. 70 NOK), Lunchgerichte (um 95 NOK); à la Carte ca. 140–220 NOK.

Einkaufen

Beim Weihnachtsmann – **Nordkapp Jule- og vinterhus:** Skarsvåg (am Weg zum Nordkap), www.julehuset.no, Juni–Okt. tgl. 9–18, sonst 12–18 Uhr. Im ›Weihnachts- und Winterhaus‹ ist die Stube ganzjährig festlich geschmückt, und es erklingt Weihnachtsmusik. Hier findet man eine reiche Auswahl lokal gefertigter Kunstgewerbeartikel (Kleidung, Strickwaren, Produkte aus Fischhaut, Weihnachtsschmuck, Keramik, Glas etc.).

Kunst am Kap – **The Gallery – East of the Sun:** 9750 Kamøyvær, Tel. 78 47 51 37, www.evart.no, 15. Mai–15. Aug.

Die charakterische Weltkugel am Nordkap markiert das nördliche ›Ende der Welt‹

tgl. 15–22 Uhr. Galerie der aus Nürnberg stammenden Bildkünstlerin Eva Schmutterer, die 1997 nach Kamøyvær (rund 15 km von Honningsvåg entfernt) ausgewandert ist: Bildkunst, Kunsthandwerk und Bücher, inspiriert von der Küste Finnmarks und den Jahreszeiten, die sie prägen.

Aktiv

Vielfältiges Programm – **Touristenbüro:** Das Touristenbüro (s. S. 153) bietet im Sommer u. a. geführte Wanderungen, Deep Sea Rafting Tours (Zodiacfahrten, bis über 50 Knoten schnell), Hochseeangeltrips, im Winter u. a. Busfahrten zu Fischerdörfern sowie ein Stoppover-Programm für Hurtigrutenpassagiere.

Abwechslungreiche Abenteuer – **Destinasjon 71° Nord:** Honningsvåg, Tel. 47 28 93 20, www.71-nord.no. Dutzende aktive Erlebnistouren.

Papageitaucher – **Birdsafari:** Gjesvær, Nygårdsveien 38, Tel. 78 47 57 73, www.birdsafari.com, 1. Mai–9. Juni tgl. um 12.45, 10. Juni–10. Aug. Mo–Sa um 10, 12.45 und 15, So 12.45 und 15 Uhr. Die 1,5 Std. währende Bootstour führt zum 15 km westlich der Nordkapklippe gelegenen Gjesværstappan Naturreservat, wo zwischen April und September bis zu 600 000 Papageitaucher nisten, des Weiteren Dreizehenmöwen, Tordalke, Kormorane, Raubmöwen, Eissturmvögel und Tölpel.

Spaziergang – **Blick durch die Kirkeporte:** siehe S. 155.

Infos & Termine

Touristeninformation

Nordkap Reiseliv AS: 9751 Honningsvåg, Fiskeriveien 4d, Tel. 78 47 70 30, www.nordkapp.no, Mitte Juni–Mitte Aug. Mo–Fr 8.30–22, Sa/So 12–20, sonst Mo–Fr 11–14 Uhr.

Verkehr

Flug: Der Flugplatz liegt rund 4 km außerhalb von Honningsvåg (Taxi ca. 120 NOK), Verbindungen mit den Orten der Finnmark sowie mit Tromsø und Oslo.

Bus: Verbindungen von Honningsvåg mit Tromsø und allen größeren Orten der Finnmark und allen Orten auf Magerøya. In der Hochsaison mehrmals tgl. von Honningsvåg zum Nordkap.

Taxi: Tel. 78 47 22 34, hin und zurück ca. 1500 NOK, das Taxi wartet 1 Std. am Kap, vier Personen können mitfahren.

Mietwagen: Avis, Tel. 78 47 62 22.

Termine

Nordkapfestival: Mitte Juni, www.nordkappfestivalen.no. Acht Tage, mit ›Nordkapmarsch‹, der mit 70 km Länge zu den anstrengendsten Volksläufen der Welt zählt.

Nordkap ! ▶ Karte 4, U 1

34 km trennen Honningsvåg vom Kap und bald geht es steil zu einem Pass auf 312 m Höhe ins Innere der Insel hinein, die genauso ›mager‹ ist, wie ihr Name Magerøya (magere Insel) vermuten lässt. Wohin man auch blickt: Steine, nichts als Steine, dazwischen schüttere Krautvegetation, Flechten und Moose und natürlich Schnee, oft bis in den Juli hinein. Auch Rentiere tauchen immer wieder am Straßenrand auf.

Dann ist das **Nordkapplateau** erreicht, wir befinden uns auf einer weiten, oft windumtosten Fläche, spähen von der 307 m senkrecht ins Meer fallenden Schieferklippe auf 71° 10'21" nördlicher Breite in die ungeheure Weite Richtung Nordpol (2090 km entfernt) und wähnen uns am nördlichsten Punkt des Abendlandes. Freilich liegt noch Spitzbergen davor und heute weiß man, dass nicht das Kap, vom englischen Seefahrer Richard Chancellor im Jahre 1553 auf seinen heutigen Namen getauft, sondern der westlich davon auf 71° 11'08" nördlicher Breite gelegene Knivskjellodden (s. S. 150) der nördlichste Punkt Magerøyas ist. Aber solche geografischen Daten sind jetzt nebensächlich, kann man sich doch an dieser Stelle der Unendlichkeit stellen wie einst Giuseppe Acerbi, ein italienischer Reisender, der hier 1789 voller Stolz ausrief: »Nun fühle ich mich nicht nur als menschliches Wesen, sondern als Schöpfer.« Wer diesen hohen Anspruch nicht hat, hält es vielleicht eher mit Francesco Negri, der an dieser Stelle 1664 meinte: »Hier, wo die Welt endet, nimmt meine Neugier ein Ende und ich kehre zufrieden nach Hause zurück«.

Doch mit der Rückkehr hat es noch einige Tage Zeit, und wir beschreiten die Pfade, die zwischen dem 1978 aufgestellten **Modell der Weltkugel** und einem weiter östlich angelegten **Skulpturenpark** zum Thema ›Frieden auf Erden‹ verlaufen. Sieben Kinder unterschiedlicher Nationen schufen hier 1988 sieben Reliefs.

Nordkaphalle

Nordkapp, Tel. 78 47 68 60, www.visitnordkapp.net, 18. Mai–17. Aug. tgl. 11–1, 18. Aug.–Ende Aug. tgl. 11–22, sonst tgl. 11–15 Uhr, 235 NOK bzw. 160 NOK (ohne Panoramafilm und Grottenbar) bzw. kostenlos (wenn man per Fahrrad oder zu Fuß zum Kap kommt)

Einen Besuch der 5000 m² großen Nordkaphalle sollte keiner auslassen. Über und unter der Erde findet man ein umfassendes Serviceangebot: Touristenbüro (auch Vermittlung von Führern, Buchung von Anschlusstouren), Postschalter (zum Abstempeln der Post), zahlreiche Souvenirgeschäfte, ein Café nebst Restaurant und ein exotisch anmutender Thai-Pavillon (zur Erinnerung an den Besuch des thailändischen Königs am Kap), die nördlichste ökumenische Kapelle der Welt (beliebt für Trauungen) und einen Nordkap-Panoramafilm, der einzigartige Bilder der arktischen Natur auf eine 180°-Leinwand projiziert.

Bleibt schließlich die durch einen Tunnel erreichbare **Grottenbar,** wo man von einem Panoramafenster und einer Aussichtsterrasse aus den Blick aufs Nordkap bei Champagner (120 NOK/Glas) und Kaviar (110 NOK) genießen kann. Diese Tradition wird am Kap schon seit über 100 Jahren gepflegt und den allermeisten Besuchern ist es zudem ein Bedürfnis, ein **Nordkapzertifikat** (50 NOK) zu erstehen – im Winterhalbjahr in der Touristeninformation in Honningsvåg – und die Mitgliedschaft im Royal North Cape Club (175 NOK) zu erwerben.

Spaziergang zur Kirkeporte

Wenn im Sommer die Sonne nicht untergeht, pflegen viele Nordkapbesucher die Sitte, insbesondere in den Stunden um Mitternacht auf die Jagd nach ›Augen-Blicken‹ zu gehen. Einer der prächtigsten ist von der Kirkeporte aus zu erhaschen, denn bei der ›Kirchenpforte‹ handelt es sich um eine mehrere Meter durchmessende Höhlung in einer vorspringenden Felswand, durch die mitternachts die Sonne beobachtet werden kann.

Nordkap: Spaziergang von Skarsvåg zur Kirkeporte

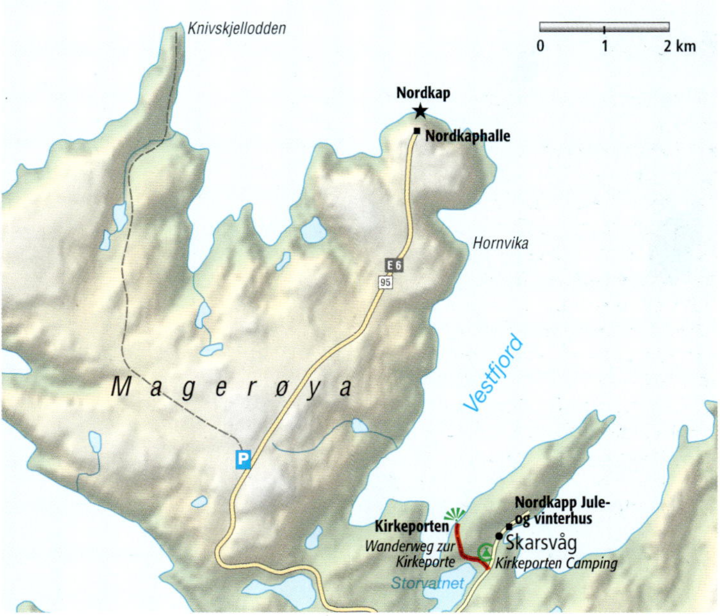

Und zwar genau dann, wenn sie zwischen 0 und 2 Uhr um das Nordkap herumgewandert ist und dessen Wahrzeichen, das **Horn von Hornvika,** in ein flammendes Feuerschwert verwandelt. Zu erreichen ist dieser Logenplatz im Rahmen eines ca. 20 Minuten währenden Spaziergangs von **Skarsvåg,** wo direkt neben dem Kirkeporten Camping ein Schild den nicht zu verfehlenden Weg weist.

Nach Berlevåg

Über den Porsangerfjord ▶ Karte 4, U/V 1/2

Gegen 15 Uhr läuft das Schiff aus und nimmt Kurs auf die Halbinsel Nordkinn. Nach wenigen Minuten ist der keilförmig ins Land greifende Porsangerfjord in seiner gesamte Länge zu überblicken und nicht nur im Herbst, wenn sich die Flora der Tundra rot einfärbt, haftet dieser Strecke etwas Fantastisches an: Der Porsanger, an dessen Öffnung zum Meer hin die Nordkaphalbinsel liegt, ist mit einer Länge von 123 km der viertgrößte des Königreichs und gilt vielen als einer der wildesten. Je näher man seinem Ostufer kommt, desto erschütternder sind die grau-schwarz-braunen Aufwerfungen in ihrer gigantischen Kahlheit: eine neugeborene Welt, die sich heute kaum anders präsentiert als vor 10 000 Jahren nach dem Rückzug des Eispanzers.

Nach Kjøllefjord

▶ Karte 4, V 1

Der Fjord ist gequert. Und nah geht es nun an die Nordspitze der Halbinsel Sværtholt heran, deren Vorgebirge, der **Sværtholtklubben,** als einer der größten Vogelfelsen Norwegens gilt. Häufig kann man in diesem Abschnitt (mit dem Fernglas) Seeadler von enormer Größe kreisen sehen. Östlich davon schneidet der Laksefjord tief ins bis 500 m hoch aufragende Tundraland.

Bei der Einfahrt nach **Kjøllefjord** sticht die wie eine Kirche geformte Finnkirka ins Auge, bei der es sich um eine der schönsten Klippen der Welt handeln soll. Und in der Tat: Dieser bizarre Felsen (in alter Zeit ein Opferplatz der Samen) ist einzigartig und bietet insbesondere im Schein der Mitternachtssonne sowie auch zur Dunkelzeit, wenn er durch eine Licht-Show illuminiert wird, einen imposanten Anblick. Das Städtchen selber ist Zentrum einer rund 1000 Einwohner zählenden Gemeinde und erfreut das Auge mit oft farbenfroh gestrichenen Holzhäusern und einer kleinen Kirche im Zentrum.

Infos

Visit Nordkyn: Kjøllefjord, Kjøllefjord Brygge, Tel. 95 49 34 64, www.visitnordkyn.no, Anfang Juni–Mitte Aug. Mo–Sa 10–17 Uhr.

Nördlichster Punkt des Kontinents ▶ Karte 4, V 1

Nach ca. 30 Minuten geht es weiter, und kaum sind wir aus dem Kjøllefjord hinaus, öffnet sich an Steuerbord der **Øksfjord,** an dessen innerem Ende der, wie es heißt, nördlichste Birkenwald der Welt sein Dasein fristet. Die Landschaft ist ebenso wild, bizarr skulptiert und in Erdfarben eingetönt wie bei Kjøllefjord, und wäre da nicht das Meer, das vereinzelt auch dunkle Strände ausgewaschen hat, könnte man sich durchaus auf den Mond versetzt fühlen.

Nun steuert das Schiff um den nördlichsten Punkt der Halbinsel Nordkinn herum. Die Landmarke **Kinnarodden** mit den Koordinaten 71° 08'01" ist der nördlichste nicht per Straße erreichbare Punkt des europäischen Festlandes (denn Magerøya ist ja eine Insel).

In die Barentssee

▶ Karte 4, V–X 1

Ab jetzt ist das Hurtigrutenschiff nicht mehr auf dem europäischen Nordmeer unterwegs, sondern auf der Barentssee. Das nächste Reiseziel ist die rund 700 Einwohner zählende Fischereisiedlung **Mehamn.** Der kleine Ort, vor dem wir ca. 30 Minuten liegen, präsentiert sich wie Kjøllefjord – also schön. Ins Auge sticht die auf einer Anhöhe aufragende und daher optisch sehr hoch wirkende Kirche. Nur der Flughafen auf der anderen Seite der Bucht in einer unwirtlichen Geröllandschaft will nicht so recht ins Bild von dieser ›Siedlung am Ende der Welt‹ passen.

Bevor **Gamvik** in Sicht kommt, passiert das Schiff bei Slettnes das angeblich nördlichste Leuchtfeuer der Welt. Schnell geht es weiter mit Kurs über die Mündung des Tanafjords zur Halbinsel Varanger, an deren Nordwestecke der 266 m hohe Kegel des Tanahorn als altes Seezeichen und noch ältere Opferstätte der Samen aufragt.

Mit ein wenig Fantasie kann das Tanahorn zur Sphinx werden, die über eine magische Welt wacht, und inmitten solch unirdisch wirkender Leere erreichen wir schließlich **Berlevåg.** Früher konnten hier die Hurtigruten-Schiffe nicht anlegen, doch seit 1975 ist der Hafen durch riesige Tetrapoden geschützt, die den bis zu 10 m hohen Wellen die Stirn bieten. Berlevåg ist Zentrum der gleichnamigen Kommune, die etwa ebenso viele Menschen zählt wie Fläche in Quadratkilometern – nämlich rund 1100 –, und lebt von der Fischerei. Das hat es mit den meisten Küstenorten der Finnmark gemeinsam, wohingegen es kaum einen anderen ähnlich abgelegenen Ort im Königreich gibt, der derart bekannt ist wie Berlevåg: Im Jahr 2001 nämlich schuf Nordnorwegens profiliertester Regisseur, Knut Erik Jensen, das Dokumusical ›Heftig og begeistret‹, das mit lautstarker Untermalung durch den lokalen Männergesangsverein das Leben am Rande der bewohnten Welt dokumentiert.

Aktiv

Das Touristenbüro in Berlevåg (s. u.) bietet vielerlei Aktivitäten und verleiht auch Fahrräder.

Was das Abenteuerherz begehrt – **Nordic Safari Wildlife Adventures:** Mehamn, Tel. 90 14 75 09, www.nordicsafari.no. Fahrten mit Nordlandboot, Fischerkutter, Fahrrad oder Kajak, Rentiersafaris oder Aufenthalte bei den Samen, Lachsangeltouren und Wanderungen, Schneeschuh-, Schneescooter- und Huskytouren ...

Infos

Gamvik Turistinformasjon: Gamvik Museum, Strandveien 94, 9775 Gamvik, Tel. 78 49 79 49, www.northernnomad.no, Juni–Mitte Aug. tgl. 9–16.30, sonst Mo–Fr 10–16 Uhr.

Berlevåg Turistinformasjon: c/o Berlevåg Pensjonat, Havnegt. 8, 9980 Berlevåg, Tel. 78 98 16 10, www.berlevag-pensjonat.no, Mitte Juni–Mitte Aug. tgl. 10–20, sonst Mo–Fr 9–16.30 Uhr. Weitere Infos unter www.visitberlevag.no.

Entlang der Halbinsel Varanger

Der Weg nach Kirkenes führt entlang der zwischen dem Tanafjord im Westen und Varangerfjord im Südosten gelegenen Halbinsel Varanger, der größten Halbinsel Norwegens. Sie ist extrem unwirtlich und wurde 2006 wegen ihrer in Festlandnorwegen einzigartigen arktischen Landschaft als **Nationalpark Varangerhalvøya** zum größten Teil unter Naturschutz gestellt. Dieser umfasst eine Fläche von nahezu 1800 km^2.

Insbesondere sommernachts, wenn die rote Sonnenscheibe im Norden den Himmel ausleuchtet, werden die schroffen Küstenränder der Halbinsel oft auf das Seltsamste illuminiert, und ›Jägern von Augen-Blicken‹ ist dann reiche Beute sicher. Dort eine von der Brandung ausgehöhlte Wand, da der schwarze Monolith einer schartigen Klippe, düstere Pracht monströser Trogtäler, Vorgebirge wie halbversunkene Riesenskelette.

Vadsø ▶ Karte 4, Y 3

In der Nacht verschlafen wir Båtsfjord (s. S. 171) und Vardø (s. S. 168), damit das Ostkap Norwegens und auch die eher mild konturierten oder ein wenig langweiligen Küstenlinien im Süden der Halbinsel Varanger.

Infobox 7. Tag

Reiseatlas: ▶ Karte 4, X/Y 1–3

Ausflüge

Die russische Grenze: ganzjährig, Dauer 2 Std., 53 €. Stadtrundfahrt Kirkenes, weiter zur Grenze und Richtung Pasvikdalen (s. S. 164).

Schneemobil-Safari: Mitte Dez.–Anfang Mai, Dauer 2,5 Std., 180 €, Fahrt mit Schneescooter (auch zum Selbstfahren) und Besuch eines Samenzeltes.

Flussfahrt zur russischen Grenze: Juni–Sept., Dauer 2,5 Std., 124 €. In einem traditionellen Langboot entlang der russischen Grenze.

Schneehotel in Kirkenes: Mitte Dez.–Anfang Mai, Dauer 2,5 Std., 66 €, s. S. 163. Ein eisiges wie kulinarisches Erlebnis inkl. Panoramafahrt auf das Prestfjell.

Quad-Safari zur Russischen Grenze: Mai–Sept., Dauer 2,5 Std., 136 €. Fahrt mit vierrädrigen ›Motorrädern‹ durch Kirkenes zu drei Aussichtspunkten mit Panorama u. a. auch über die Eisenerzminen; auch der Grenzübergang Storskog wird angefahren – Führerschein nicht vergessen, Ausrüstung wird gestellt.

Husky-Abenteuer: Dez.–Anfang Mai, Dauer 2,5 Std., 156 €. Mit dem Bus zum Schneehotel, dann mit dem Hundeschlitten (den man auch selbst lenken kann) 5 km durch die Natur zum Igluhotel zurück.

Arktische Ernte: 7. Sept.–6. Nov., Dauer 2,5 Std., 86 €. Diese Busfahrt will einen Einblick in den arktischen Herbst vermitteln. Man lernt etwas darüber, wie/was die Samen ernten, jagen und fischen, kostet selber traditionelle Kost und lernt etwas über das Feuermachen, das Fischen, das Lassowerfen und anderes mehr.

Eine abenteuerliche Fahrt mit dem Hundeschlitten ist von Kirkenes aus möglich

Wir nehmen erst Vadsø wieder bewusst wahr, wo das Schiff im Angesicht der Stadt auf der vorgelagerten Insel Vadsøya vor Anker geht. Hier hat man die bislang ältesten Spuren menschlicher Besiedlung gefunden (ca. 8. Jh. v. Chr.). Erst im 16. Jh. wurde der eigentliche Fischerort aufs Festland verlagert, 1833 erhielt er die Stadtrechte und seine wichtigsten Wachstumsimpulse verdankt das administrative Zentrum der Finnmark (seit 1888) dem Handel mit dem nahen Russland. Im 19. Jh. kam es zu regelrechten Einwanderungsschüben aus Finnland, sodass um 1875 rund 62 % aller Einwohner Finnisch sprachen.

Diese Volksgruppe, hier Kvæner genannt, ist heute voll integriert, aber immer noch sind viele der rund 6100 Einwohner von der Gemeinde Vadsø auch der finnischen Sprache mächtig und unterhalten rege Beziehungen zu dem nur 75 km entfernten Nachbarland. Dessen Staatspräsident weihte hier 1977 zusammen mit den Königen von Norwegen und Schweden das ›Einwandererdenkmal‹ des finnischen Bildhauers Eusio Säppänen ein.

Vadsø-Museum

Hurtigrutenkai, www.varangermuseum.no, Sommer–Ende Sept. tgl. geöffnet, während das Hurtigrutenschiff im Hafen liegt

Im Museum sind eigene Abteilungen u. a. den Kvænern und den Zerstörungen im Zweiten Weltkrieg gewidmet, doch die spannendste Ausstellung (›Luftschiffe und Boote‹) befasst sich mit den Nordpolexpeditionen: 1926 legte Roald Amundsen hier mit seinem Luftschiff ›Norge‹ an, 1928 folgte ihm Umberto Nobile mit dem Luftschiff ›Italia‹. Originalfotos von den Landungen auf Vadsøya (wo der Mast, an denen die Luftschiffe ankerten, noch heute steht) und Amundsens Nordpolreise sind zu betrachten.

Kirkenes

Sehenswert

1 Andersgrotte
2 Grenzlandmuseum
3 Savio-Museum
4 Aussichtspunkt Prestefjellet

Übernachten

1 Kirkenes Snowhotel
2 Rica Arctic Hotel
3 Rica Hotel Kirkenes
4 Hotell Wessel

Essen & Trinken

1 Thon Hotel Kirkenes
2 Gapahuken ved Pikevannet

Einkaufen

1 Russischer Markt

Infos

Vadsø Turistinformasjon: Postboks 288, 9811 Vadsø, Tel. 78 94 04 44, www.varanger.com, 10. Juni–22. Aug. Mo–Fr 10–18, Sa/So bis 16 Uhr.

Kirkenes ▶ Karte 4, Y 3

Eingedenk der so isolierten Lage an der Barentssee in einem durch Russland im Osten (weniger als 10 km entfernt) und Finnland im Süden (rund 35 km entfernt) gebildeten Korridor ist man erstaunt, wie groß, lebhaft und betriebsam Kirkenes ist. Der Hauptort der Sør-Varanger-Gemeinde ist mit seinen rund 3500 Einwohnern alles andere als ein Außenposten der Zivilisation und wovon die Menschen hier leben, ist eine oft gestellte Frage. – Von der Fischerei und insbesondere Jobs im Dienstleistungssektor die Antwort.

Bis 1996 war das noch ganz anders: Die Mehrheit der Bevölkerung lebte von den riesigen Eisenerzvorkommen nahe Bjørnevatn, wo jährlich bis zu 3 Mio. Tonnen abgebaut und verschifft wurden. Kirkenes war die wichtigste Erzstadt Norwegens, und zwar schon seit Anfang des 20. Jh. Damals bestand der Ort lediglich aus einigen Häusern und einer Kirche *(kirke)* auf einer Landzunge *(nes)*, doch das schwarze Gestein, einmal entdeckt und ab 1906 im großen Stil abgebaut, veränderte alles. Es kam zu einem regelrechten Erzrausch, die nun erblühende Stadt gelangte zu großem Wohlstand, bis dann im Zweiten Weltkrieg die Deutschen einmarschierten. Deren Bedarf an Eisenerz war natürlich enorm.

Gut 30 000 Soldaten wurden in Kirkenes stationiert, und erst im Oktober 1944 gelang es der Roten Armee nach einem fürchterlichen Erschöpfungskrieg, die Stadt zu befreien. Doch auch hier hatten die Deutschen vor ihrem Rückzug ›verbrannte Erde‹ hinterlassen (s. S. 72), nur etwa 20 Häuser standen danach noch, und es währte acht Jahre, bis der Betrieb in den völlig zerstörten Gruben wieder aufgenommen werden konnte. Der Ort erlebte glanzvolle Jahre mit wachsendem Wohlstand, bis schließlich der Abbau zu teuer wurde und man die Bergwerke 1996 schließen musste. Doch nun war auch der Kalte Krieg

Kirkenes komfortabel

Anstatt den Stadtrundgang zu Fuß zu machen, kann man auch mit dem Taxi auf Sightseeingtour gehen. Die telefonische Bestellung erfolgt schon vom Schiff aus. Und auch andere Touren sind problemlos möglich, so etwa zur russischen Grenze (550 NOK), zur Grense Jacobselv (1500 NOK), ins Pasviktal (um 1300 NOK, s. S. 164), zum Schneehotel (s. S. 163) und zu anderen Destinationen. Kirkenes Taxi: Presteveien 1, Tel. 78 99 13 97, www.kirkenestaxi.no.

vorbei, der Eiserne Vorhang zerrissen, und seitdem partizipiert Kirkenes von seiner zentralen Lage in der Barents-Region.

Schiffsreparaturen, Kleinindustrie und zunehmend Tourismus sind weitere Erwerbsquellen unserer Tage, und seit Kurzem laufen auch im Bergwerk von Bjørnevatn wieder die Bänder. Wie Probebohrungen gezeigt haben, lagert hier nämlich noch wesentlich mehr Eisenerz als vermutet. Verschifft wird es vor allem nach China, weshalb unlängst auch der Hafen von Kirkenes ausgebaggert wurde, auf dass Schiffe mit bis zu 100 000 Tonnen Ladung und 13 m Tiefgang anlegen können.

»Kirkenes in Pole Position« steht auf den Broschüren der Gemeinde und Optimisten schwärmen bereits, dass Kirkenes zukünftig gar ein ›Rotterdam des Nordens‹ werden könnte. Dies aber weniger wegen des Eisenerzes, sondern vielmehr wegen des ca. 340 Seemeilen entfernt in der Barentssee gelegenen Gasfeldes Schtokman, das laut Schätzungen genug Gas enthält, um beispielsweise Deutschland 40 Jahre lang komplett versorgen zu können. Ausgebeutet werden soll es, allen Protesten von Umweltschützern zum Trotz, und Kirkenes wird Umschlagplatz für Schtokman werden.

Stadtrundgang

Dass hier der Lebensstandard relativ hoch ist, kann man auch auf dem Gang vom Hurtigrutenkai via Havne- und Haganesvei ins Zentrum erkennen. Rund 1,5 km ist er lang und passiert kurz vor Erreichen des Stadtkerns die **Andersgrotte** 1, die während des Zweiten Weltkriegs gesprengt wurde und der Bevölkerung als Luftschutzraum diente. Im Rahmen der Führungen wird auch ein Film über die Kriegsgeschichte des Ortes gezeigt (Presteveien 19–21, Mitte Juni–Mitte Aug. tgl. 10–13 Uhr). Sehenswert ist der vor der Grotte aufgestellte Wegweiser, der zu den meistfotografierten Objekten in der Finnmark gerechnet wird.

Das angrenzende **Stadtzentrum** ist klein und übersichtlich, nach einem kurzen Rundgang bietet es sich an, der Kjelland Torkildsensgt. und dem Solheimsveien zum ca. 1 km außerhalb gelegenen **Grenzlandmuseum** 2 zu folgen, in dem auch ein

Frostige, aber trotzdem angenehme Atmosphäre – im Kirkenes Snowhotel

restaurierter russischer Jagdbomber vom Typ ›Iljuschin IL 3M‹ ausgestellt ist. Es vermittelt einen umfassenden Überblick über die wechselvolle Geschichte der Stadt und des Grenzgebietes und informiert obendrein noch über Natur und Kultur dieser Region (Førstevannslia, www.varangermuseum.no, Mitte Juni–Mitte Aug. tgl. 10–18, sonst Mo–Fr bis 14, Sa/So bis 15 Uhr, 50 NOK).

Sehr lohnend ist auch ein Besuch im angrenzenden **Savio-Museum** 3 (gleiche Öffnungszeiten), das den Arbeiten des samischen Künstlers John Savio (1902–1938) gewidmet ist, dessen Holzschnitte und Gemälde Motive der samischen Rentierkultur widergeben; auch Gegenwartskunst.

Anstatt nun den gleichen Weg retour zu nehmen, bietet es sich an, entlang der Kristen Nygaardsgate und dem Fjellveien zum **Aussichtspunkt Prestefjellet** 4 zu gehen. Von dort aus genießt man eine weite Aussicht über Stadt und Fjord, bevor es über Markus Thranes-, Kirkegårds- und Prestøyveien wieder zum Hurtigrutenschiff zurückgeht. Die reine Laufzeit für diesen Stadtrundgang beträgt ca. 1–1,5 Std. Da das Schiff rund 3 Std. am Kai liegt, hat man viel Zeit zur Verfügung.

Übernachten

Eisig träumen – **Kirkenes Snowhotel** 1: s. Unser Tipp S. 163.

Zentral & komfortabel – **Rica Arctic Hotel** 2: Kongensgt. 1–3, Tel. 78 99 59 00, www.rica.no, DZ ab 1575 NOK, EZ ab 1325 NOK. Viergeschossiger Neubau im Stadtzentrum mit Restaurant, Bar, Hallenbad und Sauna. 80 Zimmer mit hohem Standard.

Weitblick – **Rica Hotel Kirkenes** 3: Pasvikvn. 63, Tel. 78 99 14 91, www.rica.no, nur Juli–Sept., EZ ab 775 NOK,

DZ ab 1375 NOK. Rund 500 m vom Zentrum entfernt mit schöner Aussicht über die Stadt; ausgestattet mit Restaurant und Bar.

Budget – **Hotell Wessel** 4: Dr. Wesselsgt. 3 (Eingang Kirkegaten), Tel. 78 99 86 00, www.hotellwessel.no, DZ ab 800 NOK, EZ ab 600 NOK. Kleines Stadthotel mit 28 Zimmern (alle mit Bad/TV) sowie einem Chinarestaurant nebst Pub.

Essen & Trinken

Die Restaurants in den Rica Hotels sind zu empfehlen. Im Hotel Kirkenes steht stets auch *lutefisk* auf der Speisekarte, Hauptgerichte ca. 200–320 NOK.

Schick am Meer – **Thon Hotel Kirkenes** 1: Johan Knudtzens gate 11, Tel. 78 97 10 50, Mo–Sa 11–16 u. 17–22, So ab 16 Uhr, Vorspeisen um 150 NOK, Hauptgerichte ca. 240–360 NOK. Modernes Restaurant mit Außenterrasse und Fjordblick; hochnordische Spezialitäten.

Traditionelle-regionales – **Gapahuken ved Pikevannet** 2: Storskog, Tel. 78 99 08 20, www.storskog.no, Mitte Juni–Aug. Di–Sa 15–22, So bis 19 Uhr, Vorspeisen (z. B. geräuchertes Walfleisch) ab 125 NOK, Hauptgerichte ca. 220 NOK (Seelachs) bis 550 NOK (Königskrabbe). 15 km außerhalb am Ufer des Pikesee – durch den hindurch die Grenze nach Russland verläuft – gelegenes Restaurant mit großer Veranda. Die Küche ist gut und traditionell.

Einkaufen

Souvenirs aus Russland – **Grenzlandmuseum** 2 und **russischer Markt** 1: Das Grenzlandmuseum und der Kiosk an der russischen Grenze Storskog (15 km außerhalb) bieten eine große Auswahl an russischen und norwegischen Handarbeiten. Das üppigste Angebot aber findet sich auf dem russischen Markt, der am letzten Donnerstag eines jeden Monats (aber nicht im Juli) auf dem Marktplatz von Kirkenes von 8 bis16 Uhr abgehalten wird.

Aktiv

Die Website **www.kirkenesinfo.no** informiert über Sommeraktivitäten (u. a. Wanderungen, Aufenthalte in der Wildnis, Angel-, Tauch- und Bootstouren, Rentiersafaris) und Winteraktivitäten (u. a. Hundeschlitten-, Rentierschlitten- und Schneescootertouren sowie Eisangeln).

Unser Tipp

Eisige Träume im Snowhotel

Wer ein ausgeprägtes Faible für das Außergewöhnliche hat, wird seine helle Freude haben an den insgesamt acht Schneesuiten dieses ›**Schneehotels**‹ 1. Sie sind mit Eisskulpturen geschmückt, in mystisches Licht getaucht und bestehen eben ganz und gar aus Eis. Noch die Bettumrandungen, aber nicht die Betten selbst, sind aus dem blau schimmernden, frostigen Material gefertigt, und im 8 m hohen Eisbar-Iglu, übrigens die größte Eisbar von Norwegen, werden die Eiswürfel gleich aus der Wand geschnitten (Kirkenes Snowhotel, Gabba-Rentier-Safaripark, 1 km außerhalb vom Grenzlandmuseum, Reservierung über Radius Kirkenes AS, Tel. 78 97 05 40, www.kirkenesssnowhotel.com, 20. Dez.–20. April EZ/DZ 2450 NOK/Pers., Abendessen, Frühstück und Sauna sowie Rentierfelle und Schlafsäcke inklusive).

Abends & Nachts

Stadt und Fjord – **Prestefjellet** 4: Fjellveien. Der Aussichtspunkt ist in den Sommernächten ein populärer Treff für ›Nachtwandler‹ und auch im Winter, wenn das Nordlicht flackert, kann man dort unvergessliche Augenblicke erleben.

Infos & Termine

Touristeninformation

Turistinformasjon i Kirkenes: Presteveien 1, 9900 Kirkenes, Tel. 78 97 17 77, turistinfo@svk.no, ganzjährig Mo–Fr 10–16, Sa bis 15, So bis 13 Uhr.
Internet: www.kirkenesinfo.no

Verkehr

Flug: Der Flughafen liegt 15 km außerhalb (Bus ist auf Ankunft/Abflug der Flugzeuge abgestimmt: 85 NOK, Taxi ab dem Kai/Zentrum 380 NOK), mit Widerøe bestehen u. a. tgl. Verbindungen in die Orte der Finnmark und nach Tromsø, während SAS-Braathens und Norwegian die Strecke nach Oslo bedienen.
Bus: regelmäßig in die Finnmark und nach Finnland.

Grenzgänge

Ab Kirkenes werden u. a. Tagestouren und unterschiedlich lange Touren zum Kloster Pechenga und nach Murmansk angeboten. Über die u. g. Agentur bekommt man auch das obligatorische Visum, zur Not, aber für viel Geld, auch am gleichen Tag. Auch das Busticket für eine selbst organisierte Fahrt nach Murmansk kann man dort kaufen und Taxitouren nach Russland bestellen: Pasvikturist AS, Postboks 157, 9915 Kirkenes, Tel. 78 99 50 80, www.pasvikturist.no.

Hurtigrutenzubringer: Vom Kai ins Zentrum bzw. retour kostet das Taxi um 100 NOK, Tel. 78 99 13 97.
Mietwagen: u. a. über Avis (Tel. 78 97 37 05), Europcar (Tel. 78 97 01 00; auch Verleih von Schneescootern) und Hertz (Tel. 78 99 39 73). Doch mit Abstand am günstigsten mietet man über Rent-A-Wreck, Buen 4 B, 9912 Hesseng, Tel. 78 99 32 80, www.rent-a-wreck.no.

Termine

Finnmarksløpet: www.finnmarkslopet.no. Mit 1000 km eines der längsten Hundeschlittenrennen der Welt, Anfang März führt es durch Kirkenes.
Pasviktrail: Ende März/Anfang April, www.pasviktrail.com. Dieses Hundeschlittenrennen (320 km) beginnt in Kirkenes am Grenzlandmuseum.
Kirkenestage: 3 Tage Ende Juli/Anfang Aug., www.kirkenesdagene.no. Wassershow, russischer Markt, Frühstück in der Fußgängerzone, Tanzgala, Auktionen u. a.
Lachsfestival: 1. Sa im Juli, Fluss Neiden.
Barentsspektakel: Anfang Febr., www.barentsspektakel.no. Fünf Tage währendes, grenzüberschreitendes Festival.

Øvre-Pasvik-Nationalpark

Im südlichen Teil des Pasvikdalen, das sich südlich von Kirkenes keilförmig zwischen Finnland und Russisch-Karelien hinzieht, erstreckt sich der 119 km^2 große Øvre-Pasvik-Nationalpark an der botanischen und zoologischen Grenze zwischen Europa und Asien. Als Ausläufer der russischen Taiga beherbergt er trotz der hohen nördlichen Breite Norwegens größten Kiefernurwald, außerdem sind hier über 160 Vogelarten vertreten, darunter so seltene wie der Singschwan. Zwischen 10 und 20 Bären leben hier, auch Luchse und Vielfraße, und mehr und mehr kommen winters Wölfe von jenseits der russischen Grenze herüber. Es gibt Unterkünfte und markierte Pfade, auf denen man mit einem versierten Führer gute Gelegenheit zur Beobachtung seltener Tiere hat.

Ausführliche Informationen erhält man im **Umweltzentrum und Naturmuseum Bioforsk Svanhovd,** das mit Natur-, Umwelt- und landwirtschaftlichen Projekten in der gesamten Barentsregion arbeitet. Es umfasst außerdem den nördlichsten Botanischen Garten der Welt sowie eine Bärenausstellung. Obendrein dient es als Treffpunkt für grenzüberschreitende Zusammenarbeit zwischen Russland, Finnland und Norwegen.

Wanderungen

Wer aktiv in die labyrinthartige Wildnis von Wäldern, Mooren und Seen vordringen will, tut dies am besten im Rahmen von Wanderungen auf einem der vielen markierten Wege. Der populärste führt nach **Bjørnehiet,** einer verlassenen Bärenhöhle. Der Weg dorthin ist an der Reichsstraße 885, die von Kirkenes aus das Pasviktal erschließt, nahe der Siedlung Strand markiert und führt in etwa 15 Minuten zu dem in einen Sandhügel gegrabenen Bau.

Anstrengender ist die rund 5 km lange Tour zum Dreiländereck **Treriksrøysa,** wo die Landesgrenzen von Norwegen, Finnland und Russland zusammentreffen. Sie beginnt bei **Grenseberget,** am Ende eines 20 km langen Schotterweges, und ist ebenfalls ab der Straße ausgeschildert. Der Pfad führt teils auf Knüppelwegen über Feuchtstellen hinweg, sodass Wanderer hier wie überall im Pasviktal mit Gummistiefeln gut beraten sind. Das Ziel ist durch eine Steinpyramide gekennzeichnet – es ist übrigens weltweit der einzige Punkt, an dem sich drei Zeitzonen treffen!

Infos

Svanvik, Øvre Pasvik Nasjonalparksentrum: Bioforsk Svanhovd, www.nasjonalparksenter.no und www.bioforsk.no, Mitte Juni–Mitte Aug. Mo–Fr 9–20, Sa/So 10–18, sonst Mo–Fr 9–15 Uhr.

Anfahrt: Von Kirkenes aus die R 885, die beim Øvre-Pasvik-Nationalpark endet; öffentliche Verkehrsmittel fahren nicht zum Nationalpark, das Taxi kostet um 1300 NOK.

Geführte Wildnistouren: über das Øvre Pasvik Café in Vaggatem an der R 885, Tel. 78 99 55 30, www.pasvik-cafe.no.

Im Øvre-Pasvik-Nationalpark

Das Beste auf einen Blick

7. und 8. Tag: Kirkenes–Tromsø

Highlight!

Hammerfest: Der Besuch der nördlichsten Stadt der Welt, Sitz des berühmten ›Eisbärenklubs‹, gilt in Touristenkreisen als ein ›Muss‹. S. 174

Auf Entdeckungstour

Bei den Bergsamen zu Besuch: Die Samen gehören zur allgemeinen Vorstellung von Norwegen wie Fjorde, Stabkirchen und Mitternachtssonne. Sie gelten als die ›Erstgeborenen‹ in Skandinavien und leben in Norwegen insbesondere in der Finnmark, dem Zentrum auch der Bergsamen. Bei dieser Volksgruppe, die auch heute noch die Rentierwirtschaft betreibt, sind viele Traditionen des jahrtausendealten Nomadentums teils bis in unsere Zeit hinein lebendig geblieben. S. 180

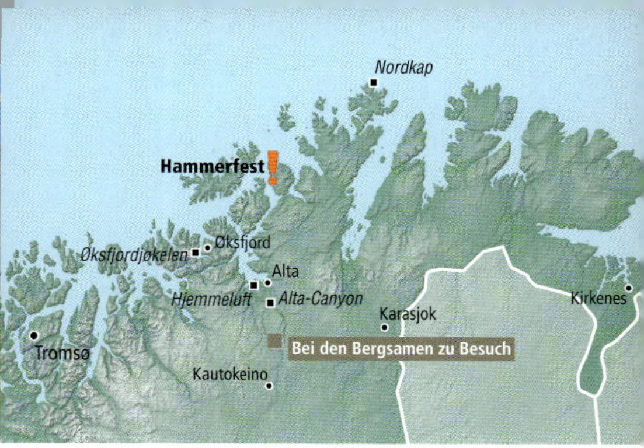

Kultur & Sehenswertes

Isbjørnklubben: Meistbesuchte Sehenswürdigkeit von Hammerfest ist der ›Eisbärenklub‹, in dem eine Sammlung arktischer Exponate zu betrachten ist und in dem man auch Mitglied werden kann. S. 175

Hjemmeluft: Das Felsbilderfeld von Hjemmeluft steht als Welterbe auf der World Heritage List der UNESCO und umfasst ca. 3000 Felsritzungen, vor 3000–6200 Jahren entstanden. S. 179

Aktiv unterwegs

Hammerfest-Panoramaweg: Glanzstück von Hammerfest ist vor allem auch die Aussicht über die Stadt und den Fjord vom Aussichtspunkt Salen aus, wohin dieser Weg führt. S. 176

Alta-Canyon: Den längsten und tiefsten Canyon des Nordens kann man wandernd und im Rahmen einer Bootstour entdecken. S. 179

Genießen & Atmosphäre

Turiststua: Vom Panoramarestaurant im Almhüttenstil auf dem Aussichtshügel Salen eröffnet sich der schönste Blick auf Hammerfest. S. 177

Eisgänge am Øksfjordjøkelen: Organisierte Touren verschiedener Schwierigkeitsgrade führen an den Gletscher heran und auch auf seine Eishaube hinauf, was für aktive Reisende ein Genussstück ohnegleichen ist. S. 183

Abends & Nachts

Mitternachtskonzert: Fast ganzjährig lockt das Mitternachtskonzert in der Eismeerkathedrale von Tromsø. S. 174

Am äußersten Rand Europas

Infobox 7. Tag

Reisekarte: ▶ Karte 4, X/Y 1–3

Touristeninformation
s. Infobox 6. Tag S. 146

Von nun an geht es wieder südwärts und erste Station nach Verlassen von Kirkenes ist Vardø. Wir befinden uns hier, in der östlichsten Stadt des Königreichs, auf etwa gleicher geografischer Länge wie Kairo oder Istanbul, und eine vollkommen von Erosion gezeichnete, ungemein seevogelreiche Küste im Urzustand geleitet via Båtsfjord nach Berlevåg.

›On Top of the World‹ ist das Motto des achten Tages, denn erneut wird die Nordkapinsel angelaufen und wieder lockt das Kap, wo das Frühstück eingenommen wird, bevor der Ausflug über Land nach Hammerfest fortgesetzt wird. Auch wer an Bord bleibt, hat Zeit für einen Bummel durch die nördlichste Stadt der Welt. Nach Tromsø geht es am erlebnisreichen Alta vorüber sowie nach Øksfjord hinein, von Schneeriesen und Eiskronen gerahmt.

Vardø ▶ Karte 4, Y 2

Das Schiff geht auf Nordnordost-Kurs, um Vardø, die auf einer Insel vor der Halbinsel Varanger ausgebreitete älteste Stadt in der Finnmark, anzulaufen. Sie wurde 1306 als Bollwerk gegen die Russen gegründet. 1798 erhielt die größte Fischereisiedlung Norwegens Stadtrechte und partizipierte von nun an am Handel mit Russland, ja sogar eine Passagierroute nach Archangelsk am Weißen Meer wurde eingerichtet. Die russische Revolution brachte das Aus und während des Zweiten Weltkriegs wurde die Stadt so stark verwüstet, dass es Pläne gab, Vardø aufs Festland zu verlegen. Daraus wurde nichts, aber 1982 wurde mit Norwegens erstem Meerestunnel (2800 m lang, tiefster Punkt 88 m unter der Wasseroberfläche) der alte Traum verwirklicht, Vardø – die Stadt mit mehr als 40 und damit den meisten Sturmtagen Norwegens – mit dem Festland zu verbinden.

Hauptsehenswürdigkeit der Region ist die achteckige Festung Vardøhus. Sie ist die nördlichste Festung der Welt und wurde 1738 fertiggestellt, um die Finnmark vor russischen Übergriffen zu schützen – angegriffen wurde sie nie. In traditionelle Trachten gekleidete Führer erwarten die Hur-

tigrutenpassagiere am Kai zu einer Führung (Festnings Gata 20, www.forsvarsbygg.no, unter Wettervorbehalt Mitte April–Mitte Sept. tgl. 8–21, sonst 10–18 Uhr, freier Eintritt). Wenn am 20. Januar zum ersten Mal wieder die Sonne am Horizont erscheint, wird von der Festung aus Salut geschossen und den Schulkindern ein freier Tag gewährt.

Zwischen 1621 und 1692 war die Festung Schauplatz der größten Hexenverfolgung Norwegens, mehr als 90 Frauen wurden hier lebendig verbrannt. Das **Vardømuseum** informiert über diese Gräueltaten. Eine Ausstellung ist den Polarforschern Fridtjof Nansen und Willem Barents gewidmet (www.varangermuseum.no, Per Larssensgt. 32; aktuell geschl., evtl. Neueröffnung in 2014).

Übernachten

Ohne Alternative – **Vardø Hotel:** Kaigt. 8, Tel. 78 98 77 61, www.vardohotel.no, DZ 1170 NOK, EZ 1070 NOK. Zweigeschossiges, 2012 renoviertes Mittelklassehotel, das einzige am Platz, mit 42 Zimmern, Sauna und Solarium.

Aktiv

Das **Touristenbüro** (s. u.) informiert über Bootstouren, Vogelbergbesuche, Fotosafaris, Angeltouren, Schneescooterfahrten und viele andere Aktivitäten mehr.

Infos & Termine

Touristeninformation

Vardø Turistinformasjon: Havnepromenaden, 9951 Vardø, Tel. 78 98 69 07, www.varanger.com, Mitte Mai–Sept. Mo–Fr 9–17, Sa/So ab 14 Uhr.

Verkehr

Flug: Der Flughafen liegt rund 4 km außerhalb (Taxi ca. 130 NOK), Verbindungen in die Finnmark und nach Tromsø.

Die Küste bei Vardø ist gezeichnet von den Kräften des Meeres

Besiedelt seit uralter Zeit
Wie Funde in der Nähe des **Syltefjords** zweifelsfrei beweisen, hat es am Nordrand der Halbinsel Varanger schon vor 5000 bis 6000 Jahren eine für die damalige Zeit hochentwickelte Jäger- und Hirtenkultur gegeben. Bearbeitete Muschelschalen sowie Knochen von Rentieren, Walen und Seehunden beweisen, dass damals Jagd und Tierfang einen hohen Stellenwert hatten. Wie viele Wissenschaftler heute glauben, soll es sich bei diesen ›Alten‹ bereits um Ursamen gehandelt haben. Eine andere Theorie knüpft Verbindungen zu der noch wesentlich älteren Komsakultur (s. S. 179), und nichts anderes ist es auch, was die Samen (s. S. 180) selber glauben, die sich als ›Erstgeborene‹ in Skandinavien verstehen.

Bus: Verbindungen insbesondere mit den Orten der östlichen Finnmark.
Mietwagen: Es gibt keine Verleihstation, aber man kann über www.avis.no und www.hertz.no einen Wagen bestellen.

Termine

Yukigassen: 3 Tage Mitte März, www.yukigassen.no. Nordische Meisterschaft nebst Weltmeisterschaft im Schneeballwerfen sowie im Yukitanz. – Eine Riesengaudi für alle.
Pomor-Tage: 4 Tage Ende Juli, www.pomorfestivalen.no. Norwegisch-russische Kulturtage.
Blues i Vintermørket: 4 Tage Mitte Nov., www.bluesivintermorket.no. Bluesfestival.

Nach Berlevåg

▶ Karte 4, X/Y 1/2

Von Vardø aus geht es nun nach Westen und während der folgenden drei Stunden hat man reichlich Gelegenheit, sich vom Zauber und der Einsamkeit der vorbeiziehenden Felsküsten umfangen zu lassen. Die Landschaft wird immer unwirtlicher, sieht bald aus wie die Oberfläche eines fremden Planeten. Deutlich trägt sie die Spuren eiszeitlicher Gletscher und nacheiszeitlicher Erosion und auch heute noch üben die Niederschläge eine starke Wirkung aus, wovon verästelte Erosionsrunsen Zeugnis geben. Noch wirkungsvoller sind die Wellen und die Sedimentfrachten, die sie mitbringen, wenn sie gegen die ungeschützte Küste anbranden. Wasser wird in Felsspalten eingeschlossen, wodurch es zu einer solch starken Komprimierung der Luft kommt, dass Kräfte entstehen, die tonnenschwere Felsbrocken absprengen können. Gegen Klippen anbrandende Wellen umfluten und vergrößern unaufhörlich alle Spalten und Risse im Gestein, tragen den Fuß des Felsens ab, bis der unterspülte Überhang herabstürzt. Andere Bereiche werden abgetragen, bis nur noch waschbrettartige Felsbänder übrig sind. Aber auch sie werden von den wie Schmirgel wirkenden Felsbrocken und Kieseln abgeschliffen. Durch diesen Prozess werden die Felsbänder weiter abgetragen, bis sie unter Wasser liegende Plattformen bilden. Auf ihnen lagert sich Gesteinsschutt ab, der allmählich immer feiner zermahlen wird. Anfangs ist diese Sandschicht noch dünn, aber innerhalb weniger Jahrhunderte kann ein echter Strand entstehen: schmal und begrenzt durch Felszungen und Klippen.

Syltefjord ▸ Karte 4, X/Y 2

Syltefjord- und Storalkestauren
Die oft so bizarr aussehenden Erosionstürme und -zacken, -buckel und -wände der Halbinsel Varanger werden als *staurer* (›Pfähle‹) bezeichnet. Einer der bekanntesten findet sich an der Nordflanke des etwa auf halber Strecke nach Berlevåg gelegenen Syltefjords: Der rund 190 m hoch aufragende **Syltefjordstauren** soll einer der am dichtesten besiedelten Vogelberge des Königreichs sein. Millionen von Möwen sind dort heimisch. Auch Papageitaucher haben hier Kolonien.

Den ebenfalls bald am Seeweg liegenden **Storalkestauren** haben sich die Tölpel als Wohnort ausgesucht. Andere ›Pfähle‹ sind von Tordalken und Trottellummen besiedelt, auch der sonst so seltene Eissturmvogel ist über diesen Gestaden häufig zu sehen. Besonders gut lassen sich Kormorane beobachten, da sie sich nach der Jagd auf die staurer setzen, die Flügel öffnen und sich rhythmisch hin und her wiegen, um die Flügel zu trocknen. Ein Fernglas sollte also niemand vergessen, der an dieser Küste vorbeifährt.

Båtsfjord ▸ Karte 4, X 1/2

Das Schiff fährt schließlich in den Båtsfjord ein und voraus lässt sich die auffallend große Hafenanlage von Båtsfjord ausmachen. Knapp 2100 Menschen leben in dieser Gemeinde ihr isoliertes Leben und bestreiten ihren Unterhalt meist durch die Fischerei. Da Båtsfjord einer der wenigen Orte der Finnmark ist, der während des Zweiten Weltkriegs nur geringfügige Schäden erlitt, diente er nach dem Rückzug der deutschen Wehrmacht als Versorgungsbasis für den gesamten Bezirk. Alte Bausubstanz ist aber dennoch keine vorhanden – als Sehenswürdigkeit sei lediglich die **Ortskirche** erwähnt, deren 85 m^2 Fläche umfassende Glasmalerei eine der größten Europas ist.

Infos

Båtsfjord Turistinformasjon: Rådhuset, Hindberggata 18, 9991 Båtsfjord, Tel. 78 98 53 00, www.batsfjord.kommune.no/turistinformasjon, Mo–Fr 9–15 Uhr.

Unser Tipp

Natur pur
Das am Rand der bewohnten Welt gelegene und über Land nur über den höchsten Straßenpass der Finnmark (385 m) erreichbare Båtsfjord bietet dem an Einsamkeit und ursprünglichen Naturerlebnissen interessierten Reisenden ein Höchstmaß an Urlaubsglück. Das Touristenbüro vertreibt eine Karte, auf der zahlreiche Wanderungen verzeichnet sind, vermittelt außerdem Führer für Angel- und Bootstouren, hilft zudem, Ausflüge zu organisieren, etwa zum 33 km entfernten Fischerdorf Syltefjord, das alljährlich nur durch den Sommertourismus kurzzeitig touristische Infrastruktur bietet. Highlight von Båtsfjord sind die Vogelfelsen nahebei, wohin Touren veranstaltet werden: Der kleine Skarvskiten, ca. 1 km entfernt, ist auch zu Fuß erreichbar, der 190 m hohe Syltefjordstauren (s. links) hingegen nur mit dem Boot: Er gilt als der am dichtesten besiedelte Vogelberg des Landes, und nahebei findet sich zudem eine 250 Exemplare zählende Seehundkolonie.

Lieblingsort

Grenzenlose Weite
▶ Karte 4, X 2
Warum die Norweger das Innere der Halbinsel Varanger als *vidda* bezeichnen, also ›Weite‹, wird auf dem **Kongsfjordfjell** besonders deutlich. Bis zum Horizont erstreckt sich dort die Tundrasteppe, die an einen Flickenteppich aus Zwergsträuchern erinnert, ins Unendliche ausgebreitet auf einem Boden aus Rentierflechten und Moosen, von Geröllbändern und nackten Felsplatten durchzogen. Das Auge findet keinen Halt mehr, der Blick reicht ins Grenzenlose (die R 890, die Båtsfjord mit Berlevåg verbindet, durchschneidet das Kongsjordfjell, das mit einem Leihwagen schnell erreichbar ist).

Nach Tromsø

Kurz nach Verlassen von Berlevåg ist gegen Mitternacht wieder die Öffnung des Tanafjordes passiert, in den der *tana* (samisch: großer Fluss) mündet, mit rund 360 km Norwegens zweitlängster Flusslauf, der in der Finnmark auf weiten Strecken die Grenze nach Finnland bildet, wo er Tenojoki genannt wird. Er gilt als einer der lachsreichsten Flüsse Europas.

Jenseits des Tanafjords liegen **Mehamn** (s. S. 157) und **Kjøllefjord** (s. S. 156) und nun, gegen 6 Uhr, fährt das Hurtigrutenschiff wieder in den Hafen von **Honningsvåg** auf der Insel Magerøya ein (s. S. 149). Nur die nordgehenden Hurtigrutenschiffe bleiben für Nordkap- und Stadtbesichtigung lange genug am Kai liegen.

Wer das ›Ende der Welt‹ dennoch besuchen möchte, muss in Honningsvåg einen Stoppover einlegen oder an dem **Landausflug** teilnehmen, der mit dem Bus von Honningsvåg zum Nordkap führt (wo man ein unvergessliches Frühstück genießen kann) und von dort aus weiter aufs Festland der Finnmark. An den Gestaden des Porsangerfjords entlang geht die Fahrt nach Olderfjord, via Skaidi und das birkenreiche Reppafjorddal zum Kvalsund, über den sich die nördlichste Hängebrücke der Welt zur Insel Kvaløya spannt, an deren Nordwestküste Hammerfest liegt. Da man die Meeresstrecke von Honningsvåg nach Hammerfest schon auf dem Hinweg nach Kirkenes gesehen hat, ist der Landweg in diesem Abschnitt ausnahmsweise zu bevorzugen.

Infobox 8. Tag

Reisekarte: ▶ Karte 4, P–X 1–5

Touristeninformation

siehe Infobox 6. Tag S. 146

Ausflüge

Mit dem Schneemobil durch die Polarnacht: Mitte Dez.–10. Mai, Dauer 2,5 Std., 349 €. Von Mehamn nach Kjøllefjord, im letzten Abschnitt per Bus.

Frühstück am Nordkap: Anfang Mai–Anfang Okt., Dauer 6 Std., 174 €, s. rechts. Busfahrt zum frühmorgens noch meist menschenleeren Kap und Besuch einer samischen Familie.

Hammerfest, die nördlichste Stadt der Welt: Nov.–Mitte März und Mai–Mitte Sept., Dauer 1 Std., 35 €. Fahrt zur Meridiansäule (UNESCO-Welterbe) und via Aussichtshügel Salen zurück.

Mitternachtskonzert in der Eismeerkathedrale Tromsø: ganzjährig, 1,25 Std., 60 €, s. S. 136. Norwegische Folklore und klassische sowie sakrale Stücke, bei flackerndem Kerzenschein.

Arktische Sommernacht: 8. Juni–Mitte Aug., 2 Std., 80 €. Busfahrt über die Nordkyn-Halbinsel zu einem Beobachtungsplatz für Rentiere. Weiter nach Kjøllefjord, wo man Geschichten über Traditionen und Mythen der Region erfährt. Nach einer Mahlzeit geht es gegen 3 Uhr zurück auf's Schiff.

Hammerfest !

▶ Karte 4, T 3

Der Slogan ›On Top of the World‹, der fast jeden Prospekt über Hammerfest ziert, gibt die geografische Wirklichkeit der Stadtkoordinaten (70° 38′48″ nördlicher Breite) treffend wieder.

Einmal Mitglied sein … Hammerfests Eisbärenklub ist Kult

Denn in der Tat ist Hammerfest, fast 1000 km nördlich des Polarkreises und damit auf der Höhe von Mittelgrönland gelegen, die nördlichste Stadt der Welt. Es kommt nicht von ungefähr, dass die Insel, auf der Hammerfest liegt, Kvaløya heißt, also ›Insel der Qual‹, und wer immer hier im Winter weilt, wenn sich das *finis terrae* in einem Dur-Akkord aus Kälte und Nacht zum ›Land eines furchtbaren Ernstes‹ wandelt, der kann verstehen, warum eine Stadt dieser Lage selbst im Hochsommer kaum Anmut und Leichtigkeit ausstrahlen kann.

Warum aber Hammerfest – was so viel bedeutet wie ›an die Felswurzel geschmiedet‹ (altnordisch *hamar* = Berggipfel und *festr* = Tau) – trotz des hohen Alters von über 200 Jahren ein ganz und gar modernes Kleid trägt, hat nichts mit der Lage oder einer eventuellen Traditionslosigkeit zu tun, sondern damit, dass die deutschen Wehrmachtsoldaten 1944 vor ihrem Rückzug auch hier das Prinzip der ›verbrannten Erde‹ (s. S. 72) anwandten. Allein die Grabkapelle (s. S. 176) überlebte als makabres Zeichen die gelegte Feuersbrunst. Heute haben die rund 7500 Einwohner von Hammerfest wieder ein normales Verhältnis zu den Deutschen gefunden, was nicht zuletzt auch dem Tourismus zu verdanken ist, neben Fischerei, Erdgasförderung und -verarbeitung – Hammerfest ist Standort der größten Erdgasverflüssigungsanlage der Welt – sowie Schifffahrt Haupterwerbszweig der Stadt.

Isbjørnklubben 1

Havnegt 3, www.isbjornklubben.no, Juni/Juli Mo–Fr 6–18, Sa/So 6–16, sonst Mo–Fr 9–16, Sa 10–14 Uhr

Direkt beim Hurtigrutenkai lädt der ›Eisbärenklub‹ ein, ein von der ›Royal and Ancient Society of Polar Bears‹ eingerichtetes Museum mit fünf thematischen Ausstellungen. Zum einen sind ausgestopfte Tiere wie u. a. Eisbär, Wolf und Luchs zu sehen, zum anderen geht es um ›Menschen und Naturkräfte‹ und ›Expedionen in die Arktis‹ nebst ›Hammerfest als Jagd- und Eismeerstadt‹ sowie ›Stadtgeschichte Hammerfest‹. Angrenzend die recht kultig eingerichteten Räume des eigentlichen Klubs, der weltweit schon über 240 000 Mitglieder zählt. Einzige Kriterien für die Mitgliedschaft sind der Besuch sowie die Zahlung einer Aufnahmegebühr in Höhe von 180 NOK. Der Lohn sind Mitgliedsausweis, Urkunde, Aufkleber und die beliebte Eisbärennadel aus Silber und Emaille nebst 10 % Rabatt auf Souvenirs.

Stadtrundgang

Das **Gjenreisningsmuseet** 2, das ›Wiederaufbaumuseum‹, informiert anschaulich über die Zwangsevakuierung der Bevölkerung, das Niederbrennen und vor allem den Wiederaufbau der Stadt während und nach dem Zweiten Weltkrieg (Kirkegt. 21, www.gjenreisningsmuseet.no, 3. Juni–19. Aug. tgl. 10–16, sonst tgl. 11–14 Uhr, 50 NOK).

Die nahe gelegene **Hammerfestkirche** 3 ist zwar nüchtern eingerichtet, beeindruckt aber mit einem dreieckigen Fenster (Glasmalereien) von 8 m Kantenlänge, das den Chor abschließt (Kirkegata, Juni–Aug. Mo–Sa 9–19, sonst Mo–Fr 9–15 Uhr).

Direkt gegenüber erstreckt sich der Friedhof mit der **Grabkapelle** 4. Folgt man von hier aus der Straße Øvre Hauen und deren Verlängerung (Gammelveien), hat man bald eine schöne Aussicht auf den Ort mit Fjord.

Hammerfest-Panoramaweg 1

Wer in Hammerfest einen Stoppover einlegt, sollte sich die Zeit nehmen, den am Ende des Gammelveien beginnenden **Hammerfest-Panoramaweg** auf die Höhe des 86 m über der Stadt gelegenen Aussichtspunkts **Salen** 5 zu nehmen, wohin auch die beiden Landausflüge (s. S. 174) führen. Auf dem Salen kann man in eine traditionelle Torfgamme einkehren, doch vor allem beeindruckt die herrliche Aussicht über die Stadt, den Sørøysund und die darin eingebetteten Inseln. Ins Zentrum zurück führt von hier aus der etwas steile, aber dafür kurze **Sikk-Sakk Veien,** der schon 1891 errichtet wurde und seinem Namen entsprechend verläuft.

Übernachten

Komfort am Hafen – **Rica Hotel Hammerfest** 1: Sørøygt. 15, Tel. 78 42 57 00, www.rica.no, rund ums Jahr, EZ 1345 NOK, DZ 1595 NOK, Sommer 1605/1805 NOK. Großer Backsteinbau mit Panoramafenstern, von innen gemütlicher, als er von außen aussieht. Hoher Komfort, schöner Hafenblick. Das Frühstücksbuffet ist eine Wucht.

Gute Mittelklasse – **Thon Hotel Hammerfest** 2: Strandgt. 2–4, Tel. 78 42 96 00, www.thonhotels.no, EZ/DZ ab 1316/1492 NOK, Sommer/Wochenenden ab 892/1295 NOK. Mit Blick auf's Meer und den Stadtpark gelegen, 63 geschmackvoll eingerichtete, helle Zimmer.

Essen & Trinken

Lecker Hochnordisches – **Skansen Mat og Vinstue** 1: im Rica Hotel Hammerfest (s. o.), Sørøygt. 15, Tel. 78 42 57 00, tgl. ab 16 Uhr, Vorspeisen ab 120 NOK, Hauptgerichte 220–350 NOK. Intimes À-la-carte-Restaurant mit offener Grillküche und ›arktischen‹ Gerichten, u. a. Rentier. Aber auch die Steaks sowie vor allem die Fischgerichte sind ausgezeichnet. Stadtbeliebt.

Hammerfest

Sehenswert
- 1 Isbjørnklubben
- 2 Gjenreisningsmuseet
- 3 Hammerfestkirche
- 4 Grabkapelle
- 5 Aussichtspunkt Salen

Übernachten
- 1 Rica Hotel Hammerfest
- 2 Thon Hotel Hammerfest

Essen & Trinken
- 1 Skansen Mat og Vinstue
- 2 Turiststua

Aktiv
- 1 Hammerfest-Panoramaweg

Wie auf der Almhütte – **Turiststua 2**: Salen, Tel. 94 15 46 25, Mitte April–Mitte Juni 16–20, Mitte Juni–Aug. tgl. 13–23 Uhr, Lunch um 120 NOK, Pizzen um 170 NOK, Hauptgerichte ab 220 NOK. Im Almhüttenstil erbautes Panoramarestaurant mit Blick über ganz Hammerfest auf dem Hügel Salen.

Einkaufen

Souvenirs – **Isbjørnklubben 1, Gjenreisningsmuseet 2**: Im Museet gibt es einen gut bestückten Souvenirladen. Die größte Auswahl findet sich jedoch im Isbjørnklubben. Im Sommer stehen außerdem direkt am Kai zahlreiche Holzbuden.

Aktiv

Diverse Touren – **Touristenbüro:** s. u. Hochsee-, Angel- und Wandertouren, Besuch von Vogelfelsen und Fischerdörfern. Im Winter Touren zu den Rentierherden auf der Finnmarksvidda.

Aussicht – **Hammerfest-Panoramaweg 1**: s. S. 176.

Infos & Termine

Touristeninformation

Hammerfest Turistinformasjon: Havnegt. 3, 9615 Hammerfest, Tel. 91 82 48 44, 78 41 21 85, www.hammerfest-turist.no (u. a. Downloadmöglichkeit ei-

Mit roter Farbe haben Archäologen die Felsbilder von Hjemmeluft sichtbar gemacht

nes Stadtführers), Juni/Juli Mo–Fr 6–18, Sa/So bis 16, sonst Mo–Fr 9–16, Sa/So 10–14 Uhr. Das Büro befindet sich beim Hurtigrutenkai in demselben Gebäude wie der Isbjørnklubben.

Verkehr

Flug: Verbindungen nach Tromsø, Oslo und in die Orte der Finnmark; Taxi 130 NOK.
Bus: mind. 2 x tgl. nach Alta (in Skaidi umsteigen für Nordkap), 1 x tgl. nach Kirkenes via Lakselv, Karasjok und Tana.
Schnellboot: Die gesamte Westküste der Finnmark wird bedient, u. a. tgl. Verbindungen mit Øksfjord.
Mietwagen: u. a. über Hertz (Tel. 90 06 18 22), Avis (Tel. 90 74 90 00).

Termine

Hammerfest-Tage: Mitte Juli, 9-tägiges Fest mit Musikveranstaltungen.
Hammerfest Bierfestival: Mitte Juli, www.stallo.no. Musik und jede Menge Bier im Festzelt vor dem Rathaus.
Mørktid Festival: Mitte Nov. Festival der dunklen Tage mit Musik- und Theaterveranstaltungen.

Sørøya, Seiland und Stjernøya ▸ Karte 4, R/S 2–4

Nahezu elf Stunden trennen Hammerfest von Tromsø, nur in zwei Orten wird auf dieser Strecke ein kurzer Stopp eingelegt, und so hat man hinreichend Zeit, die nun bald regelrecht alpin werdenden Landschaften zu betrachten.

Doch zuerst geht es an den wilden Gestaden von **Sørøya** vorüber, und fast körperlich ist hier zu spüren, welche Entbehrungen die rund 1000 Menschen hinnehmen mussten, die sich der Massenevakuierung dieser viertgrößten Insel Norwegens gegen Ende des Zweiten Weltkrieges widersetzten. Sie hatten sich in unzugänglichen Felshöhlen vor den deutschen

Soldaten versteckt und mussten dort ausharren, bis sie im Januar 1945 von den Zerstörern eines Murmansk-Konvois aufgenommen und nach Schottland gebracht wurden. Einer kleineren Gruppe war zuvor schon unter größten Risiken und Entbehrungen der Durchbruch bis nach Båtsfjord im bereits befreiten Teil Norwegens gelungen.

Dann kommt an Backbord die bis über 1000 m hoch aufragende Insel **Seiland** in Sicht, deren hintereinander gestaffelte Spitzberge die nördlichsten Gletscher Skandinaviens tragen und die 2006 zum gut 300 km² großen Nationalpark Seiland erklärt wurde, um die alpine Küstenlandschaft mit ihrer einzigartigen biologischen Vielfalt und ihren geologischen Besonderheiten zu erhalten und zu schützen. Auf der südlich angrenzenden Insel **Stjernøya** legt die Bergnatur in Sachen Dramatik sogar noch einmal zu und ein Vergleich mit den Lofoten ist nicht falsch.

Alta ▶ Karte 4, S/T 4

Dann geht es westlich um die ›Sterneninsel‹ herum, und würden wir in den Stjernsund einfahren, wäre es nur ein kurzes Stück bis Alta, das sich wegen seiner großen Fruchtbarkeit und klimatischen Milde gerne als ›Finnmarks Italia‹ vorstellt.

Ein anderer Beiname der Stadt ist ›Wiege der Menschheit‹. Er ist dem **Felsbilderfeld von Hjemmeluft** zu verdanken, das seit 1985 auf der World Heritage List der UNESCO steht. Es umfasst ca. 3000 Felsritzungen, die vor 3000 bis 6200 Jahren entstanden sind (www.alta.museum.no, Mai–Aug. tgl. 8–17, Mitte Juni–Ende Aug. bis 20, sonst Mo–Fr 8–15, Sa/So 11–16 Uhr, 90 NOK, Nov.–Febr. freier Eintritt.). In direkter Nachbarschaft findet sich das **Alta-Museum** (gleiche Öffnungszeiten), das der Kulturgeschichte der Finnmark gewidmet ist. Ihr Beginn wird auf ca. 9000 v. Chr. datiert. Wie man heute glaubt, bestand die sogenannte Komsakultur über einen Zeitraum von ca. 6000 Jahren, wobei noch gänzlich ungeklärt ist, wie das Komsavolk existieren konnte, soll doch ganz Nordnorwegen seinerzeit von einem kilometerdicken Eispanzer bedeckt gewesen sein.

Einen Besuch lohnt auch der **Alta-Canyon** – mit 14 km Länge und bis zu 425 m Tiefe der größte und spektakulärste Canyon Nordeuropas. Er kann auch wandernd erreicht werden, spannende Bootstouren führen den (auch bei Lachsanglern extrem beliebten) Altaelv stromaufwärts in die Schlucht.

Gerade auch für Outdoor- und Kulturerlebnisse ist der Ort prädestiniert und kein Aufenthalt, ohne nicht auch die **Boazo Sami Siida** sowie die **Zentren der samischen Kultur** in der inneren Finnmark besucht zu haben (s. Entdeckungstour S. 180). ▷ S. 183

Auf Entdeckungstour: Bei den Bergsamen zu Besuch

Die Samen, fälschlich auch als ›Lappen‹ bezeichnet, gehören zum Bild Norwegens wie Fjorde, Stabkirchen und Mitternachtssonne. Ein Besuch bei den ›Erstgeborenen‹ in Skandinavien führt in die Finnmark, dem Zentrum auch der Bergsamen, deren Traditionen bis in unsere Zeit hinein lebendig geblieben sind und die auch heute noch die Rentierwirtschaft betreiben.

Reisekarte: ▶ Karte 4, T–V 4–6
Anreise: Von Tromsø, Skjervøy und Øksfjord, Hammerfest und Honningsvåg aus tgl. Busse nach Alta. Von dort aus ist die innere Finnmark problemlos zu bereisen.
Infos: Touristeninformationen in Alta (s. S. 183), Kautokeino, Tel. 78 48 65 00, www.kautokeino.kommune.no, und Karasjok, Tel. 78 46 88 00, www.visitsapmi.no, Infos zur samischen Mythologie unter www.saivu.com.

Ein flackerndes Lagerfeuer im Schutz gelegter Steine verbreitet wohltuende Wärme und rot züngeln die Flammen um einen verbeulten Wasserkessel. Blaue Rauchfahnen verwehen in der Höhe des rußgeschwärzten Zeltes, das ringsum mit Rentierfellen ausgelegt ist. Dort ein ledernes Tragegeschirr, da eine hölzerne Tasse, aus heller Birke geschnitzt und in das Prasseln des Feuers und das Zischen des Kaffeewassers mischt sich das Stampfen von

Hufen, das von draußen hereindringt, wo Rentiere den Ausgang aus ihrem Korral suchen.

Fremde im eigenen Land?

Der Besuch in einer traditionellen Siida, der ›Rentierhütergemeinschaft‹ der Samen, ist eine Reise in die Vergangenheit dieses uralten Volkes, das sich selbst als das ›Erstgeborene‹ in Skandinavien bezeichnet. Für die meisten Norweger sind die Samen eine exotische Minderheit, die man allenfalls aus den Medien kennt. Verübeln kann man es ihnen nicht, leben doch im gesamten nordeuropäischen Raum insgesamt kaum mehr als etwa 60 000 Samen: rund 30 000 in Nordnorwegen (vor allem im Bezirk Finnmark), 20 000 in Nordschweden und 10 000 in Nordfinnland sowie in Russisch-Karelien.

Hier, in Samiid Ædnam, dem grenzübergreifenden ›Land der Samen‹, hat der jahrhundertelange Rückzug dieser Volksgruppe ein Ende gefunden. Die Samen sind heute im Weltrat der Urbevölkerungen und durch ein Samenparlament im Storting zu Oslo vertreten. Dass sie nicht das Schicksal anderer ethnischer Minderheiten teilen – nämlich ausgerottet worden zu sein –, ist wohl nur der Tatsache zu verdanken, dass sie sich nie mit Waffengewalt gegen die nachrückenden Volksgruppen zur Wehr setzten, sondern stets versuchten, durch Abwandern Distanz zu halten.

So behielten sie im Großen und Ganzen ihre Eigenständigkeit und auch von christlichen Missionaren wurden sie bis ins 18./19. Jh. hinein weitestgehend in Ruhe gelassen. Heute sind sie aktivere Kirchgänger als die übrigen Norweger und weit davon entfernt, eine Art ›schamanistisches Indianervolk Europas‹ zu sein, wie es ein hartnäckiger Irrglaube meint.

›Edle Wilde‹?

Ein anderes Klischee besagt, dass die Samen mit ihren Rentierherden als ›edle Wilde‹ durch die Weiten des hohen Nordens ziehen. Dabei leben heute nur knapp 10 % der Samen von der Rentierzucht. Dass es dabei mit Motorschlitten, Helikoptern und mobilen Hightech-Schlachthäusern moderner zugeht als gedacht, davon kann man sich auf einer Führung durch die bei Alta gelegene Boazo Sámi Siida ein Bild machen. Zwei samische Familien leiten diese Rentierhütergemeinschaft, die rund ums Jahr zu spannenden Aktivitäten einlädt. Locken im Winter Rentierschlittenfahrten und Besuche samischer Siedlungen in der inneren Finnmark, so kann man im Frühling u. a. auch an einer großen Rentierwanderung zu den Sommerweidegründen teilnehmen. Im Sommer erhält man auf Führungen einen Einblick in die Rentierwirtschaft im Wandel der Zeit. Die unterschiedlichen Zelt- und Gammentypen werden ebenso vorgestellt wie die Transportmittel und Gegenstände des täglichen Gebrauchs (Alta, www.sami-siida.no, Mitte Juni–Mitte Aug. tgl. 15–23 Uhr).

Nach alter Tradition – Bergsame mit Rentierherde

Traditionsbewusste Bergsamen

Nur die Volksgruppe der Bergsamen – im Gegensatz zu den See-, Wald- und Skoltsamen – betreibt noch die traditionelle Rentierwirtschaft. Sie ziehen den großen Rentierherden hinterher, deren Verbreitungsgebiet insbesondere auf das baumlose Hochland der Finnmarksvidda beschränkt ist. Über dieses Bergland, daher ihr Name, wandern die Bergsamen im Herbst und Frühjahr auf festen Routen, um die Weidegründe zu wechseln. Diese stetigen Wanderungen haben sowohl die materiellen Verhältnisse als auch die geistige Welt der Bergsamen entscheidend geprägt.

In Samiid Ædnam unterwegs

Kautokeino, südlich von Alta in der inneren Finnmark gelegen, ist das kulturelle Zentrum der Bergsamen. Dort wird die traditionelle blau-rote Tracht sogar heute noch überwiegend als Alltagskleidung getragen. Auch das samische Kunsthandwerk steht in Blüte, und wer über die Osterwoche mit Hurtigruten unterwegs ist, sollte unbedingt das Osterfestival Kautokeinos besuchen, die größte Festivität der Region. Auf dem Programm stehen u. a. ein Filmfestival sowie Theatervorführungen, Joik-Konzerte mit traditioneller Musik, Rentierschlittenrennen-Weltmeisterschaften und zahlreiche andere Veranstaltungen, die alle im Zeichen der bergsamischen Kultur stehen.

Unvergesslich ist eine Tagestour ins benachbarte Karasjok, die offizielle Hauptstadt des norwegischen Samenlandes, wo mit dem **Samenmuseum** die bedeutendste kulturhistorische Sammlung der Samen überhaupt einlädt. Rund 3500 Exponate sind ausgestellt, darunter auch eine Trachtensammlung sowie mehrere Schamanentrommeln (Samiid Vuorka Davvirat, Mari Boine geaidnu 17, www.rdm.no, Juni–Mitte Aug. tgl. 9–18, sonst Di–Fr 9–15 Uhr, 75 NOK). Nirgendwo sonst auf der Welt werden so feine traditionelle Samenmesser gefertigt wie hier, und die größte Auswahl hochwertige Messer bietet Knivsmed, der ›Messerschmied‹, dessen einer *samenkåta* nachempfundenes Besucherzentrum eine Sehenswürdigkeit für sich ist (Knivsmed, www.samekniv.no, Mo–Fr 8.30–10 Uhr).

Infos

Alta Turistinformasjon: Bekkefaret 3, 9513 Alta, Tel. 99 10 00 22, turistinfo@alta.kommune.no,Juni/Aug. tgl. 9–18, Juli bis 20, sonst Mo–Fr bis 15 Uhr.

Øksfjord ▸ Karte 4, S 4

Erreichen kann man Alta auch von Øksfjord aus, das unser Schiff am Nachmittag anläuft. Dieser größtenteils vom Fischfang lebende und nur wenige hundert Einwohner große Ort fügt sich langgestreckt an das schmale Ufer. Ist schon die Einfahrt in den felsumrahmten ›Axtfjord‹ von überwältigender Dramatik, so erst recht das Panorama, das sich vom Kai aus bietet. Direkt gegenüber nämlich, auf der Halbinsel Bergsfjord, erstrahlt die Gletscherkrone des aus über 1200 m Höhe herabfließenden **Øksfjordjøkelen,** des größten norwegischen Gletschers nördlich des Svartisen. Alpine Schneeriesen und wie Silber gleißende Wellen rahmen dieses Schauspiel. Wenn dann noch Wolkengeschwader herandriften, genießt man eines der, wie viele meinen, beeindruckendsten Bilder der gesamten Reise. Vor dem Eisrückgang der vergangenen zwei Jahrzehnte war der Øksfjordjøkelen der einzige Gletscher Norwegens, der direkt ins Meer bzw. in den Jøkelfjord kalbte. Dieses Phänomen machten sich die Fischer zunutze, indem sie die im Meer treibenden Eisschollen als Kühlmittel für den Fang einsammelten.

Infos

Loppa Turistinformasjon: Porten til Finnmark, Langfjord Bygdetun, 9545 Langfjordbotn, Tel. 78 43 28 50, www.nordkapplandet.com, Juni–Aug. tgl. 12–18.30 Uhr

Unser Tipp

Eisgänge
Wer das Eisfeld des **Øksfjordjøkelen** nicht nur aus der Entfernung betrachten möchte, sondern aus nächster Nähe, hat dafür von Nuvsvåg aus, ab Øksfjord mit einem Bootszubringer erreichbar, beste Möglichkeit. Von dort, wo man auch herrlich in Hütten wohnen kann, werden zwischen Juni und September geführte Gletscher- und Gipfeltouren angeboten. Populär ist eine Bootsfahrt direkt an den Gletscherfuß heran (450 NOK).
Für die ebenfalls angebotene Mitternachtssonnentour muss man schon ein wenig fit sein (Aufstieg zum Gletscher zur Nachtzeit, 1400 NOK), so wie auch die auf den Gletscherstrom hinausführende Tour (8 Std., 1400 NOK) eher konditionsstarken Wanderern vorbehalten ist. Unterkunft in Nusvåg über Arctic Nusvåg (Tel. 99 47 03 39, www.arcticnuvsvaag.no; Hütte ab 930 NOK), Gletschertouren über Bre og Vandring (Tel. 41 30 86 27, www.breogvandring.no).

Tromsø ▸ Karte 4, O 5

Da Tromsø (s. S. 135) erst kurz vor Mitternacht erreicht wird und das Schiff knapp 2 Std. im Hafen liegen bleibt, haben Nachtschwärmer Gelegenheit, sich persönlich davon zu überzeugen, ob die Stadt den Beinamen ›Paris des Nordens‹ zu Recht trägt oder nicht. Stets lohnt der Besuch des allnächtlichen **Mitternachtskonzerts** in der Eismeerkathedrale (s. S. 136), dem man auch im Rahmen des gleichnamigen Landausflugs lauschen kann (s. Infobox S. 174).

Das Beste auf einen Blick

9. und 10. Tag: Tromsø–Rørvik

Highlight!

Lofoten: ›Inseln der Götter‹, ›Alpenkulisse, die aus Wogen steigt‹, ›Trauminseln über dem Polarkreis‹ – schon diese Übernamen der weltberühmten Inselgruppe der Lofoten machen klar: Hier geht es um Natur in ihren spektakulärsten Erscheinungsformen. Aber auch das Kulturelle kommt nicht zu kurz, weshalb 2010 alle Gemeinden der Lofoten die Aufnahme des Archipels in seiner Gesamtheit sowohl als Weltnatur- als auch Kulturerbe der Menschheit für die World Heritage List der UNESCO beantragt haben. Die Chancen für die Aufnahme könnten besser nicht sein, das Ergebnis stand zum Zeitpunkt der Drucklegung jedoch noch nicht fest. S. 191

Auf Entdeckungstour

›Archipel des Kabeljaus‹ – in Henningsvær unterwegs: Das wohl bekannteste Fischerdorf der Lofoten, Henningsvær, ist Zentrum des berühmten Lofotfischfangs. Von Januar bis April liegen hier oft Dutzende Trawler vor Anker. Dann dreht sich alles um den Kabeljau, der seit dem Mittelalter das wirtschaftliche Rückgrat des Archipels bildet. S. 194

Inselgruppe Vega – von Enten und Menschen: Im Eiderentenmuseum von Vega wird die Geschichte und Bedeutung eines mehr als 1500 Jahre alten Wirtschaftszweiges lebendig, der auf dem harmonischen Zusammenspiel von Mensch und Natur beruht. S. 212

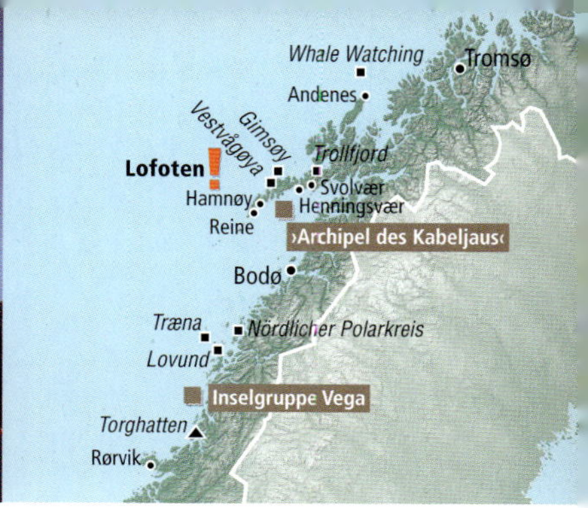

Kultur & Sehenswertes

Trollfjord: Die Fahrt in den Fjord gilt als einer der Höhepunkte der Hurtigrutenfahrt. S. 190

Malerische Lofotendörfer: Die Nachbarorte Reine und Hamnøy breiten sich malerisch auf den Schären an der Mündung des Kirkefjords aus. S. 205

Torghatten: Der sagenhafte ›Berg mit dem Loch‹ ist eine Haupttouristenattraktion in Nordland. S. 211

Aktiv unterwegs

Whale Watching: Walsafari in Andenes gilt als »der weltweit größte und beste Veranstalter arktischer Walsafaris«. S. 187

Hoch über Gimsøy: Einfache Wanderung auf den isoliert stehenden Inselberg Hoven, von dem aus man ein traumhaftes Panorama genießt, insbesondere zur Zeit der Mitternachtssonne. S. 201

Genießen & Atmosphäre

Rorbuferie: Zünftiger, uriger, romantischer und näher am Wasser als in einem Rorbu kann man auf den Lofoten nicht wohnen. S. 193

Traumstrände: Die Außenseite der Lofotinsel Vestvågøya bietet die schönsten Sandstrände des Nordens und ist in den Mittsommernächten Treffpunkt der Sonnenanbeter. S. 202

Reif für die Insel?: Dann ist vielleicht eine ›Robinsonade‹ am Polarkreis genau das Richtige, etwa auf Lovund und Træna. S. 210

Abends & Nachts

Auf den Lofoten kommen Nachtschwärmer an der Hafenpromenade von **Svolvær**, im Siste Viking in **Henningsvær** und in der Speicherhauskneipe Præstengbrygga in **Kabelvåg** auf ihre Kosten. S. 197, 200, 205

Durchs Tausend-Insel-Reich der Nordlandküste

Die Kette der Höhepunkte reißt nicht ab, denn genießt man erst vom Schiff oder auch Bus aus die Inselpanoramen der naturschönen und oft lieblichen Vesterålen, so bestimmt bald wieder das majestätische Bühnenbild der Lofoten-Wand den Ausblick. Durch dieses Bollwerk aus Fels und Eis hindurch geht es dann über den Raftsund und als Genussstück schließt sich im Sommer die Passage in den berühmten Trollfjord an, bevor Svolvær naht, die unvergleichlich schön im ›Alpengipfelsaum‹ gelegene Hauptstadt der Lofoten.

Am zehnten Tag quert das Schiff erneut den Polarkreis und entlang der selbst für norwegische Verhältnisse unerhört dramatischen Nordlandküste verläuft die Fahrt an unzähligen Inseln und Felsgestalten vorbei. Dutzende sind sagenumwoben, doch keine ist so berühmt wie der Torghatten, ›Berg mit dem Loch‹. Immer wieder auch laden Inseln und Orte zu einem Gang durch die reiche Geschichte dieser auch kulturell faszinierenden Region ein, die auf dem Welterbe-Eiland Vega gar älteste Spuren menschlicher Siedlungen trägt.

Infobox 9. Tag

Reisekarte: ▶ Karte 3, L–P 5–9

Touristeninformation

Vesterålen Reiseliv: Kjøpmannsgt. 2, 8401 Sortland, Tel. 76 11 14 80, www.visitvesteralen.com.

Destination Lofoten: Box 210, Torget, 8301 Svolvaer, Tel. 76 07 05 75, www.lofoten.info, Sept.–Mai Mo–Fr 9–15.30, 17. Juni–11. Aug. Mo/Sa 9/20, So ab 10, 1. Junihälfte, 2. Augusthälfte Mo–Fr 9–20, Sa 10–14, So 16–20 Uhr.

www.lofoten-online.de: Liebevoll aufbereitete, nicht kommerzielle Site eines deutschen Lofotenfans.

Ausflüge

Inselwelt der Vesterålen: ganzjährig, Dauer 4,25 Std., 86 €, s. S. 187. Mit dem Bus von Harstad über die Insel Hinnøya nach Sortland mitsamt eindrucksvoller Fährpassage über den Gullesfjord.

Seeadlersafari: Ende März–Mitte Okt., Dauer 2 Std., 106 €, s. S. 190. Mit dem Boot ab Trollfjord auf Adlersuche und weiter nach Svolvær.

Inselwelt der Lofoten: April–Aug., Dauer 3 Std., 74 €, s. S. 198. Fahrt mit dem Bus von Svolvær nach Stamsund via Henningsvær.

Speedboot-Abenteuer auf den Lofoten: Juni–Aug., Dauer 1,5 Std., 118 €. Mit dem Schlauchboot in die Schärenlandschaft der Lofoten zu Stränden, Seeadlern und der Fischerinsel Skrova.

Lofoten per Pferd: Juni–Aug., 3 Std. 30 Min., 124 €. Busfahrt von Svolvær zur Nachbarinsel Gimsøy, von wo aus es auf Islandpferden entlang schneeweißer Sandstrände über sanfte Hügellandschaften und vorbei an Relikten aus der Wikingerzeit geht. Weiterfahrt mit dem Bus nach Stamsund zum Schiff.

Vesterålen

▶ Karte 3, L–O 6–9

In der Nacht hat das Hurtigrutenschiff nach dem Verlassen von Tromsø die Insel Senja und Finnsnes passiert und den Vågsfjord gequert.

Harstad mit Trondenes

▶ Karte 3, N 7

›Inselwelt der Vesterålen‹

Da die Liegezeit in Harstad (s. auch S. 134) nur eine halbe Stunde beträgt, kann man hier nur einen kleinen Hafen- oder Stadtbummel machen. Es sei denn, man legt einen Stoppover ein oder nimmt an dem **Landausflug ›Inselwelt der Vesterålen‹** teil, dessen erstes Ziel Trondenes ist. Bei diesem heutigen Vorort von Harstad handelt es sich um die historische Keimzelle der Stadt, hervorgegangen aus einer alten Thingstätte (Versammlungsplatz).

Hauptattraktion ist die **Trondenes Kirke** in Harstad, ein um 1250 im romanisch-gotischen Stil errichteter Steinbau und im Mittelalter die bedeutendste Kirche des hohen Nordens. Sie ist die nördlichste dieses Architekturstils auf Erden und mit einer bis zu 5 m hohen Umfassungsmauer und bis 2,5 m dicken Wänden wurde sie eindeutig als Festungskirche konzipiert. Wunderschön sind die mittelalterlichen Taufbecken und Altarschreine (Führungen 1. Juli bis 9. Aug. mehrmals tgl. sowie nach Vorbestellung über die Touristeninformation).

Der nächste Stopp ist das **Trondenes Historiske Senter,** in dem Ausstellungen und die Multimediashow ›Mit Kreuz und Schwert‹ durch die norwegische Geschichte von der Wikingerzeit bis in unsere Tage führen (Trondenesveien 122, www.stmu.no, im Sommer tgl. 11–17, sonst Mo–Fr 10–14, So 11–16 Uhr, 80 NOK).

Weiter geht die Busfahrt über die Insel Hinnøya mit anschließender Fährfahrt über den Gullesfjord, auf der man bei Kaffee und Kuchen herrliche Landschaftsbilder genießt. Ziel der Fahrt ist **Sortland,** das auf Langøya gelegene Verwaltungs-, Verkehrs- und Dienstleistungszentrum der Vesterålen.

Unser Tipp

Pottwalsafari

Von Harstad, Risøyhamn und Sortland bietet sich ein Abstecher nach Andenes an, Hauptstadt der Insel Andøya und Ausgangspunkt für Pottwalsafaris, an denen man seit 2013 auch im Rahmen eines Landausflugs (s. S. 134) teilnehmen kann. Die Walsafari ist ein Gemeinschaftsprojekt des Fremdenverkehrsamtes mit dem World Wildlife Fund und die Chancen, auf der rund sechsstündigen Tour einen der gigantischen Meeressäuger zu sehen, werden mit 95 bis 99 % angegeben. Bis zu 75 t sind die Wale schwer, die nicht selten nur wenige Meter neben dem wartenden Boot aus dem Wasser tauchen.
Der Preis für diese einzigartige Tour ist mit 890 NOK unbedingt angemessen, zumal jeder, der keinen Wal erblickt, ein zweites Mal kostenlos mitfahren darf (Walsafari AS, Tel. 76 11 56 00, www.whalesafari.com, Mai–Sept. 2–4 mal tgl., Nov.–Febr. 1 mal tgl. (Preis dann 990 NOK), Dauer ca. 2–4 Std., eine Führung durch das angeschlossene Walzentrum ist inklusive).

Das Polarlicht taucht Sortland auf den Vesterålen in ein geheimnisvolles Licht

Infos

Harstad Turistkontor: Sjøgata 1b, 9486 Harstad, Tel. 77 01 89 89, www.destinationharstad.no, Mitte Juni–Mitte Aug. tgl. 10–18, sonst Mo–Fr 8–15.30 Uhr.

Durch die Risøyrinne

▶ Karte 3, M 7

Der Seeweg nach Sortland verläuft von Harstad aus an der Trondenes-Kirche vorbei zuerst durch den Toppsund. Er trennt Hinnøya von der nördlich angrenzenden und bis über 1000 m hohen Insel Grytøya, die bereits zur frühen Eisenzeit besiedelt war, wie zahlreiche Grabhügel und Steinsetzungen nebst Funden von Wohnplätzen belegen. Es folgt die Querung des Andfjordes, bevor es schließlich in die schmale **Risøyrinne** geht, die zwischen den Inseln Hinnøya und Andøya verläuft. Der Kanal wurde auf 4,5 km Länge ausgebaggert und 1922 in Anwesenheit des Königs eingeweiht. Bis dahin mussten die Schiffe auf dem Weg Richtung Lofoten den südlich von Hinnøya verlaufenden Tjeldsund nehmen, sodass die Inselgruppe der Vesterålen ›außen vor‹ blieb und nicht vom Schiffsverkehr profitieren konnte.

Heutzutage laufen die Hurtigrutenschiffe insgesamt drei Häfen auf den Vesterålen an. Der direkt bei der Risøyrinne gelegene Ort **Risøyhamn** ist seit über 200 Jahren ein wichtiger Verkehrsknotenpunkt im Archipel,

denn nahebei liegen einige der ergiebigsten Fischbänke des Nordens.

Zwischen Hinnøya und Langøya ▸ Karte 3, M 8

Rund zwei Stunden trennen Risøyhamn von Sortland. Die ganze Zeit geht es durch schmale und breite Sunde zwischen den Inseln Hinnøya im Osten und Langøya im Westen dahin. Wir befinden uns hier sozusagen im Zentrum der ca. 3100 km^2 großen und in Nord-Süd-Richtung rund 150 km langen Inselgruppe der Vesterålen, die als ›Streifen im Westen‹ (so die Übersetzung des Namens) aus den Inseln Andøya, Langøya, Hadseløya sowie Teilen von Austvågøya und Hinnøya besteht und rund 30 000 Einwohner zählt. Obwohl die südlich angrenzenden Lofoten von ihrer Genese her eng mit den Vesterålen verwandt sind, präsentiert sich hier die Landschaft ganz anders, mit ausgedehnten Wiesen und Feldern zwischen eher weich konturierten Bergen, deren höchster der 1266 m messende Møysalen ist, auf dessen weiße Gipfelpyramide man während der Fahrt durch den Sortlandsund blickt.

Nach Stokmarknes

Je näher es auf **Sortland** zugeht, desto dichter ist das Land besiedelt. Die rund 4700 Einwohner zählende Hauptstadt der Inselgruppe erstreckt sich südlich der 961 m langen Sortlandbrücke und besticht durch ihre Lage am Hadselfjord gegenüber der berühmten Lofoten-Wand. An dieser dramatisch schönen Bergkulisse geht es nun für gut 2 Std. entlang nach **Stokmarknes,** dem ca. 3200 Einwohner zählenden Sitz der Gemeinde Hadsel auf Hadseløya.

Wichtigster Meilenstein in der Geschichte der Stadt war die Gründung der Vesterålen Dampskibsselskab im Jahr 1881 durch Richard With, den ›Vater der Hurtigruten‹ und späteren Direktor der Gesellschaft. An ihn erinnert ein Denkmal bei der Anlegestelle. Hier liegt auch die aufgedockte ›M/S Finnmarken‹, die 1956 erbaut und 1999 vollständig restauriert wurde. Sie gehört zum 1993 anlässlich des 100-jährigen Jubiläums der Hurtigruten eröffneten **Hurtigrutenmuseum**. Auf drei Etagen kann man sich anhand von Gemälden, Schiffsmodellen, historischen Filmen und einer Diashow über die Geschichte der Hurtigruten informieren (Richard Withs plass, www.hurtigrutemuseet.no, Mitte Juni–Mitte Aug. tgl. 10–18, Mitte Mai/Aug.–Mitte Juni/Sept. tgl. 12–16, sonst tgl. 14–16 Uhr, 90 NOK).

Infos

Siehe Infobox S. 186.

Durch den Raftsund

Kurs auf die Lofoten-Wand ▸ Karte 3, M 8/9

Von Stokmarknes aus quert das Schiff den Hadselfjord und nimmt direkten Kurs auf die Lofoten-Wand. Zwischen ihren Steilwänden öffnet sich die nur wenige hundert Meter breite Fahrrinne des Raftsund, der auf einer Länge von rund 30 km Hinnøya von der Lofoteninsel Austvågøya trennt. Direkt an der Öffnung geht es unter der gigantischen Bogenkonstruktion der 1997 fertig gestellten **Raftsundbrua** hindurch. Mit einer Spannweite von 711 m ist sie eine der längsten ihrer Art auf Erden, und sie ist Teil der Lofoten-Festlandsverbindung, die seit 2007 von Austvågøya nach Lødingen auf den Vesterålen führt. Rund 53 km beträgt die Distanz und insgesamt geht es über drei Brücken hinüber und durch sechs Tunnel hindurch, teils unter Fjordarmen entlang – eine Traumstraße!

Trollfjord ▸ Karte 3, M 9

Dann geht es hinein in den verführerisch türkisfarben schimmernden Sund. Insbesondere an Steuerbord stehen lauter Kathedralen, bis über 1100 m hohe Skulpturen aus Türmen, Spitzen und Buckeln, von Fjorden zerhackt und von Gletscherhauben gekrönt.

Rund 2 km ist der Trollfjord lang, dabei aber streckenweise gerade mal 100 m breit, weshalb er in Norwegen an Berühmtheit mit dem Geirangerfjord konkurriert. Seine nackten Felsflanken erheben sich oft senkrecht aus dem Meer, das Richtung Fjordende, wo das Schiff auf der Stelle drehen muss, um wieder hinauszukommen, von bis zu 1156 m hohen, oft noch vergletscherten Bergriesen überragt wird. Nirgendwo auf der gesamten Hurtigrutenstrecke kommt man den Felsen so nah wie hier. Der Trollfjord wird von den südgehenden Schiffen von Mitte März bis Ende Oktober befahren (Wettervorbehalt), im Winter nur von den nordgehenden.

›Seeadlersafari‹

Für viele Passagiere markiert die Etappe durch Raftsund und Trollfjord den Höhepunkt der gesamten Hurtigrutenfahrt, doch sie kann noch eine Steigerung erfahren: Im Rahmen des **Bootsausflugs ›Seeadlersafari‹** nämlich, bei dem man vor dem Trollfjord vom Schiff auf ein Boot umsteigt, um den König der Lüfte auf dem Wasserweg nach Svolvær aufzuspüren.

Auch dieser letzte Abschnitt durch den Sund hindurch ist von einzigartiger Schönheit. Nicht ohne Grund war der an der Südspitze von Hinnøya gelegene Ort Digermulen schon Ende des 19. Jh. ein beliebtes Touristenziel, mehrmals besucht auch von keinem Geringeren als dem Nordlandenthusiasten Kaiser Wilhelm II. Dann geht es aus der nun breiter werdenden Fahrrinne hinaus in die Molldøra hinein, eine Wasserstraße, die die nur wenige Quadratkilometer großen, aber bis über 700 m hoch aufragenden Inseln Litlmolla und Stormolla voneinander trennt. Nur letztere ist bewohnt, winzige Siedlungen an geschützten Buchten und Einödhöfe fügen sich nahezu fatalistisch in das Maß, das die überwältigende Bergnatur vorgibt.

Von hier aus ist nur noch ein kurzes Stück bis Svolvær zurückzulegen.

Magisch und auch ein bisschen kitschig – die Eisbar Magic Ice in Svolvaer

Lofoten!

▶ Karte 3, K–N 6–10

Svolvaer ▶ Karte 3, M 9

»Immer mehr Berge, immer mehr Steilwände, große, schneebedeckte Berghänge und dazwischen schwarze, spitze Gipfel in überraschenden Formen wurden sichtbar.« Das notierte Christian Krogh, einer der Großen unter Norwegens Malern, 1896 in seinem Tagebuch, als er die Lofoten zum ersten Mal sah. Und auch der heute von Stokmarknes aus durch den Raftsund nach Svolvær Reisende wird dieses über 100 Jahre alte Bild stimmig finden, denn die Kulisse im Rücken des schon im Mittelalter gegründeten und 1918 mit Stadtrechten ausgestatteten Ortes hat nichts von ihrer Dramatik verloren. Svolvær ist mangels Fläche, begrenzt durch 700 m hohe Berge, weniger in die Höhe, als vielmehr auf die Schären hinausgewachsen. Das verleiht Größe – obwohl Svolvær nur ca. 4200 Einwohner zählt.

Aussichtsplätze

Wer keinen Ausflug gebucht hat und keinen Stoppover plant, sollte die Zeit des Landgangs nutzen, um in den Genuss der schönstmöglichen Aussicht über Stadt und Hafen zu kommen. Zu diesem Zweck folgt man ab dem **Torget** (Marktplatz), der sich an den Hurtigrutenkai anschließt, dem den Fußgängern vorbehaltenen Kaiweg am Hafenbecken entlang. Es laden Kai-Cafés ein sowie mehrere Souvenirgeschäfte und von der über einen Damm erreichbaren Insel **Lamholmen** aus genießt man herrliche Bilder.

Doch die mit Abstand prächtigste Aussicht bietet die hoch gewölbte **Bogenbrücke** der Austnesfjordgata, die zur Insel Svinøya hinüberführt: Dorthin geleiten die Verlängerung des Kaiweges sowie die anschließende Vestfjordgata in ca. 10 Gehminuten.

Krigsminnemuseum

Fiskergata, www.lofotenkrigmus.no, bei Ankunft des Schiffes in aller Regel geöffnet, außerdem Mitte Juni–Mitte Sept. tgl. 10–16 Uhr, 80 NOK

Beliebt ist auch ein Besuch des ›Kriegserinnerungsmuseums‹, das sich allerdings eher als eine ungeordnete Ansammlung von Erinnerungsstücken aus der Kriegszeit präsentiert. Es liegt nur einen Steinwurf weit entfernt vom Anlegeplatz des Schiffes an der parallel zum Kai verlaufenden Fiskergate (ausgeschildert).

Magic Ice

Fiskergata 36, www.magic-ice.no, Mitte Juni–25. Aug. tgl. 12–23, sonst tgl. 18–22 Uhr, 95 NOK (inkl. Thermoanzug)

Ebenfalls nur ein paar Meter vom Hurtigrutenkai entfernt (vom Anleger aus nach links) lädt Magic Ice ein, der Welt erste Galerie und Bar, die komplett aus Eis besteht und auf 500 m^2 Fläche »in einem Ambiente aus Eiskristallen, Echtheit und Reinheit« die Beziehungen zwischen Mensch und Natur vermitteln will. Die Beleuchtung und passende akustische Untermalung heben die gefrorenen Skulpturen und Installationen noch stärker hervor, selbst die Bar, Gläser und Tische bestehen ganz und gar aus durchsichtigem Eis.

Übernachten

Ohne rechtzeitige Reservierung ist es im Sommer oft unmöglich, ein vakantes Zimmer (egal welcher Preisklasse) zu bekommen und so ist dringend zu empfehlen, für diesen Zeitraum möglichst frühzeitig zu reservieren. Ausweichquartiere finden sich im nur rund 4 km entfernten Nachbarort Kabelvåg (s. S. 203, u. a. auch eine Jugendherberge) sowie in Henningsvær (s. S. 198).

Glashaus – **Thon Hotel Lofoten:** Torget, Tel. 76 04 90 00, www.thonhotels.no, EZ ab 1395 NOK, DZ ab 1595 NOK. Der 10-stöckige Glasturm dieses 2009 direkt neben dem Hurtigrutenkai eröffneten Hotels ist das höchste und umstrittenste Gebäude der Lofoten. Man mag es oder man mag es eindeutig nicht: Die umliegenden Häuser und die umgebende Landschaft zumindest hätten architektonisch Anspruchsvolleres verdient. Die Ausstattung freilich ist top, die Aussicht eine Wucht.

Einzigartig – **Rica Hotel Svolvær:** Tel. 76 07 22 22, www.rica-lofoten.no, EZ ab 1075 NOK, DZ ab 1325 NOK. Modern-stilvoller Holzbau mit riesiger Glasfront zum Hafen, wie der Bug eines Schiffes gestaltet. Das geschmackvollste Hotel der Inselgruppe.

Urig und rustikal – **Svinøya Rorbuer:** Gunnar Bergsvn. 2, Svinøya, Tel. 76 06 99 30, www.svinoya.no, Rorbuer ab 1250 NOK. 31 Rorbu-Hütten, teils direkt am/über dem Meer, urig-rustikal doch komfortabel auf der landfesten Insel Svinøya im Hafenbecken von Svolvær (ca. 15 Gehmin.). Angeschlossen ist ein Spitzenrestaurant (s. u.) und es gibt ein großes Angebot an organisierten Aktivitäten.

Komfort am Kai – **Lofoten Rorbuer:** Marinepollen, Jektveien 10, Tel. 76 07 18 33, www.lofoten-rorbuer.no, Zimmer ab 900 NOK. Das vollständig renovierte Gebäude am Nordrand des Hafenbeckens ist eines der ältesten erhaltenen der Stadt. 18 Zimmer für 2–4 Pers., davon acht mit Kochecke, TV und Stereoanlage. Eine Gemeinschaftsküche sowie ein urgemütlicher Aufenthaltsraum sind angeschlossen, auch Verleih von Fahrrädern und Motorbooten.

Preisschlager – **Svolvær Sjøhuscamp:** Parkgt. 12, Tel. 76 07 03 36, www.svolver-sjohuscamp.no, EZ/DZ ab 540 NOK. Direkt am Hafen gelegenes

Kaihaus mit preislich unschlagbar günstigen Zimmern für bis zu 4 Pers. Dank Holzvertäfelung ist's gemütlich, angeschlossen sind eine Gemeinschaftsküche sowie Aufenthaltsraum und Hafenterrasse, und da kann man auch in Kauf nehmen, dass sich mehrere Zimmer ein Bad/WC teilen. Zentraler und gleichzeitig günstiger geht's nicht in der Stadt.

Essen & Trinken

Wohlfühlen und Genießen – **Børsen Spiseri:** Svinøya Rorbuer, s. o., Tel. 76 06 99 31, tgl. ab 18 Uhr, Vorspeisen ab 115 NOK, Hauptgerichte um 300 NOK. Preisgekröntes Restaurant in einem Blockbau aus dem Jahr 1828. Nirgends sitzt man so urgemütlich wie hier, die Qualität der Gerichte (insbesondere Fisch- und Meeresfrüchtespezialitäten) steht dem Ambiente in nichts nach.

Stilvoll – **Restaurant Kjøkkenet:** s. Anker Brygge unter Abends, Vorspeisen ca. 120 NOK, Hauptgerichte ca. 300–330 NOK. Top-Restaurant/-pub in umgebautem Speicherhaus aus dem 19. Jh. mit norwegischer und internationaler Küche, rustikal-elegant, herrlich auch zum Draußensitzen.

Kulinarisches am Kai – Beim **Torget** bzw. dem angrenzenden **Kai** finden sich weitere Cafés und Restaurants, empfehlenswert die **Norden Bar & Kjøkken** (Torget 15, www.duverden.net, Mo–Sa ab 11, So ab 12 Uhr, einfache Gerichte um 120 NOK, Lunchbuffet ab 159 NOK, schön auch zum Draußensitzen) und das **Bacalao Sjømat & Pub** (s. S. 197, gute günstige Lunchgerichte ab 105 NOK).

Einkaufen

Souvenirs – Am **Torget** (Marktplatz) vor dem Hurtigrutenkai laden im Sommer mehrere Stände zu Souvenirs, Obst, Gemüse und Trockenfisch (Kilo um 500 NOK) ein, aber allergrößte Auswahl an Mitbringseln bieten die einschlägigen Geschäfte entlang der Kaipromenade. Im Umfeld von Torget und **Kaipromenade** finden sich außerdem mehrere Kunstgalerien.

Aktiv

Outdoor pur – **Lofoten Kajakk:** Tel. 99 23 11 00, www.lofoten-kajakk.no, ganzjährig. Jann Engstad, der Teamchef dieses ganz im Dienste des Öko-Tourismus stehenden Outdoor-Zentrums, spricht fließend Deutsch und bietet im Sommer tgl. geführte Bergwanderungen von 3–6 Std. Dauer (ab 395 NOK); außerdem auch Adlersafaris, Ski- und Schneeschuhtouren, Angel- und Kajaktouren. Kurse im Kajak- ▷ S. 197

Unser Tipp

Rorbuferie

Ein *rorbu* ist eine Wohnstätte *(bu)* für Ruderer *(ror)* und in früheren Jahrhunderten dienten diese direkt am Meer stehenden Holzhütten den oft von weither angereisten Fischern als Quartier. Heute ziehen jeden Sommer Touristen ein und wer einen Stopp auf den Lofoten einlegt, der ›muss‹ einfach in solch einer urtypischen Unterkunft gewohnt haben. Es gibt sie mittlerweile in vielen verschiedenen Ausstattungen, traditionell gehört auch ein Ruderboot dazu. Wegen steigender Nachfrage sollte man für die Hochsaison rechtzeitig reservieren. Rorbuer gibt es überall auf den Lofoten – in Reine und Hamnøy auf Moskenesøya sowie in Nusfjord auf Flakstadøya findet man die typischsten.

Auf Entdeckungstour: ›Archipel des Kabeljaus‹ – in Henningsvær unterwegs

Henningsvær, das wohl berühmteste Fischerdorf der Lofoten, ist Zentrum des Lofotfischfangs und zwischen Januar und April liegen hier oft Dutzende Trawler vor Anker. Dann dreht sich alles um Kabeljau, der seit dem Mittelalter das wirtschaftliche Rückgrat des Archipels bildet und dem die Lofoter viel zu verdanken haben.

Reisekarte: ▶ Karte 3, L 9
Anfahrt: Henningsvær ist Station des Landausflugs ›Inselwelt der Lofoten‹, ansonsten gibt es mehrmals tgl. Busse von/nach Svolvær und Kabelvåg, mit Umsteigen in Rørvik auch Verbindungen mit dem Rest des Archipels.
Planung: Touristeninformation in Svolvær (s. S. 186), dort gibt es auch die aktuellen Termine für die Weltmeisterschaft im Skrei-Fischen.

Anmutig breitet sich Henningsvær (s. S. 198) an der Felswurzel steiler Berge auf einem Gewirr von Schären und Inseln aus. Von Januar/Februar bis in den Juni hinein hängt stets ein fischiger Geruch in der Luft, der in Schwaden von den Stangenwäldern der unzähligen Holzgerüste herüberweht, die hier oft jeden freien Quadratmeter Boden bedecken. Paarweise am Schwanz zusammengebunden, baumeln die vom Seewind zu knöchernen Mumien getrockneten Fischleiber an ihren als *stokk* bezeichneten ›Galgen‹,wo sie innerhalb von zwei bis drei Monaten zu *stokkfisk* (Stockfisch) heranreifen. Der Stockfisch erfreut sich seit dem frühen Mittelalter europaweiter Beliebtheit, einerseits als nahezu unverderbliche, energiereiche Nahrung, andererseits als Fastenspeise für die Fastenperioden streng katholischer Länder.

Reicher Segen des Meeres

Hauptumschlagplatz dieser »Speise, die uns der Himmel geschickt hat«, wie ein Papst einmal meinte, wurde die Stadt Bergen, wo vom 13. bis ins 16./17. Jh. hinein die geschäftige Kaufmannsgilde der Hanse (s. S. 82) das Monopol im Stockfischhandel fest in Händen hielt. Der Umsatz an Stockfisch zu jener Zeit war ungeheuerlich. Aber auch bis in das 20. Jh. hinein war er der Hauptexportartikel des Nordens, regierte über Wohl und Wehe der Menschen in Henningsvær, auf den Lofoten, ja in ganz Nordland, dessen Bevölkerung zwischen Januar und April eines jeden Jahres teilweise zu einem Viertel damit beschäftigt war, »von dem reichen Segen des Meeres ihre Windernte zu halten«, wie es Erik Pontopiddan, im 18. Jh. Bischof von Bergen, ausdrückte. In manchen Jahren nahmen so bis über 30 000 Fischer an dieser als Lofotfischfang bekannten ›Ernte‹ teil: Mit nichts als Leinen und Netzen landeten sie bis zu 140 000 t Dorsch an oder – um genau zu sein – Kabeljau, wie der Dorsch genannt wird, wenn er geschlechtsreif ist.

Auf Norwegisch heißt er *skrei* oder *torsk* und ersteres bedeutet so viel wie ›Wanderer‹, was auf die lange Winterreise des Kabeljaus von der Barentssee in den Vestfjord hinweist. Eine sprechende Bezeichnung, denn der arktische Kabeljau ist in der Barentssee zu Hause, von wo aus er in gigantischen Hochzeitszügen nach Süden wandert, einem der größten Kindbetten unseres Planeten entgegen: dem vor den Lofoten ausgebreiteten Vestfjord (s. S. 129), wo sich dank Golfstrom 4 bis 6 °C wärmere Wasserschichten als üblich finden.

Abenteuer am und auf dem Wasser

Über diese Zusammenhänge kann man sich im Wissenschaftszentrum von **Ocean Sounds** (s. S. 200) ausführlich informieren.

Aber auch wer dem Dorsch in seinem Element Wasser nahe kommen und mit hinausfahren will zum Lofotfischfang, findet in Henningsvær alles nach seinem Geschmack: Zwischen Mitte März und April stehen bei **Lofoten Opplevelser** u. a. solche Touren auf dem Programm (www.lofoten-opplevelser.no, Tel. 76 07

50 01, tgl. ab 9.30 Uhr, 2 Std. Dauer, 750 NOK). Ende März/Anfang April lockt zudem die **Weltmeisterschaft im Skrei-Fischen** Jahr für Jahr Hunderte von Angelenthusiasten aus aller Welt in den Archipel.

Die Netze bleiben leer

Wirtschaftlich gesehen hat der Lofotfischfang heute keine herausragende Bedeutung mehr, denn durch die anhaltende Überfischung insbesondere in der Barentssee (wo 500 000 bis 800 000 t gefangen wurden/werden) sanken die Fangerträge im Vestfjord seit etwa Mitte des 20. Jh. auf ein Minimum von nur noch rund 11 000 t (1988) und selbst in guten Jahren, wie etwa 2012, werden kaum mehr als 51 000 t gefischt.

In Henningsvær, dem Zentrum des Lofotfischfangs, liegen zu dieser Zeit mehr Trawler als irgendwo sonst im Archipel vor Anker. Die bunten Schiffe vor der Kulisse ebenso bunter Häuser und der verschneiten Lofoten-Wand – das ist ein Anblick, den man sein Lebtag nicht mehr vergessen wird!

Genauso eindrucksvoll ist es, am Kai zu stehen und zu beobachten, wie der Fang zum Kreischkonzert Tausender Möwen von den Trawlern auf die *fiskebrygger* genannten Anlegestege gehievt wird, von wo aus er direkt in die angrenzenden Hallen gelangt. Sofort wird er geköpft, ausgenommen und anschließend nach alter Tradition zum Trocknen an der Luft paarweise über die Holzgestelle gehängt. Dort verbleibt er zwei bis drei Monate lang und in dieser Zeit verringert sich sein Wassergehalt um bis zu 80 %.

Nun wird er als Stockfisch bezeichnet und größter Abnehmer ist nach wie vor Italien, wohin über 90 % der allerbesten Klasse gehen. Ein Großteil aber verbleibt in Norwegen selbst, wo Jahr für Jahr nicht weniger als knapp 3000 t allein an **lutefisk** (Laugenfisch) vertilgt werden, das Weihnachtsessen schlechthin und Norwegenspezialität Nummer eins.

Stockfisch kulinarisch

Auch in den meisten Insel-Restaurants steht der ›Laugenfisch‹ auf der Speisekarte und man muss diese Spezialität einfach mal gekostet haben. Bereitet wird sie aus Stockfisch, der für mindestens drei Tage in Wasser eingeweicht und dann für zwei Tage in Natronlauge gelegt wird, bevor er noch einmal für zwei Tage in Frischwasser kommt. Nun hat er sein Volumen verfünffacht, eine weiche Konsistenz erhalten, wird gekocht oder im Backofen gebacken, schließlich klassisch mit Kartoffeln und Erbsenpüree sowie zerlassener Butter serviert.

Spitzenadresse für dieses Gericht ist in Henningsvær der direkt am Kai gelegene **Fiskekrogen** (s. S. 200), wo sommers in aller Regel auch *stoccafisco* und *bacalao* angeboten werden. Ersteres ist das bekannteste italienische Stockfischgericht, wohingegen Bacalao aus Spanien oder, als *bacalhau*, aus Portugal stammt. Rezepte gibt es viele, aber als Grundzutaten werden in jedem Fall (viel) Knoblauch, (viel) Olivenöl, Tomaten sowie Zwiebeln und Kräuter verwendet.

Der Geschmack ist köstlich, wie auch der roh und ungewässert genossene Stockfisch, in mundgerechte Stücke zerteilt und ohne weitere Zutaten gegessen, durchaus auch von vielen Nichtnorwegern als lecker eingestuft wird. Man bekommt dieses auch als *tørrfisk* bezeichnete ›Lofotkonfekt‹ portionsweise verpackt in den meisten auf Touristen eingestellten Geschäften des Ortes – und natürlich auch überall sonst auf den Lofoten.

fahren und Nordlandbootsegeln werden ebenfalls angeboten. Verleih von Fahrrädern, Seekajaks und kompletten Campingausrüstungen.

Trollfjordtouren – **Bootsfahrten:** ab Svolvær/Torget in den Trollfjord im Sommer erste Fahrt um 10 Uhr morgens; mehrere Abfahrten tgl., Dauer 2–4 Std. je nach Bootstyp und Route, Preis um 600 NOK, teils inkl. Fischen oder Besuch eines Vogelfelsens, zu buchen über das Touristenbüro, s. Infobox S. 186.

Zu Lande und zu Wasser – **Svinøya Rorbuer:** s. Übernachten, ganzjährig. Bootsverleih und Angeltouren, auch Deep Sea Rafting, Schwertwalsafaris, Kajak- und Sightseeingtouren u. a.

Abends & Nachts

Café- und Nachttreff – **Bacalao:** Havnepromenaden 2, Tel. 76 07 94 00, www.bacalaobar.no, Mo–Sa ab 10.30, So ab 12 Uhr. Der Café- und Nachttreff in Svolvær. Herrlich, hier im Sommer draußen am Hafenbecken zu sitzen. Innen ist's vor allem im Winter gemütlich, wenn im verglasten Kamin ein Feuer prasselt. Ab 20 Uhr etwa herrscht hier fast immer starker Andrang. Sa/So spielen ab 21 Uhr meist norwegische Bands. Kaffee kostet 25 NOK, 0,4 l Bier 62 NOK.

Geruhsam am Kai – **Anker Brygge:** Lamholmen/Hafenbecken, Tel. 76 06 64 80, März–Dez. tgl. ab 18 Uhr, im Sommer ab 11 Uhr. Der urgemütliche Pub, im Winter mit offenem Kamin, ist populärer Treff der älteren Semester, die sommers im Kaicafé das Bier in Strömen fließen lassen.

Infos & Termine

Touristeninformation

s. Infobox S. 186.

Verkehr

Flug: Der Flughafen liegt 8 km außerhalb (Taxi rund 180 NOK), Verbindungen nach Bodø, Leknes, Stokmarknes, im Sommer nach Tromsø.

Bus: Kostenlose Fahrpläne gibt es im Bus und den Touristenbüros (Download unter www.lofoten.info); ausgezeichnete Verbindungen entlang der E 10 bis hinunter nach Å am Ende des Lofoten-Highways (im Sommer mindestens 6 x tgl.), mehrmals tgl. nach Henningsvær, auf die Vesterålen, nach Narvik und Fauske (Bahnanschluss Richtung Trondheim).

Zug: Anschluss ab Narvik (Bus) Richtung Stockholm und ab Fauske (Bus) und Bodø (Flug, Fähre, Schnellboot) Richtung Trondheim.

Fährverbindungen: zwischen Svolvær und Skutvik auf Hamarøy (Anschluss an die E 6).

Schnellbootverbindungen: 1 x tgl. zwischen Svolvær und Bodø (nur Personen- und Fahrradtransport).

Mietwagen: mit Abstand am günstigsten (ab 600 NOK/Tag alles inkl.) über Lofoten Rent a Car im Fährcafé, Anleger der Skutvik-Fähre (Tel. 47 64 35 60, www.rentacar-lofoten.com), es werden auch Motorroller verliehen (300 NOK/Tag). Ansonsten u. a. über Avis (Tel. 76 07 11 40) und Hertz (Tel. 95 13 85 00).

Termine

Im Sommer (Mitte Mai–Aug.) lockt auf den Lofoten ein überaus dichtes Veranstaltungsprogramm. Das Touristenbüro Destination Lofoten (s. Infobox S. 186) informiert umfassend. Die wichtigsten Events:

Codestock: Mitte Juni, www.codstock.no. Musik- und Kulturfestival in Henningsvær.

Internationales Theaterfestival Stamsund: 4 Tage Mitte Juni, www.stamsund-internasjonale.no. Kompromisslose und spannende Bühnenkunst für alle Altersgruppen.

Kammermusikfestival der Lofoten: 6 Tage Mitte Juli, www.lofotenfestival.com. Das Motto lautet ›Klassische Musik in einzigartiger Natur‹. Konzerte im gesamten Inselreich.

Wikingerfestival: Anfang Aug., www.lofotr.no. Mittelaltertage im Lofotr-Wikingermuseum auf Vestvågøya. Ein Event für Jung und Alt.

Rundfahrt über die Lofoten ▶ Karte 3, M/L 9

Der Seeweg von Svolvær nach Stamsund ist unter dem vierten Tag beschrieben (s. ab S. 132). So reizvoll das Vorbeifahren an der herausragenden Bergschönheit der Lofoten mit den Hurtigrutenschiffen auch ist, so ganz anders präsentiert sich der Archipel vom Land aus.

Die Teilnahme an dem im Sommer auf dem Hurtigrutenprogramm stehenden **Landausflug ›Inselwelt der Lofoten‹** (s. S. 186) von Svolvær über Henningsvær nach Stamsund ist somit wärmstens zu empfehlen, wie man auch im Rahmen des ganzjährig angebotenen **Landausflugs ›Lofotr Wikingerfest‹** (siehe Entdeckungstour S. 130) viel herrliche Landschaft zu sehen bekommt.

Henningsvær ▶ Karte 3, L 9

Die Fahrt geht vorbei an Kabelvåg (s. S. 203) sowie am sagenumwobenen Vågakallen (s. S. 133) und durch einen Tunnel nach Rørvik, wo sich ein schneeweißer feinsandiger Halbmondstrand öffnet.

Weiter geht es entlang der Reichsstraße 816 bis zum Südzipfel von Austvågøya, dem der Henningsvær-Archipel vorgelagert ist. Im gesamten Verlauf der Strecke genießt man ein grandioses Berg-, Meer- und Schärenpanorama, denn jenseits des mit unzähligen Inseln gespickten Henningsværstraumen steigt die zerrissene Küste von Vestvågøya aus dem Vestfjord, den man bei klarem Wetter bis hinunter nach Værøy (s. S. 206) überblickt. Die Straße ist entweder in den nackten Fels gesprengt oder windet sich zwischen haushohen Bergtrümmern hindurch, bevor sie über drei Bogenbrücken in das rund 500 Einwohner zählende Henningsvær führt. Mit seinen von Landungsbrücken und Bohlenstegen, Holzspeichern und

-häusern eng umschlossenen Rechteck des natürlichen Hafens, in dem stets ein paar Fischkutter für bunte Farbtupfer sorgen, präsentiert es sich als Schmuckstück aus alter Zeit.

Galleri Lofotens Hus

Henningsvær, www.galleri-lofoten.no, März tgl. 11–16, April tgl. 11–19, Mai tgl. 10–19, Juni–Aug. tgl. 9–19 Uhr, 85 NOK

Kulturattraktion mit der umfangreichsten Kunstsammlung Nordnorwegens. Auch käufliche Bilder und Fotografien sind ausgestellt, die Diashow ›Das magische Inselreich‹ stellt die Lofoten zu allen Jahreszeiten vor.

Übernachten

Schick am Meer – **Henningsvær Bryggehotel:** Hjellskjæret, Tel. 76 07 47 50, www.classicnorway.no/henningsvar-bryggehotell, DZ ab 1000 NOK, im Sommer ab 1500 NOK. Holz-/Glasbau gehobenen Standards am Hafen; wegen seiner Architektur preisgekrönt, aber alles in allem ein wenig steril; Restaurant, Sauna, Bar.

Rustikal am Meer – **Henningsvær Rorbuer:** Banhammaren 53, Tel. 76 06 60 00, www.henningsvar-rorbuer.no, ab 1250 NOK für 2 Pers. Mit 26 Fischerhütten für 2–6 Personen eine der größten der vielen Anlagen in Henningsvær; urgemütlich, teils relativ

Typisch wohnen in den Rorbuer ...

Unser Tipp

Der Lofoten-Natur auf der Spur
Auf der dem Ort zugewandten Seite des Hafenbeckens von Henningsvær lädt das **Forschungszentrum Ocean Sounds** ein, das sich der Erforschung von Meeressäugern, insbesondere von Walen und Seehunden, und dem Schutz der marinen Umwelt gewidmet hat. Es wird geleitet von deutschen Wissenschaftlern und bietet außer einer Fotogalerie und Kunstprojekten auch fundierte Hintergrundinfos sowie spannende Vorträge und eindrucksvolle Multimediapräsentationen über das Meeresleben, die Schwertwale sowie die Natur auf den Lofoten (Ocean Sounds, c/o Henningsvær Bryggehotell, Hellskjæret, Tel. 91 84 20 12, www.ocean-sounds.com, Juli–Mitte Aug. tgl. 14–18 Uhr, sonst nach Vereinbarung).

authentisch, teils höchst komfortabel eingerichtete Rorbuer; u. a. Sauna, Whirlpool, Solarium, Verleih von Angelutensilien, Organisation von Hochseeraftingtouren.
Für jeden etwas – **Lysvold rorbuutleie:** Saltværingsveien 36, Tel. 95 90 03 91, www.henningsvarbooking.no, Rorbuer ab 600 NOK. Mehrere Dutzend Rorbuhütten sowie auch Wohnungen, über ganz Henningsvær verteilt, von einfach bis luxuriös, von billig bis sündhaft teuer. Die Rorbuer kommen alle mit Bad/WC, Wohn-, Schlafzimmer, Küche und Veranda und kosten ab 600 NOK (mittlerer Standard) bzw. 800 NOK (Komfortklasse), während die Wohnungen in die Kategorien Mittelklasse, Komfortklasse und Luxusklasse eingeteilt sind.

Essen & Trinken

Fisch und Meeresfrüchte vom Allerfeinsten – **Fiskekrogen:** Henningsvær Feriebrygge, links der Hauptstraße am Hafenbecken, ausgeschildert, Tel. 76 07 46 52, www.fiskekrogen.net, Febr.–Okt. Di–So ab 12 Uhr, Vorspeisen ab 85 NOK, Hauptgerichte 195–285 NOK. Auch der norwegische König war hier schon zu Gast – und fand's lecker. Auch zum Draußensitzen.

Einkaufen

Mundgeblasen – **Engelskmannsbrygga:** Dreyersgt. 1, www.engelskmannsbrygga.no, Sommer tgl. 10–20, sonst Fr–So 11–16 Uhr. Große Auswahl an qualitativ sehr hochwertigen Glas- und Töpferarbeiten.

Abends & Nachts

International – **Den Siste Viking:** Dreyersgt. 29, nahe Bryggehotel (ausgeschildert), Tel. 90 95 46 19, Mai–Sept. tgl. 10/11–2.30 Uhr. Einer Kletterschule angeschlossenes Kaicafé, das abends als Pub fungiert. Musik meist aus den 1970er- und -80er-Jahren. An den Wochenenden abends oft Livemusik.

Am Vestfjord entlang nach Stamsund

▶ Karte 3, L 9

Nach Rørvik zurückgekehrt, geht es mit dem Bus zunächst ein Stück nach Norden mit stetem Blick auf die Berge der Lofoten und den in allen Farbskalen zwischen Tiefblau und Türkisgrün schimmernden Henningsværstraumen, der sich bald zum Gimsøystraumen verengt. Eine elegante Bogenbrücke von 840 m Länge spannt sich hinüber zur **Insel Gimsøy** mit der

Lofoten-Golfbane, dem angeblich einzigen Golfplatz der Welt (18 Löcher), auf dem man im Sommer 24 Std. lang von der Sonne begleitet wird (www.lofoten-golf.no, Tel. 76 07 20 02, Mai–Mitte Nov.; Greenfee ab 350 NOK, Ausrüstung ab 200 NOK).

Die Europastraße folgt der felsigen Ostküste von Gimsøya und führt über die Sundklakkstraumenbrua nach **Vestvågøya** hinüber. Hier zweigt die panoramareiche Reichsstraße 815 links ab und führt, vorbei an malerischen kleinen Dörfern, am Vestfjord entlang in direkter Linie nach Stamsund. Diese Route wird im Rahmen des Landausflugs ›Inselwelt der Lofoten‹ genommen.

Mit rund 1000 Einwohnern ist **Stamsund** einer der größten Orte der Lofoten, aber man sieht ihm an, dass er nicht gewachsen ist, sondern als Werk eines einzigen Mannes gegründet wurde: Julius M. Johansen ließ Anfang des 20. Jh. den gesamten Platz mitsamt Kaianlagen, Filetier- und Tranfabriken sowie Geschäften anlegen. Sogar die Kirche wurde vom *væreier* (Dorfbesitzer) spendiert und der Johansen-Clan, seinerzeit der größte Stockfischproduzent Norwegens, mischt noch heute munter im Wirtschaftsleben von Stamsund mit.

Wanderung auf der Insel Gimsøy

Diese leichte und nur etwa 2,5 bis 3 Std. lange Wanderung (ca. 4 km) führt zum 368 m hohen Gipfel eines isoliert am Nordmeer aufragenden Panoramaberges. Er liegt auf der kleinen Insel Gimsøy, die sich zwischen Vestvågøy und Austvågøy erstreckt und von der E 10 erschlossen wird (ab Gimsøy den Schildern zur ›Lofoten Golfbane‹ folgen, dort auf den Parkplatz; öffentliche Verkehrsmittel gibt es nicht). Die Orientierung ist problemlos, Kartenmaterial ist nicht erforderlich, sehr wohl aber Wasser, das es unterwegs nicht gibt. Am eindrucksvollsten ist die Tour zur Zeit der Mitternachtssonne (27. Mai–17. Juli).

Ausgangspunkt ist der Parkplatz der Lofoten Golfbane (s. o.), hinter dem links vom Werkzeugschuppen ein deutlich ausgetretener Pfad beginnt, der in ziemlich direkter Linie auf den Berg zuhält. Nach wenigen Minuten (mehrere Feuchtstellen) ist sein Fuß erreicht, und weiter geht's auf teils stark ausgetretenen Pfaden den mal mehr, mal weniger steilen Wiesenhang hinauf.

Der Weg ist kaum zu verlieren (alle nach oben führenden Pfade sind recht), und mit jedem Höhenmeter wächst das Panorama auf den Golfplatz, die Küstenlinie, das Moor, schließlich auf ganz Gimsøy sowie hinüber nach Vestvågøy und auf die Vesterålen. Da der (mit einem trigonometrischen Punkt gekrönte) **Hoven** gänzlich isoliert aus dem ausgedehnten Gimsøy-Moor herausragt, genießt man ringsum völlig freie Sicht, und ganz deutlich kann man von der Höhe aus erkennen, dass in früheren Zeiten, als der Meeresspiegel noch höher lag, die Küstenlinie auf Gimsøy mitten durch das heutige Moor verlief.

Wanderung auf der Insel Gimsøy

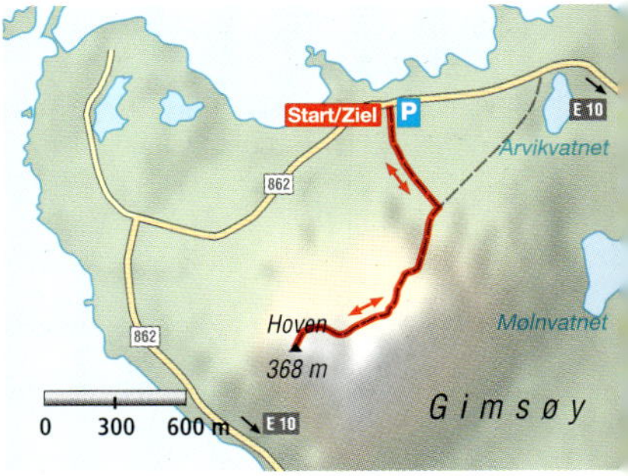

Über Vestvågøya nach Stamsund ▶ Karte 3, L 9

Wer die Lofoten individuell bereist, sollte unbedingt einmal der Europastraße 10 folgen, die auch im Rahmen des Landausflugs ›Lofotr Wikingerfest‹ (s. S. 118) genommen wird. Sie verläuft entlang der tief eingeschnittenen, mit Schären gespickten Fjorde der Westseite und durchschneidet schließlich einen weiten Talkessel. Dieses ›Herz‹ der mit 422 km^2 Fläche zweitgrößten Insel der Lofoten ist das bedeutendste landwirtschaftliche Zentrum Nordnorwegens: weidende Kühe auf sattgrünen Wiesen zwischen verstreut liegenden Bauernhöfen vor der Kulisse wild gezackter Berge, in den Spitzen oft bis weit in den Sommer hinein verschneit.

Hauptattraktion der Insel ist das **Lofotr-Wikingermuseum** (s. Entdeckungstour S. 130) bei Borge an der Europastraße, von wo es nur ein kurzes Stück an die naturschöne Außenseite der Insel ist (s. Unser Tipp) links. Die Europastraße zieht sich in weiten Kurven durch das landwirtschaftliche Zentrum von Vestvågøya, das schon in der Eisenzeit dicht besiedelt war. Man nimmt an, dass hier im Mittelalter bereits ebenso viele Menschen lebten wie gegen Ende des 19. Jh. Heute zählt man 11 000 Einwohner, von denen die meisten im Großraum Leknes wohnen, dem Verwaltungszentrum der Insel.

Über den 133 m hohen Pass und Aussichtspunkt Hagskaret geht es schließlich nach Stamsund (s. S. 201).

Unser Tipp

Sonnenspots und Traumstrände
Schönere Strände als auf der Außenseite von Vestvågøya findet man kaum im Norden. Der Treffpunkt für Anbeter der Mitternachtssonne ist das nördlich von Borge und dem Wikingermuseum ausgeschilderte **Eggum,** wo zudem ein rund 9 km langer Küstenwanderweg beginnt, der nach ca. 3 Std. nach **Unstad** führt. Dieses Dorf kann man ebenfalls von der E 10 aus erreichen (südlich von Borge ausgeschildert) und es blickt auf einen weit gestreckten Sandstrand – Idylle pur. Der nächste Abstecher von der E 10 bietet sich kurz vor Leknes an, wo ein Schild auf ›Haukland/Utakleiv‹ hinweist. Es führt zum fast 2 km langen, bis zu 300 m breiten und durch eine Klippe zweigeteilten Halbmondstrand von **Haukland.** Der direkt nebenan durch den Berg führende Tunnel hat das Einöddorf **Utakleiv** zum Ziel, wo die Straße endet. Auch dort erstreckt sich ein Traumstrand, der laut der englischen »Times« gar als schönster Strand Europas gilt.

Übernachten

Fischermanns Stil – **Skjærbrygga:** Tel. 45 41 57 95, www.skjaerbrygga.no, ab 950 NOK/2 Pers., im Sommer ab 1300 NOK. 19 urgemütliche Rorbuer direkt am Meer nahe dem Hurtigrutenkai, knapp 100 Jahre alt, aber komplett renoviert. Das Restaurant wurde vor mehreren Jahren als eines der besten Norwegens ausgezeichnet. Bootsverleih und viele andere Aktivitäten.

Rustikal und billig – **Justad Vandrerhjem:** Hartvägen 13, Tel. 76 08 93 34, www.hihostels.no, März–Mitte Okt., Bett ab 160 NOK, EZ 325 NOK, DZ 460 NOK. Im Rorbu-Stil direkt am Meer, ›der‹ Treff für Interrailer, eher nichts für komfortgewohnte Reisende.

Infos

Bus: nach Leknes (Flughafen: Verbindungen nach Bodø und Svolvær), von wo aus alle Orte der Insel und am Lofoten-Highway erreichbar sind.
Mietwagen: Hertz (Tel. 75 40 16 32).

Weitere Orte auf den Lofoten

Kabelvåg ▸ Karte 3, M 9

Auch das rund 5 km westlich von Svolvær gelegene Kabelvåg verdankt alles dem Kabeljau, denn diese heute ca. 1900 Einwohner zählende Stadt war jahrhundertelang nicht nur die Hauptstadt, sondern auch Drehscheibe des Fischfangs und des Stockfischexports der Lofoten. Doch seit im 20. Jh. der Hafen versandete, ging Svolværs Stern auf und der von Kabelvåg unter.

Aus der Glanzzeit der Stadt stammt die **Vågankirche.** 1898 fertiggestellt, bietet sie 1200 Menschen Platz und ist damit die größte Holzkirche nördlich von Trondheim (Våganveien, Mitte Juni–Mitte Aug. 8.30–19, So ab 12 Uhr).

Rechts daneben, zwischen Meer und Straße, kann man auf dem Felsen **Oskar Skaret** die ausgemeißelten und vergoldeten Namenszüge aller norwegischen Könige ab 1873 bewundern. Das eigentliche Zentrum von Kabelvåg befindet sich rings um einen schmucken Marktplatz. Besuchenswert ist hier die **Galleri Lille Kabelvåg** mit Gemälden des Künstlers Thor Erdahl (www.lillekabelvaag.no, im Sommer Di–So 12–15, sonst Sa/So 12–15 Uhr).

Storvågan

Doch die eigentlichen Sehenswürdigkeiten liegen ca. 1 km westlich in Storvågan, nach archäologischem Befund jener Ort, an dem sich im Mittelalter Vågan befand, die älteste geschlossene Ortschaft Nordnorwegens. Dort wo heute das **Lofot-Museum** steht, lag vor langer Zeit einer der wichtigsten Höfe von Vågan. Die zentralen Themen dieses Regionalmuseums sind entsprechend die Frühgeschichte, der Fischfang auf den Lofoten und die Entwicklung des Trockenfischexports im Mittelalter.

In mehreren Gebäuden werden Unterkünfte, Boote und Geräte der Lofotfischer des 19. Jh. gezeigt. Eine Abteilung ist den Wikingern gewidmet und im Haupthaus dokumentiert eine Ausstellung das Leben der in früheren Zeiten so allmächtigen *værkonger,* der Fischgrundkönige (www.lofotmuseet.no, Juni–11. Aug. tgl. 10–18, Mai/2. Augusthälfte Mo–Fr 9/11–15, Sa/So ab 11, sonst Mo–Fr 9–15 Uhr, 70 NOK, Sammelticket inkl. Eintritt für Galleri Espolin und das Aquarium 180 NOK).

Nebenan lockt die **Galleri Espolin** mit ca. 100 Werken des Malers Kaare Espolin Johnson (1907–1994), einer der größten Maler des Landes. Er verstand es wie kein anderer, mit genialem Pinselstrich das Leben der Bevölkerung zu schildern. Espolin-Kunstpostkarten gehören zu den beliebtesten Mitbringseln (www.galleri-espolin.no, Mai tgl. 11–15, Juni–Mitte Aug. 10–18, sonst So–Fr 11–15 Uhr, 70 NOK bzw. 180 NOK Sammelticket).

Angrenzend erstreckt sich das ringsum verglaste **Lofot-Aquarium,** das hauptsächlich im Vestfjord vorkommende Fischarten zeigt. Ergänzt wird das Angebot durch eine naturgeschichtliche Ausstellung und eine Multimediashow (www.lofotakvariet.no, geöffnet wie die Gallerie, 12 und 15 Uhr Fütterung der Seehunde, 110 NOK bzw. 180 NOK Sammelticket).

Lieblingsort

Reinebriggen: Ausblicke wie aus dem Flugzeug ▶ Karte 3, K 10
Der Aufstieg zum Hausberg von Reine hinauf hat es in sich, aber wer einmal oben stand auf dem Reinebriggen, der wird das Panorama Zeit seines Lebens nicht mehr vergessen: 430 m tief fällt der Blick senkrecht hinunter auf den Reinefjord, der in allen Skalen von Grün und Blau leuchtet und mit zahllosen Inseln gespickt ist. Brandungssäume wiederholen den Schwung der Küsten, und die Berge umrahmen dieses anmutige Bild.

Übernachten

Ein Haus am Meer – **Nyvågar Rorbuer:** Storvågan (beim Aquarium), Tel. 76 06 97 00, www.dvgl-lofoten.no, 2100 NOK/bis zu 4 Pers. Wunderschöne Lage an der Bucht, edle, modern eingerichtete Rorbu-Reihenhäuser.
Kleine Preise – **Kabelvåg Vandrerhjem:** Finnesveien 24 (ab Lofotenkathedrale den Schildern folgen), Tel. 76 06 98 80, www.hihostels.no, Juni–10. Aug., Betten 275 NOK, EZ 550 NOK, DZ 690 NOK.

Abends & Nachts

Für Jung und Alt – **Præstengbrygga:** Marktplatz, Tel. 76 07 80 60, tgl. 10/11– 1, Sa/So bis 2.30 Uhr. Kneipe/Café in einem alten Speicherhaus direkt am Meer. Urgemütlich eingerichtet, Sa/So oft Jazz-, Blues- und Folkgruppen.

Westlofoten

▶ Karte 3, K/L 9/10

Im Südwesten von Austvågøya und Vestvågøya schließen sich die weiteren Hauptinseln Flakstadøya und Moskenesøya an. Noch weiter draußen, von Moskenesøya zu erreichen, liegen Værøy und Røst, und zumindest bis Å auf Moskenesøya am Ende des Lofoten-Highways ›muss‹ man einfach mal gefahren sein.

Flakstadøya ▶ Karte 3, K/L 9
Von Leknes aus führt die Europastraße bald durch den 1,8 km langen und unter dem Meer verlaufenden Napstraumtunnel zur Nachbarinsel Flakstadøya und bald schon liegt der traumhaft schöne, weil bei Ebbe in weiße Sandbänder gefasste und von monumentalen Bergen überragte Vareifjord voraus. Eine Stichstraße zweigt ab nach **Nusfjord** (www.nusfjord.no, 50 NOK) das komplett aus dem 19. Jh. herübergerettet und einst für die World Heritage List der UNESCO vorgeschlagen wurde. Es erstreckt sich entlang eines kaum 100 m breiten, 1 km langen Fjordes, der von senkrechten Felswänden eingekeilt ist.

Zur E 10 zurückgekehrt, sind es noch ca. 5 km bis **Flakstad,** dem einstigen Zentrum der Insel. Heute leben hier nur noch rund zwei Dutzend Menschen Menschen und dominierendes Bauwerk ist der rot getünchte Kreuzbau der 1783 gezimmerten Kirche.

Dann führt die Straße ans offene Meer heran, dessen Gestade hier von einem kilometerlangen, weit geschwungenen und teils von Dünenkliffs gesäumten Sandstrand gebildet werden. Über **Ramberg,** dem administrativen Zentrum der Gemeinde Flak-stad, geht es weiter und im folgenden Abschnitt beeindruckt der Blick auf die Berge von Moskenesøya, wo sich die Lofoten-Wand in ihrer monumentalsten Schroffheit zeigt.

Moskenesøya ▶ Karte 3, K 9/10
Eine Brücke führt nach Moskenesøya hinüber. Und von nun an ist die Straße in den Fels gesprengt – Küstenlinie im Urzustand, atemberaubende Sicht und doch nur ein Vorgeschmack auf das, was die zwei Fischerorte **Hamnøy** und **Reine** zu bieten haben. Beide breiten sich auf mehreren, durch Brücken mit dem ›Festland‹ verbundenen Schären aus, die an der Mündung des vielverzweigten Kirkefjords in den Vestfjord liegen. Beide bieten mit Hunderten von pittoresken Rorbu-Hütten echtes Lofotenmilieu und blicken auf schwarz polierte Berge, die ohne jegliche Spur pflanzlichen Lebens aus an Grünspan erinnernden Wasserflächen aufsteigen. Hier sollte man möglichst ein paar Tage verblei-

ben, um zu fischen, zu wandern, den Anblick der Landschaft zu genießen und natürlich eine unvergessliche Bootsfahrt auf der ›Fjordskyss‹ mitzumachen, die mehrmals täglich den Kirkefjord zum Ziel hat.

Knapp 10 km liegen jetzt noch bis zum Ende der E 10 vor uns und über diese Distanz ist die Straße ohne Ausnahme in die senkrecht aufragenden Küstenfelsen gesprengt bzw. verläuft durch aufwendige Tunnel. Auf halber Strecke passiert man den kleinen Fischerort **Moskenes,** der mit Tind und Sørvågen zusammengewachsen ist und schließlich nach **Å** überleitet. Der Ort, dessen Name soviel wie ›Bach‹ bedeutet, markiert den Endpunkt des Lofoten-Highways, und als die Sehenswürdigkeiten gelten das 23 Gebäude aus dem 19. Jh. umfassende **Norwegische Fischereisiedlungsmuseum** (Sørvågen, 20. Juni–20. Aug. tgl. 10–18, sonst Mo–Fr 10–15.30 Uhr, 60 NOK) und das **Stockfischmuseum** (20. Juni–20. Aug. tgl. 11–17 Uhr, 40 NOK).

Lohnend ist auch eine Fahrt von Moskenes/Reine zu den Außeninseln **Værøy** und **Røst** (im Sommer als Tagestour), wo man den berühmten Vogelfelsen einen Besuch abstattet.

Übernachten

Urig – **Nusfjord Rorbuanlegg:** Tel. 76 09 30 20, www.nusfjord.no, ab 1200 NOK/2 Pers. Die Rorbu-Anlage umfasst das ganze Dorf, nirgends sonst wohnt man typischer und uriger und dennoch komfortabel.

Hütte mit Boot – **Eliassen Rorbuer:** Hamnøy, Tel. 76 09 23 05, www.rorbuer.no; EZ ab 300 NOK, DZ ab 400 NOK, Rorbuer ab 1090/2 Pers. Traumhafte Lage am Hafenbecken von Hamnøy, Ruderboot im Mietpreis inkl.

Am schönsten in Reine – **Reine Rorbuer:** Reine, Tel. 76 09 22 22, www.reinerorbuer.no, ab 1200 NOK/2 Pers. Größte Auswahl an herrlich rings ums Hafenbecken gelegenen Rorbuer. Außerdem großes Aktivitätsangebot.

Günstig und typisch – **Å Vandrerhjem:** Å, Tel. 76 09 12 11, hihostels.no, www.lofoten-rorbu.com, ganzjährig, Betten 180 NOK, DZ ab 520 NOK, Rorbuer ab 1050 NOK. Schöner alter Holzbau in pittoreskem Fischerdorf, 25 typische Rorbuer.

Essen & Trinken

Urgemütlich – **Gammelbua:** Reine, Tel. 76 09 22 22, Mitte Mai–Aug. tgl. ab 10/11 Uhr, sonst nur Sa abends, Hauptgerichte um 270–300 NOK. Umgebaute Rorbu-Hütte, über 200 Jahre alt, urig und rustikal, auch zum Draußensitzen.

Aktiv

Diverses – **Touristenbüro:** s. u. Juni–Aug. tgl. zahlreiche Bootstouren: ›Fischer für einen Tag‹, ›Im Nordlandboot auf Fischfang‹; auch Open Ocean Rafting über den Moskenesstraumen, Wanderungen und Fischkutterfahrten zur Refsvik-Höhle mit 3000 Jahre alten Steinzeitmalereien.

Infos & Termine

Touristeninformation

Turistkontor Flakstad og Moskenes: 8392 Sørvågen/Moskenes-Hafen, Tel. 98 01 75 64, www.lofoten-info.no, Mai Mo–Fr 10–17, 1.–20. Juni und 18.–31. Aug. tgl. 10–17, Juni–17. Aug. tgl. 9–19, sonst Mo–Fr 10–14 Uhr.

Verkehr

Bus: Verbindungen entlang dem gesamten Lofoten-Highway.

Fähre: Verbindungen von Moskenes nach Bodø, (teils) via Værøy und Røst.

Über den Polarkreis hinweg

In den frühen Morgenstunden des zehnten Tages hat das Schiff von **Bodø** (s. S. 123) aus Kurs auf Süd genommen, um durch die Nordlandfahrrinne hindurch **Ørnes** (s. S. 123) zu erreichen. Nach und nach bleibt das blendende Eisfeld des **Svartisen** (s. S. 119) zurück. Nach Passieren der roten Landmarke des **Rødøyløven** an Steuerbord liegen bald der **Polarkreis** (s. S. 118) und die auf einer Schäre aufgestelle Weltkugel voraus.

Dann steigt rechter Hand die sagenhafte Insel **Hestmannøy** mit dem 568 m hohen Hestmannen aus dem Meer, Teil der mit Tausenden Inseln gespickten Nordlandküste.

Nesna ▸ Karte 2, K 14

Auch die Insel **Lurøy** und das südlich angrenzende, fast 1000 m hoch aufragende **Tomma** fügen sich in das faszinierende Bild ein, das man auf dem Weg nach **Nesna** genießt. Diese hübsche Kleinstadt mit ihren vielen farbenfroh gestrichenen Holzhäusern zählt rund 1200 Einwohner, erstreckt sich in naturschöner Lage auf einer Landspitze zwischen dem Sjonafjord im Norden und dem Ranafjord im Süden und ist wichtigster Ausgangspunkt zu all den vorgelagerten Inseln. Auch stimmungsvolle Bergtouren und herrliche Angelausflüge nebst Fjord- und Meer-Raftingtouren werden hier angeboten.

Infos

Nesna Turistinformasjon: Rathaus, 8701 Nesna, Tel. 75 06 70 00, www.visithelgeland und www.nesna.kommune.no.

Dønna ▸ Karte 2, K 14

Dann geht es für lange Zeit an der auf Steuerbord bis über 800 m hoch aufragenden Insel Dønna vorbei, die schon seit grauer Vorzeit besiedelt ist, wie Steinphalli und Wikingergräber belegen, die bei Glein an der Nordostküste gefunden wurden. Sehenswert sind u. a. der im Norden gelegene **Dønnes Gård** (einer der ältesten er-

Infobox 10. Tag

Reisekarte: ▸ Karte 3 K/L 11–14, Karte 2, J–L 12–17

Touristeninformation

NordNorsk Reiseliv AS: P.O. Boks 434, 8001 Bodø, Tel. 75 54 52 00, www.nordnorge.com. Informationen über den gesamten hohen Norden. Weitere Infos unter www.kystriksveien.no.

Ausflüge

Inselgruppe Vega: Mitte Juni–Aug., Dauer 4 Std., 180 €, s. S. 212. Bootsausflug von Sandnessjøen durch das Vega-Archipel nach Vega, das zum UNESCO-Welterbe gehört; Weiterfahrt nach Brønnøysund zum Schiff. Englischsprachiger Ausflug!

Zu Besuch bei den Lachsen: 10. Juni–9. Sept., 1 Std. 15 Min., 70 €. Busfahrt von Brønnøysund nach Toft zum (interaktiven) Zentrum für norwegische Aquakultur, wo man Einblick in das Leben der Lachse erhält, der Fütterung beiwohnt, alles Wesentliche über Fischzucht erfährt und natürlich auch Lachs zu kosten bekommt.

haltenen Herrensitze Norwegens), das **Bjørnsøya-Museum** und die alte Handelsstation **Nordvika**. Da hier nur mäßiger Autoverkehr herrscht, ist es eine reine Freude, diese hübsche Insel mit dem Fahrrad (kann man ausleihen) kennenzulernen. In der Mitte der Insel, beim Ort Bjørn, fand im 19. Jh. alljährlich der **Bjørnsmartnan** statt, seinerzeit der größte Küstenmarkt im Norden. Heutzutage ist der wiederbelebte **Markt** die wichtigste kulturelle Veranstaltung der Region. Er wird in der Regel in der ersten Juliwoche abgehalten und von Sandnessjøen aus, direkt gegenüber, verkehren die Fähren (www.bjornsmartnan.no).

Alsten ▸ Karte 2, K 14

Sandnessjøen

Das rund 5800 Einwohner zählende Sandnessjøen auf der Insel Alsten ist wichtigster Verkehrsknotenpunkt des Großraumes. Sichtbares Zeichen dieser Stellung ist die nördlich vom Ort aufragende und über 1000 m lange Helgelandsbrücke. Aber auch der Ort selber hat seine Reize, und da hier die Hurtigrutenschiffe etwa eine Stunde lang vor Anker liegen, bietet es sich an, zu einem kleinen Stadtbummel aufzubrechen.

So halten wir uns am Anleger rechts und folgen dem Kai bis zur Höhe des Supermarktes. Eine Querstraße führt ins eigentliche Zentrum, wo eine große Statue den Dichterpriester Petter Dass s. S. 209) darstellt. Hier stehen Parkbänke im Schatten großer Bäume – der größten, die wir seit vielen Tagen gesehen haben. Die von hier aus nach links und parallel zum Kai verlaufende Einkaufsstraße führt am Touristenbüro vorbei wieder zum Schiff zurück.

Infos

Helgeland Reiseliv: Torolv Kveldulvssonsgate 55, 88010 Sandnessjøen, Tel. 75 01 80 00, www.visithelgeland.com, Mo–Fr 10–15 Uhr, 22. Juni–4. Aug. Mo–Fr 9–19, Sa/So 12–18 Uhr.

Die Sieben Schwestern

Nahe unter Land verläuft im folgenden Abschnitt die Nordlandfahrrinne, und so haben wir bis hinunter zum Südzipfel der Insel Alsten ständig den siebengipfeligen Gebirgsstock der **Sieben Schwestern** *(sju søstre)* vor Augen, dessen sprechende Bezeichnung aus der Sagenwelt stammt.

Frei nach dieser Lesart waren einmal zwei Könige, der auf den Lofoten herrschende Vågakallen und der bei Fauske residierende Sulitjelma. Der eine hatte einen ungestümen Sohn mit Namen Hestmannen und der andere sieben wilde Töchter, die eines Tages mit dem Mädchen Lekamøya, in das der Hestmannen schon seit langem verliebt war, zum Baden an die Küste reisten. Als er sie baden sah, geriet sein Blut in Wallung und er beschloss, Lekamøya zu rauben. In voller Rüstung stürmte er um Mitternacht auf seinem Ross über den Vestfjord hinweg. Als die Mädchen ihn sahen, flüchteten sie gen Süden zur Insel Alsten, wo sich die sieben Prinzessinnen erschöpft niederwarfen. Lekamøya aber flüchtete weiter ins Reich des Königs von Sømna, der die Hetzjagd beobachtete und mit ansehen musste, wie der Hestmann, von seiner Geliebten verschmäht, einen Pfeil auf seinen Bogen legte, um sie niederzustrecken. Dies zu vereiteln, warf er seinen Hut dazwischen, und so geschah es, dass der Pfeil den Hut durchbohrte, der bei Torgar genau in dem Moment nieder-

Eine der ältesten des Nordens – die Kirche von Alstahaug

fiel, als die Sonne aufging, die alles zu Stein erstarren ließ.

Der Hut ragt seit jener Zeit als **Torghatten** (s. S. 211) aus dem Meer, Lekamøya wurde zur südlich gelegenen Insel Leka (s. S. 215), der Hestmannen zur Insel Hestmannøy (s. S. 119). Aus den beiden Königen wurde der 942 m hohe Vågakallen (s. S. 133) auf den Lofoten sowie der östlich von Fauske das Gebirgsland beherrschende 1913 m messende Suliskongen. Und die sieben Prinzessinnen schließlich verwandelten sich in den Gebirgsstock der Sieben Schwestern, den wir hier vor Augen haben. Er besteht von Nord nach Süd aus Botnkrona (1006 m), Grytfoten (1008 m), Skjæringen (1036 m), den Zwillingen (979 und 962 m), Hvastind (1008 m) und Stortind (906 m) und am allerschönsten präsentiert er sich im Winter.

Alle Gipfel können übrigens über markierte Pfade recht problemlos bestiegen werden und im Touristenbüro in Sandnessjøen kann man sowohl Wegbeschreibungen als auch Kartenmaterial erhalten. Pro Gipfel muss man mit etwa 2–3 Std. je Weg rechnen.

Alstahaug

Sandnessjøen ist ebenfalls Ausgangspunkt für den Besuch einer Kultursehenswürdigkeit inmitten einer wunderschönen Wald-und-Wiesen-Moor-und-Strand-Landschaft: das kleine Dorf Alstahaug, in dem ab 1689 der Geistliche **Petter Dass** (1647–1707) lebte. Sein seelsorgerischer Bezirk war seinerzeit einer der größten und reichsten des Nordens, doch die allermeisten *nordlendinger* standen damals unter der Knute der großen Kaufmannsherren und waren bitterarm, was Petter Dass durch unermüdliche Einmischung ins Weltliche zu verbessern wusste. Damit ihn sein Volk auch im Alltag verstehe, übersetzte er die Luther-Bibel. Um das Leben im hohen Norden auch den Südländern verständlich zu machen,

Unser Tipp

›Robinsonaden‹ ▶ Karte 2, J/K 13
Direkt südlich vom Polarkreis kann man sich den alten Traum vom Robinsonleben auf einem unbewohnten Eiland erfüllen, denn die weit draußen im offenen Meer gelegenen Archipele von **Træna** und **Lovund** bieten mit mehr als 600 Inseln, von denen nicht einmal eine Handvoll bewohnt sind, allerbeste Voraussetzungen. Dort kann man sich im Ruderboot der Unendlichkeit des Meeres stellen, kann hinaufsteigen auf bis über 600 m Höhe, um das Mitternachtslicht zu genießen. Kann Wanderer und Fischer sein, ›Entdecker‹ von Steinzeithöhlen und Vogelfelsen (auf Lovund brüten insbesondere Tordalken). Und dies, ohne auf eine gute Infrastruktur verzichten zu müssen. Informationen im Touristenbüro von Sandnessjøen.

verfasste er »Nordlands Trompet«, eines der ersten Werke der norwegischen Literatur.

Dem dichtenden Pfarrer zum Gedenken wurde das **Petter-Dass-Museum** eröffnet, das sich als ein architektonisches Kleinod aus Stahl, Beton und Zinkplatten präsentiert und von der Architekturfirma Snøhetta entworfen wurde, die auch für die neue Oper in Oslo verantwortlich zeichnet. Angeschlossen ist das alte Pfarrhaus aus dem frühen 18. Jh., dessen Inneneinrichtung und Exponate teils noch aus dem 17. Jh. stammen (Alstahaug, Sandnessjøen, www.petterdass.no, Mitte Juni–Mitte Aug. tgl. 10–18, sonst Di–Fr 10–15.30, Sa/So 11–17 Uhr, 75 NOK). Die neben dem Museum gelegene Kirche ist – ca. 1200 im romanischen Stil erbaut – eine der ältesten des Nordens. Das südöstlich der Kirche gelegene Grab von Sjeggeneset gilt mit einem Durchmesser von 30 m und einer Höhe von 8 m als das größte Hügelgrab von Nordland. Direkt nebenan, in einem kleineren Grab, wurden sogar Funde aus der Bronzezeit gemacht.

Nach Rørvik

▶ Karte 2, J/K 15–17

Tjøtta ▶ Karte 2, K 15

Doch die größte Dichte an Zeugen aus grauer Vorzeit findet sich auf der südlich von Alsten gelegenen Insel Tjøtta, die das Schiff an Backbord passiert. Hier beeindrucken 90 Grabhügel, zwölf Hausfundamente, vier Bautasteine (Gedenksteine) und Nordnorwegens größtes Gehöft, das schon mindestens seit dem 9. Jh. bestehende Gut Tjøtta. Nahebei erstrecken sich ein Soldatenfriedhof, auf dem 7551 russische Soldaten begraben sind, die in deutscher Kriegsgefangenschaft umkamen, und das sogenannte Rigelfeld mit mehr als 1000 Gräbern von Norwegern, Tschechen, Polen, Russen und Deutschen, die 1944 starben, als das deutsche Gefangenenschiff ›Rigel‹ von Flugzeugen der Alliierten versenkt wurde.

Brønnøysund ▶ Karte 2, K 15

Bei diesem ca. 4700 Einwohner großen Fischerei- und Dienstleistungszentrum handelt es sich im kartografischen Sinn um die ›Küstenstadt in der Mitte Norwegens‹. Da hier das Schiff ca. 45 Min. lang am Kai liegt, bietet sich ein Spaziergang entlang der Sivert Nilsensgt. (Hauptstraße) zu einem Aussichtspunkt an, der auf einem großen Stadtplan direkt am Hafengebäude vor dem Schiff als ›**View Point**‹ markiert ist. Nur wenige Minuten ist man dorthin unterwegs, und ansonsten ist es nett, dem Kai nach rechts und am Bootshafen vorbei bis zur Höhe der Ortskirche zu folgen und von dort aus entlang der parallel verlaufenden Einkaufsstraße wieder zurück zu gehen.

Dann legen wir wieder ab, und die tägliche Abfahrt des Hurtigrutenschiffes lockt im Sommer zahlreiche Touristen auf die 550 m lange Brücke, die sich südlich vom Stadtzentrum über den schmalen Brønnøysund wölbt. Von oben genießt man eine fantastische Aussicht auf die Stadt und, zu gegebener Zeit, auch auf unser Schiff.

Infos

Helgeland Reiseliv: Sømnaveien 92, 8900 Brønnøysund, Tel. 75 01 80 00, www.visithelgeland.com, Mo–Fr 10–15, 22. Juni–4. Aug. Mo–Fr 9–19, Sa/So 12–18 Uhr.

Torghatten ▶ Karte 2, J 16

Das Motiv des hutförmigen, 260 m hohen Torghatten (*hatten* = Hut), des ›Berges mit dem Loch‹, ist auf unzähligen Postkarten wiederzufinden. Innerhalb von einer halben Stunde kann man vom Fuß des Berges zum Loch emporsteigen, das ca. 35 m hoch, 15–20 m breit ist und eine Länge bzw. Tiefe von 169 m hat. Und damit auch der Schiffsreisende in den Genuss des ›Durch-Blicks‹ kommt, beschreibt das Schiff eine Schleife nach Westen und fährt auf Idealroute nah am Torghatten vorbei, der von Sagen und Legenden umwoben ist (s. S. 209).

Im Licht der Wissenschaft freilich ist der Mythenschleier gefallen, und wie man heute weiß, verlief der Schöpfungsvorgang viel nüchterner: Die norwegische Landmasse wurde vom Glazialpanzer der letzten ▷ S. 215

Aus dem Loch im ›Hut‹ hat man einen fantastischen Ausblick – auf dem Torghatten

Auf Entdeckungstour: Inselgruppe Vega – von Enten und Menschen

Im Eiderentenmuseum von Vega wird die Geschichte und Bedeutung eines mehr als 1500 Jahre alten Wirtschaftszweiges lebendig, der auf dem harmonischen Zusammenspiel von Mensch und Natur beruht.

Reisekarte: ▶ Karte 2, J 15

Anreise: Vega wird im Rahmen des Boot-Landausflugs ›Die Inselgruppe Vega‹ besucht, ansonsten bestehen Fährverbindungen von Sandnessjøen und Brønnøysund aus.
Infos: Verdensarvstiftelsen, Tel. 75 03 55 03, www.verdensarvvega.no, Infos (auch Deutsch) über Vega als Weltkulturerbe. Vega Turistinformasjon, Gladstad, 8980 Vega, Tel. 75 03 53 88, www.visitvega.no, Infos zu Unterkunft, Restaurants, Aktivitäten etc.

Der nördlich von Brønnøysund gelegene Archipel Vega wurde 2004 als Weltkulturerbe in die Heritage List der UNESCO aufgenommen. Grund für diesen Schutzstatus ist die weltweit beispiellose Kulturlandschaft dieser Inselgruppe, die vom harmonischen Zusammenspiel menschlicher und tierischer Bewohner geprägt ist.

Die Insel der Nesthüterinnen

Schon die Bootsfahrt von Sandnessjøen zum Fischerdorf Nes auf der Insel Vega vermittelt einen umfassenden Einblick in das naturverbundene Leben in den kleinen Dörfern dieser Inselgruppe. Vereinzelt erblickt man in der oft kargen Landschaft kleine Holzkästchen und regelrechte Hüttchen, jene als *e-hus* (Eiderentenhaus) bezeichneten Nistplätze, die hier von den Frauen seit über 1500 Jahren für die Eiderenten angelegt wurden, um deren Gelege und Küken vor ihren Fressfeinden zu schützen. Auch künstlich angelegte Steinwälle und Höhlungen wurden den durchschnittlich 60 cm großen und etwa 2 kg schweren Entenvögeln angeboten, auf dass sie dann gegen März, wenn sie von Süden in den Archipel einflogen, bereits optimale Brutbedingungen vorfanden. Doch auch während der Brutzeit selbst sowie später, wenn die Küken geschlüpft, aber noch nicht flügge waren, behüteten die Frauen auf Vega diese Nester wie einen Schatz. Letztlich waren sie das natürlich auch, bestanden sie doch zum Großteil aus allerfeinsten und allerwärmsten Daunen, die sich die Weibchen nach der Eiablage ausrupfen, um mit ihnen ihre Nester auszustaffieren. Aufgrund der klettartigen Struktur dieser bräunlichen und dicht verästelten Daunen können sie von Natur aus nicht davongeweht werden, sondern bilden regelrechte Daunenknäuel. Diese brauchten nun nur noch eingesammelt und gereinigt, schließlich zu Federdecken vernäht zu werden – fertig.

Im alten Speicherhaus

Das traditionelle Miteinander von Enten und Menschen steht im Mittelpunkt des Landausflugs ›Die Inselgruppe Vega‹ und im Fischerdorf Nes, dem Hauptziel des Ausflugs angekommen, geht es auf direktem Weg ins Eiderentenmuseum. In Anlehnung an die Inseltradition wird es auch als *e-hus* bezeichnet. Die Ausstellung befindet sich in einem alten Speicherhaus direkt am Meer und informiert mit viel Engagement und Liebe zum Detail über den Lebensraum der Eiderente, ihre Nestarchitektur und ihr Brutverhalten sowie natürlich über die traditionelle Verarbeitung der Daunen zu Bettdecken. Alle Arbeitsgänge werden anschaulich geschildert und vorgeführt, wozu auch ein ›Spiel‹ auf der ›Daunenharfe‹ gehört, einem zum Reinigen der Daunen verwendeten Instrument. Weiterhin erfährt man während des geführten Museumrundgangs, dass es noch keine 100 Jahre her ist, dass die Frauen von Vega pro Jahr etwa 600 kg dieses natürlichen Wärmeisolators ernteten. Wer denkt, das sei gar nicht so viel, wird schnell eines Bessern belehrt. Sobald die Besucher den Daunenball von etwa 40 cm Durchmesser in den Händen halten, den der Museumsführer herumreicht, erfahren sie, dass dies der Ertrag aus einem einzigen Eider-entennest ist und dass er trotz seiner medizinballgroßen Maße nur etwa 15 g wiegt. Rund 40 000 Nester mussten die 400 damals auf Vega

lebenden Frauen also zwischen Juni und Juli, wenn die Eiderentenküken flügge geworden waren, für die jährlichen 600 kg einsammeln. Heute sind es nur mehr knapp über 3000 Nester – wenig im Vergleich zu den früheren Hochzeiten aber viel im Vergleich zu der Zeit vor 2004, dem Jahr, als Vega zum Kulturerbe der Menschheit erklärt wurde. Denn damals hatte sich eigentlich kaum noch jemand im Archipel um das Daunengeschäft gekümmert.

Lebensgrundlage für alle

Heute sind es Jahr für Jahr wieder etwa 20 Hüterinnen, die sich auf Vega dieser traditionellen Frauenarbeit annehmen. Durch die Jahrhunderte hinweg hat sie mehr zum Lebensunterhalt der Familien beigetragen als die Arbeit der Männer, die meist als Fischer und im Sommer zusätzlich als Bauern tätig waren. Schon zur Zeit der frühen Hanse nämlich erfreute sich die Eiderentendaune dank ihrer hervorragenden Wärmeeigenschaften als edelstes und teuerstes Füllmaterial in Bettdecken allergrößter Beliebtheit. So blieb es bis in die Neuzeit hinein – noch um 1900 herum wurde für 1 kg Eiderentendaunen rund 30 Kronen bezahlt. Das war unerhört viel, kosteten doch seinerzeit eine Kuh etwa 40 und ein Kalb 24 Kronen.

Entvölkerung im Archipel der Daunendörfer

Kein Wunder also, dass man von den Dörfern auf Vega grundsätzlich eher nicht von *fiskeværer* (Fischerdörfern) sprach, sondern vielmehr von *dunværer,* also ›Daunendörfern‹. Noch vor wenigen Generationen zählte man über 400 *dunværer* im Archipel. Aber damals waren auch Hunderte Inseln des Archipels Vega bewohnt, 1960 waren es nur noch 60, heute ist es lediglich die namengebende Hauptinsel, auf der noch Menschen leben. Etwas mehr als 1200 sind zu zählen, vor 50 Jahren waren es noch mehr als doppelt so viele. Und so wird weder die World Heritage List noch der Tourismus unserer Tage das Hinübergleiten des Archipels in einen ›Dornröschenschlaf‹ verhindern können. Zu hart sind die klimatischen Bedingungen, zu klein sind die ehemals so großen Fischschwärme geworden und zu gering auch die Zahl der auf Vega brütenden Eiderenten: Da sie vor allem in Russland, aber auch in ganz Skandinavien rücksichtslos gejagt werden und die Umweltbelastung in ihren Winterquartieren zugenommen hat, ist die Eiderentenpopulation heute in ganz Nordeuropa stark rückläufig.

Kostspielige Bettstatt

Zum Abschluss der Führung durch das Museum lernt man auch die traditionelle Verarbeitung der Daunen zu Bettdecken kennen, deren Preise allerdings geradezu ›astronomisch‹ sind: Eine 140 x 220 cm messende Decke beispielsweise kostet ab 36 000 NOK, während man für ein 80 x 100 cm messendes Babydeckchen mit 150 g allerfeinster Daunenfüllung bis zu knapp 9000 NOK berappen muss. Wer sich dennoch in dieses unvergleichlich weiche und warme ökologische Nischenprodukt hüllen möchte, wie es z. B. das Norwegische Königspaar tut, sollte die Touristeninformation auf Vega kontaktieren, die eine Liste von Familienbetrieben bereit hält. Der größte ist Utværet Lånan AS, mit dessen Eiderentenhüterinnen man zu bestimmten Terminen auch heute noch mit hinaus zur Entenwacht gehen kann (Tel. 45 27 26 54, www.lanan.no).

Eiszeit tief in den Erdmantel gedrückt, und zwar so tief, dass sich das heute auf 112 m Höhe gelegene Loch auf Meeresniveau befand. Steter Tropfen höhlt den Stein, in diesem Fall höhlte die Meeresbrandung den Fels aus.

Bindal ▸ Karte 2, J 16

Langsam bleiben der Torghatten sowie auch die Sieben Schwestern im Kielwasser zurück, nicht mehr lange, und wir werden den Großraum Nordnorwegen, in dem wir seit sechs Tagen unterwegs sind, wieder verlassen. Es geht an der Mündung des **Bindalsfjord** vorüber, und den reichen Waldbeständen dieser Region ist zu verdanken, dass Bindal, die südlichste Gemeinde Nordlands, zusammen mit Salten und Mo i Rana früher eines der großen Zentren für den Bootsbau im Königreich war. Heute, wo diese fast schon in Vergessenheit geratene Tradition eine Renaissance erlebt, werden hier Jahr für Jahr wieder Færinger, Åttringer, Fembøringer und andere Schiffstypen auf Kiel gelegt. Höhepunkt für Holzbootenthusiasten ist die an jedem letzten Juniwochenende in Terråk einladende **Nordlandboot-Regatta**, das größte Treffen von Nordlandbooten in Norwegen.

Leka ▸ Karte 2, J 16

Die Grenze zwischen Nordnorwegen und dem auch als Mittelnorwegen bezeichneten Trøndelag ist überschritten. Nun geht es an der Insel Leka vorüber, wo die schöne Lekamøya (s. S. 208) zu Stein erstarrte und seitdem auf dem Südzipfel der insgesamt nur rund 15 km langen Insel aufragt. Aber auch unsere Zeit hat ihre ›Wunder‹: Im Jahr 1932 soll hier die dreijährige Svanhild von einem Seeadler gepackt und zu seinem 300 m hoch gelegenen Horst entführt worden sein. Das Mädchen konnte befreit werden, die von vielen Ornithologen angezweifelte Geschichte diente später als Vorlage für einen Roman und einen Film.

Rørvik ▸ Karte 2, J 17

So kommen wir in den Einzugsbereich der Kommune Vikna, die einen einzigartigen Schärengarten mit mehr als 6000 Inseln und Inselchen umfasst. Höhepunkt der Etappe ist die Fahrt durch den schmalen, stark von Frachtern und Booten frequentierten Nærøysund, das ›Tor zu Nordland‹, das uns direkt nach **Rørvik** geleitet, Handelszentrum und Verkehrsknotenpunkt von Vikna. Von Bord aus genießt man schöne Ausblicke auf dieses kleine Küstenstädtchen, idealerweise vervollständigt durch das nordgehende Hurtigrutenschiff am Kai. Die meisten Passagiere nutzen die Liegezeit des Schiffes (ca. 1 Std.), um sich auf dem nordgehenden Dampfer umzusehen, aber auch ein Spaziergang in den Ort hat seine Reize.

Vom Kai aus geht man direkt auf den Hauptplatz zu, wo ein steinernes Standbild von des ›Seemanns Frau‹ aufragt. Angrenzend beginnt die Einkaufsstraße, die auf den Kirchenhügel zuführt. Von oben kann man die Aussicht genießen und blickt direkt unterhalb auf den Holzbau der alten Handelsstation **Berggården**, in der u. a. ein im Stil des 19. Jh. eingerichteter Krämerladen zu besichtigen ist.

Infos

Turistinformasjon i Rørvik: Norveg, 7900 Rørvik, Tel. 74 36 07 70, www.namdalskysten.no, 1. Juni–5. Aug. Mo–Sa 10–17, So ab 12 Uhr.

Das Beste auf einen Blick

11. und 12. Tag: Trondheim–Bergen

Highlights!

Trondheim: Norwegens historische Hauptstadt und einst berühmtester Wallfahrtsort des Nordens ist dank malerischer Bausubstanz und reicher Museumslandschaft eine der sehenswertesten Metropolen des Königreichs. S. 218

Atlanterhavsveien: Die ›Atlantikstraße‹ verbindet die Klippfischstadt Kristiansund mit der Rosenstadt Molde und hat unlängst den Preis als »technische Meisterleistung des Jahrhunderts« gewonnen. Sie ist eines von Norwegens meistbesuchten touristischen Reisezielen überhaupt. S. 230

Auf Entdeckungstour

Der Nidarosdom – größter Sakralbau Skandinaviens: Der Nidarosdom zu Trondheim, im Mittelalter die bedeutendste Wallfahrtsstätte von Nordeuropa, ist mit seinem hohen Vierungsturm unverkennbar und stellt das repräsentativste Architekturdenkmal der Gotik in Skandinavien dar. Obendrein gilt er als Norwegens schönster Sakralbau, ist Nationalheiligtum und Krönungskirche der norwegischen Könige. S. 222

Kultur & Sehenswertes

Bryggene: Fein herausgeputzt und bunt gestrichen, bieten die Speicherhäuser von Bryggene in Trondheim, die auf Pfählen im Wasser der Nidelva stehen, einen prächtigen Anblick. S. 219

Erzbischöfliches Palais: Im Palastmuseum entführt die preisgekrönte, didaktisch gut aufbereitete Sammlung stimmungsvoll in die Vergangenheit Trondheims. Auch die Reichsinsignien mitsamt den königlichen Kronjuwelen sind zu bewundern. S. 221

Norsk Klippfiskmuseum: Was Sie schon immer über Klippfisch und seine Zubereitung wissen wollten – in Kristiansund erfahren Sie es. S. 229

Aktiv unterwegs

Trondheim von oben: Von den Wällen der 72 m hoch aufragenden Festung Kristiansten genießt man ein eindrucksvolles Panorama über die Stadt. S. 220

Genießen & Atmosphäre

Britannia Hotel: Genießer kulinarischer Köstlichkeiten kommen in diesem Prachtbau aus dem 19. Jh. auf ihre Kosten, aber auch zum Wohnen mit historischem Ambiente gibt es in Trondheim keine Alternative. S. 225

Moldepanorama: Das 407 m über dem Meer gelegene Restaurant Vardestua bietet Traditionsgerichte und beeindruckt vor allem mit dem Panorama: 222 Berggipfel sind zu sehen, davon sind 87 über 1000 m hoch. S. 234

Abends & Nachts

Trondheim: In lichten Sommernächten spielt sich das **Nachtleben** an der alten Speicherhauszeile Bryggene bzw. auf der Nidelva ab. S. 226

Molde: Es gibt nur wenige Plätze in Norwegen, wo man von einer Bar aus ein derartig eindrucksvolles Panorama genießen kann wie von der ›Himmelsbar‹ des Rica Hotels. S. 231

Kulturinseln zwischen Fjord und Fjell

Die Besichtigung der historischen Metropole Trondheim, einst Sitz der norwegischen Könige und bis heute ein städtebauliches Kleinod mit einzigartigen Zeitzeugen, darf niemand missen, wie auch die außerordentlich exponierte Atlantikstraße, die als eines von Norwegens meist besuchten touristischen Highlights gilt, ein Muss ist. Sie kann im Rahmen eines Landausflugs bereist werden und verläuft von Kristiansund, der auf drei Inseln ausgebreiteten ›Stadt des Klippfisches‹, nach Molde, ›Stadt der Rosen‹ und berühmt für das Moldepanorama, das sage und schreibe 222 Berggipfel umfasst.

Am zwölften Tag dann Abschiedsstimmung! Aber auch noch einmal letzte Blicke auf schroffe Küsten, über Schärengärten hinweg und zu Berggiganten hinauf sowie in Fjordöffnungen hinein – etwa in den Sognefjord, den längsten und tiefsten der Welt. Dann geht es, zwischen Inseln hindurch, wieder nach Bergen zurück.

Infobox 11. Tag

Reisekarte: ▶ Karte 1, C–H 20–22

Touristeninformation
Trøndelag Reiseliv AS: Fjordgata 21, 7010 Trondheim, Tel. 73 84 24 40, www.trondelag.com. Für die gesamte Region Trøndelag zuständig.

Internet
Für die Region Møre og Romsdal, die südlich von Trondheim beginnt, bieten sich die Websites **www.fjordnorway.com** und **www.fjords.no** an.

Ausflüge
Stadtrundgang durch Trondheim: ganzjährig, Dauer 2,25 Std., 33 €. Spaziergang zu den Highlights der Stadt.
Trondheim mit Nidarosdom: ganzjährig, s. S. 218. Dauer 2 Std., 49 €. Stadtrundfahrt.
Malerische Atlantikstraße: Mai–Mitte Sept., Dauer 4,5 Std., 119 €, s. S. 230. Busfahrt von Kristiansund nach Molde.

Trondheim!

▶ Karte 2, H 20

Wahrscheinlich veranlassten die strategisch so günstige Lage an der inneren Bucht des mild konturierten Trondheimsfjordes, der Waldreichtum des Hinterlandes und die außerordentlich fruchtbaren Böden König Olav Tryggvason (Olaf I.) um 997, auf der am Fjord gelegenen Halbinsel Øra die Siedlung Nidaros, das spätere Trondheim, zu gründen. In der Folge unternahm der zuvor in England zum Christentum übergetretene König große Anstrengungen, von seiner Residenzstadt aus das Land zu christianisieren. Auch sein Nachfolger Olav Haraldsson (Olaf II.), der die Christianisierung vollendete und das Reich wieder einte, förderte die Entwicklung von Nidaros in besonderem Maße. Doch erst sein Tod im Jahr 1030 in der Schlacht bei Stiklestad führte letztlich dazu, dass Nidaros über die Königsresidenz hinaus bald zur bedeutendsten, größten und reichsten Stadt des Landes wurde. Olaf II. wurde nämlich als Märtyrer heiliggesprochen

Auf Pfählen in den Fluss Nidelva gebaut – die Speicherhäuser von Trondheim

und stieg als *rex perpetuus Norvegiae* zur großen Identifikationsfigur des Landes auf. Nidaros, wo man die sterblichen Überreste auf dem Hochaltar der St.-Clemens-Kirche beisetzte, wurde zu einem der größten europäischen Wallfahrtsorte.

Baumeister aus allen Gegenden der alten Welt errichteten einen Dom (1320 fertiggestellt), doch durch die Pest, Stadtbrände und die Union mit Dänemark (1380) geriet Nidaros in eine Randlage, die schließlich durch die Reformation (1536) besiegelt wurde. Die Stadt bekam den dänischen Namen Tronthjem, und sie wäre wohl bedeutungslos geworden, hätte sich nicht der Holzhandel als so überaus lukrativ und die Landwirtschaft als ertragreich erwiesen. Im 19. Jh. lebten hier mehr Menschen als in Oslo, und mit Beginn der Industrialisierung schließlich ging es rasant bergauf mit der 1929 in Nidaros und 1930 in Trondheim rückbenannten Stadt, die heute rund 180 000 Einwohner zählt.

Stadtrundgang

Die meisten sternchenverdächtigen Sehenswürdigkeiten sind auf der durch die Schlinge der Nidelva gebildeten Halbinsel Øra zu finden. Die Keimzelle der Stadt ist relativ klein und übersichtlich, grenzt außerdem direkt an den Hafen an, weshalb man sich im Rahmen der zur Verfügung stehenden Landgangzeit problemlos auch zu Fuß einen Überblick verschaffen kann. Wer hingegen die Highlights der Stadt auf einer Busfahrt besichtigen möchte, nehme an dem von den Hurtigruten angebotenen Landausflug **›Trondheim mit Nidarosdom‹** teil.

Zu den Speicherhäusern von Bryggene

Wir verlassen das Hafengelände und überqueren auf der Brattbrua den **Vestre Kanalhavn.** Hunderte Boote schaukeln hier vor der Kulisse vielfarbig gestrichener Speicherhäuser im Wasser. Zu den Sammlungen des

Trondheim

Sehenswert
1 Sjøfartsmuseum
2 Bryggene
3 Festung Kristiansten
4 Gamle Bybrua
5 Nidarosdom
6 Erzbischöfliches Palais
7 Kunstmuseum
8 Kunstindustriemuseum
9 Torget
10 Stiftsgården
11 Freilichtmuseum Trøndelag

Übernachten
1 Rica Nidelven Hotel
2 Britannia Hotel
3 Radisson Blu Royal Garden Hotel
4 City Living Schøller Hotel
5 Trondheim Vandrerhjem Rosenborg

Essen & Trinken
1 Havfruen
2 Grenaderen

Einkaufen
1 Møllers
2 Modern Art Gallery
3 Ravnkloa Fiskhall

Abends & Nachts
1 Krambua
2 Den Gode Naboen
3 Ni Muser

linker Hand gelegenen **Sjøfartsmuseum** 1 (Kjøpmannsgata 75, www.sverresborg.no, Juni–Mitte Aug. tgl. 9–14 Uhr, sonst nur Di, Fr, 55 NOK) gehören Schiffsmodelle sowie ein umfangreiches Archiv über Segelschiffe und ihre Kapitäne. Direkt anschließend erhebt sich der Glaspalast des **Radisson Blu Hotels** 3 gegenüber der ebenfalls glas- und chromstarrenden Olavshalle. Von der **Bakke bru** über die Nidelva aus beeindruckt das Panorama auf die berühmten Speicherhäuser, doch die mit Abstand faszinierendsten (und fotogensten) Ausblicke auf die auf Pfählen im Wasser stehenden Speicher von **Bryggene** 2 öffnen sich von der parallel zum Fluss verlaufenden Straße Nedre Bakklandet, in die man hinter der Brücke rechts einbiegt.

Festung Kristiansten 3

Um sich von oben einen Überblick über das Gassen- und Stiegengewirr des Viertels Møllenberg zu verschaffen, biegt man am Ende der Nedre Bakklandet, vor der Gamle Bybrua, in die mit ›Kristiansten Festning‹ ausgeschilderte Straße Brubakken ein. Sie führt steil (und im unteren Abschnitt von einem kuriosen ›Fahrrad-Lift‹ gesäumt) zur 72 m hoch aufragenden und rund 300 Jahre alten Festung Kristiansten. Die Aussicht von den Wällen der sternförmigen Anlage über die Stadt ist unbedingt den (hin und zurück) ca. 1 km langen Umweg wert.

Zum Nidarosdom

Auch das Stadtviertel **Møllenberg,** durch das sich die mit Kopfstein gepflasterte Straße windet, bietet Sehenswertes, nämlich eine Sammlung alter Holz- und Wohnhäuser: dort ein kleiner Tante-Emma-Laden, da eine Eckkneipe, ein mit Plunder vollgestopftes ›Antiquitätengeschäft‹. Über die hölzerne **Gamle Bybrua** 4 wird nun die Nidelva erneut gequert. Die 1861 im neugotischen Stil errichtete Brücke war früher der einzige Zugang zur inneren Stadt. Von ihrer Mitte aus genießt man das vielleicht schönste Panorama auf Bryggene, während man gen Süden über die malerischen Schilf- und Wiesenufer des Flusses hinweg auf die Universität im Stadtteil Gløshaugen blickt, in der über 25 000 Studenten eingeschrieben sind.

Wir halten uns links, biegen in die Bispegate ein und gehen direkt auf den **Nidarosdom** 5 zu, der mit seinem hohen Vierungsturm unverkennbar ist (s. Entdeckungstour S. 222).

Erzbischöfliches Palais 6

www.nidarosdomen.no, Juni–Aug. Mo–Fr 10–17, Sa bis 15, So 12–16, sonst Di–Sa 11–14, So 12–16 Uhr, Kombiticket für Dom und Palais 140 NOK, Einzelticket 70 NOK

In unmittelbarer Nachbarschaft zum Dom steht das Erzbischöfliche Palais, das teilweise noch aus den Jahren 1160 bis 1170 stammt. Es umfasst u. a. die größte Sammlung mittelalterlicher Steinskulpturen ganz Skandinaviens sowie die erzbischöfliche Münze und die erzbischöflichen Repräsentationsräume, eine weitere Abteilung zeigt die Reichsinsignien mitsamt königlichen Kronjuwelen. Ansonsten gibt es ein Waffenmuseum und ein Widerstandsmuseum, das der Stadtgeschichte im Zweiten Weltkrieg gewidmet ist.

Kunstmuseum 7

Bispegt. 7b, www.tkm.museum.no, Di–So 12–16, Mi bis 21 Uhr

Ebenfalls ganz in der Nähe des Doms befindet sich das Kunstmuseum, das hauptsächlich der norwegischen Bildkunst des 19. und 20. Jh. gewidmet ist – mit Werken nicht nur von Malern der Nationalromantik (u. a. J. C. C. Dahl, Hans Fredrik Gude) sondern auch von Edvard Munch, Harald Sohlberg, Christian Krogh u. v. a.

Zur Ravnkloa Fiskhall

Das **Kunstindustriemuseum** 8 (Munkegt. 5, www.nkim.no, Juni–20. Aug. Mo–Sa 10–17, So ab 12, sonst Di–Sa 10–15, Do bis 17, So 12–16 Uhr, 80 NOK) zeigt Kunsthandwerk aus mehreren Jahrhunderten, dar- ▷ S. 225

Auf Entdeckungstour: Der Nidarosdom – größter Sakralbau Skandinaviens

Der Nidarosdom 5 zu Trondheim, im Mittelalter die bedeutendste Wallfahrtsstätte des Nordens, ist mit seinem hohen Vierungsturm unverkennbar und stellt das repräsentativste Architekturdenkmal der Gotik in Skandinavien dar. Obendrein gilt er als Norwegens schönster Sakralbau, ist Nationalheiligtum und Krönungskirche der norwegischen Könige.

Planung (häufig wechselnde Öffnungszeiten): Juni–Aug. Mo–Fr 9–18, Sa bis 14, So **9–17**, sonst Di–Fr 9–14, Sa bis 15, So 12–16 Uhr, 70 NOK bzw. 140 NOK für Kombiticket inkl. Turmbesteigung und Erzbischöfliches Palais; Mai–Mitte Sept. Führungen auf Deutsch, Einkehrmöglichkeit im Café To Tårn (Besuchszentrum).
Infos: Touristenbüro (s. S. 227); www.nidarosdomen.no (mit Domrundgang im Netz)

Auf dem Stadtrundgang durch Trondheim führt die Bispegate direkt auf den Nidarosdom zu, der von einem Park umrahmt wird. Um einen Überblick zu bekommen, biegt man in die Grünanlage ein und folgt dem Weg entlang der südlichen Längsseite. Er führt in direkter Linie zur **Westfassade (1)** mit dem Hauptportal, und angesichts ihrer 76 in mehreren Reihen übereinander gestaffelten Skulpturen wird deutlich, warum diese beeindruckende Schauwand mit ihrer gewaltigen Fensterrose im Zentrum und der Figur des Erzengels Michael auf der Turmspitze darüber im Ruf steht, das eindrucksvollste steinerne Bilderbuch christlicher Geschichte in Skandinavien zu sein. Dort sind sie alle zu sehen, die Propheten, Apostel und Heiligen der Christenheit, Bischöfe und Symbolfiguren ebenso wie die Könige des Nordens. Und obwohl sie auf uns einen alten, feierlichen Eindruck machen, sind sie doch allesamt meist nur wenige Jahrzehnte alt: Die letzte Skulptur wurde 1983 aufgestellt und erst seit 1969 erstrahlt die Westfassade in ihrer heutigen Schönheit.

Zum Steinbruch degradiert

Der Grund für die überraschende Jugend dieses eindrucksvollen steinernen Zierrats ist, dass der Dom als Ganzes noch vor nur rund 100 Jahren in einem vollkommen desolaten Zustand war. Mehrere Brände im 14., 15., 16. und 18. Jh. hatten das einst so stolze Gebäude weitgehend zerstört. Ein Sturm kappte im Jahr 1689 den ursprünglich 110 m hohen Turm, vom Hauptschiff standen nur noch die Außenwände, von den ehemals 28 Altären waren nur noch zwei vorhanden. Das ehedem so bedeutende Wallfahrtsziel wurde in den rund 300 Jahren seit Einführung der Reformation nahezu all seiner Skulpturen, Schätze und Schmuckstücke beraubt, als Steinbruch missbraucht und war zu einer Ruine verfallen.

Erst dem erstarkten Nationalbewusstsein ist es zu verdanken, dass der Dom, heute Nationalmonument und Krönungskirche der norwegischen Könige, umfassend restauriert werden konnte. 1869 wurden die Arbeiten aufgenommen und neben anderen Berühmtheiten war hier auch Gustav Vigeland (s. S. 250) jahrelang engagiert. Erst 1930 konnte das Gotteshaus wieder eingeweiht werden.

Von England inspiriert

Im 20 m hohen Innenraum liegen zehn Könige und die meisten Erzbischöfe des Landes begraben, wahrscheinlich auch die Gebeine des heiligen Olav. Tritt man nun durchs **Westportal (2)** hindurch, so findet man sich wieder im feingliedrigen und von Säulen getragenen gotischen **Langschiff (3;** 13. Jh.), dessen Strahlengewölbe und Überlänge in Relation zum Chor deutlich angelsächsischen Einfluss verraten. Aber auch das angrenzende Querschiff sowie der Chor sind eindeutig englisch-normannischer Provenienz.

Die auf Dur-Moll gestimmte Farbigkeit der Fenster gibt dem Raum auch in lichttechnischer Hinsicht Bindung an die Gotik und es bedarf nicht viel Fantasie, um sich beim Gang durch diese Kathedrale in die Zeit von Sigrid Undsets »Kristin Lavranstochter« (s. S. 69) zurückversetzt zu fühlen: Im Angesicht der von Säulen getragenen Gewölbe dieses Gotteshauses wähnte sie sich in einem versteinerten Wald uralter Bäume, von Menschen, Tieren und Engeln belebt, von mystischem Licht und Sphärenklängen durchflutet und daher Sinnbild für die Überwin-

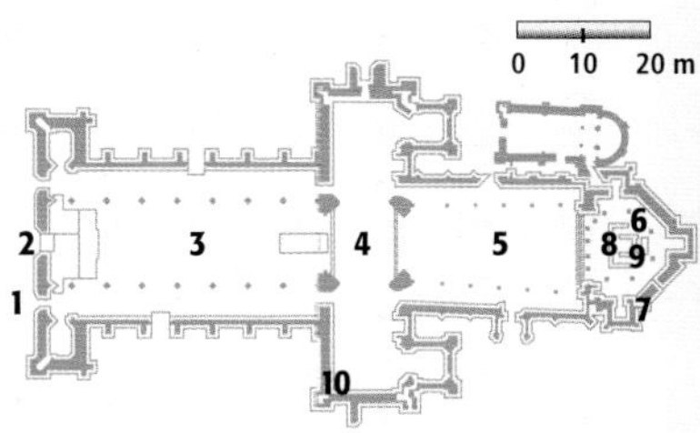

dung der Erdenschwere und des Strebens nach dem Transzendenten.

Reminiszenzen an Olav den Heiligen

Geht man nun weiter durch den, wie es heißt, schönsten Sakralbau des Königreichs, gelangt man in den ältesten Teil des Doms, dem im 12. Jh. im romanischen Stil errichteten **Querschiff (4)**, an das sich der **Chor (5)** mit einem achteckigen **Hochchor (6)** anschließt. In diesem Oktagon, das in seinem zierlichen Gotikstil skandinavienweit als einzigartig gilt, findet sich der eingemauerte und 12 m tiefe **Olavsbrunnen (7)**, der gemäß der Legende nach dem Tode Olavs zu sprudeln begonnen haben soll und daher möglicherweise Anlass für die Errichtung des Doms selbst war.

Weitere Reminiszenz an den Heiligen sind der benachbarte **Hochaltar (8)**, der im Stil eines Schreins gehalten ist und dort steht, wo angeblich die sterblichen Überreste des *rex perpetuus Norvegiae* beigesetzt wurden, sowie der **St.-Olavs-Altar (9)**, dessen Front die Geschichte der bedeutungsschweren Schlacht von Stiklestad bildhaft in Szene setzt. Auch die Axt, mit der Olav getötet wurde und die ins norwegische Reichswappen einging, ist dargestellt.

Ohrenschmaus und Augenweide

Bleibt abschließend ein Blick auf die eindrucksvolle **Wagner-Orgel** aus dem 18. Jh., die sich im reinsten Barock präsentiert und weltweit nur noch vier Gegenstücke auf Erden kennt – alle im Umfeld von Berlin gelegen. Auch die **Steinmeyer-Orgel** wurde in Deutschland erbaut (1930) und bis zu ihrer Modifizierung im Jahr 1960 galt sie als eine der größten Skandinaviens. Sie wurde umfassend restauriert und soll ab Mai 2014 wieder in neuer Pracht tönen. An jedem Samstag kann man hier rund ums Jahr ab 13.30 Uhr einem Orgelkonzert lauschen und von Mitte Juni bis Anfang August wird von montags bis freitags ab 17.40 Uhr zum Ohrenschmaus geladen.

Um reinste Augenverführung aber geht es bei der über 172 Stufen führenden Besteigung des **Turms (10)**. Denn die Aussicht über die Stadt ist schlicht faszinierend (Mitte Juni–Mitte Aug. Mo–Fr 10–16.30, Sa bis 12.30, So 13–16.30 Uhr, alle halbe Std., 30 NOK bzw. Kombiticket)!

Gruppenbild mit Volksheiligem: der blumenbekränzte Olav Haraldsson

unter Arbeiten aus Glas, Keramik, Porzellan und Silber nebst Bildteppichen, Textilien und Möbeln.

Das Museum liegt an der gegenüber dem Dom abzweigenden und von mehreren schönen Holzhäusern sowie zahlreichen Geschäften flankierten Munkegate, die zum **Torget** 9 führt. Der zentrale Marktplatz markiert den Mittelpunkt der Altstadt, den eine hohe Granitsäule mit dem Stadtgründer Olav Tryggvason dominiert.

An der Munkegate 23 lohnt ein Blick auf bzw. in den **Stiftsgården** 10 (www.nkim.no, Juni–20. Aug. Mo–Sa 10–16, So ab 12 Uhr, 80 NOK, Besuch nur mit Führungen zu jeder vollen Stunde), ein im 18. Jh. im Rokokostil errichtetes Gebäude, das mit seinen 70 Zimmern als das größte Holzbauwerk Nordeuropas gilt und Norwegens Königsfamilie bei Besuchen als Residenz dient.

Zwei Blöcke weiter stehen wir wieder am Ufer des **Vestre Kanalhavn,** von wo aus die Fjord- und Søndregate (nach rechts) zum Bahnhof und Hafen zurückführen. Zuvor aber sollte man die **Ravnkloa Fiskhall** 3 (Munkegata 66, www.ravnkloa.no, Mo–Fr 10–17, Sa bis 16 Uhr) besuchen: In dieser relativ kleinen und modernen Halle kann man in der Regel Klipp- und Trockenfisch kaufen, auch ein Probiercafé ist angeschlossen.

Freilichtmuseum Trøndelag 11

Sverresborg allé 13, www.sverresborg.no, Juni–Aug. tgl. 11–18, sonst Mo–Fr 10–15, Sa/So 12–16 Uhr, 70 NOK, im Sommer 125 NOK

Das Trøndelag Folkemuseum liegt etwas außerhalb über der Stadt bei den Ruinen der mittelalterlichen **Sverre-Burg**. Highlight der kulturhistorischen Ausstellung ist die aus dem 12. Jh. stammende **Haltdalen-Stabkirche,** die 1937 aus dem Haltdalen hierhin überführt wurde. Vom Originalinterieur ist zwar nichts mehr bewahrt, aber viele Originalteile der Konstruktion sind mehr als 800 Jahre erhalten geblieben. In der Stabkirche beginnen auch alle geführten Touren durch das Freilichtmuseum, das mit über 60 traditionellen und aus dem gesamten Trøndelag zusammengetragenen Stadthäusern und Herrensitzen, Gehöften und Speicherhäusern eines der größten und sehenswertesten seiner Art ist.

Übernachten

Komfort am Fluss – **Rica Nidelven Hotel** 1: Havnegaten 1, Tel. 73 56 80 00, www.rica.no, EZ/DZ ab 845/1045 NOK (Sommer 1445/1645 NOK), EZ ab 1095 NOK (Sommer verbilligt). Teils in den Fluss Nidelva hineingebautes Komforthotel mit Restaurant, Bar und Fitnessabteilung.

Historisches Ambiente – **Britannia Hotel** 2: Dronningens gt. 5, Tel. 73 80 08 00, www.britannia.no, DZ ab 1345 NOK, EZ ab 1095 NOK. Prachtbau von 1897, die Topadresse in Trondheim. Restaurants, Bar, Aufenthaltsraum und die Zimmer sind stilecht; mit Spa.

Ultramodern – **Radisson Blu Royal Garden Hotel** 3: Kjøpmannsgt. 73, Tel. 73 80 30 00, www.radissonblu.com, EZ/DZ ab 1345 NOK (Sommer ab 756/788 NOK). Moderne Glasarchitektur vom Feinsten, außerordentlich luxuriöse, moderne Zimmer, mehrere Restaurants, Bar, Kinderspielraum, Sportzentrum.

Günstig und zentral – **City Living** Schøller **Hotel** 4: Dronningens gt. 26 (nahe Stiftsgården), Tel. 73 87 08 00, www.cityliving.no, DZ ab 680 NOK, EZ ab 540 NOK. Geringes Serviceangebot, aber günstig. 50 Zimmer, alle mit Bad/WC, TV, Kühlschrank und Kaffeekocher.

Budgetgerecht – **Trondheim Vandrerhjem Rosenborg 5**: Weidemannsvn. 41, 20 Gehmin. vom Bahnhof, hin mit Bus Nr. 63, Tel. 73 87 44 50, www.trondheimvandrerhjem.no, DZ ab 660 NOK, EZ 500 NOK, Betten zu 245 NOK. Neubau mit 180 Betten, wurde 2013 vollständig renoviert.

Essen & Trinken

Fischmenüs für Gourmets – **Havfruen 1**: Kjøpmannsgt. 7, Tel. 73 87 40 70, www.havfruen.no, Mo–Sa ab 16 Uhr, So geschl., Vorspeisen ab 149 NOK, Hauptgerichte ab 275 NOK, Menüs ab 445 NOK. In einem der alten Speicherhäuser an der Nidelva, gilt als bestes Fischrestaurant der Stadt.

Intim, elegant – **Britannia Hotel 2**: s. o., Vorspeisen ca. 140 NOK, Hauptgerichte 280–370 NOK. Die Restaurants dieses Hotels gehören zu den besten nördlich von Bergen. Am angenehmsten speist man im Kellergewölbe des **Jonathan** (tgl. ab 17 Uhr). Im **Palmehavn** (Mo–Sa ab 11.30 Uhr) wird auch Lunch serviert (um 150 NOK), populärer ist die **Hjørnet Bar & Brasserie** (Vorspeisen ab 110 NOK, Hauptgerichte ab 164 NOK).

Traditionell – **Grenaderen 2**: Kongsgårdsgata 1, Tel. 73 51 66 80, www.grenaderen.no, Mo–Sa ab 12 Uhr, So ab 13 Uhr, Vorspeisen ab 130 NOK, Hauptgerichte ab 269 NOK, Mi zum Lunch isst man für die Hälfte. Haus aus dem 18. Jh. neben dem Erzbischöflichen Palais. Hier herrscht die Aura alteingesessener Bürgerfamilien, die Speisekarte bietet Traditionsreiches zu moderaten Preisen.

Einkaufen

Haupteinkaufsstraßen mit Hunderten Geschäften und Boutiquen sind auf der Altstadthalbinsel Øra u. a. die Munke-, Dronningens-, Nordregt. sowie die abzweigenden Straßen.

Schmuck – **Møllers 1**: Munkegt. 3, Tel. 73 52 04 39, Mo–Fr 10–17, Sa 10–15 Uhr. Norwegens ältestes Goldschmiedegeschäft (gegründet 1770) in einem der schönsten Holzhäuser der Stadt.

Kunst – **Modern Art Gallery 2**: Olav Tryggvasonsgt. 33, www.modernartgallery.no, Mo–Fr 10–18, Sa bis 15 Uhr. Trondheims größte Galerie für Gegenwartskunst (Malerei, Aquarelle, Grafiken, Keramik und Glaskunst).

Klippfisch – **Ravnkloa Fiskhall 3**: s. S. 225.

Abends & Nachts

Im alten Stil – **Bryggene 2**: Die alte Speicherhauszeile an der Nidelva hat mehrere Cafés und Pubs, in denen man teils auch draußen auf schwimmenden Plattformen auf dem Fluss sitzen kann.

Populär – **Krambua 1**: Krambugata 12, www.krambuatrondheim.no, tgl. ab 15 Uhr. Die ›Kramstube‹ ist eines von Trondheims beliebtesten Abendlokalen, begehrt sind die 50 Sitzplätze im Weinkeller.

Norwegens beste Kneipe? – **Den Gode Naboen 2**: Øvre Bakklandet 66, www.dengodenabo.com, tgl. ab 16 Uhr. An der alten Stadtbrücke gelegener Pub mit dem größten Fassbierangebot der Stadt – insgesamt über 100 Biersorten (0,5 l ab 75 NOK). Holzverbrämt, urgemütlich, im Sommer auch zum Draußensitzen. Wurde mehrfach als die beste Kneipe Norwegens bezeichnet.

Trondheims Künstlertreff – **Ni Muser 3**: Bispegata 9, Tel. 73 53 63 11, www.nimuser.no, tgl. ab 11 Uhr. Populäres *In*-Café der Künstlerszene in der Nähe des Doms mit wechselnden Ausstellungen und Livemusik an Sommerabenden. Das Innere präsentiert sich stilvoll-modern, draußen sitzt man romantisch. Günstig: 0,5 l Bier ab 49 NOK.

Infos & Termine

Touristeninformation

Visit Trondheim AS: Munkegt. 19 (nahe Torget), 7411 Trondheim, Tel. 73 80 76 60, www.visittrondheim.no, 20. Juni–20. Aug. Mo–Fr 9–18, Sa/So 10–18, Juli 8.30–20, Sa/So 10–20, sonst Mo–Fr 9–16, Sa 10–14 Uhr. In der Hochsaison Stadtrundfahrten, Hafen- und Angeltouren, Vermittlung von Stadtführern.

www.visittrondheim.no: diese Seite ist ebenso informativ, führt obendrein direkt zu einem Stadtführer zum Herunterladen (auch auf Deutsch).

Verkehr

Flug: Der Trondheim Lufthavn liegt ca. 35 km nordöstlich der Stadt in Værnes an der E 6; zahlreiche innernorwegische Verbindungen mit SAS, Widerøe und Norwegian. Zum Flughafen entweder mit dem Zug (ca. 40 Min., 67 NOK am Automaten, sonst 100 NOK) oder mit dem Flughafenbus (ca. 40 Min., 30 NOK), Taxi ab 370 NOK/Pers., ab 645 NOK/Fahrzeug.

Zug: 4 x tgl. mit der Dovrebanen (s. S. 25) via Dovrefjell und Gudbrandsdal nach Oslo, mindestens 2 x tgl. via Røros nach Oslo, 2 x tgl. nach Bodø und 2 x tgl. nach Östersund in Schweden.

Bus: Verbindungen in alle größeren Orte von Sør- und Nor-Trøndelag, auch Møre og Romsdal ist gut angebunden. Expressbusse nach Oslo via Røros und Gudbrandsdal sowie nach Bergen.

Schnellbootverbindungen: u. a. mit dem Kystekspressen 2–3 x tgl. nach Kristiansund, außerdem zu den dem Trondheimsfjord vorgelagerten Inseln.

Mietwagen: u. a. über Rent-A-Wreck, Tel. 73 90 70 00, www.rent-a-wreck.no.

Stadtverkehr: Im Zentrum kann man alle Sehenswürdigkeiten zu Fuß erreichen, an Taxen herrscht kein Mangel. Ansonsten gibt es ein sehr gut funktionierendes Busnetz, über das man sich bei Trafikanten am Bahnhof/Busbahnhof (Tel. 177) informieren kann; außerdem über www.atb.no.

Termine

Trondheim Jazzfestival: 5 Tage Mitte Mai, www.jazzfest.no.

Nidaros Bluesfestival: 4 Tage Ende April, www.nidarosbluesfestival.com.

Olavsfesttage: Juli/Aug., www.olavsfestdagene.no (s. S. 34).

Trondheim Kammermusikkfestival: 1 Woche Mitte Sept., www.kamfest.no.

Nach Kristiansund

▶ Karte 1, E–H 20/21

Die rund 6,5 Stunden von Trondheim nach Kristiansund und die Fahrt durch den Trondheimsfjord werden beim dritten Tag (s. S. 113) beschrieben.

Trondheimfahrrinne

▶ Karte 2, E–G 20

Nach Passieren des **Agdenes Fyr** an der linken Seite der Fjordöffnung kurvt das Schiff in die nach Süden führende Trondheimfahrrinne ein, die zum allergrößten Teil durch Schären und Inseln vom in diesem Abschnitt oft sehr rauen Meer geschützt ist. Eine dieser Inseln ist **Hitra,** mit einer Fläche von 565 km² die siebtgrößte des Landes und die größte südlich der Vesterålen. Wie Funde beweisen, haben hier schon vor über 10 000 Jahren Menschen gelebt. Entsprechend versteht sich das **Küstenmuseum** als Wegweiser durch die Jahrtausende. Hauptsehenswürdigkeit zumindest für Norweger aber sind die Hirschrudel, die auf dieser größtenteils flachen Insel leben.

Kristiansund vom Hurtigrutenkai aus gesehen

Am weiteren Weg nach Süden wird bald das am Festland gelegene Gasveredelungswerk **Tjeldbergodden** (bei Kjørsvik) passiert. Es ist an seinen zahlreichen Schornsteinen leicht zu erkennen und Endstation einer rund 250 km langen Gaspipeline, die von der Haldenbank aus über den Meeresboden hierher führt. Auch **Smøla,** die nächste Insel am Weg nach Süden, ist vor allen Dingen flach, nämlich gerade mal bis zu 68 m hoch. Nach Passieren dieser Landmarke nimmt das Festland, das bislang eher mild konturiert war, wieder ein gebirgiges Aussehen an. Bis zu 900 m ragen bald die Gipfel auf, während tief im Süden nach und nach die Reifriesen der Sunnmøre-Alpen wieder das Bild bestimmen.

Kristiansund

▶ Karte 1, E 21

Terrassenförmig steigt die auf den drei Inseln Kirke-, Inn- und Nordlandet ausgebreitete Stadt vom namengebenden Sund in die Höhe. Schon bei der Einfahrt in die Wasserstraße wird augenfällig, warum der von Inseln eng umschlossene Naturhafen im Ruf steht, der beste, weil geschützteste des Königreichs zu sein. Einer der lebhaftesten ist er obendrein und zahlreiche Motive von Sundbooten und Frachtern, Kuttern und Trawlern vor Kaianlagen, Werften und Speicherhäusern fallen ins Auge. Aber auch vom Land aus tun sich prächtige Bilder auf. Leider kann man heute nur noch erahnen, wie malerisch die Stadt in früheren Jahren ausgesehen haben muss, als die Bebauung ganz aus farbenfroh gestrichenen Holzhäusern bestand, zwischen denen enge und gewundene Kopfsteinpflastergassen verliefen.

Die alte Bausubstanz ging 1940 vollständig im Bombenhagel der Deutschen in Flammen auf, sodass man beim Wiederaufbau nur versuchen konnte, zumindest den Charakter der 1692 von dem Niederländer Jappe Ippes als Handelsplatz gegründeten Stadt zu bewahren. Er gilt als der ›Vater des Trockenfischs‹ und in den folgenden Jahren erlebte die nun aufstrebende Siedlung durch den Trockenfisch-›Import‹ von den Lofoten und den Export nach Spanien, Italien und Portugal, aber auch Brasilien und Cuba einen regelrechten Boom. Wurden hier noch 1830 weniger als 3000 Menschen gezählt, waren es 1890 schon mehr als 10 000. Heute hat Kristiansund etwa 24 000 Einwohner, die meisten leben vom Schiffsbau und der Offshore-Technik, da auch Kristiansund von den großen Öl- und Gasfunden in der norwegischen Nordsee profitiert.

Stadtrundgang

Die seit 1992 mit dem Festland verbundene Stadt verdankt fast alles dem Meer und so steht auch das Sightseeing größtenteils im Zeichen der Küstenkultur. Hauptsehenswürdigkeit ist das **Nordmøre Museum,** zu dem auch das **Norsk Klippfiskmuseum** in der Milnbrygga gehört. Es dokumentiert die Geschichte des Trockenfischs und informiert über die Herstellung von und die Unterschiede zwischen Stock- und Klippfisch (Dikselveien, www.nordmore.museum.no, 22. Juni–12. Aug. tgl. 12–17 Uhr, 50 NOK).

Ebenso spannend ist ein Besuch der **Mellemværftet** am Kranaveien: Bei dieser Ausstellung handelt es sich um eine authentisch eingerichtete Werft aus der Zeit der Windjammer, die noch heute in Betrieb ist und in der vor allem historische Segelschiffe restauriert werden (ab Anleger ca. 30 Min. hin und zurück, 22. Juni–12. Aug. Di–Fr 12–16 Uhr, Führung zu jeder vollen Stunde).

Weitere Abteilungen des Nordmøre Museum sind u. a. das **Klippfischlagerhaus Hjelkrembrygga og Woldbrygga** (mit Böttcherei). Doch eindrucksvoller ist ein Besuch des als **Knudtzondalen** bekannten Hauptgebäudes des Museums, das einerseits der Fischerei gewidmet ist, andererseits den traditionellen Handwerksberufen und insbesondere der Stadt- bzw. Inselgeschichte, die um mehr als 9000 Jahre zurückreicht und mit der Fosnakultur (ca. 7000–2500 v. Chr.) ihren Anfang nahm (Storgt. 19, ab Anleger zurück Richtung Brücke, ganzjährig Di–Fr 10–14 Uhr, 40 NOK).

Übernachten

Komfort am Hafen – **Rica Hotel Kristiansund:** Storgt. 41, Tel. 71 57 12 00, www.rica.no, DZ ab 1495 NOK (im Sommer ab 1395 NOK), EZ ab 1245 NOK (im Sommer ab 1145 NOK). Der Glas- und Betonbau liegt direkt am Hafen, 700 m vom Hurtigrutenkai entfernt. Bei der Einfahrt in den Vågen kann man sich vom Schiff aus bereits ein erstes Bild von diesem besten und mit 10 Stockwerken höchsten Hotel der Stadt machen. Hallenbad, Restaurant und Bar.

Budgetschonend – **Atlanten Motel og Camping:** Dalaveien 22, Tel. 71 67 11 04, www.atlanten.no, DZ 795 NOK, EZ 595 NOK.1,5 km vom Stadtzentrum entfernt. Hier kann man nicht nur zelten, sondern auch schlichte Zimmer und Hütten (ab 495 NOK) mieten. Cafeteria und 300 m zum Hallenbad.

Essen & Trinken

Klippfischtempel – **Sjøstjerna:** Skolegt. 8 (Gågata), Tel. 71 67 87 78, www.sjostjerna.no, Mo–Sa ab 11 (Sommer) bzw. Mo–Fr ab 17 Uhr (Winter), Vorspeisen ab 75 NOK, Hauptgerichte ab 195 NOK. Das Restaurant ›Seestern‹ ist ein Schlemmertempel für Fisch und Meeresfrüchte, mit besonderer Konzentration auf Klippfischgerichte, für die die Küche preisgekrönt wurde. Der Küchenchef empfiehlt u. a. *klippfiskbrandade, bolinhos de bacalhau* und *klippfisk a la sjøstjerna* (240 NOK).

Preisgekrönt und urgemütlich – **Smia Fiskerestaurant:** Fosnagaten 30, Tel. 71 67 11 70, www.smia.no, Mo–Fr ab 16, Sa/So ab 14, im Sommer tgl. ab 13 Uhr, Vorspeisen ab 110 NOK, Hauptgerichte ca. 170–290 NOK. Restaurant in einer alten Schmiede von 1787 mit urgemütlicher Einrichtung und vielen Fischgerichten. Auch hier hebt man Klippfisch hervor, dessen Zubereitung auch hier preisgekrönt ist. Bacalao (ab 250 NOK) ist Spezialität des Hauses.

Infos

Touristeninformation

Destinasion Kristiansund: Kongens plass 1, 6501 Kristiansund, Tel. 71 58 54 54, www.visitkristiansund.com, 20. Juni–20. Aug. Mo–Fr 9–18, Sa 10–15, So 11–16, sonst Mo–Fr 9–15.30 Uhr.

Verkehr

Flug: Der Flughafen liegt rund 7 km außerhalb (Taxi ca. 180 NOK, Flughafenbus ins Zentrum), Verbindungen u. a. mit Oslo, Bergen und Trondheim.
Bus: gute Verbindungen bis hinunter nach Oslo und hinauf nach Trondheim.
Mietwagen: u. a. über Avis (Tel. 71 58 38 15) und Hertz (Tel. 70 30 30 36).
Schnellboot: tgl. bis zu 3 x nach Trondheim.

Klippfisk-Shopping

Klippfisk, in Mitteleuropa selbst in gut sortierten Feinkostläden meist kaum zu finden und wenn, dann nur zu extrem hohen Preisen, ist Hauptbestandteil vieler köstlicher Gerichte. In Kristiansund hingegen ist es kein Problem, im Supermarkt Klippfisch zu kaufen, er ist in der Regel geruchssicher verpackt und mehrere Monate lang haltbar.

Atlanterhavsveien!

▶ Karte 1, E/D 21

Zwei Möglichkeiten gibt es, das nächste südliche Ziel der Reise, Molde, zu erreichen: per Schiff durch die Hustadvika und den Julsund oder über die **›Malerische Atlantikstraße‹**, wie der nur im Sommer angebotene Landausflug über Brücken und Dämme sowie mehrere kleine Inseln und Holme entlang der Hustadvika heißt.

Schöne Ausblicke genießt man auf beiden Routen, doch nur auf der Überlandroute, die als eines von Norwegens meistbesuchten touristischen Reisezielen gilt und im Jahr 2005 den Preis als »technische Meisterleistung des Jahrhunderts« gewonnen hat, umfasst der Blick auch den Romsdalsfjord und macht man die Bekanntschaft mit verschiedenen Sehenswürdigkeiten.

Highlight der Fahrt ist sicherlich die aus dem frühen 13. Jh. stammende **Stabkirche von Kvernes.** Sie liegt auf der Insel Averøya, die seit Ende 2009 durch den gut 5,7 km langen und bis zu 250 m tief unter dem Wasser verlaufenden Atlantiktunnel mit Kristiansund verbunden ist (20. Juni–20. Aug. tgl. 11–17 Uhr, 70 NOK).

Sternchenverdächtig auch das **Ergan Kystfort** (www.romsdalsmuseet.no, Juni–Mitte Aug. tgl. 10–18 Uhr, 80 NOK), eine deutsche Wehranlage aus dem Zweiten Weltkrieg, in der 350 deutsche Soldaten sowie ca. 150 russische und polnische Kriegsgefangene stationiert waren. Die Kommandozentrale mit Kanonenstellungen kann besichtigt werden, auch ein kleines Museum ist eingerichtet, aber abgesehen davon beeindruckt hier vor allem die weite Sicht auf die direkt vorgelagerte Hustadvika sowie die Fischerinseln Bjørnsund und Ona.

Eine Karavelle aus dem 17. Jh. schmückt die Kirche von Kvernes

Das am Südzipfel der Bucht von Hustad gelegene Fischerdorf **Bud** war im 16. Jh. der größte Handelsplatz zwischen Bergen und Trondheim. Hier berief 1533 der letzte Erzbischof von Norwegen den Reichsrat zu einer Königswahl ein. Der Versuch, die Selbstständigkeit gegenüber den Dänen zu behaupten, schlug fehl, und bis 1814 war das Land praktisch eine Kolonie des südlichen Nachbarn. Die Kreuzkirche wurde 1717 aus Holz errichtet und, weil ihre Kuppel in der Schusslinie des Ergan Kystfort lag, im Zweiten Weltkrieg demontiert und anschließend mit dem Turm wieder aufgesetzt.

Infos

Touristenbüro: s. Molde S. 233; es wird auch eine auf die Belange von Fahrradfahrern zugeschnittene Atlantikstraße-Broschüre herausgegeben, denn zum Radeln ist die überwiegend flache Strecke ideal. Weitere Informationen (auch auf Deutsch) sowie Fotos unter www.nasjonaleturistveger.no.
Internet: www.atlanterhavsveien.no.

Molde ▸ Karte 1, D 22

Draußen vor der so oft so wilden Küste reihen sich idyllische Fischerinseln wie Perlen auf einer Schnur aneinander; landeinwärts erhebt sich das weiße Bollwerk der majestätischen Romsdals-Alpen und in der Mitte, zwischen diesen beiden Extremen, erstreckt sich am Ausgang des weiten Romsdalsfjords und zu Füßen des 407 m hohen Varden die ca. 20 000 Einwohner zählende Stadt Molde. Dieser Lage ist ihr heutiger Stellenwert als Touristenattraktion zu verdanken, schließlich brachte eine besondere klimatische Gunst Molde den Beinamen ›Stadt der Rosen‹ ein. Im Prospekt rühmt sie sich zudem als ›Jazzmetropole‹, denn seit 1961 findet hier jedes Jahr im Juli das Molde International Jazz Festival statt.

Gegründet wurde Molde als Handelsplatz für Holzexporte nach England und in die Niederlande schon im 14. Jh. Im Jahr 1742 erhielt es die Stadtrechte und von da an ging es bergauf mit der Handels-, Fischerei-

und später auch Industriestadt. Erst im April 1940 wurde Molde in seinem steten Wachstum unterbrochen, als es im Verlauf schwerer Bombardements durch deutsche Truppen nahezu vollständig zerstört wurde.

Romsdalsmuseum

Per Amdams veg 4, Tel. 71 20 24 60, www.romsdalsmuseet.no, Mitte Juni–Mitte Aug. Mo–Sa 11–15, So ab 12, im Juli tgl. bis 17 Uhr, 80 NOK

Dank der Stadtgeschichte ist also kaum alte Bausubstanz zu finden bzw. nur im etwas außerhalb gelegenen Romsdalsmuseum, einem der größten und ältesten Volksmuseen des gesamten Landes, das 1912 gegründet wurde. Rund 50 alte Bauwerke aus Stadt und Land sind hier im Original zu besichtigen. Als Highlight gilt die malerische Bygata, die eine Altstadtzeile von Molde darstellt. Im Sommer gibt es hier Folkloredarbietungen und im Rahmen des ›Moldejazz‹ kann man kostenlosen Konzerten lauschen.

Hjertøya Fischereimuseum

Liegt auf der Molde vorgelagerten Insel Hjertøya, ab dem Kai mit stdl. verkehrenden Taxibooten erreichbar (10 Min., 100 NOK), www.romsdals museet.no, 24. Juni–5. Aug. tgl. 12–17 Uhr, 80 NOK

Aus vergangener Zeit herübergerettet sind auch die Fischerhäuser und Rorbuer, die Tranbrennerei, das Schulhaus, eine Werkstatt sowie eine Sammlung von Schiffen und Booten, die zusammen das Hjertøya Fiskerimuseet bilden. Nach einem Rundgang bietet es sich an, mit einem Ruderboot auf den Fjord hinauszufahren oder zu baden.

Stadtspaziergang

Doch diese Sehenswürdigkeiten zu besuchen hat nur Zeit, wer hier einen Aufenthalt einlegt, lediglich die Taxifahrt zum Varden kann evtl. auch während des Landgangs unternommen werden. Sonst bietet sich ein kleiner Stadtspaziergang an (vom Kai aus geradeaus auf die Einkaufsstraße, dort nach rechts, direkt ins Zentrum, sodann am Kai entlang zurück). Ganz offensichtlich ist, dass es sich bei Molde um eine außerordentlich reiche Kommune handelt, denn derart gepflegte Straßen und ästhetisch aufgewertete Zweckbauten hat man bislang kaum zu sehen bekommen in Norwegen. In dieses Bild fügen sich auch der links vom Hurtigrutenkai gelegene Rundbau des neuen Stadions und besonders der Glasbau des angrenzenden Rica Seilet Hotels ein, der in architektonischer Hinsicht europaweit seinesgleichen sucht.

Übernachten

Ausgefallen schön – **Rica Seilet Hotel:** Gideonvn. 2, Tel. 71 11 40 00, www.rica.no, DZ 1495 NOK (im Sommer ab 1145 NOK), EZ ab 1195 NOK (im Sommer ab 895 NOK). Der von seiner Architektur her einem Segel nachempfundene und direkt am Fjord errichtete Glas- und Betonbau ist das auffälligste Gebäude von ganz Molde und dem extravaganten Äußeren entsprechen auch die Innengestaltung und die Zimmer.

Essen & Trinken

Aussicht – **Vardestua:** Varden, Tel. 71 20 10 86, März–Dez. tgl. 11–18 Uhr, ca. 80–200 NOK. Nicht das beste Restaurant der Stadt, aber in grandioser Lage (s. Lieblingsort S. 234) direkt auf dem Varden, 407 m über dem Meer, genießt man von diesem grasgedeckten Blockbau aus das schönste Panorama, das man sich vorstellen kann.

Schlichte norwegische Küche, sehr empfehlenswert das Traditionsgericht *Rømmegrøt med spekematkuvert* (Rahmgrütze mit Rauchfleischteller), gekostet schon von so prominenten Gästen wie Queen Elisabeth und Jimmy Carter.

Abends & Nachts

Dem Himmel nahe – **Skybar:** Rica Seilet Hotel, s. o., tgl. ab 20 Uhr. Es gibt nur wenige Plätze in Norwegen, wo man von einer Bar aus ein derartig eindrucksvolles Panorama genießen kann wie von der ›Himmelsbar‹ des Rica Hotels aus, die aus 60 m Höhe aufs Meer und die Berge blickt und eine große Außenterrasse hat.

Infos & Termine

Touristeninformation

Destinasjon Molde: Torget 4, 6413 Molde, Tel. 71 20 10 00, www.visitmolde.com, 20. Juni–21. Aug. Mo–Fr 9–18, Sa bis 15, So 12–17, sonst Mo–Fr 8.30–16 Uhr.

Verkehr

Flug: Vom wenige Kilometer außerhalb gelegenen Flughafen aus bedient SAS mehrmals tgl. die Routen von/nach Oslo, Bergen und Trondheim; Norwegian fliegt mehrmals tgl. von/nach Oslo und Widerøe von/nach Bergen; Flughafenbusse (25 NOK) vom/zum Rica Hotel.

Zug: Der nächste Bahnhof ist in Åndalsnes, schnell per Bus erreichbar, von dort aus 4 x tgl. Verbindungen nach Dombås mit Anschluss Richtung Oslo und Trondheim.

Bus: sehr gute Verbindungen Richtung Oslo und Bergen und hinauf nach Trondheim.

Mietwagen: u. a. Avis (Tel. 71 29 29 19).

Jazz Festival

Das sechs Tage währende Molde International Jazz Festival ist nicht nur das älteste Europas, sondern auch eines der größten überhaupt. Seit 1961 schon kommen gegen Mitte Juli jährlich bis zu 100 000 Enthusiasten in dieses Mekka für Jazzfreunde (www.moldejazz.no, Tel. 71 20 31 50).

Von Molde nach Ålesund

▸ Karte 1, C/D 22

Das Schiff biegt nun ein in den Moldefjord, durch den hindurch es entlang bewaldeter Inselküste über das **Lepsøy-Riff** hinausgeht, wo im Jahre 1857 das erste Leuchtschiff des Landes verankert wurde.

Von hier aus schwenken wir gen Süden und genießen mehrfach einen Ausblick auf die gewaltigen Bergmassive von Sunnmøre, die als ein weiteres Paradestück der großartigen norwegischen Landschaft gelten. Gekrönt werden die eindrucksvollen Gebirgszüge von der Zinne des 1432 m hoch aufragenden Kolåstinden.

Jetzt steht das Schiff schon kurz vor Ålesund (s. S. 97), und bevor es in den Hafen einläuft, passieren wir die heute mit dem Festland verbundenen Inseln Valderøy – sie ist schon seit der Steinzeit bewohnt – und **Giske.** Letztere war im Mittelalter Sitz des außerordentlich machtvollen Giske-Geschlechts, das unter anderem die beiden Könige Magnus und Olav Kyrre hervorbrachte und landesweit mehr als 120 Höfe besaß. Herübergerettet aus jener Zeit hat sich die in der ersten Hälfte des 12. Jh. errichtete Kirche von Giske, die mit weißem Marmor verkleidet ist und sich im romanischen Stil präsentiert.

Lieblingsort

Auf dem Varden – kein schöner Land ▶ Karte 1, D 22
Nur etwa zehn Minuten währt die Taxifahrt von Molde zu der mit einem Restaurant (Vardestua, s. S. 232) gekrönten Varden-Höhe, von der aus nicht weniger als 222 Berggipfel zu betrachten sind. 87 von ihnen ragen bis über 1000 m hoch hinauf, und dieses Traumpanorama hatte einst auch der berühmte britische Bergsteiger W. C. Slingsby vor Augen, als er sagte: »Ich kenne kein einziges Alpenland in Norwegen, in der Schweiz oder in den Alpen, das solch eine großartige Schönheit besitzt, wie man sie hier in Sunnmøre findet.«

Von Ålesund nach Bergen

Der letzte Tag auf dem Hurtigrutenschiff ist angebrochen und spürbar hängt Abschiedsstimmung in der Luft. Die meisten Passagiere haben schon gepackt und kommen an Deck, um die letzten Seemeilen zu erwarten.

Florø ▸ Karte 1, A/B 24

Doch gar so viele Meilen sind das nicht mehr und nur noch ein einziger Hafen wird angelaufen, denn **Torvik** (s. S. 97) und **Måløy** (s. S. 96) wurden nachts bzw. frühmorgens passiert. Nachdem das Schiff auch den schnellen Skatestraumen gemeistert hat, bleibt nur noch das inmitten eines ausgedehnten Schärenarchipels gelegene **Florø,** wo man im Rahmen der Liegezeit keine Möglichkeit hat, das **Sogn og Fjordane Kystmuseet** zu besichtigen. Mit drei Gebäuden und einer Freilichtabteilung auf einem 75 000 m^2 großen Küstengelände informiert es ausführlich über die Geschichte dieser mit rund 8000 Einwohnern größten und einzigen Stadt im Bezirk Sogn og Fjordane (Brendøyvegen, www.kyst.museum.no, 21. Juni–16. Aug. Mo–Fr 11–18, Sa/So 12–16, sonst Mo–Fr 10–15, So ab 12 Uhr, 60 NOK).

Ihre Gründung verdankt Florø der Heringsfischerei, ihr Wachstum der Fischwirtschaft und heute vor allem der Erdgas- und Erdölförderung. Direkt westlich nämlich erstreckt sich eines der größten Offshore-Felder des norwegischen Kontinentalsockels. Im Städtchen selber lassen sich mehrere schöne Motive finden, insbesondere Speicherhäuser vor dem alten Kutterhafen direkt gegenüber dem Hurtigrutenkai, aber maximal eine halbe Stunde hat man dafür zur Verfügung.

Infos

Florø turistkontor: Strandgata 30, 6900 Florø, Tel. 57 74 30 00, www.fjordkysten.no, nur Mai–Aug.

Infobox 12. Tag

Reisekarte: ▸ Karte 1, A/B 24–26

Internet
www.fjordkysten.no

Ausflug
Bergen Stadtbesichtigung: ganzjährig, 2 Std., 43 €, mit Rundgang durch Bryggen.

Durch die Sunnfjordfahrrinne

▸ Karte 1, A 24/25

Südlich von Florø geht es auf Steuerbord an der Insel **Svanøy** vorbei, einem alten Siedlungsplatz, wie u. a. das St.-Olavs-Kreuz belegt, ein mit Runeninschriften versehenes Steinkreuz aus den Anfängen des Christentums in Norwegen. Es steht heute auf dem Gelände des alten Adelssitzes Svanøy Gård, dessen Parkanlagen mit Kiefern, deren Stammdurchmesser bis zu mehrere Meter betragen, und bis über 10 m hoch aufragenden Christdornbäumen veranschaulichen, wie fruchtbar die ›Schwaneninsel‹ ist.

Rückblickend nach Nordwesten kann man die Insel Kinn ausmachen,

Kein Blick geht am Alden, dem ›norwegischen Pferd‹, vorbei

Standort einer der ältesten romanischen Steinkirchen des Landes. Warum der bald in der Sunnfjordfahrrinne aufragende und rund 480 m hohe **Alden** bekannt ist als ›das norwegische Pferd‹ oder ›der norwegische Löwe‹, bedarf keiner Erläuterung. Jahrhundertelang diente der Berg als wichtiges Seezeichen auf dem Weg nach Bergen.

Über das Westkap

▶ Karte 1, A 25/26

Dann fährt das Schiff in den **Steinsund** ein, die letzte gefährliche Engstelle unserer Reise. Das Land, das diese äußerst schmale Fahrrinne durchschneidet, besteht aus vielfarbig grauen Bergbuckeln, vom Schliff der Gletscher und der Gewalt der Erosion gerundet, die dicht vor der wild zerfransten Küste eine wulstige Mauer bilden.

Wo der Steinsund endet, öffnet sich links die Einfahrt in den **Sognefjord,** der als längster (204 km), tiefster (1308 m) und vielleicht auch schönster Fjord des Landes seinen Titel ›Fjord aller Fjorde‹ unbedingt zu Recht trägt. Im Rahmen der Hurtigrutenfahrt wird er zwar nicht angelaufen, doch wer am Vor- bzw. Nachprogramm ›Sognefjord in a Nutshell‹ teilnimmt, kann sich mit eigenen Augen davon überzeugen, warum der Sognefjord auf der Top-Ten-Rangliste der berühmtesten Natursehenswürdigkeiten Europas einen vorderen Platz einnimmt.

Die nächste Landmarke wird durch den Leuchtturm Holmengrå gesetzt. Der übersetzte Name ›Holmengrau‹ ist sprechende Bezeichnung für den südlich angrenzenden **Øygarden,** dessen unzählige Schären sich der Wucht des Meeres entgegenstellen und so die Küste beschützen. Außerdem markiert Holmengrå die Grenze zwischen den Bezirken Sogn og Fjordane und Hordaland und hier passieren wir den westlichsten Punkt unserer Fahrt gegenüber Vardetangen, der mit den Koordinaten 4° 56′58″ das **Westkap** des norwegischen Festlandes bildet.

Letzte Stationen am Weg sind die Insel Herdla – im Mittelalter eine der Keimzellen des Christentums in Norwegen – und der **Hjeltefjord,** der zur Wikingerzeit das wichtigste Ausfalltor nach Hjaltland war, wie die einst unter norwegischer Herrschaft stehenden Shetlandinseln früher genannt wurden.

Für uns aber ist der Hjeltefjord nicht Ausfalltor, sondern Eingangspforte nach **Bergen,** dessen markante Silhouette bald im Osten auftaucht.

Das Beste auf einen Blick

Oslo und Umgebung

Highlight!

Oslo: Im Zentrum rauschen die Wälder, vor dem Rathaus öffnet sich der Fjord und der Badespaß beginnt mitten in der Stadt. Oslo fällt als grünste Metropole Europas in jeder Hinsicht aus dem Rahmen. Diesem einzigartigen Mix aus unberührter Natur und pulsierendem Großstadtleben verdankt die norwegische Hauptstadt, die auch Kulturmetropole des Königreichs ist, ihr spezielles Flair, dem sich kaum ein Besucher entziehen kann. S. 240

Auf Entdeckungstour

Gigantische Spuren – in der Vigeland-Anlage unterwegs: Man kommt nicht vorbei an den berühmtesten Dokumentationen künstlerischen Schaffens in Oslo, dem Lebenswerk des Bildhauers Gustav Vigeland: Der monumentale Skulpturenpark mit seinen 650 Figuren zeugt vom Schaffensdrang des Künstlers. S. 250

Kultur & Sehenswertes

Museumsinsel Bygdøy: Auf der zentrumsnahen Halbinsel Bygdøy finden sich die bedeutendsten Zeugnisse norwegischen Volkstums, Forscherdrangs und der Seetüchtigkeit dieser Nation. 1 – 5 S. 241

Astrup Fearnley Museum für moderne Kunst: Das bedeutendste skandinavische Privatmuseum ist ein architektonisches Schmuckstück. 6 S. 246

Opernhaus: Es wurde 2008 zum »Kulturgebäude der Welt« erkoren – ein Blickfang. 10 S. 247

Aktiv unterwegs

Badebucht Huk: Eine der schönsten auf der Halbinsel Bygdøy. 1 S. 258

Wandern, Ski und Rodel sehr gut: Die zum Stadtgebiet gehörige Marka bietet Wanderwege, präparierte Loipen, Alpinpisten und eine 2 km lange Rodelbahn. 2 3 4 5 S. 258

Genießen & Atmosphäre

Aker Brygge und Tjuvholmen: Shopping- und Vergnügungsmeile im Stil der Londoner Docklands mit luxuriösen Einkaufsarkaden, Kneipen und Cafés, Pubs und Nachtklubs. S. 245

Theatercaféen: Eines der letzten originalgetreuen Jugendstil-Kaffeehäuser Europas. 5 S. 257

Abends & Nachts

Ohrenschmaus: Oslo gilt als Musikmetropole des Nordens und zahlreiche Jazz- und Blueskeller wie **Herr Nilsen Jazzclub** oder **Stortorvets Gjæstgiveri** machen insbesondere rings um den Stortorvet von sich hören. 1 4 S. 259

Lorry: »You name it – we have it!«, heißt es im Lorry, der wahrscheinlich ausgefallensten Kulturinstitution in Norwegen, gleichermaßen beliebt bei Politikern und Punks, Arm und Reich, Jung und Alt. 4 S. 260

Die grünste Metropole Europas – Oslo!

Das Schiff biegt aus dem weiten Oslofjord ein in einen schmalen Sund und fährt bald so dicht unter Land, dass man in die Fenster der Holzhäuser schauen kann. Zwischen Wiesenhügeln wachsen Buchen, vereinzelt tritt der Wald bis an die Ufer, vor denen bunte Boote auf dem Wasser schaukeln. Dann wird der Fjord wieder breiter. Das Schiff schlägt, zwischen Inselchen hindurch und um Inselchen herum, einen Bogen. Plötzlich liegt sie vor uns, die um 1050 unter König Harald Hårdrade gegründete Stadt.

1299 wurde Oslo zur Reichshauptstadt erhoben, nach Unterordnung Norwegens unter die dänische Krone (ab 1380) verlor sie an Bedeutung und erst ab 1814, als das Land mit Schweden vereint wurde, stieg sie erneut

Infobox

Reisekarte: ▶ Karte 1, H 28

Touristeninformation

Turistinformasjonen ved Rådhuset: Fridtjof Nansens Plass 5, Eingang von der Roald Amundsens gate aus, Tel. 81 53 05 55 (Mo–Fr 9–16 Uhr), www.visitoslo.com, tgl. 9–16, Mai–Sept. 9–18 Uhr. Auch Geldwechsel, Buchung von Unterkünften und Stadtrundfahrten, Zugfahrten, Oslo-Pass, Souvenir- und Kartenverkauf.

Verkehr

Bei Trafikanten vor dem Hauptbahnhof (Mo–Fr 7–22, Sa/So ab 8 Uhr) gibt es kostenlose Fahrpläne für Bus und Bahn, Servicetel. 177 (auch auf Englisch), exakte Wegbeschreibungen (auch auf Englisch) unter www.ruter.no. Die Tickets sind für alle Transportmittel gültig und kosten 30 NOK je Fahrt inkl. Umsteigen, sofern man sie an den – etwas rar gesäten – Automaten kauft (sonst 50 NOK). Diese akzeptieren Mastercard und Visa, jedoch keine ec-Karten.

Taxis sind teuer (mind. 116 NOK), Bestellung über Tel. 023 23.

Mit dem Auto: Die Ein- und Ausfahrt in den inneren Stadtbereich ist gebührenpflichtig (27 NOK). Parkhäuser kosten etwa 60 NOK/Std. Parken im Zentrum kostet rund 66 NOK für 2 Std.; kostenlos mit dem Oslo-Pass (s. u.).

Oslo-Pass

Er berechtigt zum gebührenfreien Parken in der Stadt, zur kostenlosen Benutzung der Stadtbusse und -bahnen und zum freien Eintritt in die Museen (1 Tag 290 NOK, 2/3 Tage 425/535 NOK, Kinder/Senioren 145/215/270 NOK, erhältlich im Touristenbüro, auch online, und in den meisten Hotels).

Sicherheit

Laut »Aftenposten« ist Oslo die »Kriminalitätshauptstadt von Skandinavien«. Gerade für Frauen ist die Stadt nach Einbruch der Dämmerung nicht mehr sicher, 2011 wurden 213 Vergewaltigungen registriert, 2012 waren es sogar rund 20 % mehr!

zum Kristallisationspunkt der Macht auf. Sie ist eingebettet in einen grünen Bogen mittelhoher Berge, trägt eine Skisprungschanze in der Waldkrone und ist damit unverkennbar.

Vor ungefähr 200 Jahren zählte man in der damals noch Christiania genannten Stadt knapp 7500 Einwohner. Im 20. Jh. wurde die Talsenke am Oslofjord zu klein, es wuchsen Trabantenstädte ins Land hinaus, um den mittlerweile ca. 630 000 Einwohnern der seit 1925 wieder Oslo genannten Metropole Wohnraum zu verschaffen. Immer weiter, immer größer, immer mehr: Rechnet man die täglich aus den angrenzenden Ballungsräumen in die City strömenden Beschäftigten hinzu, hat in der wichtigsten Industrie-, Handels- und Hafenstadt des Landes nahezu jeder fünfte Norweger sein Auskommen.

Wer vom Meer her naht, den empfängt die über 1000 Jahre alte Kapitale mit weit geöffneten Armen. Auch wer mit dem Flugzeug kommt, erliegt ihrem Charme schon im Anflug und versteht, dass Oslo im Prospekt den Beinamen »schönste Hauptstadt der Welt« trägt. ›Uschluu‹, wie die Osloer sie nennen, ist von ihrer Einwohnerzahl her die kleinste Skandinaviens, doch mit ihrer Ausdehnung (454 km^2) eine der größten Hauptstädte Europas und – da nur zu einem Drittel ihrer Gesamtfläche bebaut – die grünste des Kontinents.

Ihr geografisches Zentrum liegt in rauschenden Wäldern, von 1200 km Wanderwegen und 2600 km Langlaufloipen erschlossen; an nicht weniger als 343 Seen kann man dem Großstadtleben entkommen, auch die Strände am und die 40 Inseln im Oslofjord sind wie dafür geschaffen, sich vom – für norwegische Verhältnisse – hektischen Treiben im Zentrum zu erholen.

Museumsinsel Bygdøy

Fährboot Nr. 91 (April–Okt.) ab dem Anleger vor dem Rathausplatz, Bus Nr. 30

Auf der zentrumsnahen Halbinsel Bygdøy, einem wald- und wiesenreichen Refugium, finden sich die bedeutendsten Zeugnisse norwegischen Volkstums, Forscherdrangs und der Seetüchtigkeit dieser Nation.

Norsk Folkemuseum 1

Museumsvei 10, www.norskfolkemuseum.no, Mitte Mai–Mitte Sept. tgl. 10–18, sonst Mo–Fr 11–15, Sa/So bis 16 Uhr, 110 NOK, Folkloredarbietungen im Telemarkstunet (Ende Juni–Mitte Aug. tgl. 10–18 Uhr)

Vom Anlegesteg der Fähre führt ein ausgeschilderter Weg zum Norsk Folkemuseum, das 1902 als erstes norwegisches Freilichtmuseum eröffnet wurde. Es vermittelt ein ebenso großartiges wie umfassendes Bild norwegischer Kultur aller Jahrhunderte. In der 14 ha großen Freilichtabteilung finden sich 155 Gebäude, zusammengetragen aus dem ganzen Land und hier wieder aufgebaut: Stadthäuser, Bauernhöfe, Speicher, Fischerhütten, Kirchen, unter ihnen auch die Stabkirche von Gol. Das Verschiedenartige der Jahrhunderte und Landschaften zeigt sich auch im Innern der Häuser, in denen Hausrat, Werkzeug und sakrale Kunstgegenstände ausgestellt sind.

Wikingerschiffshalle 2

Huk Aveny 35, www.khm.uio.no, Mai–Sept. tgl. 9–18, sonst 10–16 Uhr, 60 NOK

In direkter Nachbarschaft zum Freilichtmuseum steht die Wikingerschiffshalle (Vikingskipshuset), die die drei berühmtesten restaurierten Wikingerschiffe der Welt birgt: das reich verzierte Osebergschiff, das nie

Frognerparken
BYDEL ULLERN
Sørkedalsveien
Middelthunsgt.
Kirkeveien
Bogstadveien
Sorgenfrigata
Schønings gt.
Fagerborggata
Stensparken
Ole Vigs gate
Rosenborggata
Sporveisgata
Ole Fladagers gt.
Majorstuvn.
Industrigata
Holmboesgt.
Neuberggata
Fearnleys gt.
Underhausveien
Josefinesgate
Jondrudveien
Madserud allé
Fuglehauggt.
Munthes gate
Prof. Dahls gt.
Hegdehausveien
Halvdan Svartes gate
Frogner plass
Gyldenløves gt.
Daas gt.
Holtegata
Uranienborg terr.
Oscars
Solhelmgata
Tidemands gate
Schives gt.
Briskebyvn.
Uranienborgvn.
Eckersbergs gt.
Tors gt.
Eilert Sundts gate
Wergelandsveien
Hafrsfjordgata
Nobels gate
Thomas Heftyes gate
Løvenskiolds gt.
Skovveien
C. Colletts vei
Inkognitogata
Drammensveien
Elisenbergvn.
Frognerveien
Gyldenløves gt.
Slottsparken
Tostrups gt.
Bygdøyallé
Lille Frogner allé
Colbjørnsens gt.
Oscars gate
Parkveien
C.A. Pihls gt.
Thomas
Sophus Lies gt.
Incognito gata
BYDEL FROGNER
Heftyes gt.
Fredrik Stangs gt.
Gabels gt.
Niels Juels gate
Henrik Ibsens gate
Løkkeveien
Ruseløkkveien
E 18
Frognerstranda
Solligata
Huitfeldtsgate
Adelersgt.
Dronning Mauds
Munkedams vn.
Leif Eirikson gt.
Bjørn Farmanns gt.
Framnesvn.
Munkedamsveien
Observatoriegata
Reichweins gate
Dokkveien
Holm. gt.
AKER BRYGGE
Stranden
Filipstadveien
Fährterminal Color Line
Frognerkilen
TJUVHOLMEN
Pipervika
Bygdøy
Bygdøynesveien
Oslofjorden
0
150
300 m

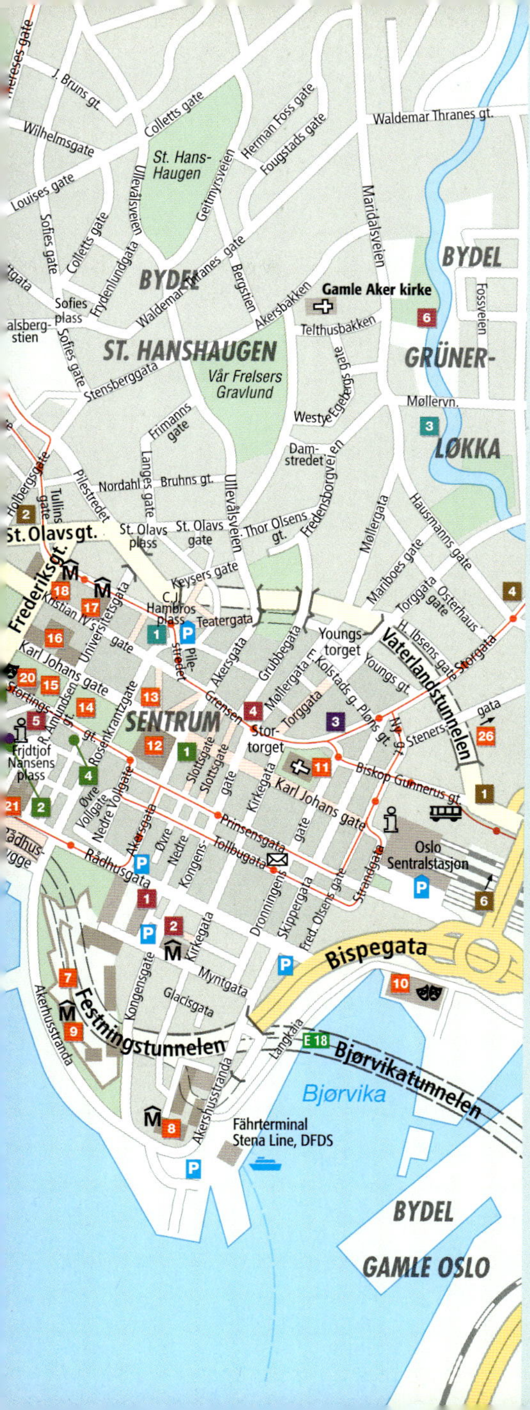

Oslo

Sehenswert

1 Norsk Folkemuseum
2 Wikingerschiffshalle
3 Fram-Museum
4 Kon-Tiki-Museum
5 Norwegisches Maritimes Museum
6 Astrup Fearnley Museum für Moderne Kunst
7 Festung Akershus
8 Forsvarsmuseet
9 Hjemmefrontmuseet
10 Opernhaus
11 Dom
12 Storting
13 Grand Hotell
14 Eidsvollpark
15 Studenterlunden
16 Universität
17 Nationalgalerie
18 Historisches Museum
19 Königliches Schloss
20 Nationaltheater
21 Rathaus
22 Nobel-Friedenszentrum
23 Vigeland-Anlage
24 Vigeland-Museum
25 Holmenkollen
26 Munch-Museum

Übernachten

1 Radisson Blu Plaza Hotel
2 Radisson Blu Scandinavia Hotel
3 The Thief
4 Anker Hotel & Hostel
5 Cochs Pensjonat
6 Oslo Vandrerhjem Haraldsheim

Essen & Trinken

1 Det Gamle Rådhus
2 Engebret Café
3 D/S Louise Restaurant & Bar

Fortsetzung s. nächste Seite

4 Stortorvets Gjaestgiveri
5 Theatercafeen
6 Mathallen Oslo

Einkaufen
1 David-Andersen
2 Norwayshop
3 Norway Design
4 Fenaknoken
5 Friends Fair Trade

Aktiv
1 Badebucht Huk
2 Marka
3 DNT Oslo og Omegn
4 Tryvann Winterpark
5 Korketrekkeren
6 Fjordfahrten/Sightseeing
7 Citysightseeing

Abends & Nachts
1 Herr Nilsen Jazzclub
2 Beer Palace
3 Blå
4 Lorry
5 Oslo Konserthus

im Wasser war, sondern als Grabbeigabe einer Häuptlingsfrau diente; das Gokstadschiff, 23,3 m lang und damit das größte erhaltene Wikingerschiff. Es wurde 1893 nachgebaut und überquerte den Ozean nach Amerika. Schließlich das nur noch teilweise erhaltene Tuneschiff nebst anderen Funden aus der Wikingerzeit – meist Grabbeigaben aus Gold und Silber.

Fram-Museum 3

Bygdøynesveien 36, www.frammuseum.no, Juni–Aug. tgl. 9–18, Mai/Sept. tgl. 10–17, sonst 10–15 Uhr, 80 NOK

Wer müde ist, kann zum Fähranleger zurückkehren und das Schiff erneut besteigen, um an der nächsten Station wieder an Land zu gehen. Per Straße (ausgeschildert) sind es vielleicht 10 Min. Fußweg zu gleich drei besuchenswerten Museen. Mit seinem extrem hochgezogenen Dreiecksdach am auffälligsten präsentiert sich das Fram-Museum. Mit dem nur 35 m langen und 1892 von Collin Archer aus Eiche erbauten Polarschiff ›Fram‹ machte sich Fridtjof Nansen auf, den Nordpol zu erreichen. Roald Amundsen lieh sich den dickleibigen Dreimastschoner aus, um an den Rand der Antarktis vorzustoßen, von wo aus er 1911 als erster Mensch zum Südpol gelangte.

Das eindrucksvolle Schiff darf betreten und von innen betrachtet werden. In der lichtdurchfluteten Halle werden außerdem Fotos, Ausrüstungsgegenstände und Karten von den Polarfahrten ausgestellt, Zeitungsausschnitte hängen zuhauf an den Wänden. Ein Polar-Simulator und interaktive Stationen sowie größte Buchladen der Welt für Polarliteratur runden die spannende Ausstellung ab.

Die ›Gjøa‹, mit der Amundsen 1903 bis 1906 die berüchtigte Nordwestpassage bezwang, ist vor dem Fram-Haus aufgebockt.

Kon-Tiki-Museum 4

Bygdøynesveien 36, www.kon-tiki.no, Juni–Aug. tgl. 9–18, April/Mai, Sept. tgl. 10–17, sonst 10–16 Uhr, 80 NOK

Gegenüber liegt das Kon-Tiki-Museum, in dem das Balsaholzfloß ›Kon-Tiki‹ aufgebaut ist, auf dem sich der norwegische Zoologe Thor Heyerdahl 1947 zusammen mit fünf Gefährten in 101 Tagen von Peru nach Polynesien treiben ließ (4200 Seemeilen). Heyerdahl wollte beweisen, dass Altperuaner schon zu Zeiten unseres Mittelalters im Stillen Ozean gekreuzt sein könnten. In der Halle sind außerdem Gebrauchsgegenstände aus Südamerika und Polynesien sowie Steinskulpturen von der chilenischen Osterinsel ausgestellt. In der Nachbarhalle befindet sich das Papyrusboot ›Ra II‹, der Nachbau eines Schiffes aus dem alten Ägypten, auf dem Thor Heyerdahl mit einer siebenköpfigen Mannschaft 1970 von Marokko aus in 57 Tagen den Atlantik überquerte.

Norwegisches Maritimes Museum 5

Bygdøynesveien 37, www.marmu seum.no, Mitte Mai–Ende Aug. tgl. 10–18, sonst Di–So 10–15 Uhr, 60 NOK
Bleibt das Norwegische Maritime Museum (vormals Norsk Sjøfartsmuseum), das Norwegen als Küsten- und Seefahrtsnation von den Anfängen bis zur Gegenwart präsentiert. Ein Panoramafilm entführt auf eine eindrucksvolle Reise entlang der norwegischen Küste. Schönes Freiluftrestaurant am Fjord.

Entlang der Pipervika

Aker Brygge

0250 Oslo, www.akerbrygge.no
Fähren bringen den Besucher in die eigentliche Stadt zurück, deren Front zum Oslofjord, die Pipervika, von zwei Polen geprägt wird: Ganz rechts erhebt sich Akershus, die Festung aus dem 14. Jh., während ganz links die Glastürme des ehemaligen Werftgeländes Aker Brygge aufragen. Die Osloer sind stolz auf dieses Viertel im ehemaligen Werftgelände, das im Stil der Londoner Docklands gestaltet ist und den Städtern mit seinen Kai-Cafés und durchgestylten Restaurants, Designerclubs und coolen Bars als *der* Schmelztiegel der Freizeitlust dient. In luxuriösen Arkaden machen sich edle Boutiquen und Kunstgalerien sowie dutzende Restaurants Konkurrenz und aus über hundert Kneipen, Pubs und Nachtklubs dröhnt Dixie oder Freejazz, norwegischer Pop oder Klassisches nach draußen, wo sich Kaicafés aneinanderreihen.

Tjuvholmen

0252 Oslo, www.tjuvholmen.no
Direkt angrenzend das ehemalige Hafenviertel Tjuvholmen, das nach jahrelangen Bauarbeiten die Vielfalt verschiedenster architektonischer Ausdrucksformen aufzeigen will und sich als ein Paradebeispiel der zeitge-

Stolz und Freude der Osloer – das ehemalige Werftgelände Aker Brygge

Hochkultur in einem ›Eisberg‹ aus Beton, Marmor und Glas – in der Osloer Oper

nössischen europäischen Architektur präsentiert.

Herzstück der Anlage ist das mehr als 90 Mio. € teure **Astrup Fearnley Museum für moderne Kunst** 6 . Es wurde in Form eines großen Glassegels nach den Entwürfen des italienischen Stararchitekten Renzo Piano (Schöpfer u. a. des Centre Pompidou in Paris) konstruiert und schon kurz nach seiner Eröffnung im September 2012 als eines der herausragenden neuen Museen weltweit gefeiert. Je nach Blickwinkel stiehlt es sogar der grandiosen Oper (s. u.) die Show. Und auch im lichtdurchfluteten Innern kann man an dieser ambitionierten Ausstellung seine helle Freude haben, liest sich doch der Sammlungskatalog dieses bedeutendsten skandinavischen Privatmuseums wie ein Who's Who der Kulturelite der Nachkriegszeit (Strandpromenaden 2, www.afmuseet.no, Di/Mi und Fr 12–17, Do bis 19, Sa/So 11–17 Uhr, 100 NOK).

Festung Akershus

www.forsvarsbygg.no/akershusfestning, tgl. 6–21 Uhr

Von den ›Docklands‹ aus geht es zunächst zur Pipervika zurück und dann über die Uferpromenade Akershusstranda vorbei um das Hafenbecken herum zur unübersehbaren **Festung Akershus** 7 . Dieses Bollwerk wurde in den ersten Jahren des 14. Jh. von Håkon V. als Palastburg errichtet und im 17. Jh. im Stil der Renaissance umgebaut. Mit Abstand am beeindruckendsten ist die weite Aussicht von den Festungswällen auf das angrenzende Hafengebiet, die Aker Brygge und die Pipervika bis hinüber zur Museumsinsel Bygdøy.

Innerhalb der auch heute noch unter Militärverwaltung stehenden Festung gibt es mehrere Sehenswürdigkeiten. Das im Stil der Renaissance erbaute **Akershus slott** beeindruckt u. a. mit prachtvoll ausgestatteten Repräsentationssälen, der alten Schlosskirche und dem königlichen Mausoleum (Mai–Aug. Mo–Sa 10–16, So ab 12, sonst nur So 12–17 Uhr , 70 NOK inkl. Audioguide, Führung 50 NOK extra).

Im **Forsvarsmuseet** 8 (Verteidigungsmuseum, 0150 Oslo) wird ein Bild der norwegischen Militärgeschichte von der Wikingerzeit bis heute nachgezeichnet, eine Cafeteria bietet Erfrischungen an (www.forsvarsmuseet.no, Mai–Aug. Mo–Fr 10–17, Sa/So 11–17, sonst Di–Fr 11–16, Sa/So 11–17 Uhr, Eintritt frei).

Bleibt als letztes Highlight das **Hjemmefrontmuseet** 9 (Widerstandsmuseum, 0150 Oslo). Der Standort ist trefflich gewählt, denn auf dem Platz davor fällte ein deutscher Marinerichter seine Todesurteile. Nüchtern und bar jeden Hasses erinnert die Ausstellung an den Widerstand gegen die deutschen Besatzer und ihre Gräueltaten (www.forsvaretsmuseer. no, Juni–Aug. Mo–Sa 10–17, So ab 11, sonst tgl. 10/11–16 Uhr, 50 NOK).

Opernhaus 10

Kirsten Flagstads plass 1, www. operaen.no, Besuch im Rahmen von Führungen, auf Norwegisch Mo–Sa 12, So 13 Uhr (im Sommer bis zu 3 x tgl.), auf Englisch Mi u. So 13, Sa 12 Uhr, 100 NOK, ermäßigt 60 NOK

Von der Festung Akershus ist es nur ein rund 1,5 km langes Wegstück um die östlich an die Pipervika angrenzende Bjørkvika herum zum Opernhaus, das erst 2008 fertiggestellt wurde und sich als ungemein spektakulärer Augenfang aus Glas und Beton in Form eines Eisberges präsentiert. Es gilt als eines der architektonisch ansprechendsten auf Erden und wurde auf dem World Architecture Festival in Barcelona gleich nach seiner Eröffnung zum »Kulturgebäude der Welt 2008« erkoren.

Zentrum

Entlang der Karl Johans gate

»Via Veneto des Nordens«, wird die Karl Johans gate, früher wie heute Schlagader Oslos, genannt. Sie leitet in gerader, knapp 2 km langer Linie vom Hauptbahnhof zum Schloss und wurde 1814 auf Geheiß des schwedischen Oberherrn Karl Johan als Prunkboulevard erbaut. So majestätisch ihr Name ist, so majestätisch ist auch ihr Gepräge, dem einige der schönsten Bauwerke der Stadt Ausdruck verleihen.

Zitate von Ibsen

Seit dem Jahr 2008 können Fußgänger auf ihrem Weg durch die Innenstadt insgesamt 69 markante Zitate des Dramatikers Henrik Ibsen (s. S. 69) auf dem Straßenpflaster studieren. Die dichteste Sammlung der in rostfreien Stahlbuchstaben gehaltenen Zitate findet sich u. a. auf der Karl Johans gate, etwa direkt vor dem Grand Café, einst Stammcafé des Künstlers.

Dom 11

Stortorvet, www.oslodomkirke.no, tgl. 10–16 Uhr, Sa auch 0–6 Uhr, Eintritt frei

Der Dom, 1694–1699 erbaut und vor wenigen Jahren umfassend renoviert, ist an seinem zentralen Backsteinturm, dessen Turmuhr (1718) die älteste noch funktionierende Norwegens ist, unschwer zu erkennen. Sehenswert in der Bischofskirche sind nebst dem Königsstuhl vor allem die barocke Kanzel und der barocke Altar (die beide reich mit Akanthusschnitzereien versehen sind) sowie die 1950 fertiggestellte Gewölbedekoration. Das monumentale Werk in Ei-Öl-Tempera nimmt eine Fläche von 1500 m² ein.

Storting 12

0026 Oslo, www.stortinget.no, 24. Juni–16. Aug. tgl. Führungen auf Englisch um 10 und 13 Uhr, sonst nur Sa, Eintritt frei

Drei weitere Shopping-Blöcke sind zu bewältigen, dann erhebt sich linker Hand das 1861 im Stil der Neugotik errichtete Storting. Architektonisch setzt sich das Parlamentsgebäude nicht gerade in Pose, aber dafür beeindruckt das Innere mit einer reichen künstlerischen Ausstattung. Sehenswert ist u. a. das Gemälde der Verfassungsgebenden Versammlung im Plenarsaal.

Grand Hotell 13

Ein paar Meter weiter, auf der rechten Straßenseite, prunkt das ehrwürdige **Grand Hotell,** ganz Kind des 19. Jh., mitsamt dem **Grand Café** (s. S. 254), in dem alle Künstler von Ibsen bis Munch verkehrten. Dargestellt ist die illustre Künstlerschar auf dem großformatigen Gemälde im Innern, das aus Christian Kroghs Pinsel stammt.

Rings um die Universität

Die nun wieder verkehrsumbrandete Promenade wird zur Rechten von weiteren Prunkbauten aus der norwegischen Gründerzeit flankiert, während sich linker Hand das satte Grün des von Wasserspielen aufgelockerten **Eidsvollparks** 14 auftut, wo sich Studenten der nahe gelegenen Universität ihre Zeit vertreiben.

Jenseits der Roald Amundsens gate heißt der Park **Studenterlunden** 15 (Stortingsgata 12); hier finden sich zahlreiche Biergärten. Links angrenzend liegt das Nationaltheater (s. u.), ihm gegenüber die **Universität** 16 (Karl Johans gate 47), ein klassizistischer, von Säulen getragener Bau. Sehenswert ist vor allem die Aula mit einem Wandgemälde von Edvard Munch (nur in Verbindung mit Events geöffnet).

Zum Schloss

Vor Erreichen des Schlosses sollte ein Abstecher unbedingt zur **Nationalgalerie** 17 (Universitetsgata 13, www.nasjonalmuseet.no, Di/Mi und Fr 10–18, Do bis 19, Sa/So 11–17 Uhr, 50 NOK) führen. In der Hauptkunstsammlung Norwegens sind neben allen bedeutenden Malern des Landes auch Kunstwerke von Manet, Degas, van Gogh, Renoir, Gauguin und Picasso zu bewundern.

Angrenzend befindet sich das **Historische Museum** 18 (Frederiksgt. 2, www.khm.uio.no, Di–So 11–16 Uhr, 50 NOK) in einem der schönsten Jugendstilbauten der Stadt. Die Altertumssammlung zeigt u. a. Funde aus der Wikingerzeit sowie Stabkirchenportale, die ethnografische Abteilung ist dem Leben fremder Völker gewidmet, das Münzkabinett besticht mit einer umfassenden Münz- und Medaillensammlung .

Königliches Schloss 19

Slottsplassen 1, www.kongehuset.no, 22. Juni–12. Aug. Führungen auf Englisch Mo–Do u. Sa 12, 14, 14.20, Fr/So 14, 14.20 u. 16 Uhr, Dauer 55 Min. 95 NOK. Nur wenige Tickets pro Tag am Schloss, sonst ab 1. Mai im Vorverkauf bei den Postämtern des Landes sowie unter www.billettservice.no

Über die Frederiksgate geht es auf die Karl Johans gate zurück, die nun, vom königlichen Park umschlossen, am Karl-Johan-Reitermonument vorbei zum im Empirestil errichteten Schloss führt. Schutzlos den Fotoangriffen der Touristen ausgeliefert sind die Palastwachen (Wachablösung tgl. 13.30 Uhr), die ebenso elegant gekleidet sind wie ihre englischen Kollegen in Buckingham. 15 repräsentative Räume im eklektizistisch ausgestatteten Schloss sind der Öffentlichkeit zugänglich.

Zur Pipervika zurück

Nun geht es zur Frederiksgate zurück und in die parallel zur Karl Johans gate verlaufenden Stortingsgata, zum 1895 erbauten **Nationaltheater** 20 (Johanne Dybwads plass 1). Den Haupteingang schmücken zwei in Erz gegossene Skulpturen von Ibsen und Bjørnson. Nach rund 100 m zweigt rechts die Roald Amundsens gate ab, wo man von einer ganz anderen, kalt bedrängenden Welt empfangen wird. Aus Backstein sind die schmucklosen Nutzbauten rechts und links und aus dem gleichen Material ist das 1950 errichtete **Rathaus** 21 (Rådhuset, Rådhusplassen 1, tgl. 9–18, Führungen im Sommer um 10, 12 und 14 Uhr), in dem die Friedensnobelpreise verliehen werden. Über den architektonischen Wert dieses zweitürmigen Bauwerks streiten sich die Osloer bis heute. Von Größe geprägt ist auch die innere Ausstattung, an der 28 Maler und Bildhauer arbeiteten.

Vis-à-vis vom Rathaus schließlich das **Nobel-Friedenszentrum** 22 (Brynjulf Bulls Plass 1, www.nobelpeacecenter.org, 18. Mai–Aug. tgl. 10–18 Uhr, sonst nur Di–So, 80 NOK), anlässlich der Feiern zur 100-jährigen Selbstständigkeit Norwegens 2005 im einstigen Hauptbahnhof nahe der Pipervika eröffnet. Neben einer ständigen Ausstellung zu den Arbeiten der bisherigen Friedensnobelpreisträger seit 1901 gibt es wechselnde Ausstellungen zum Thema Frieden. Darüber hinaus werden Hintergründe zum Preisstifter Alfred Nobel (1833–1896) gegeben sowie zu aktuellen Konfliktherden auf der Welt und zum internationalen Einsatz für den Frieden.

Außerhalb vom Zentrum

Vigeland-Anlage 23 und Vigeland-Museum 24

s. Entdeckungstour S. 250

Holmenkollen 25

Kongeveien 5, U-Bahnlinie 1 bis ›Holmenkollen‹, www.holmenkollen.com u. www.skisimulator.no, Schanze und Museum Okt.–April tgl. 10–16, Mai und Sept. 10–17, Juni–Aug. 9–20 Uhr, Eintritt Schanzenturm 110 NOK, Sprung mit dem Simulator 60 NOK

▷ S. 253

Auf Entdeckungstour: Gigantische Spuren – in der Vigeland-Anlage unterwegs

Am Werk des Bildhauers Gustav Vigeland kommt man in Oslo nicht vorbei. Er hat einen Skulpturenpark wahrhaft monumentaler Art geschaffen – die Vigeland-Anlage 23 mit gut 200 Skulpturen und etwa 650 Figuren.

Planung: www.vigeland.museum.no, durchgehend geöffnet. Im Vigeland-Besucherzentrum direkt hinter dem Haupteingang Souvenirs zu Gustav Vigeland und seiner Kunst. Der Frognerpark eignet sich gut zum Picknicken; Einkehrmöglichkeit im Kafé Vigeland (Juni–Aug. tgl. 9–20, sonst 10–16 Uhr)

Anfahrt: Straßenbahn Nr. 12 bis zur Haltstelle ›Vigelandsparken‹, direkt vor dem Haupteingang am Kirkeveien gelegen.

Es war einmal der Bildhauer Gustav Vigeland (1869–1943), der hatte den Traum, das menschliche Leben von der vorbewussten Kindheit bis zur nachsinnenden Ruhe des Alters mit allen Fährnissen wie Glück und Trauer, Hoffnung und Verzweiflung in jeder Lebensphase darzustellen und damit ein steinernes Gleichnis des Lebens selbst zu schaffen. Um diese Vision zu verwirklichen, vermachte er all seine bisherigen Werke der Stadt Oslo und bekam dafür als Gegenleistung ein Atelier und die erforderlichen Mittel.

So ging er an die Arbeit, die fast die ganzen letzten 22 Jahre seines Lebens in Anspruch nahm, und schuf einen Skulpturenpark wahrhaft monumentaler Art: die Vigeland-Anlage, in der sich – in Gruppen zusammengefasst – rund 200 Skulpturen mit etwa 650 Figuren auf einer 850 m langen Achse aneinanderreihen. Dieser Skulpturenpark brachte ihm höchstes Lob, aber auch größten Tadel ein – sehen ihn die einen als einen »Michelangelo der Neuzeit«, so wurde er von anderen als ein »Rodin de Néandertal« bezeichnet.

Die Kindheit – Schlüssel zu Vigelands Werk

Die meisten Besucher aber zeigen sich schon an dem aus Granit und Schmiedeeisen gefertigten siebentorigen **Hovedportalen (1,** Hauptportal) am Kirkeveien fasziniert. Von diesem Hauptportal aus ›kunstwandeln‹ sie begeistert am Besucherzentrum vorbei zur 100 m langen und 15 m breiten **Broen** (›Brücke‹, **2**), die von 58 Bronzeskulpturen flankiert wird (modelliert zwischen 1926 und 1933). Dargestellt sind Kinder, Männer und Frauen, allein oder in Gruppen. Dominantes Motiv ist das Verhältnis zwischen Mann und Frau oder Eltern und Kindern, und betrachtet man die einzelnen Skulpturen aus der Nähe, so drängt sich das Bild eines Künstlers auf, dessen Kindheit und Verhältnis zu Vater und Mutter, Frau schlechthin, gestört war. In der Tat hat Vigeland einmal über sich selbst gesagt, dass er seine Kindheit immer in sich getragen habe, den jähzornigen und tyrannischen, vom protestantischen Fundamentalismus geprägten Vater, der ihm durchaus auch mit der Peitsche das Leben von Anfang an zur Hölle gemacht und ihm immer eingebläut habe, dass Frauen unrein, dem Bösen verbunden und eigentlich keine Menschen seien. Das sieht man den skulptierten Frauen an, die zwar liebevoll dargestellt sind, aber doch stets mit einem Blick, der ins Leere geht. Auch die Kinder machen kaum einen glücklichen Eindruck, und gerade die Vater-Kind-Gruppen lassen tief in die Seele des Künstlers blicken, der einen regelrechten Hass auf seinen Vater entwickelt hatte, da dieser ihn, wie er einmal sagte, seiner gesamten Kindheit beraubt habe.

Neben der Brücke lohnt der rund angeordnete **Barneplassen** (Kinderspielplatz, **3**) einen Blick. Er ist in acht Bronzeskulpturen eingefasst, die Kleinkinder darstellen, und in seiner Mitte thront die Skulptur eines ungeborenen Babys.

Der ewige Kreislauf

Von der Brücke aus ist es nur ein kurzes Wegstück zur **Fontenen,** dem ›Brunnen‹ **(4),** der von einem 1800 m² großen Labyrinth aus weißem und schwarzem Granit umgeben ist, dessen geometrisches Muster ein insgesamt 3000 m langes Labyrinth formt. Modelliert wurde er bereits im Jahr 1909 und damit ist er auch der älteste Teil des Parks. Gesäumt wird er von insgesamt 20 Baumgruppen (1906–

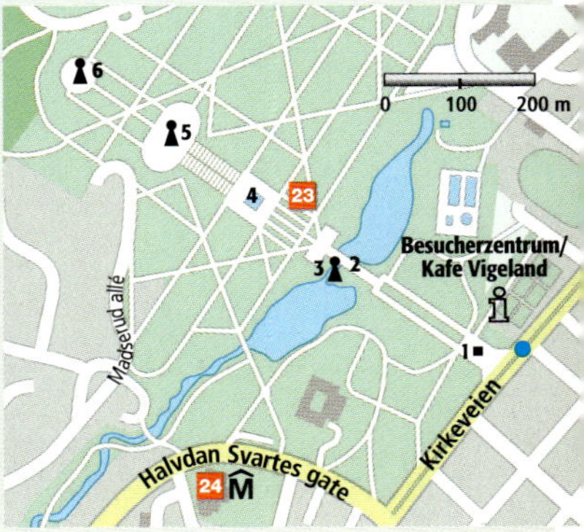

1914), unter deren Kronen sich das gesamte Leben der Menschheit zwischen Geburt und Tod entwickelt.

Vom Brunnen aus führt eine Treppe ins Zentrum dieser gewaltigen Anlage hinein, zum 17,3 m hoch aufragenden **Monolitten (5),** der aus 121 ineinander verschlungenen Menschenleibern ›zusammengesetzt‹ ist, die, wie Sachverständige heute meist zu interpretierten wissen, kämpfend zum Licht streben. Modelliert wurde der ›Monolith‹ vom Künstler im Jahr 1933, doch vergingen weitere 16 Jahre, bis er von seinen Assistenten aus einem einzigen Granitblock herausgemeißelt war. Gemeinhin wird die Säule heute als Phallus gedeutet, Fruchtbarkeitssymbol und Ursprung allen Lebens, und umgeben ist sie von 36 Figurengruppen aus Granit, deren immer wiederkehrendes Thema der ›Kreislauf des Lebens‹ ist.

Nichts anderes auch will die letzte Skulptur an der durch die Anlage führenden Achse aussagen: Das in Bronze gearbeitete **Livshjul (6),** das ›Rad des Lebens‹, das aus sieben miteinander verflochtenen Leibern von vier Erwachsenen und drei Kindern besteht.

Damit hat sich der Kreis geschlossen und des Künstlers Antworten auf die Frage nach dem Sinn seines Skulpturenparks lässt alles offen: »Jeder kann es sich erklären, wie er will«, sagte er zum einen und »dies ist meine Religion« zum anderen.

Wer noch mehr über Gustav Vigeland und seine Kunst erfahren möchte, dem sei das **Vigeland-Museum** 24 am Südrand des Parks empfohlen. Früher diente es dem Künstler als Atelier und Wohnung, heute sind im Gebäude weitere 1650 Plastiken sowie 3700 Holzschnitte und sage und schreibe 11 000 Zeichnungen untergebracht (Nobels gt. 32. www.vigeland.museum.no, Juni–Aug. Di–So 10–17, sonst 12–16 Uhr, 60 NOK).

Staunen, Befremden, Hass, Liebe – im Vigeland-Kosmos wird keine menschliche Regung ausgespart

Da Oslo im Jahr 2011 Austragungsort der Nordischen Ski-WM war, spendierte sich die Stadt eine neue Skisprungschanze. Sie ist die modernste der Welt und bietet vom Schanzenturm die eindrucksvollste Aussicht über Oslo überhaupt. Dank eines Skisimulators ist auch als Besucher ein Sprung möglich, während das Skimuseum die Entwicklung des Skifahrens im Laufe der letzten 4000 Jahre nachzeichnet.

Munch-Museum 26

Munch-museet, Tøyengata 53, Tel. 23 49 35 00, www.munch.museum.no, Sept.–Mai Di–Fr 10–16, Sa/So 10–17, Juni–Aug. tgl. 10–17 Uhr, 95 NOK, mit dem Bus Nr. 20 bis Haltestelle ›Munch-museet‹, beliebige U-Bahnlinie in östl. Richtung bis ›Tøyen stasjon‹

Edvard Munch (1863–1944) gilt als einer der Wegbereiter des Expressionismus und wird heute in einem Satz mit van Gogh, Cézanne und Gauguin genannt. Mit genialer Pinselführung gab er Not und Angst, Liebe und Hass, der immerwährenden Anziehung und Abstoßung zwischen den Menschen eine Gestalt. Das Museum nennt über 20 000 Grafiken, 4500 Zeichnungen und 1100 Gemälde Munchs sein Eigen, und eingedenk dieses Monumentalwerks ist klar, dass immer nur ein Teil ausgestellt werden kann.

Doch die bekanntesten Gemälde sind in der Regel ständig ausgestellt, und seit 2008 kann das Museum auch die beiden berühmtesten Bilder des Malers wieder der Öffentlichkeit präsentieren: »Skrik« (»Der Schrei«) und »Madonna«, die 2004 gestohlen und dabei erheblich beschädigt worden waren. Zwei Jahre später wurden die beiden Bilder sichergestellt, doch dauerte es zwei weitere Jahre, bis die Meisterwerke weitestgehend restauriert waren.

Übernachten

Die günstigsten Tarife in den Komforthotels erhält man bei Online-Buchung über die Website des Touristenbüros (s. S. 240), über die man auch das Oslo-Paket – Unterkunft plus Oslo-Pass – buchen kann. Außerdem bieten die meisten Hotels günstige Wochenend- und Sommerpreise mit bis zu 40 % Ermäßigung an. Am günstigsten aber sind Privatzimmer (EZ ab 300 NOK, DZ ab 500 NOK), die über die Toursteninformationsbüros am Bahnhof vermittelt werden (man muss dort persönlich erscheinen).

Nonplusultra – **Radisson Blu Plaza Hotel 1**: Sonja Henies Plass 3, Tel. 22 05 80 00, www.radissonblu.com, EZ/DZ ab 1365 NOK, im Sommer ab 1090 NOK bei frühzeitiger Buchung). Mit seinen 37 Etagen gilt dieser 5-Sterne-Glaspalast mittlerweile fast schon als Wahrzeichen Oslos. Die Aussicht von den 673 Zimmern über den Fjord und die Stadt ist bombastisch. Restaurants, Hallenbad und Panorama-Nachtklub in der 33. Etage.

Panorama satt – **Radisson Blu Scandinavia Hotel 2**: Holbergsgt. 30, Tel. 23 29 30 00, Homepage und Preise wie Plaza Hotel (s. o.). Tower-Hotel nahe dem Königlichen Schloss mit allem, was der verwöhnte Reisende nur begehrt, z. B. ein Hallenbad. Die 448 Zimmer bieten teils eine atemberaubende Aussicht über die Stadt und den Fjord.

Spitzenklasse aus alter Zeit – **Grand Hotell 13**: Karl Johans gt. 31, Tel. 23 21 20 00, www.grand.no, DZ ab 1645 NOK, EZ 1395 NOK, an Wochenenden 1441 bzw. 1228 NOK (keine Sommerermäßigung). Edler Schmuckbau aus dem 19. Jh. in allerbester Lage, eine der ersten Adressen Norwegens, ausgestattet mit rund 290 Zimmern und Suiten, mehreren Restaurants und einem Hallenbad. Das Hotel ist bei Nobelpreisträgern, Popstars und Staatsoberhäuptern gleichermaßen beliebt.

Design Hotel in unvergleichlicher Lage – **The Thief** 3: Landgangen 1, Tjuvholmen, Tel. 24 00 40 00, www.thethief.com, DZ ab 2190 NOK, EZ ab 1990 NOK (Sommer ab 1790/1590 NOK). Die Lage dieses neuen Spitzenhotels auf Tjuvholmen direkt gegenüber dem Astrup Fearnley Museum ist einzigartig, und dies sind auch Einrichtung und Ausstattung, für die international renommierte Designer verantwortlich zeichnen. Die Zimmer verteilen sich auf fünf Kategorien, und selbst die Standardzimmer sind mit einem kleinen Balkon ausgestattet (zumeist herrliche Aussicht auf den Fjord und den Museumsbau) sowie mit Hightech satt. Das Restaurant (auch Dachterrasse) ist vom Feinsten, der Service ausgezeichnet, die Spa-Abteilung extravagant. Und da das Hotel eine Vereinbarung mit dem Kunstmuseum hat, kann es sein, dass man unter einem echten Warhol oder Brian Ferry frühstückt!

Für jeden etwas – **Anker Hotel & Hostel** 4: Storgt. 55, Tel. 22 99 75 00 und 22 99 72 00 (Hostel), www.anker-hotel.no bzw. www.ankerhostel.no. EZ/DZ ab 650/850 NOK im Hotel, Bett im Mehrbettzimmer 200 NOK, DZ ab 650 NOK (Frühstück 85 NOK extra) im Hostel. Nahe der Karl Johans gt. gelegenes Mittelklassehotel mit 13 Etagen. Die Zimmer sind modern ausgestattet, ein wenig steril eingerichtet und bieten teils Aussicht auf die Stadt, teils auf Parkanlagen. Der preiswerte Ableger des Hotels bietet im Sommer ca. 120, sonst 50 denkbar schlicht möblierte Zimmer mit 1–8 Betten, alle mit Dusche/WC; Bettwäsche kann geliehen werden (50 NOK).

Schlicht und billig – **Cochs Pensjonat** 5: Parkveien 25, Tel. 23 33 24 00, www.cochspensjonat.no, DZ ab 720 NOK, EZ ab 500 NOK, auch Drei- und Vierbettzimmer. Pension in der Nähe des Schlossparks seit nunmehr 100 Jahren. Die 88 Zimmer auf 5 Etagen sind zwar eher schlicht eingerichtet, doch günstig, haben teils Gemeinschaftsbad, teils Kitchenette, sind aber, wenn nach vorne gelegen, laut.

Jugendherberge – **Oslo Vandrerhjem Haraldsheim** 6: Haraldsheimveien 4, Grefsen, Tel. 22 22 29 65, www.haraldsheim.no, erreichbar mit Straßenbahn Nr. 17 ab Hauptbahnhof (Station Sinsenkrysset) und Lokalzug ab Bahnhof (Station Grefsen), Betten ab 255 NOK, DZ ab 650 NOK, EZ ab 450 NOK, Frühstück inkl. Knapp 270 Betten in Vierer-, Doppel- und Einzelzimmern, hoher Komfort und schöne Lage.

Essen & Trinken

Historisches Ambiente – **Grand Café:** im **Grand Hotell** 13, Tel. 23 21 20 18, tgl. ab 7.30 Uhr, Frühstücksbuffet (auch für Nicht-Gäste) 205 NOK, Vorspeisen ca. 150 NOK, Hauptgerichte ab ca. 250 NOK. Es spricht für sich, dass hier Berühmtheiten wie Ibsen, Munch und Krogh zu speisen und Kaffee zu trinken pflegten; jeden So 13–17 Uhr Jazzbrunch mit Livemusik für 345 NOK.

Allerfeinstes aus Norwegen – **Det Gamle Rådhus** 1: Nedre Slottsgt. 1, Tel. 22 42 01 07, www.gamleraadhus.no, Mo–Sa 11.30–15 u. ab 16 Uhr, Vorspeisen 125–185 NOK, Hauptgerichte 285–350 NOK. Norwegische Spezialitäten werden hier, im alten Rathaus aus dem 17. Jh., mit viel Fantasie gekocht und serviert.

Gourmetklasse – **Engebret Café** 2: Bankplassen 1, Tel. 22 82 25 25, www.engebret-cafe.no, Mo–Fr 11.30–23, Sa ab 17 Uhr (Reservierung empfohlen), Vorspeisen 120–200 NOK, Hauptgerichte 215–345 NOK. Seit mehr als 150 Jahren eine der ersten Anlaufstellen in Oslo für allerfeinste norwegische Küche, ganz zart französisch angehaucht. Spezialitäten sind Fisch und Meeresfrüchte, im Herbst auch Wild, Vorspeisen kosten ab ca. 120 NOK aufwärts. Schön auch zum Draußensitzen.

Maritim – **D/S Louise Restaurant & Bar** 3: Stranden 3, Aker Brygge, Tel. 22 83 00 60, www.dslouise.no, Mo–Sa ab 11 Uhr, Vorspeisen ab 110 NOK, Hauptgerichte 225–645 NOK. Das ›D/S‹ steht für Dampfschiff, entsprechend maritim ist das Restaurant ausgestattet. Man kann mit schöner Aussicht auf die Pipervika draußen sitzen.

Alt und gemütlich – **Stortorvets Gjæstgiveri** 4: Grensen 1, Tel. 23 35 63 60, www.stortorvet.no, Mo–Sa 11–23 Uhr, Vorspeisen um 130 NOK, Hauptgerichte 230–330 NOK. Oslos ältestes Restaurant ist fast 300 Jahre alt und gemütlich eingerichtet. Auf der Karte stehen vor allem norwegische Traditionsgerichte. Im angeschlossenen Café (jeden Sa Livejazz, s. S. 259) werden auch Lunchgerichte sowie kleinere Mahlzeiten gereicht, stets eine Empfehlung sind dort Fischsuppe (141 NOK) und die tgl. wechselnde Dagens husmannskost (150 NOK).

Nobel – **Theatercafeen** 5: s. Lieblingsort S. 257.

Alles unter einem Dach – **Mathallen Oslo** 6: siehe Unser Tipp rechts.

Einkaufen

Shoppingmeilen gibt es mehrere in Oslo, mit Abstand die größte von Stadt (und Land) ist die Karl Johans gate (s. S. 247) mit den abzweigenden Fußgängergassen. An zweiter Stelle rangiert die parallel zur Karl Johans gate verlaufende Straße Grensen (mit den nördlich abzweigenden Storgata, Torggata und Møllergata), großer Beliebtheit erfreuen sich auch die Aker Brygge und Tjuvholmen (s. S. 245), wo dutzende Boutiquen, Delikatessengeschäfte, Antiquitätenläden und Galerien einladen.

Unser Tipp

Alles unter einem Dach: Mathallen Oslo 6

Mit den ›Essenhallen‹ hat Oslo seit Herbst 2012 ein neues Highlight: Innerhalb der ersten vier Monate ihres Bestehens wurden über 500 000 Besucher gezählt! Dieser Rekord ist dem enormen Angebot geschuldet, denn unter dem riesigen Glasdach der nicht nur der norwegischen Esskultur gewidmeten Halle finden sich nicht weniger als rund 20 Restaurants, 20 Feinkost-Geschäfte und ein halbes Dutzend Pubs und Bars.

Auch ein 300 m² großer Marktplatz ist angeschlossen, und natürlich finden sich unter den Geschäften und gastronomischen Betrieben auch solche, die sich auf's Biodynamische und/oder Ökologische und/oder Vegetarische spezialisiert haben. So u. a. **Den Blinde ku** (Käsespezialist) und **Friends Fair Trade** (Feinkost, ökologisch und biodynamisch); mit **Vulkan frukt og grønt** lädt eines der am besten bestückten Obst-/Gemüseläden der Stadt ein, während die **Ølhandleriet** nicht weniger als 200 Biersorten aus dem In- und Ausland vertreibt (Maridalsveien 17, Tel. 40 00 12 09, www.mathallenoslo.no, Di/Mi 10–19, Do/Fr bis 20, Sa bis 18, So 12–17 Uhr, zahlreiche Restaurants, Bars und Pubs haben längere Öffnungszeiten, an den Wochenenden teils bis 3 Uhr morgens).

Lieblingsort

Nordischer Jugendstil

Nobles Ambiente in einer ebenso herzlichen wie edlen Atmosphäre zu genießen – das ist der Stoff, aus dem die großen Cafés gemacht sind. So ist das **Theatercafeen** 5 im Hotel Continental nicht nur ein Wahrzeichen Oslos, sondern auch eines der wenigen noch originalgetreuen Jugendstil-Kaffeehäuser Europas. Einst Knut Hamsuns Stammlokal ist es heute Prominententreff und Sehenswürdigkeit für sich. Wer seine Reisekasse schonen will, kommt Mo–Fr zwischen 11 und 15 Uhr und bestellt eines der Mittagsgerichte (169–250 NOK) oder einen Salat (179 NOK). Schleckermäuler lieben sjokoladefondan, einen warm servierten Schokoladenkuchen, sündhaft süß und sündhaft teuer (125 NOK). Um Reservierung und angemessene Garderobe wird gebeten (Theatercafeen, Stortingsgt. 4–6, Tel. 22 82 40 50, www.hotel-continental.no, Mo–Sa 11–23, So 15–22 Uhr, Hauptgerichte ab 270 NOK).

Vom Feinsten – **David-Andersen 1**: Karl Johans gt. 20, www.david-andersen.no, Mo–Fr 10–18, Sa bis 16 Uhr. Einer der führenden skandinavischen Juweliere, große Auswahl auch an edlen Geschenkartikeln.

Nomen est omen – **Norwayshop 2**: Fridtjof Nansens plass 2, www.norwayshop.com, Mo–Fr 10–18, Sa/So 10–16 Uhr. Ob Trolle, Strickwaren, Schmuck, Zinnarbeiten oder Holzschnitzereien – alles kommt garantiert aus Norwegen.

Norwegisches Design – **Norway Design 3**: Stortingsgt. 28, www.norwaydesigns.no, Mo–Fr 10–18, Sa 10–16 Uhr. Sehr große Auswahl an Designobjekten aus den Bereichen Haushalt, Mode, Schuhwerk, nicht nur von norwegischen Designern.

Tierisch gut – **Fenaknoken 4**: Tordenskioldsgt. 7, www.fenaknoken.no, Mo–Fr 10–17, Sa bis 16 Uhr. Ob Rentierfleisch aus der Finnmark, *pinnekjøtt* (getrocknete und gesalzene Hammel-/Schweinerippchen) aus dem Vestland, Räucherlachs und Wildschwein aus der Telemark oder Trockenfisch von den Lofoten: Fenaknoken gilt als die Adresse in Oslo für Delikatessen aus dem ganzen Land.

Nachhaltig – **Friends Fair Trade 5**: Storgata 36 B, www.friendsfairtrade.no, Mo–Fr 10–18, Sa 11–17, So 12–17 Uhr. Norwegens »fairest and most environmentally friendly shop« bietet die größte Auswahl an *fair products* von ganz Skandinavien! Ob man nun Kleidung, Kosmetika, Geschenkartikel, Schmuck oder Taschen sucht, Musik oder Instrumente, Einrichtungsgegenstände oder Spielzeug sowie auch ökologisch angebaute Lebensmittel – in diesem nicht kommerziellen ›Supermarkt‹ wird man mit Sicherheit fündig und kann obendrein im angrenzenden Hinterhof zu kalten und warmen Getränken relaxen.

Aktiv

Schönster Badestrand Oslos – **Bucht Huk 1**: Naturreservat Hukodden, Bygdøy/Frogner, Bus Nr. 30 bis ›Huk‹ oder Fährboot Nr. 91 bis ›Bygdøynes‹. Die vom Stadtzentrum aus minutenschnell erreichbare Halbinsel Bygdøy (s. S. 241) bietet nicht nur einige der meistbesuchten Museen des Landes, sondern auch die populärsten Badetreffs am Oslofjord. *Der* Tipp für einen warmen Sommertag ist die ganz am Südzipfel gelegene Badebucht Huk, die mit Felsküste, Wiesenufer und drei Sandstränden einlädt.

Freizeitparadies – **Marka 2**: Die zum Stadtgebiet gehörende Marka (auch: Oslomarka, Nordmarka) verfügt über 1200 km markierte Wanderwege und mehr als 40 teils bewirtschaftete Wanderhütten. Das populärste und auch panoramareichste Wandergebiet ist dort das Areal rings um den **Holmenkollen 25**. Ebenfalls in der Marka, nur wenige Minuten vom Stadtzentrum entfernt und mit öffentlichen Verkehrsmitteln erreichbar, sind zwischen Mitte Dezember und Ostern 2600 km präparierte **Langlaufloipen** (davon 124 km unter Flutlicht), an denen 68 Skihütten zu Speis und Trank einladen. Hinzu kommen **alpine Abfahrten**, Buckelpisten und Sprungschanzen. Auch als **Snowboarder, Rodelfan** und **Schlittschuhfreak** kommt man auf seine Kosten. Vor Ort kann man die jeweilige Ausrüstung ausleihen und Kurse belegen.

Spaziergänge – In der Stadt bieten sich die ausgedehnten Parks an, insbesondere der **Frognerpark** (s. S. 250) und auch **Bygdøy,** das reich an kleinen Wäldern und Stränden ist.

Wandern – **DNT Oslo og Omegn 3**: Storgata 3, Tel. 22 82 28 22, www.dntoslo.no. In dieser Infostelle des Wandervereins erhält man alle Informationen zum Thema ›Wandern rings um Oslo‹ und auch alle erforderlichen Karten.

Skifahren – **Tryvann Winterpark** 4: Tryvann, Marka, Tel. 40 46 27 00, www.oslovinterpark.no, im Winter Mo–Fr 10–22, Sa/So bis 17 Uhr, U-Bahnlinie 1 bis ›Voksenkollen‹, weiter mit dem Skibus direkt an die 18 Pisten mit 11 Lifts heran.

Rodeln – **Korketrekkeren** 5: Holmenkollveien, Tel. 22 49 01 21, www.akeforeningen.no, im Winter Mo–Fr 11–21, So bis 18 Uhr, U-Bahnlinie 1 bis ›Froggnerseteren‹. 2000 m lange Rodelbahn, die 255 m Gefälle überwindet; Schlittenverleih (100 NOK).

Fjordfahrten und Sightseeing – **Auf dem Oslofjord** 6: Die traumhafte Lage von Oslo genießt man am besten im Rahmen einer Fjordfahrt ab der Rådhusbrygge. Ganzjährig lädt eine Hop-on-Hop-off-Mini-Kreuzfahrt zu einer 1,5 Std. langen Tour ein, die eine kleine Schleife über den Oslofjord zieht und die Rådhusbrygge mit dem Opernhaus und Bygdøy verbindet (tgl. 9.45–15.45 Uhr, 180 NOK), ideal zum Sightseeing! Auch andere Bootsfahrten stehen auf dem Programm, im Sommer empfehlen sich u. a. ein Törn auf einem historischen Segler (22. Juni–8. Sept., 3 Std., 395 NOK) oder auch eine Jazz- und Blueskreuzfahrt (8. Juni–Mitte Aug., 420 NOK). Auch geführte Bustouren zu den Highlights der Stadt stehen auf dem Programm (ganzjährig, 4 Std., 340 NOK). Infos über das Touristenbüro (s. S. 240) und Båtservice AS, Tel. 23 35 68 90, www.boatsightseeing.com.

Abends & Nachts

Die größten Ausgehzentren Oslos sind die **Aker Brygge** und **Tjuvholmen** (s. S. 245), wo man auch herrlich draußen sitzen kann, und die zwischen Storting und Eidsvollpark verlaufende **Rosenkrantzgate** mit Dutzenden von Pubs und Bars, Diskotheken und Nachtklubs. In der **Karl Johans gate** gibt es viele Bars, während sich rings um den **Stortorvet** (Hauptplatz) Jazz- und Bluesklubs finden. Das westliche Stadtviertel **Majorstua** mit dem Bogstadveien sowie dem Hedgehaugsveien zieht das gut situierte Publikum an. Vor 22 Uhr sind die Osloer nicht unterwegs, dafür schließen viele Etablissements erst in den frühen Morgenstunden.

Lokale und Musikkneipen

Jazz – **Stortorvets Gjæstgiveri** 4: Beliebtes Restaurant mit norwegischen Spezialitäten (s. S. 255); außerdem Sa 13.30–16.30 Uhr vom New Orleans Workshop Jazz Club (www.neworleansworkshop.com) organisierte ›reine‹ Jazzkonzerte im Stil der 1920er-/1930er-Jahre mit national und international bekannten Größen.

Unser Tipp

Hop on, Hop off

Zwischen Mai und September fahren ab Rathaus/Touristeninformation die offenen roten Doppeldeckerbusse von **Citysightseeing** 7 im Halbstundentakt eine bestimmte Route zu den Highlights der Stadt. Der Preis inkl. Audioguide beträgt 150 NOK, das Ticket ist 24 Std. lang gültig, und man kann an allen 15 Stationen immer wieder zu- und aussteigen. Das Ticket ›CitySightseeing Bus & Boat‹ kostet 190 NOK, und es beinhaltet zusätzlich auch die Bootsfahrt zwischen Rådhusbrygge und der Museumsinsel Bygdøy (Citysightseeing, www.citysightseeing.no).

Jazz & Blues – **Herr Nilsen Jazzclub** 1: C. J. Hambros Plass 5, Tel. 223 35 40, www.herrnilsen.no, tgl. 14–3 Uhr. In Zusammenarbeit mit dem Oslo Jazz Forum werden rund ums Jahr an durchschnittlich sechs Abenden je Woche Jazzkonzerte (meist Mainstream) abgehalten. Außerdem Blues-Konzerte, sonntags lädt ab 22 Uhr eine Jam-Session ein.

Gerstensaft satt – **Beer Palace** 2: Holmens gate 3, Tel. 22 83 71 55, www.beerpalace.no, tgl. 13–3.30, an den Wochenenden bis 3 Uhr. *Nomen est nomen*, im ›Bierpalast‹ dreht sich alles um den Gerstensaft, von dem es hier über 100 verschiedene Sorten zu kosten gibt. Die Räumlichkeiten sind urgemütlich, draußen sitzt man auf Terrasse oder Balkon, man spielt Dart, Backgammon oder Pool, und wer Hunger verspürt, kann in der gegenüber gelegenen Pizzeria etwas nach seinem Geschmack bestellen und hier verzehren. – Und das alles mitten im coolen und glasfunkelnden Designer-Viertel der Aker Brygge.

Jazztempel mit Geschichte – **Blå** 3: Brenneriveien 9, Grünerløkka, www.blaaoslo.no, tgl. 18–3.30 Uhr, im Sommer Gartenlokal Mo–Fr 16–2, Sa/So ab 12 Uhr. In einer ehemaligen Spinnerei, direkt über dem Ufer der Akerselva. Kaum ein Abend ohne Livekonzerte (*contemporary, jazz and related sounds*). Auch für experimentelles Theater, Kabarett, Lesungen und andere Kulturevents die Topadresse im Viertel. Im Sommer wunderbar zum Draußensitzen. Mindestalter 20 Jahre.

You name it, we have it – **Lorry** 4: s. Unser Tipp links.

Unser Tipp

Alle lieben Lorry 4

»You name it – we have it!«, heißt es im Lorry, der wahrscheinlich ausgefallensten Kulturinstitution in Norwegen, gleichermaßen beliebt bei Politikern und Punks, Arm und Reich, Jung und Alt. Da baumeln Fahrräder über Surrealistischem von Miró, blicken Pausbackengel auf ausgestopftes Großwild, hier ein alter Lederstiefel, dort eine russische Ikone, ja sogar das Ei eines Charcharodontosaurus ... Und alles echt, dazu gutes und günstiges Essen, 129 Biersorten, eine üppig bestückte Weinkarte und Bar und last but not least eine provenzalisch inspirierte Terrasse, auf der man sich dank Fußbodenheizung und Wärmelampen auch im tiefsten Winter entspannt dem Rauchgenuss hingeben kann (Lorry, Parkveien 12, Tel. 22 69 69 04, www.lorry.no, Mo–Sa ab 11, So ab 12 Uhr).

Theater, Oper & Co.

Mit seinen zahlreichen Theatern, Konzertsälen und Kunstausstellungen bietet Oslo ein reichhaltiges und interessantes Kulturangebot, das allerdings während der Sommersaison recht eingeschränkt ist. Informieren kann man sich in der vom Touristenbüro herausgegebenen Broschüre »What's On« und auf der Website www.visi t-oslo.com.

Klassik – **Oslo Konserthus** 5: Munkedamsvn. 14, Tel. 23 11 31 00, www.oslokonserthus.no, Kartenverkauf Mo–Fr 11–17 Uhr. Mit mehr als 300 Veranstaltungen jährlich ist das 1977 errichtete Konzerthaus eine der wichtigsten Kulturinstitutionen in Oslo.

Für Opernliebhaber – **Den Norske Opera** 10: Kirsten Flagstads plass 1, Tel. 21 42 21 21, www.operaen.no, Vorstellungsbeginn meist um 19.30 Uhr, vom 20. Juni bis Anfang Sept. ist Sommerpause.

Theatralisch – **Nationaltheater** 20: Johanne Dybwads plass 1, Tel. 81 50 08 11, www.nationaltheatret.no, Kartenverkauf Mo–Fr 11–18.30 Uhr, Sa 11–17 Uhr; internationales sowie norwegisches Theater, natürlich auch Ibsen.

Infos & Termine

Touristeninformation

siehe Infobox S. 240.

Verkehr

Flug: Der **Oslo Gardermoen Lufthavn** (ca. 50 km südlich von Eidsvoll; www.oslo.no) ist problemlos mit öffentlichen Verkehrsmitteln zu erreichen. Taxi: Festpreise ab 710 NOK. Flytoget (Flughafenzug): im 10-/20-Min.-Takt vom Hauptbahnhof zum Flughafen (www.flytoget.no, 20 Min., 170 NOK, im Juli nur 130 NOK bzw. 65 NOK für Senioren). Alle Züge nach Lillehammer, Trondheim etc. halten am Flughafen. SAS-Flughafenbus: bis 3 x stdl. (www.flybussen.no, 150 NOK). Weitere Buslinien fahren den Flughafen 1 bis 2 x stdl. an (1 Std.). Infos: Tel. 177. Der Billigflieger Ryanair startet entweder ab **Oslo Rygge** (für Berlin, Frankfurt-Hahn, Düsseldorf-Weeze) im Südosten von Oslo bei Moss (stdl. Zugverbindung sowie auch Flughafenbus ab Hbf., 1 Std., 160 NOK) oder ab **Oslo-Torp** (für Bremen), dem rund 80 km entfernten Flughafen von Sandefjord. Hin am schnellsten (knapp 2 Std.) und günstigsten (220 NOK) mit dem **Torp Express,** der vom Busbahnhof aus mehrmals tgl. zum Flughafen fährt (www.torpekspressen.no).

Zug: Züge in alle Richtungen starten ab Oslo Sentralstasjon (Hauptbahnhof, oft mit ›Oslo S‹ ausgeschildert) am Jernbanetorget; Informationen über Trafikanten (s. S. 240) oder Tel. 177, außerdem über Tel. 81 50 08 88 (auch Buchung).

Bus: Verbindungen ins In- und Ausland über den Busbahnhof von Nor-Way Bussekspress beim Hauptbahnhof, Tel. 81 54 44 44 (Auskunft und Platzreservierung); Auskunft auch über Tel. 177.

Fähren: Die Fähranleger liegen nahe beim Zentrum und werden auch von Bussen angefahren. Color Line: Hjortneskaia, Tel. 81 00 08 11, www.colorline.no, tgl. Oslo–Kiel. Stena Line: Akershusstranda 31, skur 42, Tel. 020 10, www.stenaline.no, 6–7 x pro Woche Oslo– Fredrikshavn.

Mietwagen: am günstigsten über Rent-A-Wreck am Flughafen (Tel. 63 92 65 90) und im Zentrum (Tel. 22 83 31 11, www.rent-a-wreck.no).

Termine

Hunderte Veranstaltungen pro Jahr (meist im Sommer), darunter auch zahlreiche Festivals auf internationalem Niveau. In der vom Touristenbüro herausgegebenen Broschüre »What's On« sind alle beschrieben, außerdem auf der Website www.visitoslo.com.

Oslo Kirkemusikkfestival: Mitte bis Ende März, www.oslokirkemusikkfestival.no. Das Internationale Kirchenmusikfestival findet in den Kirchen Oslos statt.

Oslo Jazz Festival: Mitte Aug., 7 Tage, www.oslojazz.no. International bekanntes Jazzfestival mit zahlreichen Konzerten an 14 Veranstaltungsorten.

Oslo Kammermusikk Festival: Mitte Aug., www.oslokammermusikkfestival.no. Über 20 Kammermusikkonzerte innerhalb von 9 Tagen.

Ultima: 10 Tage im Sept./Okt. Wichtigstes Festival für moderne experimentelle Musik; www.ultima.no.

Oslo World Music Festival: 1 Woche Anfang November, www.world-music.no. Gruppen aus rund 30 Ländern spielen live in den populärsten Musikkneipen und Kulturzentren der Stadt.

Sprachführer

Besonderheiten

Es gibt zwei norwegische Sprachen: Bokmål und Nynorsk, die sich aber ähnlich sind. Die meisten Westnorweger sprechen Nynorsk. Englisch spricht fast jeder.

Im Norwegischen werden die bestimmten Artikel an das Hauptwort angehängt, in der Einzahl: -en (männl.), -a oder auch -en (weibl.) und -et (sächl.), z. B.: en fjord = ein Fjord; fjorden = der Fjord; ei hytte = eine Hütte; hytta = die Hütte; et fjell = ein Berg/Gebirge; fjellet = der Berg/das Gebirge.

Für die unbestimmte Mehrzahl wird bei allen Geschlechtern -er an das Wort gehängt, für die bestimmte Mehrzahl -ene: hytter = Hütten, hyttene = die Hütten.

Keine ganz leichte Sache ist die Aussprache des Norwegischen. Das o wird häufig wie ein deutsches u (z. B. Oslo, [uslu]), manchmal aber auch o (z. B. konge, König) ausgesprochen. Das u wird meistens wie ü ausgesprochen, bisweilen aber auch wie u.

Aussprache

Das norwegische Alphabet hat drei Buchstaben, die es im Deutschen nicht gibt: æ gesprochen wie ä, ø wie ö, å offenes o wie in ›hoffen‹. In den norwegischen Wörter-büchern stehen æ, ø und å am Ende des Alphabets nach z.

Aussprache der Konsonaten:

g	vor i und y wie j, sonst wie g
gj	wie j
k	vor i und j wie ch in ›ich‹
kj	ch wie in ›ich‹
s	scharfes s wie in ›nass‹
sj, skj	wie sch
sk	vor i und y wie sch
v	wie w
y	zwischen ü und i

Allgemeines

ja	ja
nein	nei
nicht	ikke
und	og
danke/ tausend Dank	takk/ tusen takk
Danke fürs Essen.	Takk for maten.
Entschuldigung!	Unnskyld!
deutsch	tysk
Deutschland	Tyskland
Norwegen	Norge
bitte	vær så god
Wo ist ...?	Hvor er ...?
Wieviel Uhr ist es?	Hva er klokka?
Wann ...?	Når ...?
Um 2, 3, 4 ... Uhr	Klokka 2, 3, 4 ...
gestern	i går
heute	i dag
morgen	i morgen

Begrüßung/Verabschiedung

Guten Tag!	God dag!
Guten Morgen!	God morgen! (morn)
Guten Abend!	God kveld!
Gute Nacht!	God natt!
Hallo!	Hei!
Ich heiße ...	Jeg heter ...
Wie heißt du?	Hva heter du?
Tschüss!	Ha det (bra)!
Wir sehen uns.	Vi ses.

Unterkunft

Übernachtung	overnatting
Hotel	hotell
Zimmer	rom/værelse
Einzelzimmer	enkeltrom
Doppelzimmer	dobbeltrom
Hast du ein freies Zimmer?	Har du et ledig værelse/rom?
Wieviel kostet das Zimmer?	Hvor mye koster værelset/ rommet?
Ich bleibe eine	Jeg blir en

Nacht (… Tage, … Wochen)	natt (… dager, … uker)
Campingplatz	campingplass
Hütte	hytte
Wohnmobil	bobil
Zelt	telt
Bett	seng
Dusche	dusj
Toilette	toalett

Im Restaurant

(s. auch kulinarisches Lexikon S. 265)

Frühstück	frokost
Mittagessen	lunsj
Abendessen	middag
Kaltes Abendessen	kveldsmat
Café	kaffe
Imbissstube	snackbar, gatekjøkken
Gasthaus	gjestgiveri
Restaurant	restaurant
Salz/Pfeffer	salt/pepper
Messer/Gabel	kniv/gaffel
Flasche	flaske
Glas/Tasse	glass/kopp
gebacken	bakt
gekocht	kokt
geröstet	ristet
gesalzen	saltet
gebraten	stekt
Ich bin allergisch gegen …	Jeg er allergisk mot …
Ich bin Vegetarier.	Jeg er vegetar.

Einkaufen

(s. auch kulinarisches Lexikon S. 265)

Supermarkt	supermarked
Wie viel kostet das?	Hva koster det?
Kannst du mir … geben?	Kan du gi meg…?
Hast du …?	Har du …?
Brot/Brötchen	brød/rundstykke
Butter	smør
Käse	ost
Aufschnitt	pålegg
Marmelade	syltetøy
Milch	melk
Vollmilch	H-Melk
Buttermilch	kulturmelk
Sahne	fløte

Post

Wo ist das nächste Postamt?	Hvor er nærmeste postkontor?
Wo ist ein Briefkasten?	Hvor er det en postkasse?
Was kostet ein Brief nach …?	Hva koster et brev til …?
Postkarte	postkort
Briefmarke	frimerke

Unterwegs

nach rechts	til høyre
nach links	til venstre
geradeaus	rett fram
Benzin/Diesel	bensin/diesel
Bitte volltanken!	Full tank, takk!

Die wichtigsten Sätze

In Norwegen duzt man sich, gesiezt wird nur der König.

Entschuldigung!	Unnskyld!
Ich verstehe nicht.	Jeg forstår ikke.
Ich spreche kein/etwas Norwegisch	Jeg snakker ikke/litt norsk
Sprichst du Deutsch/Englisch?	Snakker du tysk/engelsk?
Ich will nach …	Jeg skal til …
Wo kann man … kaufen?	Hvor kan man … kjøpe …?
Wo ist hier eine Apotheke?	Hvor er det et apotek?
Welcher Bus geht nach …?	Hvilken buss går til …?
Wo gibt es/sind die Toiletten?	Hvor er toalettene?

Autowerkstatt	bilverksted
Parken verboten	parkering forbudt
Mautstraße	bomvei
Wo ist/liegt …?	Hvor er/ligger …?
der/die/das nächste …	nærmeste
… Touristeninformation	… turistinformasjon
… Tankstelle	… bensinstasjon
Wie weit ist das?	Hvor langt er det?

Öffentliche Verkehrsmittel

Fähre	ferge, ferje
Fahrkarte	billet
Kinderfahrkarte	barnebillet
Fahrplan	ruteplan, rutebok
Bahnhof	stasjon
Zug	tog
Bus/Expressbus	buss/ekspressbuss
Haltestelle	stoppested
Abfahrt	avgang (avg.)
nach	til
von	fra
Ich möchte …	Jeg vil gjerne ha …
… eine Einzelfahrkarte	… en enkeltbillet
eine Hin- und Rückfahrkarte	… en tur-returbillet
Wo muss ich umsteigen in den Zug/Bus nach …?	Hvor må jeg bytte tog/bus til …?
Wann geht der nächste Zug/Bus/Flug nach …?	Når går neste tog/buss/fly til …?
Flugplatz	flyplass

Wetter

Es wird schlechtes/gutes Wetter	Det blir dårlig/pent vær
Wetterbericht	værmelding
Unwetter	uvær
Es regnet.	Det regner.
Es stürmt.	Det blåser.
Es ist kalt/warm.	Det er kaldt/varmt.
Die Sonne scheint.	Sola skinner.
bewölkt	skyet
Schnee	snø
Nebel	tåke

Im Krankheitsfall

Arzt/Zahnarzt	lege/tannlege
Kinderarzt	barnelege
Apotheke	apotek
Wo kann ich einen Arzt finden?	Hvor kan jeg finne en lege?
Unfallstation	legevakt
Krankenversicherung	sykeforsikring
Ich habe Schmerzen.	Jeg har smerter.

Wochentage

zeitl. Begriffe mit den Abkürzungen (bokmål/nynorsk) auf Fahrplänen:

Montag	mandag (ma/må)
Dienstag	tirsdag (ti/ty)
Mittwoch	onsdag (on)
Donnerstag	torsdag (to)
Freitag	fredag (fr)
Samstag	lørdag (lø/la)
Sonntag	søndag (sø/su)
werktags	hverdager (hvd/kvd)
täglich	daglig (dgl.)
außer (Sa)	uten (u. lø)

Zahlen (Ordnungszahlen bis 12)

1, 1.	en, første	13	tretten
2, 2.	to, andre	14	fjorten
3, 3.	tre, tredje	15	femten
4, 4.	fire, fjerde	16	seksten
5, 5.	fem, femte	17	sytten
6, 6.	seks, sjette	18	atten
7, 7.	sju, sjuende	19	nitten
8, 8.	åtte, åttende	20	tjue
9, 9.	ni, niende	21	tjueen
10, 10.	ti, tiende	100	hundre
11, 11.	elleve, ellevte	200	tohundre
12, 12.	tolv, tolvte	1000	tusen

Kulinarisches Lexikon

fisk	**Fisch**
abbor	Barsch
blåskjell	Miesmuschel
brosme	Lumb
hellefisk	Heilbutt
hummer	Hummer
hvitting	Weißling
hyse, kolje	Schellfisch
laks	Lachs
lange	Lengfisch
makrell	Makrele
pale	Seelachs
piggvar	Steinbutt
reker	Garnelen
rødsprette	Scholle
sei	Seelachs/Köhler
sild	Hering
sjøtunge	Seezunge
skrei, torsk	Kabeljau, Dorsch
steinbitt	Steinbeißer
ørret	Forelle
østers	Austern
ål	Aal

grønnsaker	**Gemüse**
agurk	Gurke
blomkål	Blumenkohl
bønner	Bohnen
erter	Erbsen
gulrøtter	Mohrrüben
kål	Kohl
sopp	Pilz
løk	Zwiebel

kjøtt	**Fleisch**
elg	Elch
fåre	Hammel
hjorte	Hirsch
kalkun	Pute, Truthahn
kalv	Kalb
kylling	Hähnchen
lamm	Lamm
okse	Rind
pølse	Würstchen
rein	Ren
svin	Schwein
vilt	Wild

frukt	**Obst**
blåbær	Blaubeere
bringebær	Himbeere
eple	Apfel
jordbær	Erdbeere
kirsebær	Kirsche
moltebær	Multebeere
plommer	Pflaumen
tyttebær	Preiselbeere

drikke	**Getränke**
kaffe/te	Kaffee/Tee
saft	Saft
vann, vatn	Wasser
brennevin	Branntwein
hvitvin/rødvin	Weißwein/Rotwein
toddy	Glühwein
vin	Wein
øl	Bier

Die wichtigsten Sätze

Ist hier besetzt?	Er det opptatt?
Herr Ober!	Kelner!
Fräulein!	Frøken!
Was wünschst du/ihr?	Hva ønsker du/dere?
Ich möchte gerne …	Jeg vil gjerne ha …
Bitte die Speisekarte!	Menuen, takk!
Guten Appetit!	Velbekomme!
Prost!	Skål!
Noch etwas?	Litt mer?
Nein danke, nicht mehr.	Nei takk, ikke mer.
Kann ich die Rechnung bekommen?	Kan jeg få regningen?
Behalten Sie den Rest.	Behold resten.
Danke für das Essen! (sagt man nach dem Essen)	Takk for maten!

Notizen

Die Autoren: Michael Möbius und Annette Ster arbeiten als Reisejournalisten, denn Reisen und Schreiben sind ihre großen Leidenschaften. In den vergangenen 30 Jahren haben sie Dutzende Länder auf allen Kontinenten kennengelernt, häufig sind sie monatelang unterwegs, vorzugsweise mit dem Fahrrad, Kajak und *per pedes*. Doch selbst als ›manisch Reisende‹ brauchen sie immer wieder einen Rast- und Ruhepunkt, den fanden sie auf den Lofoten im Norden Norwegens, dem in ihren Augen schönsten Land auf Erden.

Abbildungsnachweis

Bilderberg, Hamburg: S. 145 li., 153 (Fuchs)
DuMont Bildarchiv, Ostfildern: S. 209 (Modrow); 37, 54, 84, 86/87, 97 (Nowak); 68, 95 li., 98, 116, 122, 138/139, 166 li., 182, 191, 224 (Roe)
Bildagentur Huber, Garmisch-Partenkirchen: S. 11, 12 o.re., 13 u. li., 76, 82, 104/105, 216 li., 234/235 (Gräfenhain); 13 o. re., 77 li., 88/89 (Huber); 94, 108/109 (Picture Finders)
Hurtigruten GmbH, Hamburg: S. 53 (Mihatsch)
laif, Köln: S. 74/75, 115, 162, 216 re., 222, 237 (Babovic); 7 (Berthier/hemis.fr); 29 (Bialobrzeski); 13 u. re., 238 re., 256/257 (Dreysse); 238 li., 245, 246/247 (Galli); 219 (Harscher); 8, 9 (Hauser/hemis.fr); 16/17 (Heeb); 168/169 (Kreuel); 217 li., 228 (Linke); 212 (Le Figaro Magazine); 211, 239 li., 250, 252 (Modrow); 63 (Zenit/Langrock)
Look, München: S. 184 re., 194 (van Dierendonck), Titelbild (Axiom)
Mauritius Images, Mittenwald: S. 120 (Loken)
Aaron Möbius, Kabelvåg/Norwegen: S. 6, 272
picture-alliance, Frankfurt a. M.: S. 72 (akg); 61, 150 (allOver/Thomas); 47 (dpa)
Annette Ster, Kabelvåg/Norwegen: S. 12 o. li., 12 u. li., 12 u. re., 13 o. li., 142, 147, 166 re., 172/173, 204
transit, Leipzig: S. 40/41, 48/49, 51, 57, 64, 66, 70, 117 li., 119, 128/129, 130, 144, 159, 167 li., 175, 178/179, 180, 184 li., 185 li., 188/189, 198/199, 231 (Härtrich)

Fahrplan in der vorderen Umschlagklappe mit freundlicher Genehmigung der Hurtigruten GmbH

Kartografie
DuMont Reisekartografie, Fürstenfeldbruck
© DuMont Reiseverlag, Ostfildern

Titelbild: Kreuzfahrtschiff im Geirangerfjord

Hinweis: Autoren und Verlag haben alle Informationen mit größtmöglicher Sorgfalt geprüft. Gleichwohl erfolgen alle Angaben ohne Gewähr. Bitte schreiben Sie uns! Über Ihre Rückmeldung und Ihre Verbesserungsvorschläge freuen wir uns: **DuMont Reiseverlag,** Postfach 3151, 73751 Ostfildern, info@dumontreise.de, www.dumontreise.de

4., vollständig überarbeitete Auflage 2014

Redaktion/Lektorat: A. Winterling, M. Konze, S. Pütz
Grafisches Konzept: Groschwitz/Blachnierek, Hamburg
Printed in China